Claudia Wiesner · Sylvia Bordne

Lokales Regieren – Innovation und Evaluation

Claudia Wiesner · Sylvia Bordne

Lokales Regieren – Innovation und Evaluation

Beschäftigungsförderung, Gender Mainstreaming und Integration im lokalen EU-Modellprojekt

VS VERLAG

Bibliografische Information der Deutschen Nationalbibliothek
Die Deutsche Nationalbibliothek verzeichnet diese Publikation in der
Deutschen Nationalbibliografie; detaillierte bibliografische Daten sind im Internet über
<http://dnb.d-nb.de> abrufbar.

Gedruckt mit Unterstützung des Zentrums für Konfliktforschung
der Philipps-Universität Marburg.

1. Auflage 2010

Lektorat: Dorothee Koch / Tanja Köhler

VS Verlag für Sozialwissenschaften ist eine Marke von Springer Fachmedien.
Springer Fachmedien ist Teil der Fachverlagsgruppe Springer Science+Business Media.
www.vs-verlag.de

Umschlaggestaltung: KünkelLopka Medienentwicklung, Heidelberg
Gedruckt auf säurefreiem und chlorfrei gebleichtem Papier
Printed in Germany

ISBN 978-3-531-17331-3

Inhaltsverzeichnis

Abbildungsverzeichnis

1 Einleitung

Lokales Regieren – Innovation und Evaluation: Die drei Begriffe verweisen auf einen Zusammenhang, der noch wenig erforscht ist. Zwar werden die drei Bereiche für sich genommen – jeweils mehr oder weniger stark – debattiert und untersucht, das gilt aber noch kaum für deren Bezüge. So wird Regieren, auch auf lokaler Ebene, mitsamt seinen Veränderungen und der Entwicklung hin von Regieren/ *Government* zu *Governance* umfassend und auch aktuell diskutiert; seltener jedoch werden Regieren oder auch *Governance*-Prozesse wirklich mittels theoretisch und methodisch begründeter Indikatoren evaluiert. Politikinnovationen sind seit einigen Jahren ein Thema, das an Bedeutung gewinnt; entsprechende Konzepte werden auch für die lokale Ebene seit Längerem diskutiert. Nicht selten werden darauf beruhende Politikinnovationen auch evaluiert, so dass Evaluation und Evaluationsforschung ebenfalls seit einigen Jahren an Bedeutung gewinnen. Allerdings scheint dabei die Praxis, also die Evaluation von konkreten Projekten, zumindest in Deutschland derzeit noch weiter gediehen zu sein als die theoretische und methodische Befassung mit Gegenstand, Auftrag, Vorgehensweisen und spezifischen Problemen der Evaluationsforschung oder auch der Politikberatung.

Der vorliegende Band stößt somit in eine Lücke vor, indem er die Evaluation von Politikinnovationen des lokalen Regierens theoretisch, konzeptionell und mit Blick auf die Ergebnisse der Evaluation einer Modellprojekts darstellt. Er entstand aufgrund eines umfangreich angelegten, Multi-Methoden-Projekts zur Evaluation des „Interkulturellen Zentrum JobKomm" in Gießen. Dieses hatte das Ziel, insbesondere Migrantinnen und Migranten zu qualifizieren und in den Arbeitsmarkt zu integrieren. Damit ist es ein Modellprojekt an der Schnittstelle zwischen lokaler Verwaltung, Arbeitsmarktpolitik, Quartierarbeit und Qualifizierung – und damit auch zur Reform lokalen Regierens. Dabei waren Querschnittsziele Gender Mainstreaming und Interkulturelle Toleranz. Der Band gibt nicht nur die Ergebnisse der umfangreichen Evaluation wieder, sondern auch die Entwicklung von Indikatoren in diesen Querschnittsbereichen. Hinzu kommt eine Beratungskomponente: Auf Basis der Evaluationsergebnisse werden Good-Practice-Beispiele genannt und Politikempfehlungen gegeben.

Im „Interkulturellen Zentrum JobKomm" wurden in der Gießener Nordstadt (die von 1998 bis 2008 auch Standort des Bund-Länder-Programms „Soziale Stadt" war), von Juli 2007 bis September 2008 Beschäftigungsförderung und Qualifizierung für Bewohner/innen der Nordstadt angeboten. Insbesondere richtete sich das Zentrum an Langzeitarbeitslose, Migrant/innen, Frauen und Jugendliche. Das Zentrum hatte vier Teilbereiche – eine Ausbildungslotsin, eine Beschäftigungslotsin, ein Selbstlernzentrum, sowie Multiplikatorenschulungen. Querschnittsziele der Arbeit waren die Einhaltung der Standards des Gender Mainstreaming und die Aktivierung gegen Rassismus und Fremdenfeindlichkeit.

Finanziert wurde das Zentrum aus Mitteln des XENOS-Sonderprogramms „Beschäftigung, Bildung und Teilhabe vor Ort". Dieses ist wiederum Teil des EU-Programms XENOS, das aus Mitteln des Europäischen Sozialfonds (ESF) finanziert und von Bund und Ländern kofinanziert wird. Das Sonderprogramm richtete sich ausschließlich an Stadtteile, die bereits im Bund-Länder-Programm „Soziale Stadt" gefördert wurden.

Dieses Programm fördert seit 1998 Stadtteile mit besonderem Erneuerungsbedarf. Mit dem Programm „Soziale Stadt" soll der zunehmenden sozialen und räumlichen Spaltung in Städten und Gemeinden entgegengearbeitet werden. Vor Ort ist es weit verbreitet; in 260 deutschen Städten und Gemeinden hatten sich 390 Programmstandorte allein bis 2005 entwickelt. Das Programm ist zunächst einmal ein illustratives Beispiel für neue Konzepte der Bekämpfung von Armut und Ausgrenzung und Versuche, die sozialwirtschaftlich integrierenden Elemente von Gemeinden und Städten zu stärken. Diese Ausrichtung zielt auf komplexe Problemlagen ab: Von 16 Programmstandorten, die in Hessen im Jahr 2000 gefördert wurden, gaben die meisten in der Vorstellung ihres Stadtteils für das offizielle Programmbegleitheft des Landes an (Hessisches Ministerium für Wirtschaft, Verkehr und Landesentwicklung 2000: 30), geprägt zu sein von hohem Sanierungsbedarf, fehlenden Freizeitangeboten, hoher Luft- und Lärmbelastung, hohen Arbeitslosenquoten, einem hohen Anteil an Bewohner/innen mit Migrationserfahrung, an Alleinerziehenden, Kindern, Jugendlichen und älteren Menschen.

Das Programm hat in inzwischen mehr als zehnjähriger Laufzeit die meisten betreffenden Stadtteile nicht nur städtebaulich stabilisiert. Es wurden in vielen Fällen Stadtteilbüros eingerichtet, neue Freizeitangebote geschaffen und auf die Bedürfnisse der Bewohner/innen ausgerichtete Beratungs- und Hilfeangebote konzipiert. Damit konnten zumeist die Bewohner/innen aktiviert werden – sie beteiligen sich nun vielfach stärker an den Stadtteilaktivitäten. Das kulturelle und soziale Leben wurde in den meisten Stadtteilen sehr viel aktiver, Konflikte gingen zurück. Mit dem Programm soziale Stadt konnten also Erfolge in zentralen Bereichen angestoßen werden.

Es blieb in der praktischen Programmumsetzung in den meisten Standorten allerdings eine strategische Lücke in den Bereichen Beschäftigungsförderung, Qualifizierung und lokale Ökonomie. Um die Bewohner/innen auch stärker als bisher am Arbeitsmarkt zu integrieren, hätte es einer integrierten sozialraumbe-

zogenen Beschäftigungsförderung bedurft. Um die Bewohner/innen gesamtgesellschaftlich besser zu integrieren und erst einmal die Voraussetzungen zur
Teilnahme am Arbeitsmarkt zu erreichen, wäre eine integrierte sozialraumbezogene Qualifizierung wichtig gewesen; und um das Quartier auch ökonomisch zu
stabilisieren, wäre die umfassende Förderung der lokalen Ökonomie vonnöten
gewesen. Das Programm „Soziale Stadt" war jedoch zum einen so angelegt, dass
solche Aktivitäten nur schwer aus Programmmitteln finanziert werden konnten.
Zum anderen zeigte sich, dass eine Integration der Bereiche Beschäftigungsförderung, Qualifizierung und lokale Ökonomie in die Programmstrukturen auch
durch etablierte Routinen und Kooperationen erschwert wurde, die sich in den
Kernbereiche des Programms, Sozialpolitik und Städtebau aufgebaut hatten und
nur schwer zu öffnen waren. Mit Kleinprojekten aus Mitteln des ESF-Programms
„LOS" (Lokales Kapitel für Soziale Zwecke) konnte diese strategische Lücke in
den letzten Jahren punktuell geschlossen werden.

Das Sonderprogramm „Beschäftigung, Bildung und Teilhabe vor Ort" stieß
nun erstmals systematisch und umfassend in diese Lücke vor. Entsprechend groß
war das Interesse der betroffenen Kommunen. Auch am Nachfolgeprogramm
„Soziale Stadt – Bildung, Wirtschaft, Arbeit im Quartier (BIWAQ)" ist das Interesse sehr groß: In der ersten Runde kamen bei weitem nicht alle Förderanträge
zum Zug.

Vor diesem Hintergrund hat das Interkulturelle Zentrum JobKomm in mehrfacher Hinsicht Pilotcharakter. Es ging nicht nur darum, in Gießen bis dato noch
nicht umgesetzte Formen der Qualifizierung wie das Selbstlernzentrum aufzubau-
en, sondern auch darum, für die Nordstadt erstmals mit einem breit und umfassend
angelegten Ansatz in die strategische Lücke Beschäftigungsförderung, Qualifizierung und Förderung der lokalen Ökonomie vorzustoßen.

Die Ausgangsbedingen waren dabei für diese anspruchsvollen Ziele insofern
schwierig, als nicht nur die Programmlaufzeit selbst mit nur 15 Monaten sehr kurz
war, sondern zusätzlich auch noch die Mittelbewilligung so lange auf sich warten
ließ, dass in einigen Bereichen die operative Arbeit erst nach vier oder mehr Monaten Vorlauf begonnen werden konnte. Das Projekt lief damit faktisch weniger als
12 Monate – ein zu kurzer Zeitraum, um den für den Erfolg nötigen Netzwerkaufbau zu Ende bringen zu können. Hinzu kam, dass die Förderung im Programm
„Soziale Stadt" zum Ende des Jahres 2008 endete, so dass sich die „Soziale-Stadt"-
Strukturen der Nordstadt gerade im Umbruch der Verstetigungsphase befanden, als
das Pilotprojekt startete. Trotz dieser schwierigen Ausgangsbedingungen konnte
das Projekt aber fast alle gesteckten Ziele erreichen.

Der Auftrag der wissenschaftlichen Begleitung des Interkulturellen Zentrums JobKomm war breit gefasst, denn er erstreckte sich sowohl auf die Evaluation der Ergebnisse des Projekts als auch auf die wissenschaftliche Beratung.
Daraus ergaben sich mehrere Teilbereiche an Aufgaben. Im Bereich der Ergeb-

nisevaluation waren die für die Bewertung der Projektergebnisse notwendigen quantitativen und qualitativen Daten zu erfassen und auszuwerten. Im Bereich der Prozessbeobachtung und -evaluation wurde der Prozessverlauf beobachtet, gezielt und regelmäßig die Projektmitarbeiter/innen zum Projektverlauf und den spezifischen mit der Implementierung verbundenen Aspekten befragt und schließlich die daraus resultierenden Ergebnisse ausgewertet. Im Bereich der Beratung schließlich wurden die im Prozessverlauf gewonnen Erkenntnisse zu den beiden vorher genannten Bereichen regelmäßig an die Projektmitarbeiter/innen sowie die Auftraggeber der Stadt Gießen und die Leitung des ZAUG als Durchführungsträger rückgekoppelt. Insgesamt kombinierte die wissenschaftliche Begleitung also verschiedene quantitative und qualitative Methoden („mixed methods"), die in Kapitel 4 ausführlich dargestellt werden.

Im Folgenden werden in Kapitel 2 zunächst die Veränderungen lokalen Regierens und damit verbundene Konzepte diskutiert. Anschließend werden die Ergebnisse der wissenschaftlichen Begleitung detailliert dargestellt: Kapitel 3 diskutiert hierzu zunächst die strategische Bedeutung der Bereiche Beschäftigungsförderung, Qualifizierung und lokale Ökonomie sowie der Programme „Soziale Stadt" und „Beschäftigung, Bildung, Teilhabe vor Ort". In Kapitel 4 werden Fragen, Ansatz und Methoden der wissenschaftlichen Begleitung detailliert beschrieben. In Kapitel 5 werden dann in mehreren Teilabschnitten die Ergebnisse dargestellt. Abschnitt 5.1. enthält die Ergebnisse zum Projektverlauf und der Projektsteuerung. Abschnitt 5.2. enthält im ersten Teil eine problemorientierte Diskussion des Forschungsstandes und der Debatte zu den Arbeitsfeldern Beschäftigungsförderung, Qualifizierung und lokale Ökonomie in benachteiligten Stadtteilen und stellt anschließend die Ergebnisse der Begleitforschung zu den Bereichen Beschäftigungsförderung und Qualifizierung dar. Die Abschnitte 5.3. und 5.4. enthalten ebenfalls im ersten Teil eine problemorientierte Diskussion des Forschungsstandes und der Debatte zu den Querschnittszielen Gender Mainstreaming und Fremdenfreundlichkeit, um anschließend die Ergebnisse zu diesen Bereichen darzustellen. Abschnitt 5.5. stellt schließlich die Bewertung des Projekts durch die Teilnehmer/innen und die Mitarbeiter/innen dar. Kapitel 6 enthält eine Darstellung der Vernetzung des Projekts. In Kapitel 7 werden die zentralen Aspekte der Bewertung des Projekts durch die wissenschaftliche Begleitung zusammengefasst. Kapitel 8 enthält Überlegungen und Empfehlungen zur Verstetigung der Projekterfolge. Der Anhang schließlich enthält die Erhebungsbögen zum Projekt, eine Übersicht der Auswertungskategorien, den Interviewleitfaden, das Codesystem der Interviews, den Fragenkatalog zum Thema Vernetzung und eine Kurzfassung der Indikatoren. Literaturhinweise und Politikempfehlungen finden sich jeweils am Ende der Teilkapitel.

Die Teilkapitel sind daher folgendermaßen aufgebaut: Nach einer problem-
orientierten Diskussion des Feldes sowie des relevanten Forschungsstandes im
Bereich werden die Ergebnisse der wissenschaftlichen Begleitung dargestellt.
Anschließend werden diese für die jeweiligen Bereiche in einem Zwischenfazit
zusammengefasst, das die zentralen Erkenntnisse wiedergibt. Darauf folgt eine
Darstellung der Good Practices sowie der Politikempfehlungen der wissenschaftlichen Begleitung zum entsprechenden Teilbereich. Auf eine Wiederholung der
Zwischenfazits und der Empfehlungen am Ende des Berichts wurde deshalb verzichtet. Am Ende der Teilkapitel finden sich jeweils die Literaturhinweise zu den
jeweiligen Bereichen. Im Text zitierte Literatur wird damit am Ende der Teilkapitel belegt. Wo die Ergebnisse aus der Prozessbegleitung in die Auswertung einfließen, wurde dies mit Nennung der entsprechenden Protokolle kenntlich gemacht: Workshop (WS) oder Koordinationstreffen (KT), jeweils mit Datum.

Marburg und Hannover, im Dezember 2009

Claudia Wiesner
Sylvia Bordne

Literatur

Hessisches Ministerium für Wirtschaft, Verkehr und Landesentwicklung (2000): Hessische Gemeinschaftsinitiative ‚Soziale Stadt' – HEGISS, Wiesbaden.

2 Lokales Regieren – Innovation und Evaluation

2.1 Lokales Regieren oder lokale *Governance*?

Der klassische Auftrag der politikwissenschaftlichen Regierungslehre ist es, die Bedingungen und Faktoren zu erforschen, die gutes oder erfolgreiches Regieren im Sinne der Lenkung eines Staates und seiner Institutionen und der Erreichung von politischen Zielen möglich machen. Was aber ist Regieren?

Regieren ist zunächst ein politikwissenschaftlicher Grundbegriff; seine Verwendung hat sich jedoch sukzessive gewandelt. Im 19. und frühen 20. Jahrhundert blieb das funktionale Verständnis von Regieren weitgehend auf Verwaltungstätigkeiten beschränkt (vgl. Murswieck 1995). Nach dem Zweiten Weltkrieg rekurrierte die bundesdeutsche „moderne Regierungslehre" auf das ideengeschichtliche Verständnis von Regieren als „Führen zu einem guten Ziel" (zur Genese und Semantik von Regieren vgl. Sellin 1984; Vollrath 1990) und suchte damit einen normativ-handlungsorientierten Forschungsansatz zu statuieren. Die politikwissenschaftliche Regierungsforschung, so kann die zentrale These dieser Beiträge zusammengefasst werden, habe sich mit dem eigentlichen Handeln der Regierung im Hinblick auf seine Zweckmäßigkeit, Richtung und Bestimmtheit unter den gestiegenen Anforderungen des Leistungsstaates zu beschäftigen (vgl. Guilleaume 1965; Hennis 1965). Zum Regieren gehörten demnach insbesondere das Planen, Ingangsetzen, Entscheiden, die Konsensbeschaffung, das Koordinieren, Anweisen und Beaufsichtigen sowie – übergeordnet – die politische Führung (vgl. Ellwein 1966: 128ff.; Ellwein 1976: 173ff.).

Im Rahmen der vergleichenden Regierungs(system)lehre setzte sich dagegen weitgehend ein Verständnis von Regieren im Sinne des angloamerikanischen *Government* durch: die Koordination, Leitung und Entscheidungsfindung innerhalb des gesamten politischen Systems unter Einbezug aller drei Gewalten (vgl. Vollrath 1990; Murswieck 1995). Bei der Betrachtung der Staatätigkeit blieb allerdings „der Begriff des Regierens selbst ziemlich amorph" und „unspezifiziert" (Derlien 1990: 77).

Im deutlichen Rekurs auf die „moderne Regierungslehre" der 1960er Jahre thematisierten rund 25 Jahre später verschiedene Vertreter des Faches die Frage nach dem Regieren und den Ansätzen zu seiner Erforschung von Neuem (vgl. grundlegend Bandemer/Wewer 1989; Hartwich/Wewer 1990). Auch wenn aus dem empirischen und ausdrücklich interdisziplinären Ansatz weiterhin keine komplexe Theorie des Regierens hervorgegangen ist, vermochte er jedoch die teils sehr fragmentierten Ergebnisse der Politikfeld- bzw. *Policy*-Forschung, die sich jeweils mit Politik- und Entscheidungsprozessesn in bestimmten Politikfeldern befasste, unter einer übergreifenden Fragestellung zusammenzuführen – der nach den Techniken, Instrumenten, Handlungsoptionen und Strategien des Regierens.

An dieser Stelle ergeben sich auch deutliche Schnittmengen des Regierungsbegriffs mit dem steuerungstheoretischen Ansatz, der ebenfalls aus der *Policy*-Forschung entwickelt wurde (vgl. Braun 1995). Steuerung ist gegenüber Regieren der abstraktere Begriff und wird jeweils in Bezug gesetzt zum Ziel der Problemlösung in bestimmten Regelungsfeldern. Der Begriff geht von der deutlichen Trennung zwischen einem (steuerungsfähigen) Steuerungssubjekt und einem (steuerbaren) Steuerungsobjekt aus. Effektives Steuern umfasst die Fähigkeit zur „konzeptionell orientierten Gestaltung der gesellschaftlichen Umwelt durch politische Instanzen" (Mayntz 1997: 189). Dabei ist das Handeln regierender Subjekte für erfolgreiche und gestaltende Prozesse der politischen Steuerung als konstituiv zu erachten (vgl. Hartwich 1991).

Gleich, ob man den Schwerpunkt eher auf Regieren, *Government* oder Steuerung legt: Die bisher beschriebenen Ansätze haben eine zentrale Gemeinsamkeit – sie stellen sämtlich das klassische, hierarchisch und verwaltungsförmig organisierte Modell westlicher Nationalstaaten und ihrer Institutionen in den Mittelpunkt. Es ist dadurch gekennzeichnet, dass eine Regierung (oder Regierung und Parlament) an der Spitze eines Staates vermittels ihrer Exekutiven (bzw. auch unter Einbeziehung der Judikative) von oben nach unten regiert, lenkt, oder auch steuert. Bürger/innen sind dabei gewissermaßen Betroffene des Regierungshandelns und haben keinen oder kaum Einfluss auf die Entscheidungen oder deren Umsetzung. Auch eine lokale Verwaltung ist in diesem Modell lokale Regierung: Gemeindeparlamente und/oder (Ober)bürgermeister/innen treffen Entscheidungen, die Verwaltung setzt sie um. Bürger/innen erleben die Ergebnisse dieses Handelns wiederum als Betroffene.

Die politikwissenschaftliche Debatte um Regieren/*Government* versus *Governance* (zu *Governance* versus Regieren/*Government* hier etwa einführend Benz 2004 sowie grundlegend Jann 2008, zu Beispielen von *Governance* von Blumenthal/Bröchling 2006, zu Regieren und *Governance* die Beiträge in Jann/ König 2008) zielt dagegen jenseits der Frage, wie das Handeln von Regierungen organisiert oder optimiert werden kann, auf dessen *Veränderungen*: Unter dem Begriff *Governance* lassen sich Ansätze zusammenfassen, die untersuchen oder beschreiben, dass und wie sich staatliches Handeln beziehungsweise Regierungshandeln weg von stärker hierarchisch strukturierten Formen (Regieren/*Government*) hin zu eher kooperativeren Prozessen verändert, die in verschiedenen Formen auch gesellschaftliche Akteure einbeziehen *(Governance)*. Der Begriff *Governance* deutet somit auch eine Veränderung der *Richtung* von Regierungshandeln an: Es geht weniger um Prozesse, die von oben nach unten verlaufen, sondern verstärkt auch um horizontale Verhandlungs- und Kooperationsprozesse. Bürger/innen sind nicht mehr allein Betroffene, sondern immer stärker auch Beteiligte, Entscheider/innen und Kund/innen

Inwieweit, so die Kernfrage der Forschung im Bereich *Governance*, ist an die Stelle des Staates, der dirigistisch durch Gesetze und Erlasse sowie deren Ausführung steuert, zunehmend ein verhandelnder oder moderierender Staat getreten, der gesellschaftliche Akteure zusammenführt und bei der Entscheidungsfindung und Umsetzung mit einbezieht? Relativiert sich dabei die Bedeutung des Nationalstaates angesichts einer Zunahme anderer *Governance*-Mechanismen und/oder kann gar von einer neuen Form von Staatlichkeit gesprochen werden? Ist der Staat nunmehr bloßer Mediator und damit in seiner Macht beschnitten, oder handelt es sich bei *Governance* um eine andere Form staatlicher Macht? (Benz 2004; Offe 2002: 28; Jessop 1997: 274ff., Newman 2003: 11ff.).

Die Debatte um *Governance* zielt damit auf drei zentrale Aspekte: 1) Die Veränderung der Rolle staatlichen Regierens, 2) zunehmende Interdependenzen zwischen den verschiedensten politischen, wirtschaftlichen und gesellschaftlichen Akteuren (Kooiman 1999: 72, 74), und 3) breiter angelegte Prozesse der Kommunikation und Verhandlungen mit flacheren oder veränderten Hierarchien (Daly 2003: 115f.). *Governance* ist dabei als Begriff sowohl beschreibend, um bestimmte Formen von Veränderungen auszudrücken, als auch normativ, insoweit vorzugeben versucht wird, wie Prozesse und Regieren gestaltet werden sollten (Newman 2003: 16ff.).

Jedoch sind die Fragen nach dem Charakter und der Auswirkung der Entwicklung hin zu mehr *Governance* nur schwer und vor allem nicht eindeutig zu beantworten, insbesondere deshalb, weil es in der Geschichte staatlichen Handelns schon immer *Governance*-Elemente in Form von Aushandlungs- und Vermittlungsprozessen gegeben hat (beispielsweise wären hier Tarifverhandlungen zu nennen, in denen Schlichter aus dem Bereich der Parteipolitik oder der Regierungen eingesetzt werden). Auch und gerade im Bereich der lokalen Politik ist dies der Fall; so weist Daly (2003: 114) etwa zu Recht darauf hin, dass im Bereich der lokalen Sozialpolitik *Governance* immer schon eine Bedeutung hatte, weil es seit ihrem Entstehen Kooperation unterschiedlichster Akteure gab. Zudem gibt es gerade in der lokalen Politik verschiedene Politikinnovationen, die zu mehr Partizipation und Kooperation führen sollen (siehe den folgenden Abschnitt). Die aktuelle politikwissenschaftliche Diskussion zur lokalen Politik kreist entsprechend dieser Debattenentwicklung weniger um lokales Regieren als vielmehr um lokale *Governance* (siehe etwa Schwalb/Walk 2007 oder Heinelt/ Vetter 2008).

Die vorliegende Untersuchung legt dennoch aus einem zentralen Grund den Fokus auf die Komponente des Regierens: Sie bezieht sich auf einen Bereich, die lokale Arbeitsmarkt- und Beschäftigungspolitik, in dem die Entwicklung hin zu *Governance* und auch zu anderen innovativen und partizipativen Elementen wie Bürgerbeteiligung kaum spürbar ist. Mit den Hartz-Reformen gab es hier zwar entscheidende Strukturveränderungen; diese haben aber am Charakter der Steuerung nur wenig verändert. Sie verläuft nach wie vor stark dem klassischen Regierungsverständnis entsprechend von oben nach unten. Betroffene sind, trotz einer Rhetorik, in der sie zu Klienten werden, einer hierarchischen Organisation und den von der Regierung gesetzten Vorgaben unterworfen. Weder entscheiden sie über ihre Qualifizierung mit, noch über die Ausgestaltung von Fördermaßnahmen; es gibt keine Workshops, runde Tische oder offene Sprechstunden. Bei Nichtbeachtung der Vorgaben drohen den Betroffenen Sanktionen.

Allerdings bewegt sich auch die lokale Arbeitsmarkt- und Beschäftigungspolitik durch ihre Verbindungen zur lokalen Sozialpolitik in einem Spannungsfeld zwischen Regieren/*Government* und *Governance* bzw. zwischen Steuern von oben nach unten und verstärkter horizontaler Einbindung. Im Bereich der lokalen Sozialpolitik, der mit der lokalen Arbeitsmarkt- und Beschäftigungspolitik oftmals eng verzahnt ist, ist nämlich die Entwicklung von Regieren/*Government* zu *Governance*, auch im Sinne partizipativer Möglichkeiten, sehr viel weiter gediehen. Insofern liegt der primäre Fokus der Untersuchung zwar auf dem Aspekt des Regierens, aber das Feld des Modellprojekts „JobKomm", das hier untersucht wird, ist dabei nicht ganz eindeutig einzuordnen: Es handelt sich nämlich um ein Modellprojekt zur Politikinnovation, das an einer Schnittstelle von lokaler Beschäftigungspolitik, lokaler Sozialpolitik und dem stark auf Partizipation bezogenen Programm „Soziale Stadt" angesiedelt ist. Insgesamt berührt die Untersuchung damit auch das Spannungsfeld zwischen lokalem Regieren und lokaler *Governance*.

2.2 Innovationskonzepte in der lokalen Politik

Die Politikinnovationen, die in der vorliegenden Untersuchung evaluiert werden, sind vor dem Hintergrund theoretischer Konzepte entstanden, die seit mehreren Jahren diskutiert werden. Nicht alle Konzepte, die Politikinnovationen für die lokale Politik vorschlagen, fanden auch ihren Niederschlag in der praktischen Politik. Das war jedoch bei den Ansätzen des *New Public Management*, des aktivierenden Staates, des *Welfare Mix*, der kooperativen Planung und der aktivierenden Gemeinwesenarbeit der Fall. Sie beeinflussten auch die Politikinnovationen in der lokalen Arbeitsmarkt- und Beschäftigungspolitik sowie im benachbarten Feld der lokalen Sozialpolitik. Die fünf Konzepte erstrecken sich dabei allerdings bezüglich ihrer Ziele in einem Kontinuum, das von einer starken Orientierung auf Effektivität und Effizienz lokalen Regierens hin zu einer Orientierung auf lokale *Governance* mit starken partizipatorischen Elementen reicht (vgl. dazu ausführlich Evers/ Schulz/Wiesner 2004: 21ff.). Die fünf Konzepte sollen hier nun näher vorgestellt werden:

New Public Management und Verwaltungsreform

Die internationale Diskussion um „New Public Management" (NPM) begann bereits in den siebziger Jahren. Die Grundideen des NPM stammen aus der Betriebswirtschaft und haben inzwischen auch in Deutschland stark Fuß gefasst: Hier gingen die Konzepte zur Verwaltungsreform aus den Überlegungen des NPM hervor und mündeten in das „Neue Steuerungsmodell" (NSM), dessen Verbreitung durch die Finanzkrise der öffentlichen Haushalte begünstigt wurde.

Grundgedanke des NPM ist die Ausrichtung des öffentlichen Sektors und der Verwaltungen an betriebswirtschaftlichen Konzepten und Kriterien. Der Staat soll von überflüssigen Aufgaben entlastet werden und nur noch die Aufgaben in seinem Kernbereich erfüllen. Die Effizienz staatlicher Verwaltungen soll gesteigert werden, indem sie und ihr Handeln nach Kriterien wie Effizienz und Kostensenkung organisiert werden. Diese Umorientierung durch das NPM wird durch einen Sprachgebrauch zum Ausdruck gebracht, der beispielsweise statt von Bürger/innen von Kund/innen spricht. Die zentralen Ansatzpunkte des NPM sind (Naschold 1993: 50ff.; Wohlfahrt 2001: 21ff.):

- Die Organisation des Verwaltungshandelns analog zur Produktion in einem Unternehmen: Es sollen quantifizierte Outputziele gesetzt und diese dann auch kontrolliert werden.
- Die Bedeutung betriebswirtschaftlich definierter Effizienz: Dies beinhaltet eine stärkere Orientierung auf den Preis staatlicher Leistungserstellung. Die Verwaltung soll „schlanker" produzieren und eine laufende Qualitätsprüfung installieren. Die Ergebnisse staatlichen Handelns sollen in Produkten definiert werden, die besser berechnet und auch kontrolliert werden können.
- Reengeneering: Es wir überprüft, ob bestimmte Aufgaben wirklich vom Staat durchgeführt werden sollen und ob sie in der richtigen Menge und vom richtigen Anbieter produziert werden.
- Schaffung von Wettbewerb: Die öffentliche Verwaltung soll nicht mehr der einzige Anbieter von Diensten oder Leistungen sein. Durch Ausgliederungen und andere Mechanismen soll Wettbewerb mit anderen Unternehmen geschaffen werden, die vergleichbare Leistungen bieten können.
- Kund/innen statt Bürger/innen: Bürger/innen werden zunehmend als Kund/innen betrachtet, die individuelle Präferenzen bei der Wahrnehmung sozial-

staatlicher Leistungen haben, und weniger als Bürger/innen mit Rechten und Pflichten. Die Aufgabe des Staates ist es dementsprechend weniger, entsprechende Dienstleistungen selbst bereit zu stellen, als vielmehr die Möglichkeiten zu bieten, ein bestimmtes Niveau an sozialstaatlichen Leistungen nach individueller Präferenz und bei verschiedenen – privaten, Non-Profit und öffentlichen – Anbietern abzurufen.

- Regulierung von Dienstleistungen statt Selbstproduktion: Der Anteil der Dienstleistungen, die von staatlichen Institutionen selbst erbracht werden, soll reduziert werden; an dessen Stelle soll eine stärkere Kontrolle und Regulierung eines Dienstleistungs-Erstellungsprozesses treten, der zum größeren Teil von externen Anbietern durchgeführt wird.
- Trennung von politischem und Management-Prozess: Traditionell wurde die politische Kontrolle in der Hierarchie der Verwaltung von den gewählten politischen Personen oder Gremien wie den entsprechenden DezernentInnen ausgeübt. Im Zuge der Verwaltungsmodernisierung sollen diese Kontrollmechanismen in eine strategische Kontrolle der „großen" und längerfristigen Leitlinien und Ziele, die weiterhin durch die Politik wahrgenommen werden soll, und eine operative Kontrolle des alltäglichen „Leistungsproduktionsprozesses", die durch ein relativ selbständiges Spitzenmanagement durchgeführt wird, getrennt werden.
- Die Entwicklung vertraglicher Arrangements: Statt etablierter hierarchisch gesteuerter Aktivitäten soll durch organisationsinterne Verträge die Herstellung einer direkten Kunden-Lieferanten Beziehung ermöglicht werden.
- Ergebnisverantwortung: Interne Verträge, Neuordnung von Hierarchien und Arbeitsabläufen sowie die Schaffung von Agenturen mit Rahmenvereinbarungen machen erstens eine Verantwortung der zuständigen Verwaltungseinheiten und zweitens eine Beurteilung der Leistungen erforderlich. Dies geht auch mit Budgetautonomie für einzelne Verwaltungseinheiten einher.
- Flexibilisierung der Löhne und Arbeitsbedingungen: Je selbständiger einzelne Verwaltungseinheiten sind, desto mehr bildet sich eine mögliche Tendenz zur Dezentralisierung und Flexibilisierung von Löhnen und Arbeitsbedingungen heraus.

Konzepte des NPM setzen damit vorwiegend an der Frage nach der *Effektivität und Effizienz* von Verwaltungshandeln und seiner Veränderung an. Im Steuerungsmodell des NPM wird die Frage nach demokratischer Legitimation und Partizipation ebenso marginalisiert wie das Zusammenspiel mit der Gesellschaft außerhalb der Verwaltung. Wo gesellschaftliche Akteure nicht Kund/innen oder Kontraktpartner sind, stößt die Aussagekraft des NPM an seine Grenzen. NPM ist stark an Input-Output-Kategorien orientiert; inhaltliche und normative Fragestellungen werden dagegen, ähnlich wie in der politikwissenschaftlichen Netzwerkforschung, vernachlässigt. Das NPM bezieht sich bislang vorwiegend auf die Binnenmodernisierung der Verwaltung, also etwa deren Effizienzorientierung, während die „Öffnung" bürokratischer Strukturen und die Delegation von Verantwortung und Aufgaben, wesentlich im Sinne externer Auftragsvergabe verstanden wird. Überdies beziehen sich eine Reihe von Kritikpunkten, die hier nicht detailliert dargestellt werden können, auf Grenzen der Instrumente des NPM (Naschold 1993; Trube 2001; Wohlfahrt 2001). Regieren bleibt somit im NPM weiterhin Regieren von oben nach unten, es soll lediglich effizienter gestaltet werden.

Aktivierender Staat

Die Debatte um den aktivierenden Staat geht ähnlich wie die um *Governance* von der normativen und empirischen Feststellung aus, dass sich staatliches Handeln verändert hat und auch verändern soll. Gefragt wird jedoch hier nach dem Verhältnis von Staat und Gesellschaft sowie den Funktionen und Aufgaben, die der Staat dabei inne hat und wie er sie ausführen soll, wo der Beitrag der Bürger/innen und zivilgesellschaftlicher Akteure liegen und wie das Verhältnis zwischen Staat und zivilgesellschaftlichen Akteuren gestaltet werden soll. Im Unterschied zur *Governance*-Debatte liegt der Fokus also auf einer Wertung und normativen Aussagen über die Rollen der einzelnen Akteure – Staat, Bürger/innen, zivilgesellschaftliche Akteure. Zentral sind dabei Fragen nach Rechten und Pflichten und die Überlegung, dass der Staat eine aktivierende Rolle einnehmen soll. Die Art, in der staatliche Institutionen aktivierend tätig werden können und sollen, wird allerdings je nach Ausrichtung des Konzeptes sehr unterschiedlich interpretiert. Die Debatte hat zwei entgegen gesetzte Pole, die nachfolgend skizziert werden (Evers 2000; Evers/Leggewie 1999):

- Einerseits gibt es eine ebenfalls stark auf Effektivität und Effizienz orientierte Richtung, die eher von konservativer oder wirtschaftsliberaler Seite kommt und den Individualismus in den Vordergrund stellt. Aktivierung wird in diesem Zusammenhang so verstanden, dass Menschen so fit wie möglich für den Existenzkampf gemacht werrden sollen. Dazu werden entsprechende Anreize konzipiert, die sozialstaatliche Leistungen verringern oder mit Pflichten verknüpfen. Aktivierung wird dann zweitens im Sinne von Bestrafung bei Nichtbefolgung von Pflichten, drittens im Sinne von Belohnung bei Befolgung verstanden sowie viertens als Mobilisierung aller gesellschaftlichen Ressourcen in Zeiten sinkender öffentlicher Mittel und in einer Gesellschaft, die wesentlich vom Marktgeschehen geprägt wird.

- Die zweite Strömung argumentiert, beinahe schon als Gegenbild zu diesem Szenario, stärker in Richtung Demokratie. Sie sieht die Aufgabe des aktivierenden Staates darin, die Bürger/innen gemeinschaftsfähiger zu machen, ihre Mitverantwortung für andere und die Gemeinschaft zu stärken. Der aktivierende Staat soll nach diesem Ansatz seine Aufgabe darin sehen, die Zivilgesellschaft zu aktivieren, also Möglichkeiten, Raum und Anreize für gesellschaftliche Beteiligung und Debatte zu bieten und zivilgesellschaftliche Akteure stärker in die Politikgestaltung einzubeziehen. Die Aktivierungsfunktion des Staates wird hier vor allem darin gesehen, Bürger/innen die Möglichkeiten dazu zur Verfügung zu stellen, also beispielsweise unterstützende Infrastruktur für Engagement und finanzielle und rechtliche Voraussetzungen dafür zu schaffen.

Im Konzept des aktivierenden Staates ist damit nicht eindeutig, ob und inwieweit es auf die Veränderung von Regierungshandeln zielt. Je nach Auslegung des Konzeptes kann es zum einen als Rückbau von Regierungshandeln, zum anderen auch als Verstärkung oder Veränderung von Regierungshandeln hin zu einer Aktivierung der Bürger/innen interpretiert werden.

Welfare Mix/Welfare Pluralism

Auch das Konzept des *Welfare Mix* hat – ähnlich wie das der *Governance* – eine normative und eine empirische Komponente. Normatives Kernargument des Ansatzes des *Welfare Mix* ist, dass es zur Umsetzung sozialstaatlicher Ziele einer Pluralität von Ressourcen und damit der Einbeziehung von Akteuren des Dritten Sektors und der Zivilgesellschaft bedarf. In der „gemischten Wohlfahrtsökonomie" tragen verschiedenste Akteure und Ressourcen zur Erstellung sozialer Leistungen bei:

- Zu den Einflüssen und Beiträgen des *Staates* und seiner Verteilungs- beziehungsweise Umverteilungsinstrumente kommen
- die Einflüsse des *Marktes* mit seinen Wohlstands- und Einkommenseffekten und seinen Anreizen zu Wettbewerb und Effizienz,
- die Beiträge aus dem *Dritten Sektor* der Wohlfahrtsverbände und Non-Profit-Organisationen (wie z. B. Eigenmittel, freiwilliges Engagement etc.) und
- die Beteiligung von Gemeinschaften und insbesondere der Institution Familie (etwa bei privater Reproduktions- und Pflegearbeit) (Evers 2000b).

In der Realität haben sich die Anteile, die die einzelnen Bereiche jeweils zur Erbringung der Wohlfahrtsleistungen beitragen, mit den gesellschaftlichen Strukturen und den Rahmenbedingungen staatlichen Handelns verändert: Der Staat reduziert den Anteil seiner Leistungen tendenziell, hingegen wächst der Einfluss des Marktes. Dies hat insbesondere Auswirkungen auf den Dritten Sektor, der damit beständig durch die Veränderungen in den Bereichen des staatlichen Handelns, des wachsenden Einflusses von Marktstrukturen und der gesellschaftlichen Strukturen, die sich wiederum in Familien und sozialen Netzwerken widerspiegeln, beeinflusst wird.

Ähnlich wie bei der Debatte um den aktivierenden Staat stellt sich im *Welfare Mix* die Frage nach der Gewichtung der Anteile der verschiedenen Akteure sowie nach ihren Rechten und Pflichten. Entscheidend ist hier also die Frage, wie ein zustimmungsfähiges Konzept von *Welfare Mix* definiert werden soll: Aus marktliberaler Perspektive sollte z. B. staatliches Handeln auf ein Minimalmaß reduziert werden und kommerzielle und *Not-for-Profit*-Organisationen miteinander im Wettbewerb stehen; ein *Welfare-Mix*, der eine Stärkung der Rolle der Zivilgesellschaft auch bei der Wohlfahrtproduktion vorzieht, würde jedoch eher die Mitwirkungsmöglichkeiten der Bürger/innen und ihr Engagement verbessern wollen (Evers 2000b).

Das Konzept des *Welfare Mix* zielt damit zum einen auf eine Veränderung von Regierungshandeln hin zu mehr *Governance*: In der Sozialpolitik geht es darum, nicht allein staatliche Institutionen die Leistungen erbringen zu lassen, sondern auch nichtstaatliche bzw. zivilgesellschaftliche Anbieter einzubeziehen – wie es im bundesdeutschen subsidiären System auch seit Jahrzehnten geschieht. Gleichzeitig kann dies jedoch dann als Rückzug des Staates und als Reduzieren klassischer Regierungsaufgaben interpretiert werden, wenn klassischerweise staatliche Aufgaben nunmehr von anderen Anbietern geleistet werden.

Stadtplanung / kooperative Planung

Das Konzept der kooperativen Planung ist Ergebnis einer im Bereich der Stadtplanung seit mehreren Jahren geführten Debatte, die wesentlich von der angloamerikanischen Planungskultur geprägt wurde. Das Konzept ist inzwischen im Bereich der deutschen Stadtplanung weitgehend etabliert. Durch den Einsatz von kooperativen Verhandlungs- und Beteiligungsmodellen (Planungsworkshops, Mediationsverfahren etc.) soll gewährleistet werden, dass Planungsvorhaben im Konsens aller Betroffenen umgesetzt werden (auch, um einen eventuellen Widerstand zu verhindern). Ziel kooperativ angelegter Planungsprozesse ist es, kritische Interventionen als notwendige Voraussetzung einer flexiblen Modernisierungspolitik zu begreifen und starre Problemlösungsmuster möglichst zu vermeiden. In den Stadtplanungsprozessen soll ein funktionierendes Zusammenspiel zwischen Politik und ziviler Gesellschaft erreicht werden. Dies soll zum einen den Veränderungen in Struktur und Gesellschaft Rechung tragen, die in den Städten in den letzten Jahren und Jahrzehnten durch sozialen und sozialräumlichen Wandel und wachsende soziale Segregation stattfanden. Zum anderen soll damit die „Verfahrensschwerfälligkeit" (Wentz 1992: 14) der kommunalen Verwaltungen entschärft und Bürger/innen besser eingebunden werden.

Bezeichnet wird dies als „neue Planungskultur" (Selle 1992: 23): Bürger/innen und andere gesellschaftliche Akteure sollen an Planungsprozessen beteiligt werden, etablierte Modelle der Partizipation werden jedoch dafür nicht als ausreichend betrachtet. Gemeint ist daher ein neuartiges System der Kommunikation und Beratung auf unterschiedlichen Ebenen, bei dem möglichst alle denkbaren Argumente zum Planungsprojekt und seinen möglichen Auswirkungen gesammelt und zusammengefasst werden. Auf dieser Grundlage soll eine grundsätzliche Entscheidung getroffen werden, die dann möglichst rasch umgesetzt wird. Durch diese „neue Planungskultur" werden vor allem Prozess- und Verfahrensinnovationen angestrebt, technokratische, segmentierte und „monologische" Planungs- und Entscheidungsprozesse sollen zunehmend durch pragmatische, auf Problemzusammenhänge gerichtete, dialogische Prozesse abgelöst werden. Im Unterschied zu hergebrachten Formen der Planungsvorbereitung, wie etwa Anhörungen Betroffener, ist das Ziel kooperativer Planungsprozesse, Problemlösungen im Verfahren durch alle Beteiligten gemeinsam zu entwickeln. Damit sollen Planungsprojekte auch öffentliche Zustimmung erhalten, durch die öffentliche Mobilisierung bestimmte Planungsziele erreicht und letztlich Veränderungen in den Einstellungen der Bewohner/innen bewirkt werden (Wentz 1992, Selle 1992).

Das Konzept der kooperativen Planung zielt damit auf eine Veränderung staatlichen Handelns und klassischen lokalen Regierens, auf *Governance*-Prozesse, die die Einbeziehung von Bürger/innen auch in Entscheidungen bewirken.

Lokale Partizipationskonzepte und Gemeinwesenarbeit

Auf der lokalen Ebene und insbesondere in benachteiligten Gebieten werden seit langem Methoden der *Gemeinwesenarbeit* angewandt, die dazu dienen sollen, die Bevölkerung zur Partizipation am sozialen, kulturellen und politischen Leben anzuregen. Aufsuchende Sozialarbeit, Workshops, Feste, Projekte, offene Sprechstunden und einige andere Instrumente gemeinwesenorientierter sozialer Arbeit sollen zunächst die echte oder vermeintliche Kluft schließen, die Menschen von der lokalen Gesellschaft trennt. Sie sollen ihre Positionen in anderen gesellschaftlichen und politischen Bereichen „hörbar" machen und sind insofern normativ orientierte Instrumente der lokalen Demokratie und Partizipation (Alisch 1999, Alisch 2001).

In den letzten zehn Jahren kam zu den Konzepten der Gemeinwesenarbeit ein weiterer für die kommunale Demokratie bedeutsamer partizipativer Politikansatz. Auf der UN-Umweltkonferenz in Rio de Janeiro 1995 wurde die „Agenda 21" beschlossen, die eine Verkopplung der globalen Ebene mit dem Handeln auf lokaler Ebene vorsieht. Nach dem Leitbild der „Agenda 21" werden Ökologie, Ökonomie und soziale Sicherheit als eine Einheit betrachtet. In Prozessen zur *lokalen Agenda 21"* sollen auf lokaler Ebene Probleme und Ungleichgewichte für einen nachhaltigen, möglichst alle lokalen Akteure zufriedenstellenden Stadtentwicklungsprozess auf lokaler Ebene ausgeglichen werden. Dazu sollen im *Agendaprozess* alle Gruppen der Kommune auf größtmöglichen Konsens orientiert ein Leitbild für eine zukunftsfähige Stadt entwickeln. Dabei wird versucht, die Bereiche Ökonomie, Ökologie und Soziales zu verknüpfen. Bis 1997 hatten über 1800 Kommunen der Welt einen Agendaprozess begonnen (Bundesumweltministerium o.J.: 231ff.; Zimmermann 1997: 25).

Auch Runde Tische, Bürgerforen und Mediationsverfahren stellen eine partizipative Form der Politikformulierung auf lokaler Ebene dar. Für die lokalen Körperschaften gibt es eine Reihe von Gründen, die aufgezählten Elemente in ihr Handeln aufzunehmen. Diese sind:

- breite Akteurskreise werden eingebunden
- auch bei abnehmenden finanziellen Mitteln können sie der zunehmenden gesellschaftlichen Fragmentierung entsprechen
- die Ergebnisse sind durch Beteiligung der Betroffenen zielgenauer und meist nachhaltiger
- die Zufriedenheit der Beteiligten steigt,
- die Ergebnisse finden breitere Zustimmung und
- der Grad der Umsetzung von Projekten verbessert sich (Parry/Moser/Day 1992: 281, Folz 1991, Wheeland 1993).

Partizipationskonzepte und Gemeinwesenarbeit zielen somit stark auf eine Veränderung lokalen Regierens hin zu *Governance* im Sinne von flachen Hierarchien und einer moderierenden Rolle für die lokale Regierung ab.

2.3 Das Programm Soziale Stadt als Politikinnovation

Das Programm „Soziale Stadt" integriert eine Reihe von Überlegungen aus den fünf vorgestellten Konzepten, legt dabei aber den Schwerpunkt auf diejenigen

Ansätze, die stärker auf Demokratie und Veränderung von Regierungshandeln zielen – kooperative Planung, Gemeinwesenarbeit und Partizipation, *Welfare Mix*.

Das Programm stellt in vierfacher Hinsicht eine Politikinnovation lokalen Regierens dar. Es setzt neue Formen der Steuerung und Netzwerkbildung im Feld der deutschen lokalen Sozialpolitik und Stadterneuerung um; es bewegt sich in verschiedenen Politikfeldern – grundlegend für das Programm sind die Stadtplanung und die kommunale Sozialpolitik. Anspruch des Programms ist es darüber hinaus, sich weg vom klassischen Regieren/*Government* stärker zu aushandlungs- und netzwerkorientierte Formen von G*overnance* zu orientieren; schließlich handelt es sich um das erste Bund-Länder-Programm in diesem Bereich, das einen solchen integrierten und kooperativen Ansatz verfolgt.

Ähnliche Prozesse sind in den meisten europäischen Nachbarländern in den letzten zwanzig Jahren begonnen worden – an erster Stelle sind hier etwa die Niederlande oder Großbritannien zu nennen. In den Niederlanden gibt es der „Sozialen Stadt" entsprechende Programme bereits seit den 1980er Jahren, und in Großbritannien war es die Labour-Regierung, die in groß angelegtem Stil versucht, Regierungshandeln gleichzeitig partnerschaftlicher und effizienter zu gestalten. In der Bundesrepublik gab es ab den 1990er Jahren in einigen Ländern Vorläuferprogramme, wie etwa das „integrierte Handlungsprogramm für Stadtteile mit besonderem Erneuerungsbedarf" in Nordrhein-Westfalen.

Das Programm stellt damit auch einen hohen Anspruch an die Verwaltung und die entscheidenden Akteure in bislang praktizierten Steuerungsformen. Etablierte Routinen sollen sich verändern und neue Arbeitsweisen erlernt und umgesetzt werden. Die Schlüsselstichworte in der Debatte um das Programm zeigen, welche Herausforderung dies für die Administration darstellt: dezernatsübergreifende Kooperation, Aufbrechen etablierter Ressortzuständigkeiten, Öffnung und Lernen von Verwaltung, Aufbau breiter Kooperationen, Einbindung von Partnern, Einwerben von Ressourcen und schließlich Aktivierung, Partizipation und Einbindung der Bevölkerung. Es handelt sich also bei der „Sozialen Stadt" dem Anspruch nach um ein Programm für Verwaltungsreform und die Entwicklung neuer Formen der Steuerung und Kooperation.

Die Erfahrungen mit dem Programm zeigen allerdings, dass Veränderungen in der politischen Steuerung und im Handeln von Administrationen nur schwer zu erreichen sind. Die Entwicklungsprozesse bringen eine Reihe von Widersprüchen und Ungleichzeitigkeiten mit sich. Neue Praktiken müssen mit etablierten Handlungsweisen abgestimmt werden – oder beide existieren nebeneinander, denn oftmals werden sie nur in einem Teil der Politikfelder bzw. -bereiche begonnen. Neue Konzepte mischen sich also in solchen Prozessen mit alten Realitäten, und dies führt letztendlich dazu, dass Mischformen des Regierens, der Administration und der Steuerung entstehen, die nicht dadurch erfasst werden können, dass man neue und alte Konzepte einander gegenüberstellt. Dies ist auch bei der „Sozialen Stadt" der Fall.

Das Programm baut dabei insofern auf Traditionen des Dialogs und der partnerschaftlichen Arbeit in den zentralen Politikbereichen auf, als es auf Erfahrungen in drei Innovationsbreichen aufbauen kann. Das Feld der Stadtplanung war in Deutschland eines der ersten, in dem Erfahrungen mit neuen, partizipativ angelegten Methoden der Administration gesammelt wurden. Die „dialogische Planung" mit der Einbindung der Betroffenen durch Workshops, Mediationsverfahren und aktivierende Maßnahmen ist inzwischen in diesem Politikbereich vielfach Standard. Die lokale Sozialpolitik als zweites zentrales Feld des Programms ist von zwei verschiedenen Gegebenheiten geprägt: Zum einen ist sie Teil des komplizierten deutschen Sozialsystems mit seinen unterschiedlichen Ebenen und Formen der Leistungserbringung im Sinne eines *Welfare Mix*. Zum anderen existieren gerade in der lokalen Sozialpolitik verschiedenste Formen der eher horizontalen, alternativen Steuerung im Sinne von *Governance*, wie beispielsweise Partnerschaften und Kooperationen mit Wohlfahrtsverbänden oder freien Trägern. Damit haben sich auch hier Formen der Steuerung jenseits eines klassischen Top-down-Modells der Administration etabliert. In der Tradition der Gemeinwesenarbeit sind Elemente von *Governance* insofern ebenfalls gängig, als hier Bürger/innen seit langem in partizipativen und aktivierenden Modellen einbezogen werden und auch mit entscheiden.

Die Herausforderung liegt nun darin, erstmals im Rahmen eines bundesweiten Modellprogramms nicht nur die Bereiche der Stadtplanung, der kommunalen Sozialpolitik und der Gemeinwesenarbeit, sondern darüber hinaus auch noch weitere Akteure in einen kooperativen Prozess der sozialen Stadtentwicklung einzubinden. In die Umsetzung des Programms soll nämlich darüber hinaus ein möglichst breiter Akteurskreis einbezogen werden: „Soziale Stadt" richtet sich nicht nur auf traditionelle stadtplanerische oder sozialpolitische Maßnahmen, sondern auch auf Themen wie u.a. die Arbeitsmarkt- und Beschäftigungspolitik sowie die Bildungspolitik. Soziale Stadt zielt somit stark auf eine Veränderung von Regieren/*Government* hin zu *Governance*.

2.4 Innovationen in der lokalen Beschäftigungspolitik

In der lokalen Beschäftigungspolitik bestand die zentrale Politikinnovation der letzten Jahre in den Hartz-Reformen, die die organisatorische Zusammenlegung der vormals getrennten Systeme der Bundesinstitution Arbeitsamt (heute Agentur für Arbeit) und der kommunalen Sozialhilfeverwaltung mit sich brachte. An dieser Stelle soll und kann weder die Kontroverse um Erfolg oder Misserfolg der Hartz-Reform nachverfolgt werden, noch ist Raum dafür, die finanziellen Einbußen oder mitunter auch Verbesserungen zu bewerten, die für die Betroffenen aus dieser Reform resultierten. Im Fokus steht lediglich die Frage, welche Veränderung in Bezug auf lokales Regieren mit der Reform einher gingen.

Die organisatorische Zusammenlegung von Arbeitslosen- und Sozialhilfe sollte diesbezüglich in zweifacher Weise als Politikinnovation wirken. Sie hatte erstens das Ziel, eine bessere Betreuung Arbeitssuchender zu ermöglichen und zu vermeiden, dass arbeitsfähige Bezieherinnen und Bezieher von Sozialhilfe weiterhin von einer Instanz zur nächsten geschickt wurden. Sie sollten Hilfen, Beratung und Qualifizierung bei einer einzigen Anlaufstelle, meist einem lokalen Jobcenter, erhalten. Gleichzeitig gingen die Hartz-Reformen aber zweitens auch mit dem formalen Anspruch einher, Betroffene im Sinne des oben beschriebenen Konzepts des aktivierenden Staates stärker als Klienten zu sehen. Die Devise „Fördern und Fordern" zielte rhetorisch darauf ab, ein weniger hierarchisches Verhältnis zwischen Arbeitssuchenden und Beratern (bzw. der Institution Agentur oder Jobcenter) zu konstruieren. Sie sollte einen Handel beschreiben: Auf der einen Seite stand die Förderung durch die Institution bei der Arbeitssuche, auf der anderen die Tatsache, dass der Arbeitssuchende dazu eine Gegenleistung zu erbringen hatte.

Die Hartz-Reformen orientierten sich somit in der Theorie an den Ansätzen des NPM und des aktivierenden Staates, wobei letzterer nicht nur mit Blick auf die Forderung des Staates an die Betroffenen, sondern auch auf deren Rechte als zu Beratende konzipiert worden war. In der Praxis zeigte sich jedoch, dass die Komponente des Förderns weit weniger stark umgesetzt wurde als die des Forderns; die Gründe dafür sind vielschichtig, beginnen aber bereits damit, dass auf einen Berater eine zu große Zahl an Klienten kommt. In der Gesamtschau bleibt Hartz damit vor allem eine Veränderung lokalen Regierens im Sinne eines Prozesses, der von oben nach unten verläuft. Die Veränderung besteht dabei vor allem darin, dass Betroffene weniger Spielräume haben und schneller als vorher Sanktionen zu erwarten sind.

Die Hartz-Reformen setzten einen grundlegenden Trend und prägten Strukturen um. Sie förderten aber auch die Vergabe von Unteraufträgen und damit einen *Welfare Mix* in der lokalen Beschäftigungspolitik. Anbieter und Träger jenseits der Agentur und der Jobcenter qualifizieren, bilden aus, oder vermitteln. Je nachdem, wie diese Anbieter ihre Arbeit gestalten, kann es durchaus sein, dass ihr Umgang mit den Arbeitssuchenden weniger restriktiv und hierarchisch und stärker partizipativ und aktivierend angelegt ist.

In der vorliegenden Untersuchung kamen diesbezüglich zwei Aspekte zusammen, die dazu führten, dass die durch das Projekt angestoßenen Politikinnovationen genau in eine solche Richtung zielten: Erstens arbeitete der Träger des Modellprojekts, das Zentrum für Arbeit und Umwelt Gießen (ZAUG), seit mehreren

Jahren stark aktivierend und mit Blick auf besonders benachteiligte Personengruppen, und zweitens zielte das XENOS-Sonderprogramm auf die Förderung dieser Gruppen im Rahmen des Programms „Soziale Stadt", das wiederum aktivierend, partizipativ und sozialraumbezogen angelegt ist. Das Modellprojekt stellte darum in dreifacher Hinsicht eine Politikinnovation der lokalen Beschäftigungspolitik dar. Es war darauf angelegt, anders zu arbeiten als es in der hierarchischen und eher starren Struktur der Agenturen und Jobcenter der Fall ist, nämlich a) stärker aktivierend (und sehr viel weniger „fordernd", also restriktiv und sanktionierend), b) eher niedrigschwellig und c) sozialraumbezogen ausgerichtet.

Gender Mainstreaming und Antidiskriminierung als Politikinnovationen

Auch die beiden Querschnittziele des in der vorliegenden Untersuchung evaluierten Modellprojekts, Gender Mainstreaming und Antidiskriminierung, sind als Formen von Politikinnovationen zu betrachten. Sie werden in den Teilkapiteln 5.3. und 5.4. ausführlich beschrieben; daher beschränkt sich dieser Abschnitt auf eine kurze Diskussion Ihres Charakters als lokale Politikinnovationen. Anders als die eben beschriebenen Innovationsbereiche der Hartz-Reformen und des Programms Soziale Stadt handelt es sich um Querschnittsbereiche. Das heißt, die Politikziele Gender Mainstreaming und Antidiskriminierung gelten – jedenfalls dem Anspruch nach – für alle Politikbereiche und das komplette Verwaltungs- oder Regierungshandeln; beziehungsweise im vorliegenden Fall für die gesamte Umsetzung und alle Bereiche des Modellprojektes.

2.5 Evaluation von Politikinnovationen

Politikinnovationen, insbesondere wenn sie aus umfassend angelegten Konzepten wie den Beschriebenen entstehen und in Modellprojekte münden, werden regelmäßig wissenschaftlich evaluiert. Die Gründe dafür sind nicht allein darin zu sehen, dass die Auftraggeber oder Träger schlicht wissen möchten, „was sie für Ihr Geld bekommen". Evaluationen sind vielmehr von Nutzen sowohl für die Evaluierten, als auch für die Auftraggeber bzw. Finanzierenden.

    Es gibt allerdings unterschiedliche Evaluationsmethoden, so wie es unterschiedliche Zugänge in der empirischen Sozialforschung gibt (für Übersichten siehe Stockmann 2006 und 2007; s. auch Rossi/Freeman 2004). Hier sind zunächst die klassischen, quantitativen Ansätze zu nennen: Hier wird mit Fragebögen und der Erhebung quantitativer Daten gearbeitet. Sie sind besonders dann empfehlenswert, wenn statistische Daten gebraucht werden oder eine Evaluation der Daten aller Teilnehmenden eines Projektes benötigt wird, also bei einer klassischen Groß-N-Studie. Allerdings muss hierbei auf methodische Exaktheit geachtet werden. Allzu leicht sind manche Auftraggeber in der Versuchung, „mal eben so" einen Fragebogen zu erstellen und ausfüllen zu lassen. Quantitative Evaluationsergebnisse sind jedoch nur dann belastbar, wenn sie entsprechend den Qualitätsvorgaben quantitativer Forschung erhoben werden, und zwar bei allen Schritten: Fragebogenerstellung, Erhebung, und Auswertung. Auftraggeber müssen diese Schritte in der Regeln bezahlen, jedenfalls dann, wenn es sich um Auftragsforschung handelt. Das macht auch eine quantitative Studie, wenn sie korrekt durchgeführt wird, nicht ganz billig.

Qualitative Ansätze, wie Interviews, qualitative Fragebögen und teilnehmende Beobachtung dienen dagegen dazu, nicht-quantifizierbare Erfolge von Politikinnovationen zu erheben, also etwa Lernerfolge, Motivationsgewinne, etc.. Sie sind jedoch methodisch noch aufwändiger als quantitative Evaluationsmethoden – und damit für die Auftraggeber auch noch teurer. Interviews müssen geführt, transkribiert, verkodet und ausgewertet werden, in der Regel mit entsprechender Software. Qualitative Fragebögen sollte man ähnlich auswerten. Einzig für die Methode der teilnehmenden Beobachtung ist es zulässig, lediglich zu protokollieren (da oftmals die Untersuchten gar nichts anderes akzeptieren) – je weniger man aber formalisiert, desto subjektiver wird das Ergebnis.

Schließlich gibt es prozessuale Ansätze der Evaluation, die die Beteiligten regelmäßig einbeziehen. Prozessevaluation basiert oftmals auf Workshops, die die Funktion von Expertengesprächen haben und auf der Grundlage der Workshopprotokolle ausgewertet werden. Diese Formen haben noch den zusätzlichen praktischen Vorteil, dass sie für die Projektbeteiligten den geringsten Zeitaufwand mit sich bringen.

Bei Prozessevaluationen werden in der Regel drei Schritte gewählt: Ex-Ante-, Zwischen- und Ex-Post-Evaluation. Es werden jeweils die Ziele und Indikatoren reflektiert. Bei der Ex-Ante-Evaluation lautet die Frage: „Sind sie realistisch?", bei der Zwischenevaluation: „Wie wurden sie bisher erreicht, was müssen wir ändern?", und bei der Ex-Post-Evaluation: „Wie sind die Ergebnisse, würden wir in der Rückschau Ziele anders definieren?" Die Ergebnisse werden in der Gruppe diskutiert und festgehalten (dies entspricht einer Deutungsgruppenanalyse) und entspringen deshalb vor allem dem Meinungsbildungsprozess der Gruppe und nicht allein der subjektiven Bewertung des Protokollanten.

Der Nutzen von Evaluationen ist mithin dann besonders groß, wenn sie – zumindest in Teilen – als Prozessevaluationen und unter Beteiligung der Evaluierten (durch Gruppendiskussionen, Interviews etc.) durchgeführt werden. Diese bietet sich gerade bei Modellprojekten an, weil sich dort Erfolg nicht allein in Kriterien messen lässt, die im Vorhinein abstrakt und extern festgesetzt werden können. Vielmehr gibt es oft Kriterien des Erfolges, die nur die Beteiligten wegen ihrer spezifischen Kenntnis des jeweiligen Feldes genau benennen können und die sich noch dazu im Projektverlauf entwickeln und verändern. Für die Evaluierten geht eine solche Prozessevaluation in der Regel mit einer Selbstreflexion über die Ziele und das Erreichte des Projekts einher. Beides ist fruchtbar und kann noch im Projektverlauf unmittelbar zu Verbesserungen führen: Eine Reflexion über die Ziele führt zunächst zu einer Klärung darüber, ob alle Beteiligten sie in der gleichen Weise interpretieren – meist stellt sich heraus, dass dies nicht der Fall ist; in dem Moment, wo dann gemeinsame Ziele festgelegt werden, kommt jedoch eine Verständigung zustande. Nach einer Ex-Ante Evaluation mit Projektbeteiligten zeigt sich meist, ob und welche Ziele realistisch definiert sind. In einer Zwischenevaluation mit Projektbeteiligten können Ziele gegebenenfalls korrigiert oder neu definiert werden, und in einer Abschlussevaluation schließlich können die Beteiligten reflektieren, wieso Ziele erreicht wurden und wieso nicht. Überdies bedeutet die Tatsache, sich an Kriterien messen zu lassen, um die eigene Arbeit von außen betrachten zu können, auch ein ungeheures Lernpotenzial: Man erhält ein kostbares Feedback.

Für die Auftraggeber geht mit einer Prozessevaluation nicht nur eine Definition von Erfolgsindikatoren einher, man kann also Standards benennen und weiß in der Tat, „was man bekommen soll für sein Geld" und was man bekommen hat. Darüber hinaus bietet sich aber auch den Auftraggebern das Lernpotenzial: Man weiß am Ende mehr darüber, welche Elemente der Politikinnovationen man als erfolgreich bewerten kann, und an welchen Stellen Verbesserungsbedarf zu sehen ist.

Literatur

Alisch, Monika (1999): Soziale Stadtentwicklung als Politik mit neuer Qualität, in: Mirbach Thomas (Hrsg.): Entwürfe für eine soziale Stadt, Amsterdam: GIB Verlag Fakultas-Imprint.

Alisch, Monika (2001): Zur Organisation offener Prozesse am Beispiel der sozialen Stadtentwicklung, in: Alisch, Monika: Sozial-Gesund-Nachhaltig, Opladen: Leske+Budrich.

Bandemer, Stephan von/Wewer, Göttrik (Hg.) (1989): Regierungssystem und Regierungslehre. Fragestellungen, Analysekonzepte und Forschungsstand. Opladen: Leske + Budrich.

Benz, Arthur (Hg.) (2004): Governance – Regieren in komplexen Regelsystemen, Wiesbaden: VS-Verlag.

Blumenthal, Julia von/Bröchler, Stefan (Hrsg.) 2006: Von Government zu Governance. Analysen zum Regieren im modernen Staat. Münster: LIT.

Braun, Dietmar (1995): Steuerungstheorien. In: Nohlen, Dieter/Schultze, Rainer-Olaf (Hg.): Lexikon der Politik. Band I, Politische Theorien. München: Beck, S. 611-618.

Bundesministerium für Umwelt, Naturschutz und Reaktorsicherheit (Hrsg.) o.J.: Konferenz der Vereinten Nationen für Umwelt und Entwicklung im Juni 1992 in Rio de Janeiro, Dokumente: Agenda 21, Bonn: Bundesministerium für Umwelt, Naturschutz und Reaktorsicherheit.

Daly, Mary (2003): Governance and Social Policy, in: Jnl. Soc. Pol., 32, 1, S. 113-128, Cambridge: Cambridge University Press.

Derlien, Hans-Ulrich (1990): „Regieren" – Notizen zu einem Schlüsselbegriff der Regierungslehre. In: Hartwich, Hans-Hermann/Wewer, Göttrik (Hg.): Regieren in der Bundesrepublik I. Konzeptionelle Grundlagen und Perspektiven der Forschung. Opladen: Leske + Budrich, S. 77-88.

Ellwein, Thomas (1966): Einführung in die Regierungs- und Verwaltungslehre. Stuttgart: Kohlhammer.

Ellwein, Thomas (1976): Regieren und Verwalten. Eine kritische Einführung. Opladen: Westdeutscher Verlag.

Evers, Adalbert/Leggewie, Claus (1999): Der ermunternde Staat, in: Gewerkschaftliche Monatshefte 6/1999, Wiesbaden: Westdeutscher Verlag, S. 331-340.

Evers, Adalbert (2000): Aktivierender Staat, in: Mezger, Erika/West, K.W.: Aktivierender Staat und politisches Handeln, Marburg: Schüren-Verlag.

Evers, Adalbert (2000b): The Welfare Mix, its socio-economic and governance dimensions. Discussion Paper presented at the international conference „The New Welfare Mix in Europa: What Role for the Third Sector?" European University Institute, Florence, 9.-11. November 2000.

Evers Adalbert/Schulz, Andreas/Wiesner, Claudia (2004): Netzwerkanalyse und dialogische Begleitung. Endbericht zur HEGISS-Begleitforschung, Universität Gießen, Dezember 2004. Download unter http://www.hegiss.de/he_main.htm.

Folz, David H. (1991): Recycling Program Design, Management and Participation: A National Survey of Municipal Experiment, in: administration review, May-June, Vol. 51, No.3, S. 222-231.

Guilleaume, Emil (1965): Regierungslehre. In: Der Staat. Zeitschrift für Staatslehre, Öffentliches Recht und Verfassungsgeschichte, 2/1965, S. 177-194.

Hartwich, Hans-Hermann (1991): Regierungslehre als System- und Handlungsanalyse. In: Hartwich, Hans-Hermann/Wewer, Göttrik (Hg.): Regieren in der Bundesrepublik III. Systemsteuerung und „Staatskunst". Opladen: Leske + Budrich, S. 7-15.

Heinelt, Hubert/Vetter, Angelika (Hrsg.) (2008): Lokale Politikforschung heute, Wiesbaden: VS Verlag für Sozialwissenschaften.

Hennis, Wilhelm (1965): Aufgaben einer modernen Regierungslehre. In: Politische Vierteljahresschrift, 6/1965, S. 422-441.

Jann, Werner/König, Klaus (Hrsg.) (2008): Regieren zu Beginn des 21. Jahrhunderts. Tübingen: Mohr Siebeck.

Jann, Werner (2008): Regieren als Governance-Problem: Bedeutung und Möglichkeiten institutioneller Steuerung, in: Jann, Werner/König, Klaus (Hrsg.) (2008): Regieren zu Beginn des 21. Jahrhunderts. Tübingen: Mohr Siebeck, S. 1-28.

Jessop, Bob (1997): Nationalstaat, Globalisierung, Gender, in: Politische Vierteljahresschrift, Sonderheft 28/1997, S. 262-292.

Kooiman, Jan (1999): Social-Political Governance: Overview, reflections and design, in: Public Management, Vol. 1, No. 1, March 1999, London/New York: Routledge, S. 67-92.

Mayntz, Renate (1997): Politische Steuerung und gesellschaftliche Steuerungsprobleme – Anmerkungen zu einem theoretischen Paradigma. In: dies. (Hg.): Soziale Dynamik und politische Steuerung. Theoretische und methodologische Überlegungen Frankfurt a.m./New York: Campus, S. 186-208.

Murswieck, Axel (1995): Regieren/Regierbarkeit/Unregierbarkeit. In: Nohlen, Dieter/ Schultze, Rainer-Olaf (Hg.): Lexikon der Politik. Band I, Politische Theorien. München: Beck, S. 533-539.

Naschold, Frieder (1993): Modernisierung des öffentlichen Sektors, Berlin: Edition Sigma.

Newman, Janet (2003): Modernising Governance . New Labour, Politics and society, London: Sage.

Offe, Claus (2002): Repräsentative Demokratie: Reformbedarf und Reformoption, in: WZB-Mitteilungen 98, Dezember 2002, S. 28-30.

Parry, Graint/Moser, George/Day, Neil (1992): Political Participation and democracy in Britain, Cambridge: Cambridge University Press.

Rossi, Peter/Lipsey, Mark/Freemann, Howard (2004): Evaluation. Sage.

Schwalb, Lilian/Walk, Heike (Hrsg.) (2007): Local Governance – mehr Transparenz und Bürgernähe?, Wiesbaden: VS Verlag für Sozialwissenschaften.

Selle, Klaus (1992): Vom Planer zum Mittler, in: Wentz, Martin (Hrsg.): Planungskulturen, Frankfurt am Main: Campus.

Sellin, Volker (1984): Regierung, Regime, Obrigkeit. In: Brunner, Otto/Lonze, Werner/ Koselleck, Reinhart (Hg.): Historisches Lexikon zur politisch-sozialen Sprache in Deutschland. Band 5. Stuttgart: Klett-Cotta, S. 361-421.

Stockmann, Reinhard (Hg.) (2006): Evaluationsforschung. Münster: Waxmann.

Stockmann, Reinhard (Hg.) (2007): Handbuch zur Evaluation. Münster: Waxmann.

Trube, Achim (2001): Hauptelemente des Neuen Steuerungsmodells, in: Boeßenecker, Karl-Heinz/Trube, Achim/Wohlfahrt, Norbert: Verwaltungsreform von unten?, Münster: Votum Verlag.

Vollrath, Ernst (1990): Überlegungen zur Semantik von „Regierung" und „Regieren". In: Hartwich, Hans-Hermann/Wewer, Göttrik (Hg.): Regieren in der Bundesrepublik I. Konzeptionelle Grundlagen und Perspektiven der Forschung. Opladen: Leske + Budrich, S. 65-75.

Wentz, Martin (1992): Sozialer Wandel und Planungskultur, in: Wentz, Martin (Hrsg.): Planungskulturen, Frankfurt am Main: Campus.

Wheeland, Craig M. (1993): Citywide strategic planning, in: Public Administration Review, January, February, Vol. 53, No. 1, S. 61-72

Wohlfahrt, Norbert (2001): Bezugspunkte und normative Voraussetzungen der Verwaltungsreform, in: Boeßenecker, Karl-Heinz/Trube, Achim/Wohlfahrt, Norbert: Verwaltungsreform von unten?, Münster: Votum Verlag.

Zimmermann, Monika (1997): Lokale Agenda 21, in: Aus Politik und Zeitgeschichte 27/1997, S. 25-38.

3 Die Lage benachteiligter Stadtteile und das Projekt Interkulturelles Zentrum JobKomm

3.1 Das XENOS-Sonderprogramm „Beschäftigung, Bildung und Teilhabe vor Ort"

Das Pilotprojekt Interkulturelles Zentrum JobKomm wird aus Mitteln des XENOS-Sonderprogramms „Beschäftigung, Bildung und Teilhabe vor Ort" gefördert. Dieses ist Teil des EU-Programms XENOS, das aus Mitteln des Europäischen Sozialfonds (ESF) finanziert und von Bund und Ländern kofinanziert wird.

XENOS zielt auf den Abbau von Diskriminierung, Fremdenfeindlichkeit und Rassismus in der Gesellschaft ab. Das Sonderprogramm wurde für die Förderperiode 2007/08 von den Bundesministerien für Arbeit und Soziales und für Verkehr, Bau und Stadtentwicklung gemeinsam aufgelegt. Es richtete sich ausschließlich an Stadtteile, die bereits im Bund-Länder-Programm „Soziale Stadt" gefördert wurden. Dieses Programm fördert seit 1998 Stadtteile mit besonderem Erneuerungsbedarf.

Da das Sonderprogramm der Verbindung der bereits bestehenden Programme XENOS und „Soziale Stadt" diente, war es inhaltlich auf die Förderung sozialraumorientierter arbeitsmarktpolitischer Maßnahmen ausgerichtet, mit den Querschnittszielen Gender Mainstreaming und der Verknüpfung mit Aktivitäten gegen Fremdenfeindlichkeit und Rassismus. Für die Umsetzung standen 37 Millionen Euro zur Verfügung, die vom Bundesministerium für Arbeit und Soziales, aus Mitteln des Europäischen Sozialfonds und vom Bundesministerium für Verkehr, Bau und Stadtentwicklung zur Verfügung gestellt wurden. Der Schwerpunkt des Programms lag auf lokaler, auch ethnischer Ökonomie und der Integration von Langzeitarbeitslosen und/oder Jugendlichen – insbesondere auch mit Migrationshintergrund – in eine Ausbildung und in den Arbeitsmarkt.

Vor dem Hintergrund lange bestehender Problemlagen in den Stadtteilen mit besonderem Erneuerungsbedarf existiert insbesondere in diesen Bereichen großer Handlungsbedarf.

3.2 Die Krise der Städte und benachteiligte Stadtteile

Städte werden heute von verschiedenen tief greifenden wirtschaftlichen und sozialstrukturellen Entwicklungen beeinflusst, die zu einer Zunahme von sozialen Unterschieden innerhalb der Städte oder städtischen Ballungsgebiete führen. Dabei werden bestimmte „Stadtquartiere [...] zu den eigentlichen Problemfeldern" (Läpple in Hanesch/Krüger-Conrad 2004: 11), da sich hier wirtschaftliche und soziale Probleme räumlich besonders niederschlagen.

Die erste Entwicklung betrifft den Bereich der städtischen Ökonomie, für den der aktuelle wirtschaftliche Strukturwandel (der Übergang von der Industrie- zur Wissens- und Dienstleistungsgesellschaft) sehr früh spürbar war. Der Strukturwandel bedingt eine Verschlechterung der Arbeitsmarktsituation für unqualifizierte und angelernte Arbeitskräfte, wohingegen gut und hoch qualifizierte Arbeitskräfte immer wichtiger werden. Hinzu kommen eine anhaltende Massenarbeitslosigkeit und die Ausbreitung prekärer Beschäftigungsverhältnisse, die immer breitere Bevölkerungsgruppen in unsichere Lebensverhältnisse versetzen.

Es hat sich gezeigt, dass sich diese ökonomischen Ungleichheiten in den Städten räumlich abbilden, das heißt, dass ärmere beziehungsweise ökonomisch schlechter gestellte Bevölkerungsgruppen sich in bestimmten Stadtvierteln konzentrieren (zum Beispiel weil dort die Mieten niedriger beziehungsweise die Anteile von Wohnungen mit Sozialbindung höher sind). Die Tatsache, dass in bestimmten Stadtgebieten eher ärmere Personen leben, verschlechtert zumeist auch das innerstädtische Image dieser Viertel.

So lässt sich feststellen, dass bestimmte Bevölkerungsgruppen von einem doppelten Ausgrenzungsprozess betroffen: „das Risiko, durch ökonomische und soziale Ausgrenzung bedroht bzw. betroffen zu werden, scheint [...] nicht nur durch sozialstrukturelle Faktoren und Merkmale, sondern in zunehmenden Maße auch durch sozialräumliche Zuordnungskriterien bestimmt zu werden" (Hanesch/ Krüger-Konrad in dies. 2004: 11). Es entstehen „benachteiligte Stadtteile".

Die zweite entscheidende Entwicklungstendenz heutiger Stadtgesellschaften betrifft Migrant/innen und deren Integration beziehungsweise Desintegration in die Gesellschaft. Wie oben bereits dargestellt, ist der Anteil von Menschen mit Migrationshintergrund in den Städten sehr hoch. In benachteiligten Stadtteilen sind Migrant/innen aber noch stärker vertreten, da sie häufiger von ökonomischer und sozialer Benachteiligung betroffen sind als Deutsche ohne Migrationshintergrund.

Diese dauerhafte sozialräumliche Segregation wird häufig als Integrationshindernis wahrgenommen und die Segregation von Migrant/innen vor allem als Minderheitenproblem thematisiert. Vernachlässigt wird dabei aber, dass Segregation weniger ein Migrations- als ein Armutsproblem ist. Das bedeutet, dass auch für das Lösen ethnisch-kultureller Konflikte die Bekämpfung sozialer Probleme entscheidend ist. „Ethnische Faktoren wirken lediglich verstärkend" (Rüssmann in FR, 22.11.2007).

Zusammenfassend lässt sich feststellen, dass die Bevölkerungsgruppen benachteiligter Stadtteile von ökonomischer und sozialer wie auch sozialräumlicher

Ausgrenzung betroffen sind. Da ethnische Faktoren eine verstärkende Wirkung auf die anderen Ausgrenzungsmechanismen haben, ist in benachteiligten Stadtteilen der Migrant/innenanteil hoch.

Vielfach leben in Stadtteilen mit hohem Migrant/innenanteil verschiedene ethnische Gruppen beziehungsweise Nationalitäten zusammen. Zusätzliches Konfliktpotenzial entsteht in den betreffenden Stadtteilen teilweise dadurch, dass es zwischen diesen Gruppen zu Auseinandersetzungen kommt.

Im Umgang mit diesen Anforderungen haben Kommunen eine Schlüsselrolle inne; sie befinden sich jedoch in einer schwierigen Ausgangssituation.

3.3 Die Kommune als arbeitsmarkt- und beschäftigungspolitischer Akteur

Die Kommune steht auf der untersten Stufe des deutschen föderalen Systems. Gesamtgesellschaftlich kommt ihr aber eine wichtige Schlüsselfunktion zu, da sie die Herstellung sozial ausgewogener Lebensverhältnisse gewährleisten soll. Dieses Ziel hat sich unter dem Leitbild „Soziale Stadt" etabliert (vgl. Bartelheimer 2001). Allerdings wird es für die Kommunen zunehmend schwieriger, diesen Auftrag zu erfüllen, und zwar aufgrund der bereits beschriebenen sozialökonomischen Polarisierungsprozesse auf der einen Seite sowie einer Neudefinition von Sozialstaatlichkeit auf der anderen Seite. Der „Umbau des Sozialstaats" bringt eine Deregulierung und Verlagerung von politischen und administrativen Entscheidungskompetenzen von Bundesebene auf die regionale oder kommunale Ebene mit sich. Gleichzeitig werden aber finanzielle Transfers des Bundes an die Kommunen verringert, so dass diese in ihren Handlungsspielräumen massiv eingeschränkt werden. Betroffen sind vor allem die Bereiche der Wirtschafts- und Arbeitsmarktpolitik.

Wirtschaftsförderung wird bis heute meist als klassische Standortpolitik im Sinne einer erfolgreichen Ansiedlungspolitik von Unternehmen sowie einer effektiven Clusterpolitik betrieben, die traditionell in den Zuständigkeitsbereich von Kreis oder Kommune fällt. Dahingegegen waren arbeitsmarktpolitische Belange lange Zeit Angelegenheit des Bundes. Allerdings wurde die zentralstaatlich regulierte Arbeitsmarkt- und Beschäftigungspolitik in drei Phasen „kommunalisiert", so dass bereits von der Genese eines neuen kommunalen Politikfelds gesprochen wird sowie den Kommunen als neue arbeitsmarktpolitische Akteure (vgl. Kißler in ders./Wiechmann 2003: 9ff.).

In der ersten Phase führten die Kommunen staatliche Programme aus und nationalstaatliche Politiken wurden sozusagen vor Ort umgesetzt. In der zweiten Phase in den 1980er Jahren zog sich der Staat langsam aus seiner beschäftigungspolitischen Verantwortung zurück und überließ die Folgen der Massenarbeitslosigkeit zunehmend den Kommunen. Der dadurch erzeugte Handlungsdruck führte in der dritten Phase dazu, dass sich eine kommunalisierte Arbeitsmarkt- und Beschäftigungspolitik als neues Feld etablierte. „Sie [die Politik, Anmerkung der Verfasserinnen] wird gekennzeichnet durch eine zunehmende Institutionalisierung der kommunalen Arbeitsmarktpolitik und deren Integration und Abstimmung mit einer aktiven Sozialhilfepolitik auf der einen Seite, [zum anderen] zunehmenden Kooperationszwang und neue Formen der Integration und Vernetzung" (ders.: 10). Dabei wird deutlich, dass es sich bei dem neuen Politikfeld um ein komplexes Zusammenspiel verschiedener regionaler und kommunaler Akteure handelt, die je nach Feld (Verwaltung, Politik oder Wirtschaft) nach unterschiedlichen Strategien handeln – Hierarchie, Wählermaximierung, Preis – und dass darin gerade auch die Schwierigkeit dieses Feldes begründet liegt.

3.4 Die Schlüsselrolle der Bereiche Beschäftigungsförderung, Qualifizierung und lokale Ökonomie in Stadtteilen mit besonderem Erneuerungsbedarf

Das Sonderprogramm „Beschäftigung, Bildung und Teilhabe vor Ort" gehört ebenfalls in dieses Feld und stieß daher auf großes Interesse bei den betreffenden Kommunen. Noch größer war die Nachfrage auf das Folgeprogramm BIWAQ (Soziale Stadt – Bildung, Wirtschaft, Arbeit im Quartier), das für die Förderperiode 2008-2012 ausgeschrieben wurde. Auch dies verweist darauf, dass die Bereiche Beschäftigungsförderung, Qualifizierung und lokale Ökonomie in Stadtteilen mit besonderem Erneuerungsbedarf eine Schlüsselrolle erfüllen, oder umgekehrt formuliert: Sie stehen für bestehende strategische Lücken.

Das Programm „Soziale Stadt" hat zwar grundsätzlich auch zum Ziel, die lokale Ökonomie zu fördern. So definieren beispielsweise die hessischen Leitlinien explizit die Stärkung der lokalen Wirtschaft als eines der fünf Hauptziele beziehungsweise fünf Bausteine des Programms[1]. Zudem wird die Kooperation mit Strukturen und Programmen im Bereich der Wirtschafts- sowie der Arbeits- und Ausbildungsförderung – und Arbeitsmarktförderung explizit gefordert (Hessisches Ministerium für Wirtschaft, Verkehr und Landesentwicklung 2000: 16ff.).

In der praktischen Umsetzung des Programms erwiesen sich aber gerade diese Bereiche an vielen Standorten als strategische Leerstellen. In den Kooperationsnetzwerken, die um das Programm entstanden, waren nur in wenigen Fällen die entscheidenden Akteure und Institutionen aus den Bereichen Wirtschaft, Beschäftigung und Qualifizierung vertreten und im Rahmen der Umsetzung des

---

1   Die anderen vier Bausteine sind: Aktivierung und Verbesserung der Chancengleichheit; Verbesserung des sozialen und kulturellen Lebens; Städtebauliche Stabilisierung und Verbesserung der Wohn- und Lebensbedingungen.

Programms selbst wurde der Schwerpunkt der Stärkung der lokalen Ökonomie häufig eher an den Rand gedrängt, wie die Ergebnisse der bundesweiten Begleitforschung zum Programm „Soziale Stadt" (hier im Besonderen difu 2003: 92), sowie die Ergebnisse der hessischen Begleitforschung zeigen (hier im Besonderen Evers/Schulz/Wiesner 2004: 202ff.).

Hanesch/Jung-Kroh/Partsch stellen als ein Ergebnis der Begleitforschung zum Programm „Soziale Stadt" in Hessen explizit fest, dass systematische Kooperationen zwischen den Steuerungsinstitutionen des „Soziale Stadt"-Programms einerseits und den Wirtschafts- und Beschäftigungsförderungen andererseits nur in Ausnahmefällen gelungen sind. „Auch die Integration von weiteren Akteuren aus dem Bereich der Wirtschaft (Wirtschaftsförderung, Kammern, Wirtschaftsverbände) und der Beschäftigung (Kommunale Beschäftigungsförderung, im Falle kreisangehöriger Gemeinden: Beschäftigungsförderung des Kreises, Arbeitsverwaltung) ist bisher noch sehr gering" (Hanesch/Jung-Kroh/Partsch 2004: 32f.).

Angesichts der schwierigen ökonomischen Situation in benachteiligten Stadtteilen und der Tatsache, dass gerade dort ein hoher Prozentsatz der Bevölkerung arbeitslos oder langzeitarbeitslos ist, handelt es sich dabei um eine zentrale strategische Lücke in der Umsetzung des Programms „Soziale Stadt". Seit Bestehen des ESF-Programms „LOS – Lokales Kapital für Soziale Zwecke" konnte zwar in diesem Bereich bereits mit Kleinst- und Mikroprojekten ergänzend gearbeitet werden. Das Sonderprogramm „Beschäftigung, Bildung und Teilhabe vor Ort" bot aber nun erstmals eine Möglichkeit, diese Lücke breit angelegt und gezielt zu füllen.

Auch in der Nordstadt Gießens lässt sich eine strategische Lücke im Bereich von Beschäftigungsförderung, Qualifizierung und lokale Ökonomie ausmachen. Auch hier waren lange Zeit Schlüsselakteure im Bereich der Wirtschafts-, Arbeitsmarkt- und Beschäftigungsförderung nicht im engeren Kooperationsnetzwerk um das Programm vertreten (siehe dazu die Ausführungen zur Ausgangssituation und den bisher durchgeführten Projekten in Kapitel 5, sowie die Ergebnisse der Gießener Fallstudie in der Hessischen Begleitforschung, Evers/Schulz/Wiesner 2004: 117ff.).

Mit den LOS-Projekten hat sich auch in Gießen diese Situation bereits zu wandeln begonnen; zusätzlich sind viele der Bildungsträger im Bereich der Arbeitsmarktintegration im Nordstadtbeirat und/oder im Trägerverbund präsent. Aber auch in Gießen hat das Projekt Interkulturelles Zentrum JobKomm die Funktion, das strategische Feld der Qualifizierung und Beschäftigungsförderung in der Nordstadt breit angelegt und gezielt zu füllen. Die Anlage des Projekts ist zudem noch auf neuralgische Zielgruppen ausgerichtet, nämlich Frauen, Migrant/innen und Jugendliche – also Personengruppen, die am Arbeitsmarkt besonders benachteiligt sind. Insofern erfüllt es in zweifacher Weise besondere strategische Aufgaben in der Nordstadt als Fördergebiet des Programms „Soziale Stadt".

3.5 Das Projekt Interkulturelles Zentrum JobKomm

Die Gießener Nordstadt ist seit 1998 Förderstandort des Programms „Soziale Stadt". Das Projekt Interkulturelles Zentrum JobKomm wurde im Rahmen des XENOS-Sonderprogramms „Beschäftigung, Bildung und Teilhabe vor Ort" von Juli 2007 bis September 2008 gefördert. In diesem Zeitraum wurde in der Steinstraße in der Gießener Nordstadt ein Projektzentrum betrieben.

Das Zentrum zielte auf Beschäftigungsförderung, Qualifizierung und Integration ab und richtete sich, wie bereits erwähnt, dabei insbesondere an verschiedene besonders benachteiligte Personengruppen: Frauen, Migrant/innen und Jugendliche. Ziele waren die Integration von Langzeitarbeitslosen in Beschäftigung und/oder gemeinsame Existenzgründungen, die Integration von Jugendlichen in Ausbildung, Qualifizierung und Arbeit unter Berücksichtigung des Gender-Aspektes, die Stärkung der lokalen Ökonomie mit dem Schwerpunkt Ausbildungs- und Beschäftigungsförderung, die Aktivierung und das Lernen im Selbstlernzentrum, die systematische weitere Umsetzung der Handlungsempfehlungen im Rahmen des integrierten Handlungskonzeptes zur „Sozialen Stadt" sowie die Förderung von sozialer Integration und Stärkung der Zivilgesellschaft und des Gemeinwesens. Das Projektzentrum integrierte dazu eine Ausbildungslotsin, eine Beschäftigungslotsin und ein Selbstlernzentrum. Ein Projektleiter koordinierte die Aktivitäten, und als Schlüsselfigur für die Vernetzung im Stadtteil und die Akquise von Teilnehmer/innen wurde die aus Mitteln des Bundesamtes für Migration und Flüchtlinge (BAMF) und der Stadt Gießen geförderte Integrationslotsin einbezogen.

Das Zentrum wurde abseits des bestehenden Nordstadtzentrums in Räumlichkeiten in der Nordstadt eingerichtet. Es enthielt das Büro der Ausbildungslotsin, das Selbstlernzentrum sowie ein weiteres Büro und einen Gemeinschaftsraum. Der Zugang erfolgte über eine Klingel.

Die Implementierung des Projekts gestaltete sich wie folgt: Die Ausbildungslotsin wurde wie die Integrationslotsin nicht direkt aus Programmmitteln gefördert, sondern über Mittel des ESF/Land Hessen, der Stadt Gießen, der Agentur für Arbeit und der GIAG finanziert. Aufgrund der inhaltlichen Anbindung und um Synergien zu erreichen wurde sie jedoch ebenfalls im Projektzentrum angesiedelt. Allerdings endete ihre Tätigkeit bereits zum 30. Juni 2008. Die zweite Komponente war die Beschäftigungsförderung. Hier begann im Januar 2008 die Beschäftigungslotsin ihre Tätigkeit. Wie die Ausbildungslotsin führte sie eine individuelle und bedarfsorientierte Beratung zu beruflichen und damit verbundenen persönlichen Fragen durch. Aufgrund des Platzmangels beriet die Beschäftigungslotsin ihre Klienten zunächst im Jugendzentrum „Holzwurm" eines örtlichen Trägers. Nach dem Ausscheiden der Ausbildungslotsin zog sie in das Projektzentrum um. Die dritte Komponente, das Selbstlernzentrum war mit sieben PCs ausgestattet, an denen Interessierte während der Öffnungszeiten von 9 Uhr bis 16:30 Uhr[2] selbstständig arbeiten konnten. Die Lernsoftware umfasste ein breites Spektrum, angefangen von „Deutsch Lernen" über Mathematik bis hin zu Bewerbungshilfen. Bei Fragen standen die Leiterin des Selbstlernzentrums sowie die nach und nach eingestellten vier Honorarkräfte den Teilnehmer/innen zur Verfügung. Die Honorarkräfte hatten unterschiedliche ethnische Hintergründe, um den unterschiedlichen Nationalitäten der Teilnehmer/innen möglichst gerecht zu werden. Der Projektleiter hatte zum einen die Koordinationsaufgaben inne, zum anderen war er für die Multiplikatorenschulungen im Bereich Fremdenfreundlichkeit und soziale Kompetenz zuständig. Im Verlauf des Projekts fanden fünf dieser Schulungen statt, die mehrheitlich von hauptberuflich im Stadtteil tätigen Personen besucht wurden. Die Integrationslotsin schließlich hatte eine Brückenfunktion in den Stadtteil und zu den Strukturen des Programms „Soziale Stadt". Sie war mit zehn Arbeitsstunden wöchentlich eingebunden und hatte vor allem zu Beginn eine Schlüsselrolle in der Akquise von Teilnehmer/innen.

Literatur

Bartelheimer, Peter (2001): Sozialberichterstattung für die „Soziale Stadt". Methodische Probleme und politische Möglichkeiten. Frankfurt: Campus.

Difu (Deutsches Institut für Urbanistik) (2003): Strategien für die Soziale Stadt, Berlin, Bundesministerium für Verkehr, Bau- und Wohnungswesen.

Evers Adalbert/Schulz, Andreas/Wiesner, Claudia (2004): Netzwerkanalyse und dialogische Begleitung. Endbericht zur HEGISS-Begleitforschung, Universität Gießen, Dezember 2004, Download unter http://www.hegiss.de/he_main.htm.

Hanesch, Walter/Krüger-Conrad, Kirsten (2004): Lokale Beschäftigung und Ökonomie als Herausforderung für die „Soziale Stadt". In: dies (Hg.): Lokale Beschäftigung und Ökonomie. Herausforderung für die „Soziale Stadt". Wiesbaden: VS Verlag, 7-36.

Hanesch, Walter/Jung-Kroh, Imke/Partsch, Jochen (2004): Gemeinwesenorientierte Beschäftigungsförderung in Stadtteilen mit besonderem Entwicklungsbedarf – Schlussbericht. HEGISS-Materialien, Begleitforschung 6.

Hessisches Ministerium für Wirtschaft, Verkehr und Landesentwicklung (2000): Hessische Gemeinschaftsinitiative ‚Soziale Stadt' – HEGISS, Wiesbaden.

Kißler, Leo (2003): Kommunale Arbeitsmarkt- und Beschäftigungspolitik. Genese und Struktur eines neuen Politikfeldes. Zur Einleitung. In: ders./Wichmann, Elke (Hg.) (2003): Die Zukunft der Arbeit in den Städten. Baden-Baden: Nomos Verlagsgesellschaft, 9-20.

---

2   Donnerstags hatte das Selbstlernzentrum bis 20 Uhr geöffnet, freitags schloss es dagegen bereits um 12:30 Uhr.

Läpple, Dieter (2004): Entwicklungsperspektiven von Stadtregionen und ihren lokalen Ökonomien. In: Hanesch, Walter/Krüger-Conrad, Kirsten (Hg.) (2004): Lokale Beschäftigung und Ökonomie. Herausforderung für die „Soziale Stadt". Wiesbaden: VS Verlag, 95-117.

Rüssmann, Ursula (2007): Brennpunkt Nachbarschaft. In: FR, 22.11.2007, 13.

4 Auftrag, Methoden und Vorgehen der wissenschaftlichen Begleitung

4.1 Einführung

Der Auftrag der wissenschaftlichen Begleitung des Interkulturellen Zentrums JobKomm war breit gefasst, denn er erstreckte sich sowohl auf die Evaluation der Ergebnisse des Projekts als auch auf die wissenschaftliche Beratung. Die wissenschaftliche Begleitung fällt damit in die Bereiche der Evaluationsforschung und der Politikberatung.

Wissenschaftliche Politikberatung besteht darin, auf der Basis wissenschaftlicher Erkenntnisse Empfehlungen an die Politik zu richten. Sie ist also Teil der empirischen Sozialforschung wie auch Teil des politischen Prozesses.

Evaluationsforschung bezieht sich in den Sozialwissenschaften meist auf Programmevaluation, das heißt die Anwendung sozialwissenschaftlicher Forschungsmethoden zur systematischen Untersuchung der Effektivität eines sozialen Interventionsprogramms. Dabei geht es im Kern darum, soziale Interventionsprogramme so zu verändern und zu verbessern, dass bestmöglichst das erreicht wird, was erreicht werden soll. Damit dies gelingt, ist die Forschung darauf ausgerichtet, die Ergebnisse an die Beteiligten rückzukoppeln. Jene können dann wiederum in die Projektumsetzung einfließen und letztendlich zu einer Verbesserung der sozialen Ausgangslage der Zielgruppen beitragen.

Es gibt keinen festgelegten Ablauf einer Evaluationsforschung, da das spezifische Design vor allem auf das jeweilige Programm zugeschnitten ist. Bei der Entwicklung des Evaluationsdesigns wird sich auf mindestens einen der fünf Programmschwerpunkte konzentriert: „(1) the need for the program, (2) the design of the program, (3) program implementation and service delivery, (4) program impact or outcomes, and (5) program efficiency" (Rossi/Freeman 2004: 29).

Evaluationsforschung ist mehreren ihrem Auftrag und Forschungsgegenstand geschuldeten Herausforderungen ausgesetzt: Zum einen muss sie eine Balance finden zwischen wissenschaftlichen und praxisorientierten Überlegungen im Evaluationsdesign und zum anderen können sich die Umstände des Programms und die Aktivitäten im Programm im Verlauf ändern. Ein weiteres Kennzeichen der Evaluationsforschung besteht darin, dass sie sich in ihrem Vorgehen auch an inhaltlichen Zielvorgaben eines Auftraggebers orientieren muss. Dadurch ist sie nicht ganz unabhängig und Teil des politischen Prozesses (vgl. Stockmann 2004).

Evaluationsforschung bedient sich der Methoden der empirischen Sozialforschung. Unter empirischer Sozialforschung wird meistens eine quantitativ angelegte Forschung verstanden. „Empirisch" meint jedoch im Allgemeinen das Nutzen von erhobenen Daten, die ebenso qualitativer Natur sein können. Welche Art von Daten erhoben werden, richtet sich dabei nach der Fragestellung eines Forschungsvorhabens. Beide Komponenten können sich, wie im vorliegenden Fall, ergänzen.

Die Zielsetzung der wissenschaftlichen Begleitung des Projekts, wie sie bereits im Projektantrag formuliert wurde, umfasste folgende Aufgabenfelder:

- die Beratung beim Aufbau der neuen Strukturen
- die Begleitung des Prozesses der Projektentwicklung
- die Evaluation der Ergebnisse des Projekts sowie
- die Rückkopplung der Ergebnisse im Prozessverlauf an die Beteiligten.

Daraus ergaben sich mehrere Teilbereiche an Aufgaben. Im Bereich der Ergebnisevaluation ging es primär um die Erfassung der für die Bewertung der Projektergebnisse notwendigen quantitativen und qualitativen Daten und deren Auswertung. Im Bereich der Prozessbeobachtung und -evaluation ging es darum, den Prozessverlauf zu beobachten, gezielt und regelmäßig die Projektmitarbeitenden zum Projektverlauf und den spezifischen mit der Implementierung verbundenen Aspekten zu befragen und die daraus resultierenden Ergebnisse auszuwerten. Im Bereich der Beratung ging es schließlich darum, die im Prozessverlauf gewonnen Erkenntnisse zu den beiden vorher genannten Bereichen regelmäßig an die Projektmitarbeiter/innen sowie die Auftraggeber der Stadt Gießen und die Leitung des ZAUG als Durchführungsträger rückzukoppeln.

Aus diesen drei Aufgabenbereichen ergaben sich wiederum verschiedene Fragen und Einzelaufgaben sowie unterschiedliche methodische Anforderungen.

Die Ergebnisse und Erfolge des Interkulturellen Zentrums JobKomm konnten zum einen in Zahlen, also quantitativ, gemessen werden. Hierzu war bereits im Projektantrag ein Teil der wichtigen Kategorien vom Auftraggeber definiert worden: Die Zielgruppen sowie fünf quantitative Erfolgsindikatoren. Aufgabe der wissenschaftlichen Begleitung war es damit zum einen, die Zielgruppenerreichung und die Erreichung der Indikatoren in quantitativer Weise zu evaluieren. Dies erforderte die Erstellung von quantitativen Erfassungsbögen zum Projekt in Kooperation mit der Projektleitung und der Stadt Gießen und die Auswertung der durch diese Erfassungsbögen erhobenen quantitativen Daten zum Projekt im Hinblick auf die Indikatoren und die Zielgruppenerreichung. Zusätzlich galt es, auch die beiden Querschnittsziele des Projekts – Gender Mainstreaming und Fremdenfreundlichkeit – zu evaluieren. Hierzu definierte die wissenschaftliche Begleitung weitere Indikatoren. Einbezogen werden musste schließlich auch, dass sich die Einschätzung der Indikatoren durch die Projektbeteiligten im Prozessverlauf veränderte.

Für ein Projekt wie das Interkulturelle Zentrum JobKomm, das auf Beschäftigungsförderung und Qualifizierung abzielte, war es zweitens essenziell, Erfolge in Bereichen zu erzielen, die nicht direkt in Zahlen gemessen werden konnten. Insbesondere betraf dies Lernerfolge bei den Teilnehmer/innen. Dazu gehörten das Erlangen bestimmter Schlüsselqualifikationen etwa im Bereich der Arbeitsplatzsuche, dazu gehörten aber auch Erfolge in der Aktivierung der Teilnehmer/innen, wie etwa eine bessere Motivation bei der Arbeitssuche oder eine höhere Frustrationstoleranz. Dies sind zentrale Voraussetzungen für eine erfolgreiche Arbeitsmarktintegration wie auch für erfolgreiches Lernen. Schließlich bestehen Erfolge in Bezug auf die beiden Querschnittsziele Gender Mainstreaming und Fremdenfreundlichkeit nicht allein in entsprechender zahlenmäßiger Repräsentanz verschiedener Gruppen, sondern zeigen sich auch in der Thematisierung in der Beratung und im Umgang miteinander.

Erfolge in diesen Bereichen und die sie bedingenden Faktoren konnten also nicht in direkt quantifizierbarer Weise gemessen werden. Daher war zur Erfassung von Bereichen wie „Lernerfolge", „Motivation", „Sensibilität im Hinblick auf Gender Mainstreaming" eine qualitative Evaluation notwendig. Für die Evaluation des Interkulturellen Zentrums JobKomm hatte diese folgende Komponenten: Die Definition qualitativer Indikatoren, die Erstellung von qualitativen Erfassungsbögen zum Projekt, die Durchführung und Transkription von sechs Interviews mit Teilnehmer/innen des Projekts und die Auswertung dieser qualitativen Daten.

Die Implementierung eines Pilotprojekts wie des Zentrums „JobKomm" bringt eine Reihe von Lernerfahrungen mit sich. Diese zu erfassen und auszuwerten war Aufgabe der Prozessevaluation. Sie erforderte es, regelmäßig den Stand der Entwicklung des Projekts zu erfassen und zentrale Entwicklungstendenzen zu verfolgen. Im vorliegenden Fall bestand die Prozessevaluation in der Vorbereitung, Durchführung und Auswertung von drei Workshops zur Evaluation des Projekts durch die Mitarbeiter/innen, den Durchführungsträger und die Stadt Gießen als Auftraggeber, der Prozessbegleitung und -evaluation durch regelmäßige problemorientierte Diskussionen zwischen den Projektmitarbeiter/innen und der wissenschaftlichen Begleitung sowie durch wöchentliche Präsenzzeiten der wissenschaftlichen Begleitung im Projektzentrum. Hinzu kam die Auswertung der im Projekt entstandenen Konzepte und Dokumente.

Die Komponenten der Prozessevaluation erfüllten über die oben beschriebenen Aspekte hinaus eine zweite methodische Funktion: Sie dienten gleichzeitig auch als Mittel und Zeitfenster zur wissenschaftlichen Beratung. Die Workshops und Treffen dienten der wissenschaftlichen Begleitung also zum einen dazu, die notwendigen Informationen zu erlangen, zum anderen waren sie aber auch der Raum, in dem die Zwischenergebnisse an die Beteiligten rückgekoppelt wurden und die wissenschaftliche Beratung erfolgte. Die Präsenzzeiten der wissenschaftlichen Begleitung im Projektzentrum dienten ebenso zum einen zur teilnehmenden Beobachtung, zum anderen aber auch zur gezielten Beratung und Abstimmung mit den Projektmitarbeiter/innen. Die Präsenzzeiten dienten auch der Evaluation insofern, als hier Indikatoren und Vorgehensweisen diskutiert und abgestimmt und die Zwischenergebnisse rückgekoppelt wurden.

Insgesamt kombinierte die wissenschaftliche Begleitung damit verschiedene quantitative und qualitative Methoden („mixed methods").

Abbildung 1:   Die Komponenten der wissenschaftlichen Begleitung (eigene Darstellung)

Evaluation	<ul><li>Definition quantifizierbarer Indikatoren</li><li>Erstellung von quantitativen Erfassungsbögen zum Projekt in Kooperation mit der Projektleitung und der Stadt Gießen</li><li>Auswertung der durch diese Erfassungsbögen erhobenen quantitativen Daten zum Projekt</li><li>Definition qualitativer Indikatoren</li><li>Erstellung von qualitativen Erfassungsbögen zum Projekt</li><li>Durchführung und Transkription von sechs Interviews mit Teilnehmer/innen des Projekts</li><li>Auswertung dieser qualitativen Daten</li></ul>
Prozessevaluation und wissenschaftliche Beratung, sowie Rückkopplung der Instrumente und Ergebnisse der Evaluation	<ul><li>Vorbereitung, Durchführung und Auswertung von drei Workshops zur Evaluation des Projekts durch die Mitarbeiter/innen, den Durchführungsträger und die Stadt Gießen als Auftraggeber</li><li>Prozessbegleitung und -evaluation durch regelmäßige problemorientierte Treffen sowie durch</li><li>wöchentliche Präsenzzeiten der wissenschaftlichen Begleitung im Projektzentrum</li><li>Auswertung der von den Projektmitarbeitenden und vom Durchführungsträger erstellten Dokumente zum Projekt</li><li>Evaluation des Projektes und seiner Erfolge anhand der Indikatoren, erhobenen und ausgewerteten Daten, und der prozessbegleitenden Evaluation</li><li>Rückkopplung der Evaluationsergebnisse im Prozessverlauf an die Beteiligten und die Beratung beim Aufbau der neuen Strukturen durch die regelmäßigen problemorientierten Treffen</li></ul>
Insgesamt	<ul><li>Zusammenfassung der Ergebnisse nach dem Ende der Projektlaufzeit in Form eines Berichtes, der sich insbesondere auf die erreichten Ziele, die Erfolgsfaktoren, die offenen Fragen und die Sicherung der Ergebnisse des Projektes bezieht, sowie einer Präsentation</li></ul>

4.2 Vorgehen und Methodik in der wissenschaftlichen Begleitung und Evaluation des Interkulturellen Zentrums JobKomm

In der wissenschaftlichen Begleitung und Evaluation des Interkulturellen Zentrums JobKomm wurden damit also zwei Bereiche untersucht bzw. gemessen:

a) die Ergebnisse und Erfolge des Projekts (*impact*)
Hier kam es dann noch einmal darauf an, intendierte bzw. direkte Ergebnisse sowie nicht intendierte Ergebnisse des Projekts zu unterscheiden: In einem Pilotprojekt wie JobKomm treten regelmäßig auch Erfolge und Ergebnisse ein, die nicht im Vorhinein explizit angestrebt worden waren.

b) der Prozessverlauf
Hier ging es darum, zum einen die Entwicklung des Projekts im Hinblick auf die Indikatoren, die zentralen Komponenten der Umsetzung und die Lernerfolge zu erfassen. Zum anderen war der Verlauf der Implementierung zu betrachten.

4.2.1 Messung der Ergebnisse durch quantitative Evaluation

In der ersten Phase des Projekts wurde für alle drei Teilbereiche – die Ausbildungslotsin, das Selbstlernzentrum und die Beschäftigungslotsin – ein gemeinsamer quantitativer Eintrittsbogen erstellt, in dem die wichtigsten soziodemographischen und projektspezifischen personenbezogenen Daten abgefragt wurden. Die Konzipierung dieses gemeinsamen Bogens gestaltete sich nicht ganz einfach, da verschiedenste Notwendigkeiten integriert werden mussten. Zum einen verwandte die Ausbildungslotsin durch ihre Anbindung an das entsprechende Landesprogramm bereits einen wesentlich umfassenderen Bogen. Zum anderen forderte das für das XENOS-Sonderprogramm zuständige Bundesministerium die Erhebung bestimmter Daten ein. Der Bogen musste diesen beiden Anforderungen genügen und zudem der wissenschaftlichen Begleitung die nötigen Daten liefern. Bei all dem sollte der Bogen dennoch in der Arbeitspraxis noch gut zu handhaben sein. Entsprechend zog sich die Abstimmung über den Bogen über einige Wochen hin. Mitte Januar war auf der Basis der Ministeriumsvorgaben, die um einige Punkte erweitert wurden, ein Bogen fertiggestellt (siehe Anhang[3]).

Mit diesem quantitativen Bogen wurden nunmehr alle Teilnehmer/innen des Projekts einzeln erfasst. In der Regel geschah dies bei ihrem Eintritt ins Projekt.

---

3   Der Ministeriumsbogen wurde um folgende Kategorien erweitert: Erziehungs-/Betreuungsaufgaben, Staatsbürgerschaft, Schulabschluss/höchster Bildungsabschluss, Berufsausbildung/Berufstätigkeit, Sprachkenntnisse, kommt auf Grund von.

Aufgrund dieser Ergebnisse evaluierte die wissenschaftliche Begleitung die Erreichung der Indikatoren und der Zielgruppen. Die Erfolgsindikatoren des Projekts waren zum Teil bereits im Antrag formuliert worden. Die wissenschaftliche Begleitung hatte überdies den Auftrag, weitere Indikatoren im Bereich des Querschnittsziels Gender Mainstreaming zu definieren (eine komplette Aufstellung aller Indikatoren findet sich im Anhang).

Die Auswertungskategorien der Bögen mussten ebenfalls unter den Beteiligten abgestimmt werden, denn auch sie mussten den Erfordernissen aller Parteien – Landesministerium, Bundesministerium, wissenschaftliche Begleitung und Projektbeteiligte – genügen. Auch dieser Abstimmungsprozess nahm einige Wochen in Anspruch (eine Übersicht über die Auswertungskategorien findet sich im Anhang).

Um die Entwicklung der Teilnehmer/innen und des Projekts engmaschig nachzuzeichnen, war es für die Begleitung sinnvoll, Daten nicht erst am Ende des Projekts, sondern bereits im Projektverlauf auszuwerten. Deswegen wurde für den 31.12.2007, den 31.3.08, den 30.6. und den 30.9. eine Stichtagsauszählung der Bögen durchgeführt, durch die der Projektverlauf dargestellt werden konnte. Die erste Stichtagsauszählung fand für den 31.3. und den 31.12. gemeinsam statt, da die Auswertungskategorien erst nach Ende des zweiten Auszählungszeitraums endgültig abgestimmt worden waren.

Die Auszählungen nach den Kategorien wurden vom Projektteam – Ausbildungslotsin, Leiterin des Selbstlernzentrums und Beschäftigungslotsin – vorgenommen und anschließend von der wissenschaftlichen Begleitung weiter bearbeitet.

Nach der Auswertung der ersten beiden Zeiträume und der Diskussion der Ergebnisse mit den Projektbeteiligten wurde deutlich, dass bei einzelnen Punkten Konkretisierungs- sowie Nacherhebungsbedarf bestand. Dies erfolgte, insofern möglich, rückwirkend (eine Aufstellung der konkretisierten Kategorien ist im Anhang integriert).

Es zeigte sich jedoch auch, dass die Projektmitarbeiter/innen die Kategorien der quantitativen Bögen zwar für ihre Bereiche – Ausbildungslotsin, Beschäftigungslotsin, Selbstlernzentrum – jeweils einheitlich verwandt hatten, die Einordnung aber bereichsübergreifend nicht einheitlich erfolgt war. Nicht in allen Bereichen ließ sich dies durch eine Nacherhebung angleichen. Daher mussten einige Angaben differenziert interpretiert werden. Dies galt vor allem für die Einteilung der Sprachkenntnisse. Selbstlernzentrum und Beschäftigungslotsin hatten hier als gemeinsamen Bewertungsmaßstab die Kommunikationsfähigkeit, wohingegen die Ausbildungslotsin als Bewertungsmaßstab Schreiben, Lesen und Kommunizieren auf dem Hintergrund „ausreichend für Ausbildung" genutzt hat.

4.2.2 Messung der Ergebnisse durch qualitative Evaluation

In der ersten Phase des Projekts wurde durch die wissenschaftliche Begleitung ein qualitativer Fragebogen erstellt, der von den operativ Projektbeteiligten für alle einzelnen Teilnehmer/innen nach Ende der Beratung bzw. der Zeit im Selbstlernzentrum ausgefüllt werden sollte. Ziel dieses Bogens war es, die quantitative Datenerhebung zu jedem/r einzelnen Teilnehmer/in zu ergänzen und mit qualitativen Aussagen zu konkretisieren.

In dem Bogen wurden unter anderem folgende Items abgefragt (der vollständige Bogen findet sich im Anhang):

- Anliegen des Teilnehmers/der Teilnehmerin
- Inhalte der Beratung
- Erfolge der Beratung im Hinblick auf a) Berufsorientierung der Teilnehmer/innen, b) Querschnittsziele Gender Mainstreaming, c) Fremdenfreundlichkeit
- Schwierigkeiten bzw. Lernhindernisse oder Motivationsmängel im Hinblick auf a) Berufsorientierung der Teilnehmer/innen, b) Querschnittsziele Gender Mainstreaming, c) Fremdenfreundlichkeit
- Gründe bei Abbruch
- Motivation der Teilnehmer/innen
- Zentrale Lernerfolge der Teilnehmer/innen
- Schwerpunkte des Lernens (Selbstlernzentrum)

In dem Projekt wurden insgesamt 264 Bögen ausgefüllt. 52 kamen von der Ausbildungslotsin, 57 von der Beschäftigungslotsin und 155 aus dem Selbstlernzentrum.

Der Rücklauf der qualitativen Bögen war dabei zeitlich sehr unterschiedlich. Da die Ausbildungslotsin bereits zum 30.6. ausschied, standen uns hier die qualitativen Bögen bereits Anfang Juli zur Verfügung. Die anderen Projektbeteiligten reichten ihre Bögen ein, sobald absehbar war, dass die teilnehmende Person nicht mehr kommen würde bzw. die Beratung abgeschlossen war.

Interviews spielen in der qualitativen Forschung eine sehr wichtige Rolle (vgl. Flick in ders. (Hg) (2006): 214f). Als Alternative zu standardisierten Befragungsverfahren gewährleisten sie eine größere Offenheit für die Sichtweise der Befragten. Die Interviews im Projekt dienten nicht einer repräsentativen Befragung der Teilnehmer/innen, sondern dazu, die aktuelle Situation der Teilnehmer/innen, ihre Erkenntnisse zum Projekt, die Perspektive der Zielgruppen auf das Projekt und die Lernerfolge tiefgehend untersuchen zu können. Es ging also um eine Erhebung von Sachverhalten und persönlichen Einschätzungen; die Interviews hatten damit die methodische Rolle von Experteninterviews (die Teilnehmer/innen als Experten für die Umsetzung des Projekts und in eigener Sache). Es stand dagegen nicht, wie es bei narrativen oder biographischen Interviews der Fall gewesen wäre, die Auswertung der Emotionen und des Verhaltens der Interviewten im Fokus.

Es wurden sechs Interviews[4] mit Projektteilnehmer/innen geführt – je zweien aus den drei Bereichen Ausbildungsförderung, Selbstlernzentrum und Beschäftigungsförderung. Entsprechend der Fragestellung der wissenschaftlichen Begleitung wurden die Interviewpartner/innen durch ein theoretisches *sampling* ausgewählt. Ziel war es, unter den sechs Befragten eine möglichst breite Varianz der Variablen Alter, Bildungshintergrund, Arbeitsmarktstatus, Migrationshintergrund, Anliegen und Vermittlungserfolg zu erreichen. Die Erstansprache möglicher Kandidat/innen und die Abstimmung des Interviewtermins fand dabei durch die Projektmitarbeiterinnen statt.

Die Interviews erfolgten entlang eines standardisierten Leitfadens. Dieser wurde auf die für die Evaluation des Projekts zentralen Themenbereiche zugeschnitten. Folgende Bereiche wurden abgefragt (der komplette Interviewleitfaden findet sich im Anhang):

- Eigene (berufliche) Situation, Motivationen, Lernerfahrungen im Projekt
- Sozialraumbezug
- Querschnittsziel Gender Mainstreaming
- Lernerfahrungen anderer Teilnehmender/innen
- Einschätzung des Projekts

Der Interviewleitfaden war standardisiert, er wurde aber jeweils an den Interviewverlauf flexibel angepasst: Es wurden alle Fragen im Verlauf des Interviews gestellt. Da die Gruppe der Interviewten aber sehr heterogen war, wurde die Fragenreihenfolge dem individuellen Bedarf angepasst.

Die Interviews wurden alle im Zentrum geführt und digital aufgenommen. Anschließend wurden sie komplett transkribiert. Die Auswertung der Interviews erfolgte entsprechend den Standards der qualitativen Inhaltsanalyse nach Mayring (vgl. Mayring 2002: 114ff).

Das Material wurde in mehreren Schritten mit Hilfe der Software MaxQDA verkodet, d. h., einer detaillierten und kompletten, inhaltlich strukturierenden Analyse unterzogen. Ziel war dabei, das Material nach den inhaltlichen Bereichen zusammenzufassen und zu strukturieren, die bereits im Interview abgefragt wurden.

Die Vorgehensweise stellte hierbei eine Kombination aus zwei Methoden dar: Dem theoretischen und dem an der Grounded Theory (nach Glaser und Strauss) orientierten Kodieren. So wurde vorab ein Kategoriensystem (sog. Co-

---

4   Es wurden sieben Interviews geführt, bei einem Interview weigerte sich allerdings der Betreffende, es aufnehmen zu lassen, so dass dieses in der Analyse nicht berücksichtigt wurde.

desystem) erstellt, dem entsprechend die Interviews eingeordnet wurden. Dabei wurde das Kategoriensystem auch überprüft und stellenweise entsprechend der im ersten Schritt gewonnen Erkenntnisse konkretisiert bzw. überarbeitet (vgl. das Ablaufmodell nach Mayring nach Lamnek 1995: 214). Das Kategoriensystem (siehe Anhang) bildet nur die Aussagen der Interviews ab, die für das Projekt interessant waren, da nur die thematisch interessanten Aussagen kodiert wurden. Folgende Bereiche wurden dabei abgedeckt (das komplette Codesystem findet sich im Anhang):

- Eigene (berufliche) Situation, Motivationen, Lernerfahrungen im Projekt
- Aktuelle Situation der Teilnehmer/innen
- Lebensschwerpunkte persönlich und beruflich
- Bildungswege der Teilnehmer/innen
- Projekt: Motivation, Zugang, Beratungsinhalte, Bewertung und Einschätzung des Projekts
- Sozialraumbezug der Teilnehmer/innen und des Projekts
- Erfahrungen der Teilnehmer/innen mit Behörden und Betrieben
- Zukunftsperspektiven der Teilnehmer/innen

Die Auswertung der qualitativen Indikatoren erfolgte mit Blick auf Erfolgsindikatoren und Projektziele. Die Ziele waren dabei komplett, die qualitativen Erfolgsindikatoren des Projekts zum Teil bereits im Antrag formuliert worden. Die wissenschaftliche Begleitung hatte überdies den Auftrag, weitere qualitative Indikatoren für das Projekt zu definieren (eine komplette Aufstellung aller Indikatoren findet sich im Anhang).

4.2.3 Prozessbegleitung und -evaluation

Die Implementierung des Projekts und seine Entwicklung wurden schließlich durch eine Prozessbegleitung und eine Prozessevaluation unterstützt bzw. evaluiert. Beide Erfordernisse wurden hier, wie bereits beschrieben, methodisch kombiniert.

Eine erste Komponente waren hier die Workshops sowie die regelmäßigen Koordinationstreffen. Sie erfüllten die methodische Rolle von Gruppendiskussion bzw. Expertengesprächen und wurden mittels Ergebnisprotokollen der Sachverhalte festgehalten. Diese Protokolle werden im Folgenden mit Datum und Verweis auf die Quelle zitiert (KT steht für Koordinationstreffen, WS für Workshop).

Die drei Workshops zum Projekt erfüllten die Funktion, zu Beginn, zur Mitte und am Ende des Projektverlaufs systematisch den Stand des Projekts sowie die Einschätzungen zur Erreichung der Ziele und Indikatoren zu diskutieren und zu erheben. Im Workshop zur Ex-Ante-Evaluation, die kurz nach Beginn des Projekts stattfand, wurden die im Antrag festgelegten Projektschritte und Indikatoren seitens der wissenschaftlichen Begleitung sowie seitens der Projektbeteiligten diskutiert und auf ihre Realisierbarkeit überprüft. Im Workshop zur Zwischenevaluation, der nach einigen Monaten Projektlaufzeit durchgeführt wurde, wurden diese wiederum entsprechend diskutiert und überprüft, sowie der Prozessverlauf bewertet. Im Workshop zur Abschlussevaluation zum Ende der Laufzeit wurden Verlauf, Erfolge und Schwierigkeiten des Projekts bewertet. Zudem wurde diskutiert, welche Indikatoren zutreffend definiert gewesen waren und welche nicht. In den Workshops wurden jeweils auch die quantitativen und qualitativen Ergebnisse der wissenschaftlichen Begleitung angesprochen.

Die Koordinationstreffen der wissenschaftlichen Begleitung und der Projektbeteiligten fanden alle drei bis sechs Wochen statt. Hier wurden nicht systematisch, sondern problem- und themenorientiert der Stand des Projekts und bestimmte neuralgische Punkte diskutiert und erhoben. Die Treffen verliefen in der Regel so, dass die Projektbeteiligten über ihre Erfahrungen mit Implementierung und Verlauf der Teilprojekte berichteten und die wissenschaftliche Begleitung diese Berichte kommentierte und gegebenenfalls konkrete Ratschläge gab. Auf zwei Koordinationstreffen stellte die wissenschaftliche Begleitung die ersten Ergebnisse der quantitativen Auswertung vor und diskutierte sie mit den Projektbeteiligten. Methodisch erfüllte dies die Funktion einer Deutungsgruppenanalyse.

Die wöchentlichen Präsenzzeiten von M.A. Sylvia Bordne im Projektzentrum in der Steinstraße waren mit dem Ziel eingerichtet worden, dass eine Vertreterin der wissenschaftlichen Begleitung kontinuierlich im Projekt anwesend sein sollte und somit das Geschehen kontinuierlich verfolgen konnte (teilnehmende Beobachtung). So konnte eine engere Form der Kooperation aufgebaut werden, als sie über einen bloßen Austausch der Daten und eine Rückkopplung der Ergebnisse allein hätte erreicht werden können. Kommunikationswege wurden verkürzt, es war ein engeres Zusammenarbeiten zwischen Projektbeteiligten und wissenschaftlicher Begleitung möglich und Fragen konnten meist in face-to-face Gesprächen geklärt werden. In Kombination mit den Koordinationstreffen war dies ein adäquater Ansatz.

In die Prozessevaluation flossen überdies die Aussagen der Teilnehmer/innen zur Projektumsetzung ein, die in den Interviews erhoben worden waren. Somit waren beide Seiten – die der Mitarbeiter/innen und die der Teilnehmer/innen – abgedeckt. Hinzu kam die Außensicht der wissenschaftlichen Begleitung.

Abschließend sind noch zwei Anmerkungen zum Prozessverlauf und der Rolle der wissenschaftlichen Begleitung zu machen:

- Die Prozessevaluation war durch die regelmäßigen Treffen sehr nah am Projektgeschehen bzw. direkt in dieses eingebunden. Dies brachte auch mit sich, dass Reibungen und Unklarheiten im Projektverlauf die Arbeit der Evaluation beeinflussten.

- Im Verlauf der Prozessevaluation zeigte sich, dass sich die Bewertung der Erreichbarkeit der Indikatoren durch die Projektbeteiligten im Prozessverlauf verschob. Indikatoren wurden im Lichte der Ergebnisse diskutiert und teilweise verändert bewertet. Die wissenschaftliche Begleitung hat damit Neuinterpretationen der Projektakteure beobachtet. Dies ist für ein Pilotprojekt (das ja ein „Lernendes System" sein soll) durchaus adäquat. Wurde die Erreichbarkeit eines Indikators am Ende der Projektlaufzeit anders eingeschätzt als zu Beginn, stellt dies zwei Lernerfolge dar. Zum einen hat sich gezeigt, dass der ursprüngliche Indikator nicht erreicht werden konnte, und zum anderen, dass er unpassend definiert war. In diesem Sinne sind also Neuinterpretationen von Indikatoren Ergebnisse eines Lernprozesses. Damit ist jedoch auch immer die Erkenntnis verbunden, dass ein ursprünglich einmal gesetztes Ziel nicht erreicht wurde. Neuinterpretationen von Zielen sind darum kein Selbstzweck – man sollte sie in einem endlichen Prozess zur Definition realistischer Ziele nutzen, die dann auch beibehalten werden.

Um die Realisierbarkeit der Indikatoren nicht nur anhand des Projekts zu diskutieren, wurden Informationen über Vergleichsprojekte eingeholt. Dies ist für alle drei Bereiche gelungen, dennoch ist darauf hinzuweisen, dass die Ergebnisse nicht direkt vergleichbar sind. Jedes Projekt hat eine spezifische Ausgangslage und eine darauf abgestimmte Umsetzung. Beim Vergleich mussten deswegen die unterschiedlichen Rahmenbedingungen einbezogen werden, um zu qualifizierten Aussagen zu kommen.

Literatur

Flick, Uwe (2006): Interviews in der qualitativen Evaluationsforschung. In: ders. (Hg.): Qualitative Evaluationsforschung. Hamburg: Rowohlt Taschenbuch Verlag, S. 214-232.

Glaser, Barney G./Strauss, Anselm L. (2005): Grounded Theory. Strategien qualitativer Forschung. Bern. Huber, 2., korr. Auflage.

Lamnek, Siegfried (1995): Qualitative Sozialforschung. Methoden und Techniken. Band 2. 3. Auflage. München: Psychologie-Verlag-Union, S.172-218.

Mayring, Philipp (2002): Einführung in die qualitative Sozialforschung. 5. Auflage. Weinheim: Beltz Verlag.

Rossi, Peter/Lipsey, Mark/Freemann, Howard (2004): Evaluation. Sage.

Stockmann, Reinhard (Hg.) (2006): Evaluationsforschung: Grundlagen und ausgewählte Forschungsfelder. Münster: Waxmann.

5 Ergebnisse der Begleitforschung zur Projektumsetzung

5.1 Projektverlauf und Steuerung

5.1.1 Projektverlauf

Im Folgenden werden Implementierung und Projektverlauf anhand der Ergebnisse der Prozessbegleitung nachgezeichnet.

5.1.1.1 Wesentliche Schritte und Daten der Implementierung

Das Projekt begann aufgrund einer vorläufigen Bewilligung des Bundesministeriums für Arbeit und Soziales am 15. Juli 2007. Da noch unklar war, in welcher Höhe die endgültige Bewilligung erfolgen würde, und da vorher auch keinerlei Geld angewiesen wurde, trat der Durchführungsträger ZAUG in finanzielle Vorleistung, um die Räume anzumieten und einzurichten sowie die Projektleitung und die Leitung des Selbstlernzentrums anzustellen. Die Ausbildungslotsin betraf dies nicht; sie wurde durchgängig aus einem anderen Topf finanziert. Die endgültige Bewilligung des Ministeriums traf erst Mitte Oktober 2007 ein, was den Auftakt des Projekts faktisch verzögerte. Der erste Projektleiter wurde beim Durchführungsträger angestellt. Er begann seine Tätigkeit zum 1. August 2007 und kündigte zu Ende Oktober 2007. Der zweite Projektleiter wurde von der Stadt Gießen abgeordnet. Er begann seine Arbeit daher mit fließendem Übergang zum Ende des Jahres 2007 und führte sie bis zum Ende des Projekts am 30. September 2008 aus. Es entstand dadurch eine faktische Vakanz der Stelle im November und teilweise im Dezember, auch wenn der zweite Projektleiter zu diesem Zeitpunkt bereits designiert war. Die Leiterin des Selbstlernzentrums begann ihre Tätigkeit zum 1. September 2007 und beendete sie mit dem Projektende am 30. September 2008. Das Selbstlernzentrum selbst wurde erst am 22. November 2007 mit einer Auftakt-Pressekonferenz zum Projekt eröffnet. Vorher funktionierten die PCs noch nicht, und es kamen deshalb noch keine Besucher/innen. Ab dem 1. Dezember wurden zusätzlich zur Leiterin sukzessive Honorarkräfte eingestellt. Die Ausbildungslotsin war ab dem 1. September 2007 im Rahmen des Projekts tätig. Aufgrund des Auslaufens ihrer Finanzierung beendete sie jedoch ihre Tätigkeit bereits zum 30. Juni 2008. Die Beschäftigungslotsin begann ihre Tätigkeit im Januar 2008 zunächst auf

Grundlage eines Werkvertrags. Vom 1. Februar bis zum 30. September 2008 war
sie dann beim Durchführungsträger ZAUG angestellt. Die Projektassistenz wurde
zu Beginn des Jahres 2008 von der Stadt abgeordnet. Die Integrationslotsin war
über ihre Anstellung bei der Stadt Gießen mit zehn Wochenstunden ab dem 15.
Juli 2007 im Projekt beschäftigt. Ihre Tätigkeit endete mit dem Auslaufen ihrer
Stelle zum 4. September 2008.

Diese Übersicht zeigt, dass es in der Implementierung des Projekts verschiedene Ausfälle und zeitliche Inkohärenzen gab, die naturgemäß erschwerend
wirkten. Während das operative Alltagsgeschäft in allen Bereichen ab Herbst, im
Selbstlernzentrum dann auch ab Ende November, in Gang kam, brauchten andere
Arbeitsschritte länger. Dies galt insbesondere, wenn sie Abstimmungsprozesse
erforderten. So waren die Arbeitskonzepte zu den Teilbereichen des Projekts
letztendlich erst am 30. April 2008 fertig abgestimmt. Auch der Internetauftritt
war erst zu Ende April 2008 vorläufig fertig.

Die durch die komplizierten Abstimmungsprozesse entstehenden Verzögerungen hatten auch Auswirkungen auf die Arbeit der wissenschaftlichen Begleitung. So wurde der quantitative Fragebogen im Januar 2008 fertig abgestimmt,
die quantitativen Auswertungskategorien zu Beginn des Monats April 2008. Die
Rohdaten wurden dann im Projekt entsprechend berechnet, an die wissenschaftliche Begleitung weitergeleitet und von dieser ausgewertet. Erste Ergebnisse
konnten somit erst im Mai vorliegen.

5.1.1.2   Projektverlauf – die Ergebnisse der Workshops und Treffen

Mit den drei Workshops zur Ex-Ante-, Zwischen- und End-Prozessevaluation
wurde zu drei Zeitpunkten im Projekt ein Gesamtfazit zur Implementierung gezogen. Die Koordinationstreffen, die zwischenzeitlich stattfanden, beleuchteten
problemorientiert jeweils bestimmte Aspekte der Implementierung. Im Folgenden werden die wesentlichen Ergebnisse mit Blick auf den Verlauf des Projekts
zusammengefasst.

Einführungsworkshop 22.10.2007
Die im Antrag festgelegten quantifizierbaren Indikatoren wurden beim Auftaktworkshop am 22.10. im Hinblick auf ihre Realisierbarkeit diskutiert. Es bestand
bei allen Indikatoren Einigkeit darüber, dass sie prinzipiell realisierbar sind. Bei
einigen Indikatoren gab es qualitative Ergänzungen. Zielgruppen und Ziele des
Projektantrags wurden nicht verändert, aber konkretisiert; ergänzt wurde die
Gruppe der Senior/innen als weitere Zielgruppe. Es zeigte sich darüber hinaus,
dass insbesondere für die Projektmitarbeiter/innen die Frage nach der Verstetigungsperspektive des Projekts nach dem 30.9.2008 zentral war. In der Diskussion wurden darüber hinaus bereits zwei durchgängige Schlüsselthemen erkenn-

bar: Die Frage nach dem Bedarf an Kinderbetreuung im Projekt, und die Frage nach der Anbindung des Projekts an die Strukturen der „Sozialen Stadt" und deren Verstetigung. Zu diesem Zeitpunkt zeigten sich im Projekt auch eine Reihe von praktischen Problemen: Die Projektmitarbeiterinnen kritisierten, dass noch nicht operativ gearbeitet werden konnte. Insbesondere lag dies daran, dass seitens des Bundesministeriums noch keine Bewilligung eingegangen war und somit mangels der finanziellen Basis die Ausstattung mit Infrastruktur (einschließlich der PCs) noch nicht erworben werden konnte. Es zeigten sich erste Klärungsbedarfe zwischen den Projektmitarbeiter/innen, dem Durchführungsträger und der Stadt bezüglich der Aufgabenspektren und der Arbeitskonzepte.

Koordinationstreffen 5.11.2007
Dieses Treffen diente vor allem der Abstimmung der anstehenden Inhalte und Aufgaben. Zum einen wurden weiter bestehende Unklarheiten über Aufgabenverteilungen, Zuständigkeiten und Arbeitskonzepte aufgeklärt und ein Organigramm erstellt. Zum anderen ging es um die Abstimmung in der Kooperation zwischen dem Projekt und der wissenschaftlichen Begleitung. Geklärt wurden der Status der Protokolle der Treffen und der Aufbau der Erfassungsbögen für das Projekt. Nach dem Treffen endete die Tätigkeit des ersten Projektleiters.

Koordinationstreffen 26.11.2007
Der offizielle Auftakt des Projekts hatte am 22.11. mit einer Pressekonferenz stattgefunden und war positiv verlaufen, was von allen Teilnehmer/innen einmütig so bewertet wurde. Das operative Geschäft lief gut an; am 1.12. sollte die erste Honorarkraft im Selbstlernzentrum eingestellt werden. Es wurden erneut Unklarheiten über Aufgabenverteilungen, Zuständigkeiten und Arbeitskonzepte sowie Unstimmigkeiten in den Vorstellungen der Projektmitarbeiter/innen, des Durchführungsträgers und der Stadt thematisiert. Erneut zeigte sich auch, dass die Abstimmung unter den Projektbeteiligten anspruchsvoll war: Die Debatte über die Integration der vorliegenden Entwürfe der Ein- und Austrittsbögen zeigte verschiedene Unklarheiten und vor allem verschiedene Zuständigkeiten und Bedarfe. Die Ein- und Austrittsbögen des Projekts sollten einheitlich sein, mussten dabei aber den Vorgaben von fünf Parteien entsprechen, nämlich des Ministeriums, des Durchführungsträgers, der Projektmitarbeiter/innen, der Stadt und der wissenschaftlichen Begleitung.

Koordinationstreffen 10.12.2007
Das operative Geschäft war in den zwei Bereichen Selbstlernzentrum und Ausbildungslotsin sehr gut angelaufen, es zeigten sich wachsende Teilnehmer/innenzahlen. Die Integrationslotsin berichtete über ihre Einbindung ins Projekt: Diese verlief gut und konstruktiv; das Stundenvolumen ließ sich angesichts der diversen Synergieeffekte allerdings nicht klar benennen. Der neue Projektleiter

hatte seine Arbeit begonnen. Er plante, die Personaldecke im Projektzentrum zu verbessern. Dazu sollte eine Beschäftigungslotsin mit voller Stelle eingestellt sowie die Projektassistenz besetzt werden. Zudem sollten weitere Honorarkräfte im Selbstlernzentrum eingestellt werden. Es zeigten sich weiterhin Abstimmungsprobleme in der Steuerung des Projekts. Erneut wurden auch Unklarheiten bei den Arbeitskonzepten thematisiert. Was die Erfassungsbögen anging, konnte noch keine Vereinheitlichung erreicht werden.

Koordinationstreffen 17.1.2008
Die Beschäftigungslotsin hatte ihre Arbeit begonnen. Die operative Arbeit lief weiterhin sehr gut – es gab Berichte zu jedem Teilbereich. Aus der Diskussion der Ergebnisse wurden konkrete Umsetzungsideen entwickelt (z. B. Lernzertifikate anbieten, diese wurden später eingeführt). Es gab jedoch praktische Probleme, z. B. dauerte die PC-Wartung nach Angaben der Leiterin des Selbstlernzentrums zu lang. Der Projektleiter hatte ein Konzept für den Projektbeirat entwickelt, der für Februar eingeladen werden sollte. Es zeigten sich nach wie vor Unklarheiten über Zuständigkeiten und Arbeitsaufträge, die erneut diskutiert wurden. Um die Kommunikationsstrukturen klarer zu gestalten, schlug der Projektleiter eine Trennung zweier Runden vor: Die Koordinationstreffen, die in Anwesenheit und unter Moderation der wissenschaftlichen Begleitung die inhaltlichen und operativen Fragen thematisieren sollten, sowie einer Runde zur Steuerung des Projekts, in der die Geschäftsführung des Durchführungsträgers, die Stadt und die Projektleitung vertreten waren.

Zwischenbilanzworkshop 28.1.2008
Die operative Umsetzung des Projekts entwickelte sich weiterhin sehr gut. Alle Bereiche gaben Kurzberichte. Auch die Entwicklung in Bezug auf die Querschnittsziele Gender Mainstreaming und Fremdenfreundlichkeit waren positiv. Es zeichnete sich ab, dass diese Bereiche meist implizit in der Arbeit mitliefen und nur dann direkt thematisiert wurden, wenn es konkrete Anlässe gab. In der Teilnehmer/innenakquise und in der Vernetzung hat sich gezeigt, dass die Integrationslotsin eine Schlüsselrolle hatte. Die Multiplikatorenschulungen waren in der Konzeptionsphase. Nach Einschätzung der Projektbeteiligten war es noch zu früh, um die Perspektiven der Erreichung der Indikatoren beurteilen zu können. Die interne Kommunikation im Projekt wurde nicht ausführlich thematisiert, da die Runde zur Steuerung bereits getrennt getagt hat.

Koordinationstreffen 10.3.2008
Die operativen Berichte zeigten wieder, dass sich das Projekt in allen drei Teilbereichen gut entwickelte. Die Beschäftigungslotsin hatte inzwischen konkrete Angebote entwickelt. Ab April sollten die Multiplikatorenschulungen starten.

Der Projektbeirat wurde für den 16. April eingeladen. Erneut zeigte sich, dass Abstimmungsprozesse im Projekt langwierig verliefen. Die Arbeitskonzepte waren noch immer nicht endgültig fertig gestellt. Auch die Abstimmung zwischen Projektleitung, Stadt und wissenschaftlicher Begleitung über die Kategorien für die Auswertung der Daten waren noch nicht abgeschlossen.

Koordinationstreffen 21.4.2008
Die operative Umsetzung des Projekts lief weiter gut. Der Internetauftritt stand im Grundgerüst. Die Sitzung des Projektbeirats hatte stattgefunden, war allerdings schlecht besucht und wurde von den Projektbeteiligten nicht als Erfolg gewertet. Es gab weiteren Abstimmungsbedarf; die Arbeitskonzepte wurden noch einmal neu gegliedert und die Rolle der wissenschaftlichen Begleitung wurde geklärt.

Koordinationstreffen 2.6.2008
Im Vordergrund stand bei diesem Treffen die Präsentation und Diskussion der ersten Ergebnisse der quantitativen Auswertung der wissenschaftlichen Begleitung. (Nachdem die Auswertungskategorien zu Anfang April endgültig abgestimmt waren, hatten die Projektmitarbeiterinnen die Daten für die Stichtage 31.12.2007 und 31.3.2008 entsprechend ausgewertet und im Mai an die wissenschaftliche Begleitung weitergeleitet).

Koordinationstreffen 10.6.2008
Noch einmal stand bei diesem Treffen die Fortsetzung von Präsentation und Diskussion der ersten Ergebnisse der quantitativen Auswertung der wissenschaftlichen Begleitung im Vordergrund. Die operativen Berichte zeigten auch dieses Mal, dass sich das Projekt in allen drei Teilbereichen gut entwickelte.

Koordinationstreffen 28.7.2008
Die operative Umsetzung des Projekts lief weiterhin gut. Einzig die Multiplikatorenschulungen zeigten einige Schwierigkeiten, was die Definition und die Erreichung von Zielgruppen anbetraf.

Abschlussworkshop 1.9.2008
Es gab ausführliche Abschlussberichte zu allen Projektteilen. Der operativer Projektverlauf verlief weiterhin und damit bis kurz vor Abschluss gut. Es zeichnete sich jedoch ab, dass die Indikatoren nur teilweise erreicht werden würden. In der Diskussion ergaben sich daher Neubewertungen der Indikatoren durch die Projektbeteiligten: So wurden die Vermittlungszahlen insgesamt als positiv bewertet, da mehr angesichts der Schwierigkeiten des Klientels nicht erreichbar gewesen sei. Diskutiert wurde auch die Erreichung des Querschnittsziel Gender Mainstreaming: In das Projekt kamen erheblich mehr Frauen als Männer, eine Gleichverteilung der Geschlechter wurde somit nicht erreicht. Es gab an dieser

Stelle unterschiedliche Positionen: Während die wissenschaftliche Begleitung (siehe dazu Ausführungen unter 5.3.5.2.) und die Leitung des Durchführungsträgers die Ansicht vertraten, dass Frauen explizite Zielgruppe und zudem am Arbeitsmarkt besonders benachteiligt seien, ein höherer Frauenanteil demnach positiv zu werten war, vertrat ein Vertreter der Stadt die Position, dass ein gleich großer Anteil von Männern und Frauen erstrebenswert gewesen sei. Abschließend wurde nochmals das Thema Steuerung diskutiert. Projektleitung wie auch Leitung des Durchführungsträgers thematisierten Steuerungsprobleme und Konflikte im Projektverlauf.

5.1.2 Steuerung des Projekts

Die Steuerung des Projekts erfolgte gemäß Aufgabenbeschreibung durch die Stadt Gießen (Frau Peral-Ruiz), sowie ZAUG (Frau Neumaier) und dem Projektleiter (Herrn Romisch). Die operative Umsetzung bei der Stadt Gießen lag bei Herrn Burghardt. Die Umsetzung im Projekt erfolgte durch die Leitungen der Teilbereiche Selbstlernzentrum (Frau Herholz), Ausbildungslotsin (Frau Sassen) und Beschäftigungslotsin (Frau Kesperling) sowie den Projektleiter (Herr Romisch) und die Integrationslotsin (Frau Sobieroj), für die wissenschaftliche Begleitung durch die Leitung des Teilprojekts (Frau Wiesner) und die wissenschaftliche Mitarbeiterin Frau Bordne. Die Organisationsstrukturen des Projekts wurden grundsätzlich per Aufgabenbeschreibung, Antrag sowie des von der wissenschaftlichen Begleitung erstellten Organigramms definiert.

Es war nicht Aufgabe der wissenschaftlichen Begleitung, direkt die Steuerung des Projekts zu evaluieren; entsprechend war sie bei den Treffen der Runde zur Projektsteuerung (Vertreter/innen der Stadt Gießen, Geschäftsführung des Durchführungsträgers, Projektleitung) auch nicht anwesend. Die Entwicklung der Projektsteuerung ist allerdings ein Teil (neben der operativen Umsetzung) der Implementierung des Projekts. Sie wurde in diesem Zusammenhang auch in den Koordinationstreffen und Workshops thematisiert. Die Ergebnisse dazu werden deshalb im Folgenden unter dem Gesichtspunkt der Implementierung kurz reflektiert. Die folgende Darstellung ist jedoch nicht als vollständige Analyse der Steuerung zu interpretieren, da die wissenschaftliche Begleitung den kompletten Steuerungsprozess nicht erhoben hat. Sie stellt vielmehr eine Reflexion der Ergebnisse der Koordinationstreffen und Workshops dar.

5.1.3 Fazit zur Implementierung und zum Projektverlauf

In Bezug auf Projektverlauf und Implementierung des Projekts ist ein zweigeteiltes Fazit angebracht. Das *operative Geschäft* lief zunächst aufgrund der drei Monate lang ausstehenden Bewilligung des Ministeriums deutlich zu schleppend an. Erst nachdem die Bewilligung Mitte Oktober eingetroffen war, konnte die Infrastruktur aufgebaut werden.

Mit dem offiziellen Auftakt des Selbstlernzentrums Ende November entwickelten sich jedoch schnell eine rege und positive Projektdynamik sowie verschiedenste Synergien zwischen den einzelnen Bereichen des Projekts. Integrationslotsin, Ausbildungslotsin und Selbstlernzentrum arbeiteten konstruktiv zusammen; die Teilnehmer/innenzahlen wuchsen kontinuierlich. Im Selbstlernzentrum kamen sehr bald Honorarkräfte hinzu. Die Beschäftigungslotsin stieß zwar erst mit dem neuen Jahr zum Projekt, aber auch in diesem Feld etablierte sich das operative Geschäft sehr bald erfolgreich, auch wenn die Indikatoren letztendlich nicht überall erreicht wurden. Einzig die Bereiche der Multiplikatorenschulungen und des Projektbeirats entwickelten sich nicht so erfolgreich wie geplant.

Die *Steuerungsstruktur* des Projekts jedoch erschien aufgrund der Berichte bei den Koordinationstreffen und Workshops aus Sicht der wissenschaftlichen Begleitung während der gesamten Laufzeit Unklarheiten und Reibungsverluste aufzuweisen. Dies war insofern nicht verwunderlich, als verschiedenste Personen und Arbeitszusammenhänge im Projekt aufeinander trafen und gemeinsam eine neue Struktur aufbauen mussten. Eine solche Konstellation bringt es notwendigerweise mit sich, dass es Reibungsverluste, Kommunikationsschwierigkeiten und Klärungsbedarf bei Zuständigkeiten und Arbeitsweisen gibt. Diese beschränkten sich im Projekt jedoch nicht allein auf eine Anfangsphase von einigen Monaten, sondern wurden durchgängig thematisiert. Über den gesamten Projektverlauf wurden zudem immer wieder Unklarheiten in Bezug auf Zuständigkeiten und Arbeitsaufgaben erkennbar. So war in manchen Fällen etwa nicht ganz klar, wer genau in einer bestimmten Sachfrage anzusprechen war. Abstimmungsprozesse, z. B. über Erfassungsbögen, zogen sich teilweise über Monate hin. Eine Ursache dafür dürften jedoch aus Sicht der wissenschaftlichen Begleitung die Ungleichzeitigkeiten und Brüche in der Personalentwicklung gewesen sein; insbesondere das Ausscheiden des ersten Projektleiters zum Ende Oktober 2007 stellte dabei einen Bruch dar.

5.1.4 Good Practices und Empfehlungen

Die Organisations- und Kommunikationsstrukturen des Projekts waren grundsätzlich per Aufgabenbeschreibung und im Antrag definiert worden. Sie wurden zu Beginn des Projekts nochmals in einem von der wissenschaftlichen Begleitung erstellten Organigramm zusammengefasst und waren damit prinzipiell allen Beteiligten bekannt und deutlich. Es gab aber dennoch in der Praxis noch Reibungsverluste und Kommunikationsschwierigkeiten. Um diese zukünftig zu vermeiden, waren aus Sicht der wissenschaftlichen Begleitung folgende Techniken erfolgreich, bzw. ist darüber hinaus Folgendes zu empfehlen:

Planung der Zuständigkeiten (umgesetzt)

- Im Vorhinein sollten Aufgaben und auch Arbeitswege so klar definiert werden wie möglich
- Falls im Projektverlauf Neudefinitionen erforderlich werden, (was bei Pilotprojekten wie dem Interkulturellen Zentrum JobKomm völlig normal ist) sollten diese für alle klar ersichtlich und nach Möglichkeit auch unter Einbeziehung und Einverständnis aller Beteiligten erreicht werden.
- Auch die Hierarchien des Projekts sollten klar definiert werden und allen Beteiligten transparent gemacht werden

Implementierung

- Grundsätzlich sollte, gerade bei einem Pilotprojekt, immer ein eigenes Zeitbudget für die Einarbeitung und Aufbau von Arbeitsstrukturen eingeplant werden. Der Aufbau von neuen Arbeits- und Kommunikationsstrukturen braucht Zeit, insbesondere bei vielen verschiedenen Partnern
- Damit das Projekt ohne größere Hindernisse implementiert werden kann, ist zukünftig eine Optimierung der Arbeitsabläufe bei den beteiligten Kooperationspartnern notwendig
- Im Ministerium sollten sich die Zeitabstände zwischen einer ersten und einer zweiten Bewilligung, und damit zur Finanzierungsfreigabe, deutlich verkürzen. Eine Zeitspanne von drei Monaten wirkt behindernd
- Der zeitliche Aufwand für die inhaltliche Abstimmung sollte auf ein dem Thema angemessenes Maß beschränkt werden
- Die Unterscheidung einer Steuerungsrunde und einer Koordinationsrunde ist nur bei gänzlich klar definierten und klar trennbaren Aufgabenfeldern anzuraten

Kommunikationsstrukturen

- Die Kommunikationsstrukturen eines Projekts sollten klar definiert werden und allen Beteiligten transparent gemacht werden
- Alle Beteiligten sollten sich an die definierten Zuständigkeitswege halten
- Bei Bedarf sollten unter Einbeziehung aller Betroffenen neue Kommunikationswege und -regeln vereinbart werden

Die wissenschaftliche Begleitung hat folgendes Organigramm des Gesamtprojekts erstellt (siehe folgende Seite)

Abbildung 2: **Organigramm des Gesamtprojekts (eigene Darstellung)**

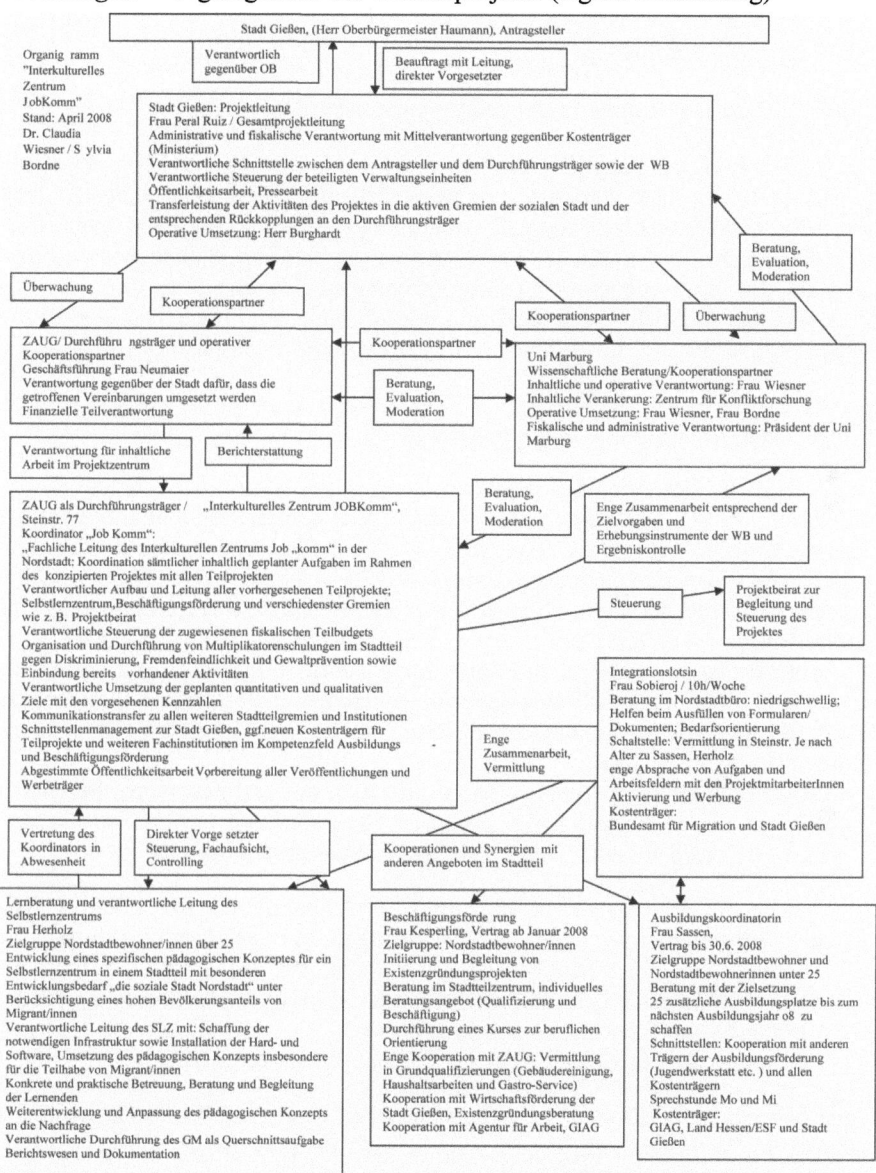

5.2 Beschäftigungsförderung, Qualifizierung und lokale Ökonomie

5.2.1 Begriffsbestimmungen

5.2.1.1 Begriffsbestimmung Beschäftigungsförderung

Der Begriff Beschäftigungsförderung bezeichnet den Teil der Arbeitsmarktpolitik, der sich konkret auf die Förderung von Beschäftigung und Beschäftigungsfähigkeit der Arbeitnehmer/innen bezieht. Beschäftigungsförderung findet in Qualifizierungsmaßnahmen, Vermittlungs- und Beratungsangeboten und ähnlichen Angeboten statt, die unter anderem von Beschäftigungsträgern angeboten werden. Die Strukturen der Beschäftigungsförderung auf kommunaler Ebene sind eng an die Agentur für Arbeit und die örtlichen ARGEN/Kreisjobcenter gekoppelt.

5.2.1.2 Begriffsbestimmung lokale Ökonomie

Eine inhaltliche Definition des Begriffs ist schwierig, da er in der Literatur durchaus unterschiedlich verwendet wird. Weitgehender Konsens besteht aber über die folgende Präzisierung: lokale Ökonomie kann als eine lokal verankerte oder lokal eingebettete Ökonomie (Läpple in Hanesch/Krüger-Conrad 2004: 113) bezeichnet werden, das heißt der Fokus liegt hier auf der sozialräumlichen Einbettung auf Stadtteilebene.

Lokale Ökonomie bezeichnet prinzipiell Ansätze, die Probleme auf Stadtteilebene (Problemlagen der Bewohner/innen sowie der Betriebe) aufgreifen und Lösungen auch auf der kleinräumigen Ebene anstreben. Es handelt sich also um quartiersbezogene Ansätze.

Lokale Ökonomie ist eine Strategie, die sich auf „arbeitsmarkt-, beschäftigungs-, struktur- und sozialpolitische Ziele" (Soziale Stadt info 5/2001: 2) ausrichtet. Dabei werden verschiedene Handlungsfelder miteinbezogen:

- Lokale Wirtschaftsentwicklung und Existenzgründungsförderung (Maßnahmen sind hier vor allem Vor-Ort-Büros für Wirtschaftsentwicklung)
- Beschäftigungsförderung und Qualifizierung (für den Erfolg ist eine Verbindung von personen- und unternehmensorientierter Beschäftigungsförderung und Qualifizierung ausschlaggebend)
- Förderung der „Sozialen Ökonomie" (siehe Beispiele unten)

Unter dem Stichwort lokale Ökonomie stehen Teilökonomien im Vordergrund, die teilweise im formellen, teilweise im informellen Sektor anzusiedeln sind (vgl. Hanesch/Krüger-Conrad 2004). Folgende Bereiche können auf einer deskriptiven Ebene unterschieden werden (vgl. Läpple in Hanesch/Krüger-Conrad 2004: 113):

- Marktvermittelte Stadtteil- und Quartiersbetriebe einschließlich der sog. „ethnischen Ökonomie" (Kleinbetriebe des Einzelhandels, des Handwerks, der Gastronomie, des Gesundheitswesens)
- Der lokal ausgerichtete Bereich von Nonprofit-Organisationen (Dritter Sektor) und Formen einer gemeinwesensorientierten „sozialen Ökonomie" mit Betrieben, Vereinen und Projekten, die Dienst- und Wohlfahrtsleistungen anbieten, die nicht über den Markt und die öffentliche Hand bereitgestellt werden (z. B. in den Bereichen Pflege und Gesundheit, Erziehungen und Kinderbetreuung, Kultur, Sport und Umwelt)
- Öffentlich finanzierte lokale Beschäftigungs- und Qualifizierungsinitiativen, die in Form von Vereinen oder Bürgerinitiativen vielfach verknüpft sind mit der „sozialen Ökonomie"
- Teile der informellen Ökonomie (Nachbarschaftshilfe, Schattenwirtschaft)

5.2.2 Die Debatte um lokale Ökonomie in Deutschland und der EU

5.2.2.1 Hintergründe und Inhalte der Debatte

Die Debatte um lokale Ökonomie erfreut sich seit einiger Zeit einer gewissen Prominenz nicht nur in Deutschland, sondern auch auf der Ebene der EU, von der aus mitgliedsstaatenübergreifend verschiedene Initiativen gestartet wurden[5].

Der Ausgangspunkt der Debatte liegt darin, dass eine einseitig auf Export und Weltmarkt ausgerichtete Wirtschafts- und Clusterpolitik, die bis heute politisch dominiert (vgl. Hanesch/Krüger-Conrad 2004: 18) nicht nur die Probleme auf Stadtteilebene nicht löst, sondern auch Strategien zur Stärkung lokaler Ökonomien ins Abseits drängt.

Aber gerade auf Stadtteilebene kumulieren sich Problemlagen, und „das Fehlen von Arbeitsplätzen und Beschäftigungsmöglichkeiten sowie ein Mangel an Qualifikationen und Ausbildung" (Soziale Stadt info 5/2001: 2) kann als eines der zentralen Probleme für die Benachteiligung von Stadtteilen ausgemacht werden. In Deutschland wurde die Debatte daher vor allem durch das Programm „Soziale Stadt" sowie durch die Debatte um kommunale Bündnisse für Arbeit angeregt.

Inzwischen wird der Stärkung der lokalen Ökonomie ein großes gesellschaftspolitisches Potenzial im Hinblick auf die „Förderung von Beschäftigung und sozialer Integration" (Evers/Bode/Schulz in Hanesch/Krüger-Conrad 2004: 270) zugeschrieben. Für derart zugeschnittenen Maßnahmen und Konzepte gibt es verschiedene Beispiele.

---

5 Von der EU angestoßene Initiativen zur Stärkung lokaler Entwicklungspolitik bzw. der Bekämpfung der Arbeitslosigkeit sind z. B. „Territoriale Beschäftigungspakte", „Lokal Handeln für Beschäftigung" und URBAN (vgl. Läpple in Hanesch/ Krüger-Conrad 2004: 111).

5.2.2.2 Beispiele zur Stärkung der lokalen Ökonomie

Beispiel 1: Kommunale Bündnisse

Beschäftigungspolitische Impulse kommen auch von der EU. Dafür gibt es verschiedene Grundlagen. Das Weißbuch „Wachstum, Wettbewerbsfähigkeit, Beschäftigung", das 1993 unter dem damaligen Kommissionspräsident Jacques Delors veröffentlich wurde, legt die Grundlage für eine Debatte um eine neue gesamteuropäische Beschäftigungsstrategie. Auch im Beschäftigungskapitel des Amsterdamer Vertrags und auf dem Sondergipfel von Lissabon im März 2000 wurde „die Verzahnung von Arbeits- und Wirtschaftspolitik" (Evers in Kißler/ Wiechmann 2003: 110) nochmals festgeschrieben. Das Problem der Arbeitslosigkeit wird mit diesen neuen Strategien zu einer neuen Querschnittsaufgabe zwischen den traditionell zuständigen Akteuren (Arbeits- und Sozialämter) sowie kommunaler Wirtschaftsförderung und Stadtentwicklung. Ziel ist es dabei, einen integrativen Ansatz zu entwickeln und „Beschäftigungspolitik nicht länger als exklusives Anliegen der Politik und der wirtschaftlichen Akteure, sondern als Anliegen der Gesellschaft insgesamt" (zitiert nach ders. in dies.: 111) zu sehen.

Der ehemalige Kommissionspräsident Santer rief 1996 den „Vertrauenspakt für Beschäftigung" ins Leben und etablierte ein Förderprogramm für territoriale Beschäftigungspakte, in dem 89 regionale und lokale Beschäftigungsbündnisse im Zeitraum zwischen 1997 und 2001 gefördert wurden. Ziel des Vertrauenspaktes war es, die strukturpolitischen Maßnahmen der EU in ihrer Beschäftigungswirksamkeit zu stärken. Dabei bildeten die territorialen Beschäftigungspakte die jeweilige Umsetzungseinheit, die folgende Bedingungen erfüllen sollten (Buchegger-Traxler/Roggenkamp/Scheffelt in Kißler/Wiechmann 2003: 93f.):

- Basis sollte eine möglichst breite Partnerschaft regionaler arbeitsmarkt- und beschäftigungspolitisch relevanter Akteure sein
- Die Initiative sollte von der lokalen Ebene ausgehen
- Die in den Pakten vereinbarten Maßnahmen sollten innovativ sein
- Durch die Paktaktivitäten sollten verschiedene Politikbereiche koordiniert und integriert werden
- Von dieser neuen Art der Zusammenarbeit erhofft man sich eine bessere Bündelung, Abstimmung und Durchführung arbeitsmarktwirksamer Maßnahmen

In Deutschland wurden unter anderem in Wuppertal und Essen kommunale Bündnisse eingerichtet, wobei die Ausgestaltung sehr unterschiedlich verlief. Die Ausgangslage fasst Kißler (2003: 12) folgendermaßen zusammen: „Die Kommunalisierung der Folgen von Massenarbeitslosigkeit und die Herausforderungen der Verwaltungsmodernisierung sowie gestiegene Erwartungen an die kommunale

Ebene für die Umsetzung von zentralstaatlichen Politiken ‚vor Ort' erweitern den Aktionsrahmen der Kommune".

Beispiel 2: Ethnische Ökonomie
In Deutschland hat sich der Bereich ethnische Ökonomie neu als Forschungsschwerpunkt etabliert. Die wissenschaftliche Beschäftigung mit diesem Bereich ist nicht nur hinsichtlich seiner Integrationsfunktion von Relevanz, sondern spielt auch im Kontext der lokalen Ökonomie eine wichtige Rolle, da ethnische Ökonomie ein Teilbereich der lokalen Ökonomie ist. Ethnische Ökonomie, verstanden als „selbständige Erwerbstätigkeit von Personen mit Migrationshintergrund in Deutschland und abhängige Beschäftigung in von Personen mit Migrationshintergrund geführten Betrieben (...), die in einem spezifischen Migrantenmilieu verwurzelt sind" (Schuleri-Hartje/Floeting/Reimann 2005: 21), spielt gerade auf Stadtteilebene eine wichtige Rolle.

Seit den 1980ern lässt sich in Deutschland ein Anstieg der Zahl ausländischer Selbständiger feststellen – den größten Zuwachs gab es hier Anfang der 1990er Jahre. Im Zeitraum zwischen 1989 und 2001 ist die Zahl ausländischer Selbständiger um 69% gestiegen und fällt damit drei Mal höher aus als bei deutschen Selbständigen mit 22% (vgl. Schader-Stiftung 2005: 28). Gründe hierfür liegen darin, dass sich die ökonomischen Rahmenbedingungen geändert haben: Wurde die erste Generation von Arbeitsmigrant/innen von Deutschland angeworben, um den Arbeitskräftemangel vor allem im Industriebereich zu decken, trifft die 2. und 3., in Deutschland aufgewachsen und ausgebildete Generation auf eine angespannte Beschäftigungssituation. „In Deutschland lebende Ausländer haben in stärkerem Maße als Deutsche auf diese Entwicklung mit dem Weg in die Selbständigkeit reagiert" (Schader-Stiftung 2005: 15).

Ethnische Ökonomie als Teil der lokalen Ökonomie im Stadtteil hat zugenommen und ist aus dem heutigen Stadtbild nicht mehr wegzudenken. Allerdings wird die Perspektive für diesen Bereich sehr unterschiedlich beurteilt. Manche Einschätzungen betonen die wirtschaftliche Bedeutung der ethnischen Betriebe, da hier Arbeits- und Ausbildungsplätze bereitgestellt werden. Gegenteilige Einschätzung bestätigen zwar eine soziale Funktion, weisen aber auf die ökonomische Nichtkonkurrenzfähigkeit hin (These von der Bedeutungslosigkeit des Einzelhandels im Stadtteil; vgl. Schader-Stiftung 2005: 78).

Unter dem beschäftigungsfördernden Aspekt bedeutet der Schritt in die Selbständigkeit für Migrant/innen meist den Schritt aus der Arbeitslosigkeit oder aus der drohenden Arbeitslosigkeit heraus. Not und Selbstverwirklichung sind meist die entscheidenden Motive (vgl. Schader-Stiftung 2005: 83). Die Bereitstellung von Ausbildungsplätzen in Migrant/innenbetrieben ist noch keine Selbstverständlichkeit, da Ausbildung in den meisten Herkunftsländern keine Tradition hat und die Beschäftigung Angehöriger, Bekannter etc. eher informellen Charakter hat.

Als theoretische Erklärungsansätze für ethnische Ökonomie – bezogen auf Existenzgründungen und Selbständigkeit von Migrant/innen – gibt es den „Kulturansatz", der von einer kulturell bedingten Mentalität zum Unternehmertum ausgeht („Basar-Mentalität"), und den „Reaktionsansatz", der Gründungen als Reaktionsmuster auf verschlechterte Arbeitsmarktbedingungen interpretiert (das Ergebnis sei Nischenökonomie; vgl. Soziale Stadt info 17, 2005: 13; Idik/ Schnetger in Hanesch/Krüger-Conrad 2004: 167ff).

Beispiel 3: Soziale Unternehmen
In der deutschen wissenschaftlichen Debatte spielt der Begriff des „sozialen Unternehmens" noch keine große Rolle, in angelsächsischen und kontinentaleuropäischen Kontexten dagegen schon. Es ist nicht leicht, sich dem Begriff inhaltlich zu nähern, da „soziale Unternehmen" keinen spezifischen Typus darstellen. „Social enterprise is probably of more use as a generic term to recognise the combination of changes that have been taking place in public and nonprofit organisations, rather than as a label for a specific sub-category" (zitiert nach Evers in ders./Schulz in Hanesch/Krüger-Conrad 2004: 266). Meist geht es deswegen vielmehr um eine Verbindung zwischen „sozialen Unternehmen" und Gemeinwirtschaft. „Unternehmerische Praxis war und ist in der modernen Gesellschaft nicht auf gewinnorientierte Erwerbswirtschaft beschränkt – ein Umstand, dem die Wirtschaftslehre durch die Unterscheidung von erwerbswirtschaftlichen Betrieben auf der einen Seite und öffentlichen bzw. „freigemeinschaftlichen" Unternehmen seit jeher Rechnung trägt (Bode/Evers/Schulz in Hanesch/Krüger-Conrad 2004: 267).

Entscheidend an gemeinwirtschaftlichen Organisationen ist, dass sie keine Elemente einer vergangenen Epoche sind, sondern dass es gerade heute wieder neuere Formen gemeinwirtschaftlicher Praxis gibt – in Deutschland in Form von Beschäftigungsgesellschaften. Denn es handelt sich um „Einrichtungen, die soziale und in Ansätzen auch politische Ziele im Rahmen lokalökonomischen Handelns verfolgen" (dies.: 281). So hat auch eine Unternehmensbefragung ergeben, dass 40% der Organisationen mit ihren Produkten und Dienstleistungen eine Schlüsselposition im lokalen Umfeld besetzen (dies.: 282).

Soziale Unternehmen konzentrieren sich auf die Tätigkeitsbereiche Reparaturwerkstätten, die Bewirtschaftung öffentlicher Kantinen bis hin zu Stadtteilprojekten. Gemeinsam ist ihnen die Zielgruppe der schwer vermittelbaren Personen. Allerdings wird es bei Beschäftigungsgesellschaften immer weniger darum gehen, die lokale Verankerung zu nutzen und Langzeitarbeitslosen „Normalarbeitserfahrungen" zu vermitteln. Vielmehr wird zunehmend die Vermittlung von Arbeitslosen in Beschäftigungsgesellschaften als eine Art Zwangsmaßnahme gehandhabt. Der Schwerpunkt wird immer mehr auf Kurzzeitmaßnahmen, Tests von Vermittlungsfähigkeit und ähnliche Maßnahmen verschoben. „Deren Marschroute führt mittlerweile eindeutig weg von der (ursprünglich) sozial- bzw. gemeinwirtschaftlichen Orientierung und der Ausrichtung auf die „lokale Ökonomie" (dies.: 283). Waren gemeinwirtschaftliche Beschäftigungsgesellschaften zu Beginn darauf ausgerichtet, verschiedene Funktionen und Steuerungsaufgaben zu integrieren, trennt das heutige Modell mit Kreisjobcentern und PSA Aufgaben und kauft diese bei Bedarf ein.

5.2.2.3 Die Bedeutung von lokaler Ökonomie und Beschäftigungsförderung in benachteiligten Stadtteilen

Benachteiligte Stadtteile werden in hohem Maße von „Modernisierungsverlierern" (Hanesch/Krüger-Conrad 2004: 23) bewohnt – Gruppen, die besonders stark unter den wirtschafts- und arbeitsmarktpolitischen Verwerfungen leiden, da sie neben ihrer strukturellen Ausgrenzung (Ausgrenzung aus dem Arbeitsmarkt) von sozialräumlicher Ausgrenzung betroffen sind. Die bisherigen Erfahrungen bei der Umsetzung des Bund-Länder-Programm „Stadtteile mit besonderem Entwicklungsbedarf – Die Soziale Stadt" zeigen, dass „das Fehlen von Arbeitsplätzen und Beschäftigungsmöglichkeiten sowie ein Mangel an Qualifikation und Ausbildung zentrale Probleme in den benachteiligten Quartieren darstellen" (Soziale Stadt info 5/2001: 2; Difu 2003). Der hohe Arbeitslosenanteil schlägt sich negativ auf die Einkommens- und Kaufkraftpotentiale der Stadtteilbewohner/innen nieder, was wiederum die wirtschaftliche Entwicklung der im Stadtteil verankerten Betriebe beeinflusst. Als Folge kommt es in den Stadtteilen häufig zu Ladenschließungen und Leerstand, was Attraktivitätsverluste des Stadtteils nach sich ziehen kann und die Neuansiedlung von lokaler Ökonomie erschwert (vgl. Difu 2003).

Mit der Stärkung der Ökonomie und Beschäftigung auf lokaler Ebene wird sowohl die ökonomisch-strukturelle als auch die sozialräumliche Ausgrenzung bekämpft. Die Beschäftigungsförderung verbessert die Chancen für eine Wiedereingliederung in den Arbeitsmarkt. Die Stärkung der lokalen Ökonomie stärkt die Möglichkeiten der Beschäftigungsförderung und wirkt einer sozialräumlichen Marginalisierung entgegen, weil die betreffenden Stadtteile ein besseres Image bekommen. Wirtschafts- und Beschäftigungsförderung sind folglich eng aneinander gekoppelt, da „Wirtschaft als Grundlage von Beschäftigung und Beschäftigung als Grundlage für Lebenschancen und Lebensqualität der Stadtteilbewohner" (Soziale Stadterneuerung. Gießen Nordstadt 2005: IHK: 28) gelten kann.

5.2.2.4   Lokale Ökonomie im Programm „Soziale Stadt"

*Lokale Ökonomie und Beschäftigungsförderung im ARGEBAU-Leitfaden[6] und
den Hessischen Leitlinien*
Die Bereiche Beschäftigungsförderung und lokale Ökonomie wurden deswegen
für Stadtteile mit besonderem Entwicklungsbedarf bereits in den Leitlinien zum
Bund-Länder-Programm „Stadtteile mit besonderem Entwicklungsbedarf – Die
Soziale Stadt" als Handlungsfelder formuliert, aber nur wenig umgesetzt. Der
ARGEBAU-Leitfaden betont, dass sich Arbeitslosigkeit, die in benachteiligten
Stadtteilen ein großes Problem darstellt, negativ auf Lebenschancen und Lebens-
qualität der Menschen auswirken kann. Deshalb „haben die Bereitstellung und
Vermittlung von Arbeitsplätzen und – übergangsweise auch – das Angebot von
Beschäftigung im zweiten Arbeitsmarkt Schlüsselfunktionen zur Verbesserung
der Lebensverhältnisse in sozial benachteiligten Gebieten. Ebenso wichtig ist es,
die Arbeitssuchenden besser zu qualifizieren…" (ARGEBAU-Leitfaden, Stand
1.3.2000).
   Die Hessischen Leitlinien zur „Sozialen Stadt" griffen die Formulierungen
der ARGEBAU auf und bestimmten den Baustein zwei von fünf als „Stärkung
der lokalen Wirtschaft, Schaffung von Arbeits- und Ausbildungsplätzen sowie
Beschäftigungsmöglichkeiten" (vgl. HEGISS 2004, Vier Jahre Soziale Stadt –
Zwischenbilanz).

Ergebnisse der Evaluation zu lokaler Ökonomie und Beschäftigungsförderung
Die umfassenden Untersuchungen und Evaluationen des Programms „Soziale
Stadt", die auf Bundes[7]- und auf Landesebene[8] durchgeführt wurden, haben ge-
zeigt, dass in Bezug auf Beschäftigungsförderung und lokale Ökonomie in der
Sozialen Stadt eine große Diskrepanz zwischen Anspruch und Wirklichkeit be-
steht (vgl. Difu 2003, Hanesch/Krüger-Konrad 2004). Die Bedeutung der lokalen
Ökonomie und der Beschäftigungsförderung im Rahmen der Sozialen Stadt wer-

---

6   Der Leitfaden zur Ausgestaltung der Gemeinschaftsinitiative „Soziale Stadt" wurde von der
     ARGEBAU (Arbeitsgemeinschaft der für Städtebau, Bau- und Wohnungswesen zuständigen
     Minister und Senatoren der Länder) erarbeitet.
7   Auf Bundesebene wurde „Soziale Stadt" vom Deutschen Institut für Urbanistik (Difu) evaluiert.
8   Die Hessische Gemeinschaftsinitiative Soziale Stadt (HEGISS) wurde in einzelnen Bereichen
     wissenschaftlich begleitet. Der Bereich (Baustein 2) Wirtschafts- und Beschäftigungsförderung
     wurde von der FH Darmstadt unter Prof. Walter Hanesch beforscht. Im Rahmen der Begleit-
     forschung wurde im Zeitraum 2001-04 mit Mitteln des Bund-Länder-Programms und der
     Fachhochschule Darmstadt das Projekt „Gemeinwesenorientierte Beschäftigungsförderung in
     Stadtteilen mit besonderem Entwicklungsbedarf" gefördert. Entstanden ist eine umfassende
     Studie zu den Themenbereichen Lokale Ökonomie und Beschäftigung im Rahmen des Pro-
     gramms, die auf einer schriftlichen Erhebung aller hessischen „Soziale Stadt"-Standorte sowie
     auf fünf lokalen Fallstudien basiert.

den zwar immer wieder betont, allerdings spiegelt die Zahl der umgesetzten Projekte diese verbale Priorität nicht wieder:

- Die Stärkung der lokalen Ökonomie spielt in rund 60% der Programmgebiete eine Rolle und nimmt damit den 3. Rang von 24 bei den Zielnennungen ein (Difu 2003)
- Vier der neun Themenkonferenzen – durchgeführt in den Modellgebieten der „Sozialen Stadt" – beschäftigten sich mit dem Thema lokale Ökonomie (Difu 2003)

Bei den konkret umgesetzten Maßnahmen und Projekten erreichen die Handlungsfelder[9] der lokalen Ökonomie allerdings nur die hinteren (18/19, 10 u. 9) Ränge (Difu 2003).

Besonderheiten und Probleme der Umsetzung
Es scheint also Schwierigkeiten dabei zu geben, die Ziele der Stärkung der lokalen Ökonomie und der Beschäftigungsförderung auch in die Programmpraxis vor Ort zu übersetzen. Diese Schwierigkeiten in der Umsetzung liegen, so das Ergebnis einer Untersuchung von Walter Hanesch, Imke Jung-Groh und Jochen Partsch, unter anderem darin begründet, dass „als entscheidende Vorraussetzung für den Programmerfolg (…) das innovative, über die herkömmliche Ressortförderung hinausgehende Steuerungsmodell des Programms ‚Soziale Stadt', angestrebt wird, dies gilt gerade für das Handlungsfeld der ‚Lokalen Ökonomie und Beschäftigungsförderung'" (Hanesch/Jung-Kroh/Partsch 2004: 31). Die Programmsteuerung soll integrativ und breit angelegt sein. Nun zeichnen sich aber gerade die Handlungsfelder lokale Ökonomie und Beschäftigungsförderung durch fest verankerte, relativ harte Trennungen zwischen einzelnen beteiligten Bereichen und Institutionen aus. Dies erschwert die Etablierung neuer Steuerungsmodelle jenseits der Ressortgrenzen, denn es macht sie zu einer sehr komplexen Aufgabe.
Die wissenschaftliche Begleitung der Programmbereiche lokale Ökonomie und Beschäftigungsförderung in Hessen hat hier deutliche Defizite aufgezeigt. Zum einen fehlt zumeist bei der Verwaltungsspitze das Bewusstsein für eine ressortübergreifende Verantwortung für das Gesamtprogramm „Soziale Stadt". Zum anderen zeigte sich, dass „systematische Kooperationen zwischen Steuerungsinstitutionen des 'Soziale Stadt'-Programms einerseits und den Wirtschafts- und Beschäftigungsförderungen andererseits nur in Ausnahmefällen gelungen

---

9 Handlungsfelder sind: Wertschöpfung im Gebiet (nur in 29% der Programmgebiete als bearbeitetes Handlungsfeld angegeben), Beschäftigung, Qualifizierung und Ausbildung (in ca. 50% der Programmgebiete gibt es Aktivitäten zu diesen Gebieten).

ist" (dies.: 33). Auch andere Akteure aus den Bereichen Wirtschaft (Wirtschaftsförderung, Kammern, Wirtschaftsverbände) und Beschäftigung (Kommunale
Beschäftigungsförderung bzw. Beschäftigungsförderung des Kreises) sind eher
selten in der Programmumsetzung vor Ort und den entsprechenden Kooperati-
onsorganen und Netzwerken vertreten. Auch in Hessen wird demnach im Bereich
lokale Ökonomie zwar großer Handlungsbedarf gesehen, allerdings scheinen noch
große Handlungsunsicherheiten bezüglich effektiver Handlungsstrategien zu bestehen (vgl. Hanesch/Jung-Kroh/Partsch 2004).

Umsetzungsempfehlungen
In der Programmbegleitungsliteratur werden verschiedene Vorraussetzungen für
die erfolgreiche Umsetzung lokalökonomischer Ansätze genannt (vgl. Difu 2003):

- Die Einbettung quartiersbezogener Entwicklungskonzepte in gesamtstädti-
  sche und regionale Wirtschaftsstrategien
- Zentrale, urbane und nutzungsgemischte Stadtteile bieten mehr Ansatzpunkte für lokal-ökonomische Strategien als reine Wohnsiedlungen
- Das Interesse der Migrant/innen an Selbständigkeit und Existenzgründung
  fördern
- Projekte der integrierten Stadtteilentwicklung können selbst Beschäftigungsmöglichkeiten bieten
- Verknüpfung von lokalen Beschäftigungs- und Qualifizierungsprojekten mit
  der Umsetzung des Integrierten Handlungskonzepts, das heißt Vernetzung
  von Arbeitsmarktpolitik mit gesellschaftlich sinnvollen Handlungsfeldern
  (Beispiel „maßarbeit – lokales Qualifizierungsbüro Kassel)
- Initiierung und Unterstützung von lokalen Netzwerken und Kooperationen,
  zum Beispiel aus Betrieben, Schulen, Wohnungsunternehmen, Beschäftigungsträgern im Stadtteil und der Stadt zum Erfahrungsaustausch und der
  Bündelung von Ressourcen

5.2.2.5   Das Sonderprogramm „Bildung, Beschäftigung und Teilhabe vor Ort"
          und die Ausgangslage in der Gießener Nordstadt

Die Nordstadt Gießen ist mit dem Projekt in der Förderperiode 2007/2008
Standort des XENOS-Sonderprogramms „Beschäftigung, Bildung und Teilhabe
vor Ort". Das Programm wird dabei vor folgender Ausgangslage umgesetzt:
     Gießen hat vorrangig dienstleistungs- und verwaltungsorientierte Arbeitsmög-
lichkeiten, da in den letzten Jahren vor allem Arbeitsplätze im produzierenden
Bereich weggefallen sind. Durch den Wegfall der Arbeitsplätze gingen viele Stellen für gering qualifizierte Menschen verloren. Angestiegen ist der Kräftebedarf im

unternehmensnahen Dienstleistungsbereich. Hier zeigt sich aber, dass etliche Betriebe ihren Zusatzbedarf zunächst über Zeitarbeit decken. Zurzeit sind circa 35.000 Erwerbstätige im öffentlichen und privaten Bereich sowie circa 7.500 Erwerbstätige im produzierenden Bereich beschäftigt. Die Stadt Gießen weist eine deutlich höhere Arbeitslosenquote auf als der Kreis Gießen oder das Land Hessen (die aktuellen Arbeitsmarktzahlen werden in Kapitel 5.2.3. dargestellt).

Bei der Gießener Nordstadt handelt es sich um ein Quartierszentrum mit Funktionsschwächen. Es gibt einen großen Bestand an sozialem Wohnungsbau, im Quartier konzentrieren sich einkommensschwache und sozial benachteiligte Haushalte, und die Identifikation der Bewohner/innen mit ihrer Nachbarschaft und dem Quartier ist mitunter schwach ausgeprägt. Der Anteil an Bewohner/innen mit Migrationshintergrund ist hoch, und gering qualifizierte Menschen ohne Ausbildung sind überproportional vertreten. Für letztere sind die Chancen auf eine sozialversicherungspflichtige Beschäftigung gering, da laut der Agentur für Arbeit Gießen derzeit leistungsfähige Fachkräfte die besten Chancen haben. Durch die oben dargestellte angespannte Lage auf dem Arbeitsmarkt verschlechtern sich aber auch in Gießen die Chancen für sozial benachteiligte Gruppen, wie ausländische und deutsche Jugendliche und junge Erwachsene, einen Ausbildungsplatz zu finden.

Daher gilt es im Rahmen sämtlicher Entwicklungskonzepte und des Stadtteilmanagements einen verstärkten Fokus auf das Handlungsfeld lokale Ökonomie mit dem Ausbau der gemeinwesenbezogenen und sozialraumbezogenen kommunalen Ausbildungs- und Beschäftigungsförderung zu legen.

5.2.2.6 Lokale Ökonomie in Gießen

Materialien und Studien
Eine Materialbasis für die Evaluation des XENOS-Projekts in Gießen bilden folgende Studien:

- Lokale Fallstudie Gießen-Nordstadt (2003), erstellt von Walter Hanesch und Imke Jung als eine von fünf Fallstudien im Rahmen der HEGISS-Begleitforschung
- Studie zur lokalen Ökonomie in der Gießener Nordstadt von Ralph Neumann (2005), im Auftrag der Stadt Gießen
- Soziale Stadterneuerung, Gießen-Nordstadt: Integriertes Handlungskonzept. Bestandsaufnahme (Teil 1, Juni 2005), Bewertungen und Anregungen (Teil 2, Oktober 2005) und Handlungsempfehlungen (Teil 3, Mai 2006), erstellt von Prof. Rainer Dilcher und Peter Straß

Diese Studien geben einen Überblick über bisherige Entwicklungen in den Bereichen lokale Ökonomie und Beschäftigungsförderung in der Nordstadt. Die
Studie von Walter Hanesch und Imke Jung ist eine Bestandsaufnahme der Akteure der Wirtschafts- und Beschäftigungsförderung in der Nordstadt beziehungsweise im Programm „Soziale Stadt" in Gießen aus dem Jahr 2003. Seither
haben sich durch die Hartz-Reformen Akteure und Zuständigkeiten gerade im
Bereich der Beschäftigungsförderung geändert. Hierüber liegt keine aktuelle
Bestandsaufnahme vor.

Beschäftigungsförderung und Vorschläge zur Weiterentwicklung von
Hanesch/Jung
Im Bereich sozialraumbezogener Beschäftigungsmaßnahmen gab es in der Nordstadt ein Projekt zu „Abfallcontracting" durch die Wohnbau GmbH für die Zielgruppe der erwachsenen, arbeitslosen Sozialhilfeempfänger/innen. Für Jugendliche
im Übergang Schule-Beruf wurde von ZAUG das Freiwillige Soziale Trainingsjahr (FSTJ) durchgeführt.

Hanesch und Jung stellen in Bezug auf die Beschäftigungsprojekte heraus,
dass es neben der regionalen Konzeption zur Beschäftigungsförderung kein
kleinräumig orientiertes Beschäftigungskonzept gab. Es fand keine Ausbildungsplatzakquise in der Nordstadt statt. Zudem fehlten flankierende Hilfen in
der Nordstadt, das heißt, der Bedarf an flankierenden Hilfen (Kinderbetreuungs-
plätzen) für allein erziehende Mütter in der Nordstadt wurde nicht gedeckt. Es
gab keine Vernetzung der Beschäftigungsmaßnahmen mit flankierenden Hilfen
des Sozial- und Jugendamts.

Hanesch und Jung empfehlen eine Projektstelle für Beschäftigungsförderung und Migrant/innenökonomie im Stadtteil sowie die Einrichtung eines/einer
Ausbildungskoordinators/in. Ein weiterer Vorschlag ist die Verbesserung des
Kinderbetreuungsangebots. Qualifizierungs- und Beschäftigungsprojekte sollten
enge Betriebskontakte unterhalten und stärker auf Vermittlung ausgerichtet sein.

Konkrete Projektvorschläge sind:

- Ein Tagelöhner-Projekt für schulmüde Jugendliche
- Ein offener Jugendtreff für Jugendliche in der Nordstadt in Form einer
  Fahrrad- und Mopedwerkstatt
- Die Erweiterung des gastronomischen Angebots der Nordstadt (z. B.
  Nachbarschaftscafe, Stadtteilkantine)
- Ein Platzhausmeister zur Reparatur gebrauchter Geräte
- Ein Beschäftigungsprojekt für erwachsene Migrant/innen in der Nordstadt
  (z. B. KFZ-Werkstatt)

Wirtschaftsförderung und Vorschläge zur Weiterentwicklung von Hanesch/Jung
Im Bereich Wirtschaftsförderung stellen Hanesch und Jung unter anderem heraus, dass die AG Gewerbetreibende in der Nordstadt durch ihre geringe Mitgliederzahl nicht in der Lage war, notwendige Projekte zur Stärkung der lokalen Ökonomie in der Nordstadt zu entwickeln. Sie sollte noch mehr Gewerbetreibende in der Nordstadt mobilisieren.

Vorschläge zur Weiterentwicklung der Wirtschaftsförderung in der Nordstadt:

- Erstellung einer Analyse des künftigen Bedarfs an Dienstleistungen für ältere Menschen
- Die Gründung eines Servicezentrums/Dienstleistungshauses in der Nordstadt mit Angeboten wie: Mittagstisch für Schüler/innen, haushaltsbezogene Dienstleistungen für ältere Menschen
- Die Entwicklung von altenfreundlichen Wohnformen
- Die Erweiterung der Einkaufsmöglichkeiten in der Nordstadt

Weitere Vorschläge und Bewertung der Kooperationsstrukturen

Für den Bereich Beratung und finanzielle Hilfen schlagen Hanesch und Jung vor

- Ein aufsuchendes Beratungsangebot für Existenzgründer/innen und Gewerbetreibende in der Nordstadt
- Ein Informationstreffen mit den Gewerbetreibenden in der Nordstadt, durchgeführt von der städtischen Wirtschaftsförderung unter Beteiligung der Kammern.

Für den Bereich Koordination und Projektentwicklung empfehlen sie die Gründung eines gemeinsamen „Hauses der Wirtschaft" (Kammern, Wirtschaftsförderung Stadt und Landkreis) als gemeinsame Anlaufstelle.

Bei der Bewertung der Kooperationsstrukturen kommen Hanesch und Jung zu dem Fazit, dass hier noch Nachholbedarf besteht. Sie empfehlen die Intensivierung der Zusammenarbeit zwischen dem Landkreis und der Stadt Gießen im Bereich der Beschäftigungs- und Wirtschaftsförderung. In der Steuerungsgruppe sollte eine Gesamtkonzeption für die Nordstadt in diesem Bereich entwickelt werden.

Das Fazit der Untersuchung ist, dass die Förderung der lokalen Ökonomie weder auf Stadt- noch auf Stadtteilebene ein Schwerpunktthema war. Das Nordstadtbüro hatte die Themenfelder Beschäftigungsförderung und Wirtschaftsförderung bis 2003 kaum bearbeitet. Hinzu kommen schwierige Rahmenbedingungen durch unterschiedliche Vorstellungen von Stadt und Landkreis zum Thema Beschäftigungsförderung.

Lokale Ökonomie in der Gießener Nordstadt von Neumann
Im Auftrag der Stadt Gießen wurde zwei Jahre später von Ralph Neumann eine Studie zur lokalen Ökonomie in der Gießener Nordstadt (2005) verfasst. Die Stärken-Schwächen-Analyse ergab, dass nicht nur zwischen harten und weichen Standortfaktoren unterschieden werden kann, sondern dass die harten Faktoren als gut, wohingegen die weichen Faktoren als schlecht angesehen werden können (vgl. Neumann 2005: 31). Flächenverfügbarkeit, Grundstückskosten, Mietpreise sowie die Verkehrssituation (harte Standortfaktoren) in der Nordstadt sind günstig beziehungsweise positiv. In Bezug auf Sicherheit, (soziales) Umfeld, Gesamteindruck des Stadtteils (Gebäudezustand, Müll, Vandalismus), Atmosphäre und Image gibt es allerdings Entwicklungsbedarf. Die Branchenstruktur wird als gut eingeschätzt, auch die Nahversorgung mit Gütern des täglichen Bedarfs ist gewährleistet.

Wirtschafts- und Beschäftigungsförderung im Integrierten Handlungskonzept
Das Integrierte Handlungskonzept, das von Dilcher/Straß entwickelt wurde[10], beinhaltet eine detaillierte Auswertung der bereits vorhandenen Materialien und dokumentierten Aktivitäten. Ihre Handlungsempfehlungen zur Wirtschafts- und Beschäftigungsförderung in der Nordstadt basieren auf der Auswertung von Interviews mit Verwaltung, Nordstadtbüro, lokalen Einrichtungen und Bewohnerinnen und Bewohnern sowie der Studie von Neumann (2005). Bei ihren Empfehlungen kommen sie zu ähnlichen Ergebnissen wie Hanesch und Jung. Im Folgenden werden deswegen insbesondere Ergebnisse aufgegriffen, die nicht bereits von diesen thematisiert wurden.
    Dilcher/Straß bewerten folgende Gründe als hinderlich für die Wirtschafts- und Beschäftigungsförderung in der Nordstadt (vgl. Soziale Stadterneuerung, Gießen-Nordstadt, Teil 2, Oktober 2005):

▪   Die mangelnde Vernetzung der lokalen Betriebe
▪   Das schlechte Image der Nordstadt

---

10   Das dreiteilige Integrierte Handlungskonzept hat seine Grundlage in einer breit angelegten Materialbasis, die als **Teil 1 Bestandsaufnahme** sämtliche bisher realisierten oder begonnenen Projekte darstellt. **Teil 2 Bewertungen und Anregungen** basieren auf der Auswertung der Einzel- und Gruppengespräche mit 20 Akteuren/Akteursgruppen. **Teil 3 Handlungsempfehlungen** sind eine Zusammenführung der Komponenten Vorgaben des Programms Soziale Stadt, Anregungen aus dem Kreis der Akteure, planerische Vorstellungen der mit der Erstellung des Integrierten Handlungskonzepts beauftragten interdisziplinären Planungsgruppe.

- Die geringe Kaufkraft der Nordstadtbewohner/innen, die durch eine hohe Arbeitslosigkeit bedingt ist
- Die Nähe zur Innenstadt macht es für die Nordstadt schwierig, eigene Kund/innen anzuziehen (die nicht die Einkaufsmöglichkeiten in der City nutzen)
- Die Größe der Nordstadt verhindert, dass ein „Wir"-Gefühl aufkommt

Vorschläge von Dilcher und Straß

Auch Dilcher und Straß regen an, dem Themenbereich lokale Ökonomie im Rahmen der Stadtteilentwicklung einen systematischen Stellenwert einzuräumen (vgl. Hanesch/Jung). Darüber hinaus solle die lokale Ökonomie durch den Fokus auf a) die Verbesserung städtebaulicher Rahmenbedingungen und auf b) die weichen Standortbedingungen gestärkt werden.

Sie schlagen die Bereiche „Wohnen und Alter" (Seniorenzentrum) und „Gesundheit und Wellness" (Gesundheitszentrum) für die lokale Ökonomie vor (vgl. Hanesch/Jung). Um die Beschäftigung zu fördern, plädieren sie für eine personelle Verstärkung des Nordstadtbüros. Dabei sollten Projekte im Bereich Qualifizierung und Beschäftigung in enger Zusammenarbeit mit den örtlichen Beschäftigungsträgern und mit der GIAG zusammen organisiert werden, vor allem im Spektrum Hartz IV.

Die Besonderheit daran ist die Verknüpfung von Eingliederung in Arbeit mit einer sozialräumlichen Perspektive, d. h. Ziel ist eine stadtteilbezogene Qualifizierungs- und Beschäftigungsförderung.

Entscheidend für die Nachhaltigkeit der Bereiche Stärkung der lokalen Ökonomie und der Förderung von Beschäftigung seien a) die Gründung eines Gewerbevereins im Stadtteil, der die Wirtschaftsakteure im Stadtteil vernetzt, damit auf dieser Basis neue Maßnahmen zur Förderung der lokalen Wirtschaft gestartet werden könnten, und der eng mit der städtischen Wirtschaftsförderung zusammenarbeitet.

Zudem sei b) die Einrichtung einer Stelle für Qualifizierung und Beschäftigung anzustreben, die mit den örtlichen Trägern der Grundsicherung (GIAG) kooperiere, gleichzeitig aber auch die Möglichkeiten der Beschäftigungsträger und die Möglichkeiten aus europäischen, nationalen und landesweiten Förderprogrammen stadtteilbezogen koordiniert. Damit könne sie – und das sei der zentrale Punkt – eine Verbindung zwischen funktionalen und sozialraumorientierten Herangehensweisen an die Beschäftigungs- und Qualifizierungsthematik schaffen (Soziale Stadterneuerung. Gießen Nordstadt 2006: 54).

Konkret wurden folgende Maßnahmen vorgeschlagen:

- Die Gründung eines Gewerbevereins
- Die Einrichtung eines Gesundheitszentrums (vgl. Hanesch/Jung)
- Das Angebot einer niedrigschwelligen Existenzgründungsberatung (vgl. Hanesch/Jung)
- Die Einrichtung einer Stelle für die Förderung der lokalen Ökonomie, Beschäftigungsförderung, Qualifizierungsmaßnahmen und Berufsorientierung (vgl. Hanesch/Jung)
- Patenschaften für Ausbildung
- Berufsorientierung für Jugendliche mit Migrationshintergrund
- Qualifizierung und Einrichtung eines aufsuchenden Seniorenhilfsdienstes
- Ausbildungsorientierte Elternarbeit mit Migrant/innen
- Markt der Ausbildungsmöglichkeiten in der Nordstadt

Bisherige Projekte zu Beschäftigungsförderung und lokale Ökonomie in der Gießener Nordstadt
Im Bereich lokale Ökonomie und Beschäftigungsförderung wurden Projekte im Rahmen der Sozialen Stadt und innerhalb der LOS-Förderung durchgeführt[11]. Auf Grund der inhaltlichen Ausrichtung des XENOS-Projekts ist die Projektdarstellung in diesem Kapitel am ausführlichsten.

LOS – das Begleitprogramm zur „Sozialen Stadt"
Das Bundesministerium für Familie, Frauen, Senioren und Jugend initiierte „LOS – Lokales Kapital für soziale Zwecke" als Begleitprogramm für die Soziale Stadt. Seit 2003 bis einschließlich 2008 werden Mikroprojekte in Standorten der Sozialen Stadt aus dem Europäischen Sozialfonds gefördert. „Mit LOS sollen soziale und beschäftigungswirksame Potentiale vor Ort aktiviert werden, die durch zentrale Programme wie die Regelförderung des ESF nicht erreicht werden" (www.los-online.de, 20.1.2008). Gießen hat zwischen 2003 und 2007 für Projekte in der Nordstadt 380.000 Euro an ESF-Geldern bekommen. Im letzten Förderzeitraum 2006/07 wurden sechs Projekte gefördert. Seit 2003 erscheint jährlich eine Dokumentation über die LOS-Projekte in der Nordstadt.

Eigentlich sollten die Projekte, die gefördert werden, eines der folgenden drei Oberziele haben (LOS-Dokumentation 2007: Klappentext)

- Unterstützung einzelner Aktionen zur Förderung der beruflichen Eingliederung (z. B. Projekte zur lokalen Wohnumfeldverbesserung)

---

11   Darstellung der Projekte in den Jahresberichten und LOS-Dokumentationen.

- Unterstützung von Organisationen und Netzen, die sich für benachteiligte Menschen am Arbeitsmarkt einsetzen (z. B. Vereine und Selbsthilfeorganisationen)
- Unterstützung von Existenzgründung und der Gründung von sozialen Betrieben (z. B. Beratung, finanzielle Hilfen)

Allerdings sind die Projekte sehr unterschiedlich angelegt, so dass sie sich nicht alle auf beschäftigungsaktivierende Potentiale konzentrieren.

Projekte im Rahmen des Trägerverbundes der Sozialen Stadt
- Arbeitsgruppe zu Qualifizierung, Ausbildung und Beschäftigung: Im Rahmen der „Sozialen Stadt" hat der Trägerverbund Gießener Nordstadt e.V.[12] bereits zu Beginn des Programms unter anderem eine Arbeitsgruppe zu Qualifizierung, Ausbildung und Beschäftigung eingesetzt, die sich speziell mit diesem Bereich der sozialen Stadterneuerung befassen sollte.
- Tauschbörse für Dienstleistungen: 1999 sollte eine Tauschbörse für Dienstleistungen eingerichtet werden, die allerdings nicht in Gang kam.
- Freiwilliges Soziales Trainingsjahr: Die Arbeitsgruppe Qualifizierung, Ausbildung und Beschäftigung des Trägerverbundes erarbeitete bereits 1999 ein Konzept für ein Lokales Qualifizierungsbüro. Ziel des Projekts war es, für 25-30 Jugendliche aus der Nordstadt Zugänge zum Arbeitsmarkt zu finden. Allerdings wurde der Förderantrag 2000 abgelehnt. 2002 wurde der Antrag für ein Qualifizierungsbüro/FSTJ bewilligt. Die Eröffnung fand noch in 2002 statt. Die Arbeit mit den Jugendlichen begann Anfang 2003. Das Büro richtete sich an circa 15 Jugendliche mit dem Ziel, gemeinsam mit ihnen entlang ihrer individuellen Lebenslage eine berufliche Orientierung zu finden. Das Büro war örtlich wie organisatorisch am Nordstadtbüro angesiedelt und mit einer Honorarkraft besetzt. Es bestand eine Kooperation mit ZAUG und der kommunalen Beschäftigungs- und Ausbildungsgesellschaft. Bilanz des Projekts waren nach einem eher ungünstigen Start (die angestrebte Teilnehmer/innenzahl von 12 konnte erst nach zwei Monaten erreicht werden), dass eine Teilnehmerin auf dem 1. Arbeitsmarkt in Ausbildung vermittelt werden konnte und zwei Teilnehmer/innen eine Abendrealschule begannen.
- Flugblatt der Gewerbetreibenden in der Nordstadt: 2001 fanden auf Initiative von zwei Vertreter/innen der Gewerbetreibenden mehrere Treffen dieser Gruppe in der Nordstadt statt. Ziele der Treffen waren der Austausch und

---

12   Im Trägerverbund sind die Initiative für Jugendberufsbildung (IJB) e.V., Jugendwerkstatt e.V. und Zentrum Arbeit und Umwelt Gießen (ZAUG) gGmbH als Qualifizierungs- und Beschäftigungsträger vertreten.

die Entwicklung einer Strategie zur Stärkung des lokalen Gewerbes. 2002 wurde an einem Flugblatt mit allen Dienstleistungen und Betrieben der Nordstadt gearbeitet. Das Flugblatt „Hier lebe ich, hier kaufe ich ein" war 2003 erstellt.

LOS-Projekte ab 2004

Projekte im Bereich der Beschäftigungsförderung und Qualifizierung:

- „Die Hürden überwinden..." „Was brauchen junge allein erziehende Mütter für den (Wieder-) Einstieg in den Beruf?" (2004-2006). Hintergrund des Projekts waren fehlende Qualifizierungs- und Beschäftigungsmöglichkeiten für Frauen.

  Ziel des Angebots war es, individuell konkrete Maßnahmen für die teilnehmenden Frauen zu entwickeln, um einen Einstieg in die Erwerbsfähigkeit zu finden. Gearbeitet wurde an den Bereichen Bewerbungsunterlagen, Bewerbungsgespräche, berufliche Perspektiven und Bewerbungsprofil. Die Motivation für eine Arbeitsaufnahme ist gelungen, konnte allerdings nicht im ersten Arbeitsmarkt umgesetzt werden. Zwei der 12 Teilnehmerinnen haben jedoch eine ehrenamtliche Arbeit aufgenommen. Im Rahmen des Projekts gab es Kontakte zu ZAUG, dem Versorgungsamt, Kindertagesstätten und Schulen vor Ort und Trägern der Berufshilfe. Im Weiterförderungsantrag für 2006 wurde der Fokus auf junge (allein erziehende) Mütter gelegt, die arbeiten oder ihre berufliche Ausbildung abschließen wollen, aber auf Grund ihrer persönlichen Situation stark eingeschränkt waren.
- „Kontakt" – (Wieder-) Einstiegshilfen ins Berufsleben für junge Erwachsene (vor allem Frauen) mit dem Schwerpunkt Serviceleistungen für ältere und behinderte Menschen (LOS 2005): Das Projekt wurde gemeinsam von der Ev. Thomasgemeinde und der Familien- und Seniorenhilfe „Hilfe mit Herz" durchgeführt. Durch das Projekt wurden sechs Interessierte (Arbeitssuchende und ALGII Empfänger/innen) aktiviert, von denen fünf im Verlauf des Projekts anderweitig eine Beschäftigung gefunden beziehungsweise sich anders orientiert haben.
- Seniorengerechter Mittagstisch (LOS 2004, 2005): Träger des Projekts war ZAUG. Die teilnehmenden Frauen befanden sich im Rahmen des Programms „Arbeit statt Sozialhilfe" in geförderter Beschäftigung. Ziel war die qualifizierende Beschäftigung im Bereich der Gemeinschaftsverpflegung, hier mit dem Schwerpunkt seniorengerechte Speisenzubereitung. Die Ausgabenhilfe hat bei ZAUG eine befristete Anstellung bis zum 31.12.2005 erhalten. Eine Stelle konnte also mit dem Mikroprojekt geschaffen werden.

- Orientierungs- und Berufswiedereinstiegskurs für Frauen (LOS 2005): Durchführungsträger war ZAUG. Für den 7-wöchigen Kurs wurden Erfolgsindikatoren identifiziert. Von elf Teilnehmerinnen haben fünf den Kurs beendet, davon hatten vier konkrete weitere berufliche Perspektiven. Alle Teilnehmerinnen fühlten sich durch den Kurs besser für den Berufseinstieg gerüstet.
- Erwerb von Computerkenntnissen für Jugendliche in der Nordstadt mit Qualifizierung zur Beschäftigung (LOS 2004)
- Berufsorientierung für benachteiligte Jugendliche (LOS 2004): Bei diesem Projekt ging es um die Förderung der beruflichen Integration. Trotz umfassender Werbung haben nur fünf Jugendliche teilgenommen.
- PEB und PEB II – Praktisch erfahrbare Berufsorientierung (LOS 2004, 2005) (IJB): Ansatzpunkt des Projekts war der Übergang von Schule in den Beruf mit dem Ziel, die Chancen beruflicher Integration durch eine frühzeitige berufliche Orientierung zu verbessern. Eingesetzt wurde ein Methodenmix aus theoretischen Aufgabenstellungen, Gesprächen, aktiven Arbeitserlebnissen (Garten- und Landschaftsbau und Hauswirtschaft) und Exkursionen. 2004 nahmen zehn Jungen und nur drei Mädchen teil. 2005 nahmen 18 Jugendliche der Landgraf-Ludwig-Schule ein Schuljahr lang am Projekt teil. Jugendliche und zuständige Betreuer/innen bewerteten das Projekt positiv.
- LIFT 2004 und LIFT 2005 (Lebensplanung und Perspektiven von Jugendlichen in der Gießener Nordstadt): 2004 nahmen 8. und 9. Hauptschulklassen der Egerländer Straße teil. Viele Akteure waren in das Projekt eingebunden (Jugendbildungswerk Stadt Gießen, Aktino, Stadtteilbüro Gießener Nordstadt, Arbeitsamt, Jugendamt, Jugendberufshilfe, Gewerbetreibende und als Beschäftigungsträger Jugendwerkstatt, ZAUG, IJB). 2005 war der CVJM/ Jugendzentrum Holzwurm Träger des Projekts und teilnehmende Schulklassen waren die zwei 9. Klassen der H&R Schule. Die Schüler/innen sollten ihre Stärken, Schwächen und Interessen hinsichtlich ihres späteren Berufs erkennen. Methodisch umgesetzt wurde dies über eigene Recherchen beim Arbeitsamt und einem zweiwöchigen Praktikum sowie Klassenausflügen zu einer Berufswahlmesse und dem Infomobil und einem thematisch passenden Museumsbesuch. Eine abschließende Bewertung des Projekts liegt nicht vor.
- Schreibwerkstatt für junge Arbeitslose zur Verbesserung der Vermittlungschancen (LOS 2006)
- Nähstube „Silberfaden" (LOS 2005, 2006): Ziele des Projekts waren die Qualifizierung der Teilnehmerinnen im Erwerb von Kenntnissen in Materialkunde, Verarbeitungsweisen und Nähen mit der Hand. Als Fazit für dieses Projekt wird in der Dokumentation festgehalten, dass sich die handwerklichen Qualifikationen und damit die Chancen der Teilnehmerinnen auf dem

Arbeitsmarkt erhöht haben, allerdings hat sich die berufliche Situation aufgrund des Kurses nicht maßgeblich verändert.

Projekte im Bereich lokale Ökonomie

- Infozentrum für Unternehmen in der Nordstadt (LOS 2004): Durchführung von Existenzgründungsberatungen, Gründung eines Gewerbekreis in der Nordstadt; verschiedene Workshops: Workshop Gesundheitswesen (Fragebogen zur Bedarfsermittlung, Gesundheitskalender) und Workshop Stadtteilmarketing; Nordstadt-Adventskalender zur Information der Bevölkerung über die Gewerbetreibenden in der Nordstadt.
- Lokale Ökonomie in der Nordstadt (LOS 2005): Träger war der Stadtteilbeirat. Es bestand eine Kooperation mit der Abteilung für Wirtschaftsförderung der Stadt. Durchgeführt wurden die drei Workshops Gesundheitswesen, Stadtteilmarketing und Neue Unternehmen in die Nordstadt.
- Branchenbuch für die Nordstadt „Gewusst wo" (LOS 2006) als Nachschlagewerk für die gewerblichen und öffentlichen Angebote in der Nordstadt. An die Haushalte wurden 6000 Exemplare verteilt. Projektträger war der Trägerverbund. Es bestand eine Kooperation mit der Wirtschaftsförderung der Stadt.
- Gründung eines Gewerbevereins (LOS 2006): Dieses Projekt konnte auf Grund von mangelndem Interesse von Seiten der Gewerbetreibenden nicht realisiert werden. Projektträger war der Trägerverbund. Es bestand eine Kooperation mit der Wirtschaftsförderung der Stadt.
- Workshop für Existenzgründer/innen mit russischer Muttersprache (LOS 2007): Der Workshop wurde als sehr positiv bewertet und es wurde von den Teilnehmer/innen der Bedarf geäußert, weiterhin Beratung während der Existenzgründungsphase zu erhalten.

5.2.2.7   Fazit zu den Projekten im Bereich lokale Ökonomie und Beschäftigungsförderung:

Im Bereich lokale Ökonomie gab es erste Ansätze. Einige Gewerbetreibende der Nordstadt trieben ab 2001 Vernetzungsinitiativen voran, erstellten einen Flyer (2003) und ein Branchenbuch „Gewusst wo" (2006) mit öffentlichen und gewerblichen Angeboten der Nordstadt. Die Initiative, einen Verein der Gewerbetreibenden zu gründen, konnte allerdings auf Grund mangelnden Interesses nicht umgesetzt werden. Bei allen Projekten im Bereich lokale Ökonomie bestand eine Kooperation mit der Wirtschaftsförderung der Stadt Gießen.

Der Bereich Beschäftigungsförderung und Qualifizierung wurde stärker und vor allem in LOS-Projekten bearbeitet, in denen einige Aspekte aufgegriffen werden, die auch im XENOS-Projekt eine Rolle spielen. Wenn die konkrete Vermittlung in Arbeit bei den meisten Projekten auch im Vordergrund hätte stehen sollen (FSTJ, Hürden überwinden, Kontakt, Berufswiedereinstiegskurs für Frauen), konnte dieses Ziel nicht ausreichend realisiert werden. So war beispielsweise die Abbrecherquote im Berufswiedereinstiegskurs für Frauen (LOS 2005) sehr hoch, keine der verbleibenden Teilnehmerinnen konnte in den ersten Arbeitsmarkt vermittelt werden. Im Projekt „Hürden überwinden" gelang es, die Frauen durch Schulungen in den Bereichen Bewerbungstraining für den Berufseinstieg vorzubereiten; aber dennoch ist der Wiedereinstieg vergleichsweise wenigen Frauen gelungen. Bei einigen Projekten ging es um den Aspekt Qualifizierung (zum Beispiel Nähprojekt, Seniorengerechter Mittagstisch, Schreibwerkstatt). Mit dem Projekt Seniorengerechter Mittagstisch konnte eine befristete Stelle im zweiten Arbeitsmarkt geschaffen werden.

Insgesamt hatten die Projekte für die Teilnehmer/innen aber sicherlich Aktivierungspotential. Zwei Projekte unterstützten konkret die Berufsorientierung von Jugendlichen am Übergang von Schule in Ausbildung (PEB, LIFT). Die meisten Projekte im Bereich Beschäftigungsförderung richteten sich speziell an Frauen.

Insgesamt lässt sich festhalten, dass es in der Nordstadt einige Projekte gab, die bereits mehrere Faktoren integriert haben. So zum Beispiel „Hürden überwinden" (LOS 2004-2006): Hierbei handelte es sich um ein Projekt, das frauenspezifisch war und in dem Migrantinnen angesprochen wurde (2004 lag der Migrantinnenanteil bei 45%, sank danach aber − 2005: unter 10%, 2006: 15%) und das darauf abzielte, die Chancen zur Wiedereingliederung in den Arbeitsmarkt zu erhöhen. Auch das Nähprojekt Silberfaden war als Qualifikationsprojekt für Frauen angelegt. Der Migrantinnenanteil lag hier bei 85%. Bei den Jugendprojekten PEB I und II und LIFT 2004 und 2005 ging es inhaltlich um die Unterstützung der Jugendlichen in der Berufsorientierungsphase. Hier war auch der Aspekt Vernetzung sehr stark, da viele Kooperationen mit den unterschiedlichsten Akteuren eingegangen werden konnten. Bislang zeigte sich also, dass der erfolgreiche (Wieder)einstieg in den Beruf im ersten Arbeitsmarkt durch die Projekte kaum erreicht werden konnte.

5.2.2.8 Ziele des XENOS-Projekts Interkulturelles Zentrum JobKomm

Für das XENOS-Projekt galt es deswegen, den Fokus nicht nur auf die Verbesserung der Wiedereinstiegschancen, sondern auch auf Qualifizierung sowie die

Vermittlung in Ausbildung und Arbeit zu legen. Das Zentrum knüpfte hier an einige der bisherigen Projekte an:

- Am Ende des Existenzgründerworkshops wurde der Wunsch nach einer begleitenden Existenzgründerberatung thematisiert, was im Rahmen von XENOS umgesetzt wurde.
- Die Unterstützung von Jugendlichen in ihrer Berufsorientierungsphase konnte in den Jugendprojekten PEB und LIFT recht erfolgreich umgesetzt werden, so dass dieser Baustein bei der Ausbildungslotsin (vgl. auch Vorschlag Hanesch/Jung) angesiedelt wurde.
- Durch die Besetzung einer Beschäftigungslotsin (vgl. auch Vorschlag Hanesch/Jung) wurde dieser Bereich im Projekt explizit gestärkt. Hier liefen die Bereiche Existenzgründungsberatung, Beschäftigungsberatung und Qualifizierung zusammen.
- Für alle Bereiche war der Vernetzungsaspekt verschiedener relevanter Akteure sehr wichtig.

5.2.2.9   Projektziele, Maßnahmen und Indikatoren im Bereich Beschäftigungsförderung und lokale Ökonomie

Projektziele

- Integration von Langzeitarbeitslosen in Beschäftigung und/oder gemeinsame Existenzgründungen
- Integration von Jugendlichen in Ausbildung, Qualifizierung und Arbeit unter Berücksichtigung des Gender-Aspektes
- Stärkung der lokalen Ökonomie mit dem Schwerpunkt Ausbildungs- und Beschäftigungsförderung
- Förderung der Selbstaktivität im Selbstlernzentrum
- Systematische weitere Umsetzung der Handlungsempfehlungen im Rahmen des integrierten Handlungskonzeptes
- Förderung von sozialer Integration und Stärkung der Zivilgesellschaft und des Gemeinwesens

Operative Ziele/Maßnahmen

- Einrichtung einer Fachkoordination „Interkulturelles Zentrum JobKomm" mit den Fachgebieten: Ausbildungsverbesserung und Verbesserung der Beschäftigungsfähigkeit der Menschen im Stadtteil mit geringer Qualifizierung

- Verbesserung der beruflichen Perspektiven mit Lernberatung für Migrant/innen
- Verbesserung des Ausbildungsumfeldes mit Ausbildungsplatzakquise durch die Einbindung des/r Stadtteil – „Ausbildungskoordinators/in" und den Integrationslotsinnen
- Erhöhung und Erhalt der Beschäftigungsfähigkeit mit Qualifizierungsmodulen für Erwachsene und ggf. Gründung von Genossenschaften bzw. Kooperativen wie „Putzblitz" oder „Goldfaden", mit der Zielsetzung, legalisierte Dienstleistungen gemeinsam anzubieten
- Einbindung der Stadtteilbewohner/innen in einen Prozess des „Lebenslangen Lernens" durch den Aufbau eines Selbstlernzentrums im Stadtteil für Jugendliche und Erwachsene. Zielgruppe sollen insbesondere Migrant/innen sein
- Multiplikatorenschulungen „Horizonte erweitern" – der Name ist Programm! gegen Rassismus, Fremdenfeindlichkeit und Intoleranz
- Schaffung weiterer struktureller und inhaltlicher Verbindungen zu weiteren stadtteilübergreifenden Aktivitäten sowie der Gewährleistung der Umsetzung und Vernetzung von weiteren Projekten im Rahmen des integrierten Handlungskonzeptes

5.2.2.10 Quantitative Indikatoren für die Erfassung

- Verbesserung des Ausbildungsumfeldes und der beruflichen Situation der Jugendlichen insbesondere der Migrant/innen im Stadtteil

  Indikator: Pro Ausbildungsjahr werden 25 neue, zusätzliche Ausbildungseintritte angestrebt (Ausbildungslotse mit Integrationslotsinnen)

- Verbesserung der Beschäftigungsquote für Erwachsene insbesondere für gering Qualifizierte, die im Stadtteil überproportional vertreten sind durch gezielte Vermittlung in sozialversicherungspflichtige Beschäftigung, auch durch Zeitarbeit

  Indikator: Pro Monat sind mind. 5 Personen zu vermitteln

- Entwicklung alternativer (nach Form und Inhalt) Beschäftigungsmöglichkeiten und Einkommenssicherungsmöglichkeiten für die Stadtteilbewohner/innen wie ggf. Genossenschaften und Kooperativen

  Indikator: In der Projektlaufzeit mind. eine Gründung

- Teilhabe der Bewohner/innen an Qualifizierungs- und selbst gestalteten Lernprozessen durch den Aufbau eines Selbstlernzentrums im Stadtteil

Indikator: durchschnittlich 50 kontinuierliche Teilnehmer/innen im Selbstlernzentrum pro Monat, qualitative Evaluation

- Vernetzung und Koordinierung zur Verbesserung regionaler und gemeinwesenbezogener Ausbildungs- und Beschäftigungsförderung im Stadtteil und in der Verbindung zur kommunalen Wirtschafts- und Beschäftigungsförderung der Universitätsstadt Gießen sowie die Steuerungsrunde mit der Stadtteilkoordination.

Indikator: qualitative Evaluation

Literatur

ARGEBAU-Leitfaden (Soziale Stadt: Leitfaden zur Ausgestaltung der Gemeinschaftsinitiative „Soziale Stadt"), Fassung 1998, 2000, 2005. Erarbeitet von Arbeitsgemeinschaft der für Städtebau, Bau- und Wohnungswesen zuständigen Minister und Senatoren der Länder (ARGEBAU). www.sozialestadt.de, 22.2.2008.

Bartelheimer, Peter (2001): Sozialberichterstattung für die „Soziale Stadt". Methodische Probleme und politische Möglichkeiten. Frankfurt: Campus.

Buchegger-Traxler, Anita /Roggenkamp, Martin /Scheffelt, Elke (2003): Territoriale Beschäftigungspakte – Erfolgschancen und institutionelle Rahmenbedingungen im europäischen Vergleich. In: Kißler, Leo/Wiechmann, Elke (Hg.): Die Zukunft der Arbeit in den Städten. Baden-Baden: Nomos Verlagsgesellschaft, 90-108.

Difu (2003): Soziale Stadt – Strategien für die Soziale Stadt (Endbericht der Programmbegleitung). Erfahrungen und Perspektiven – Umsetzung des Bund-Länder-Programms „Stadtteile mit besonderem Entwicklungsbedarf – die soziale Stadt", Kap. 5.2: Lokale Ökonomie.

Evers, Adalbert (2003): Von Bündnispartnern und Geschäftspartnern. Internationale Befunde zur lokalen Kooperation bei der Förderung von Beschäftigung und sozialer Integration. In: Kißler, Leo/Wiechmann, Elke (Hg.): Die Zukunft der Arbeit in den Städten. Baden-Baden: Nomos Verlagsgesellschaft, 109-130.

Evers, Adalbert/Bode, Ingo/Schulz, Andreas (2004): Beschäftigungsgesellschaften als soziale Unternehmen – die Gemeinwirtschaft neu erfinden? In: Hanesch, Walter/ Krüger-Conrad, Kirsten (Hg.)(2004): Lokale Beschäftigung und Ökonomie. Herausforderung für die „Soziale Stadt". Wiesbaden: VS Verlag, 263-288.

Evers, Adalbert/Schulz, Andreas (2004): Lokale Beiträge zur Arbeitsmarktpolitik und Sozialintegration. Beschäftigungsgesellschaften und ihre Leistungen. Auswertung einer mit Unterstützung der Hans-Böckler-Stiftung durchgeführten Umfrage unter 300 Beschäftigungsgesellschaften, Gießen.

Hanesch, Walter/Jung-Kroh, Imke/Partsch, Jochen (2004): Gemeinwesenorientierte Beschäftigungsförderung in Stadtteilen mit besonderem Entwicklungsbedarf – Schlussbericht. HEGISS-Materialien, Begleitforschung 6.

Hanesch, Walter/Krüger-Conrad, Kirsten (2004): Lokale Beschäftigung und Ökonomie als Herausforderung für die „Soziale Stadt". In: dies (Hg.): Lokale Beschäftigung und Ökonomie. Herausforderung für die „Soziale Stadt". Wiesbaden: VS Verlag, 7-36.

HEGISS (2003): Lokale Ökonomie. HEGISS-Materialien, Arbeitshilfe 1.

HEGISS (2004): Fünf Jahre Soziale Stadt in Hessen – Zwischenbilanz, Empfehlungen für die Programmfortführung, HEGISS-Materialien, Servicestelle 3.

HEGISS (2004): Lokale Beschäftigung und Ökonomie in benachteiligten Quartieren, HEGISS-Materialien, Veranstaltungen 6.

HEGISS (2004): Vier Jahre Soziale Stadt in Hessen – Zwischenbilanz, HEGISS-Materialien, Servicestelle 1, download unter www.hegiss.de

HEGISS (2007): Themengruppe 1: Operative Partnerschaften in den Handlungsfeldern Lokale Wirtschaft, Beschäftigung. Protokoll des Workshops „Modellprojekte HEGISS Innovationen im Bereich Lokale Ökonomie" vom 09.05.2007.

Hessisches Ministerium für Wirtschaft, Verkehr und Landesentwicklung 2000: Hessische Gemeinschaftsinitiative 'Soziale Stadt' – HEGISS: Wiesbaden.

Idik, Ercan/Schnetger, Mareike (2004): Barrieren einer Migrantenökonomie und Bedingungen einer geeigneten Förderstruktur. In: Hanesch, Walter/Krüger-Conrad, Kirsten (Hg.): Lokale Beschäftigung und Ökonomie. Herausforderung für die „Soziale Stadt". Wiesbaden: VS Verlag, 163-186.

Kißler, Leo (2003): Kommunale Arbeitsmarkt- und Beschäftigungspolitik. Genese und Struktur eines neuen Politikfeldes. Zur Einleitung. In: ders./Wichmann, Elke (Hg.) (2003): Die Zukunft der Arbeit in den Städten. Baden-Baden: Nomos Verlagsgesellschaft, 9-20.

Läpple, Dieter (2004): Entwicklungsperspektiven von Stadtregionen und ihren lokalen Ökonomien. In: Hanesch, Walter/Krüger-Conrad, Kirsten (Hg.)(2004): Lokale Beschäftigung und Ökonomie. Herausforderung für die „Soziale Stadt". Wiesbaden: VS Verlag, 95-117.

Özcan, Veysel (2004) Ausländische Selbstständige in Deutschland. In: Hanesch, Walter/Krüger-Conrad, Kirsten (Hg.)(2004): Lokale Beschäftigung und Ökonomie. Herausforderung für die „Soziale Stadt". Wiesbaden: VS Verlag, 137-162.

Puhlmann, Michael (1999): Perspektiven, Chancen, Risiken kommunaler Arbeitsmarkt- und Strukturpolitik. In: Dietz, Berthold (Hg.): Handbuch der kommunalen Sozialpolitik. Opladen: Leske+Budrich, 285-304.

Schader-Stiftung mit Verbundpartner „Zuwanderer in der Stadt" (2005): Zuwanderer in der Stadt. Empfehlungen zur stadträumlichen Integrationspolitik. Darmstadt: Schader-Stiftung.

Schuleri-Hartje, Ulla-Kristina/Floeting, Holger/Reimann, Bettina (2005): Ethnische Ökonomie. Integrationsfaktor und Integrationsmaßstab. Darmstadt/Berlin: Schader-Stiftung/Difu.

Soziale Stadt info 17 (September 2005): Schwerpunkt: Integration von Migrantinnen und Migranten. Zwei Aufsätze: Integration von Migrantinnen und Migranten im Stadtteil; Integration und Migrantenökonomie – eine kritische Begriffsanalyse.

Soziale Stadt info 5 (Juli 2001): Schwerpunkt Lokale Ökonomie – eine zentrale Strategie für die soziale Stadt.

Literatur zu Gießen

ESF-Projekt „Verbesserung des Ausbildungsumfeldes" (2008): Präsentation der Ergebnisse des Projektes „Ausbildungslotsen in Stadt und Landkeis Gießen" (2005-15.5.2008).

Hanesch/Jung (2003): Präsentation zur Lokalen Fallstudie Gießen-Nordstadt, im Rahmen von HEGISS (Gemeinwesenorientierte Beschäftigungsförderung in Stadtteilen mit besonderem Entwicklungsbedarf).

Jahresberichte zu Sozialer Stadt 2000-2006.

LOS-Dokumentation der Nordstadt-Projekte 2004, 2005, 2006 und 2007.

Magistrat der Universitätsstadt Gießen (Hg.) (2006): Nordstadt Gießen 2006, 32-35.

Neumann, Ralph (2005): Studie zur lokalen Ökonomie in der Gießener Nordstadt. Im Auftrag der Stadt Gießen.

Soziale Stadterneuerung. Gießen Nordstadt (Juni 2005): Integriertes Handlungskonzept: Teil 1: Bestandsaufnahme. Erarbeitet von Dilcher, Rainer/Straß, Peter.

Soziale Stadterneuerung. Gießen Nordstadt (Oktober 2005): Integriertes Handlungskonzept: Teil 2: Bewertungen und Anregungen. Erarbeitet von Dilcher, Rainer/Straß, Peter.

Soziale Stadterneuerung. Gießen Nordstadt (Mai 2006): Integriertes Handlungskonzept: Teil 3: Handlungsempfehlungen. Erarbeitet von Dilcher, Rainer/Straß, Peter.

ZAUG (2007): Jahresbericht 2007.

5.2.3   *Quantitative Merkmale des Klientels*

Das folgende Kapitel ist nach einem zweistufigen Verfahren gegliedert. Bei den jeweiligen Unterpunkten wird jeweils zuerst das Gesamtprojekt und anschließend die einzelnen Teilprojekte betrachtet.

5.2.3.1   Migrationshintergrund der Teilnehmer/innen

Im Antrag waren Migrant/innen in mehreren Zusammenhängen explizit als Zielgruppe formuliert worden:

- Verbesserung der beruflichen Perspektiven mit Lernberatung für Migrant/innen (Antrag)
- Einbindung der Stadtteilbewohner/innen in einen Prozess des „Lebenslangen Lernens" durch den Aufbau eines Selbstlernzentrums im Stadtteil für Jugendliche und Erwachsene, Zielgruppe sollen insbesondere Migrant/innen sein (Antrag)
- Langzeitarbeitslose Bezieher/innen von Arbeitslosengeld I und II mit Migrationshintergrund (Antrag)

Migrationshintergrund der Teilnehmer/innen

Abbildung 3:   Teilnehmer/innen mit und ohne Migrationshintergrund (eigene Darstellung)

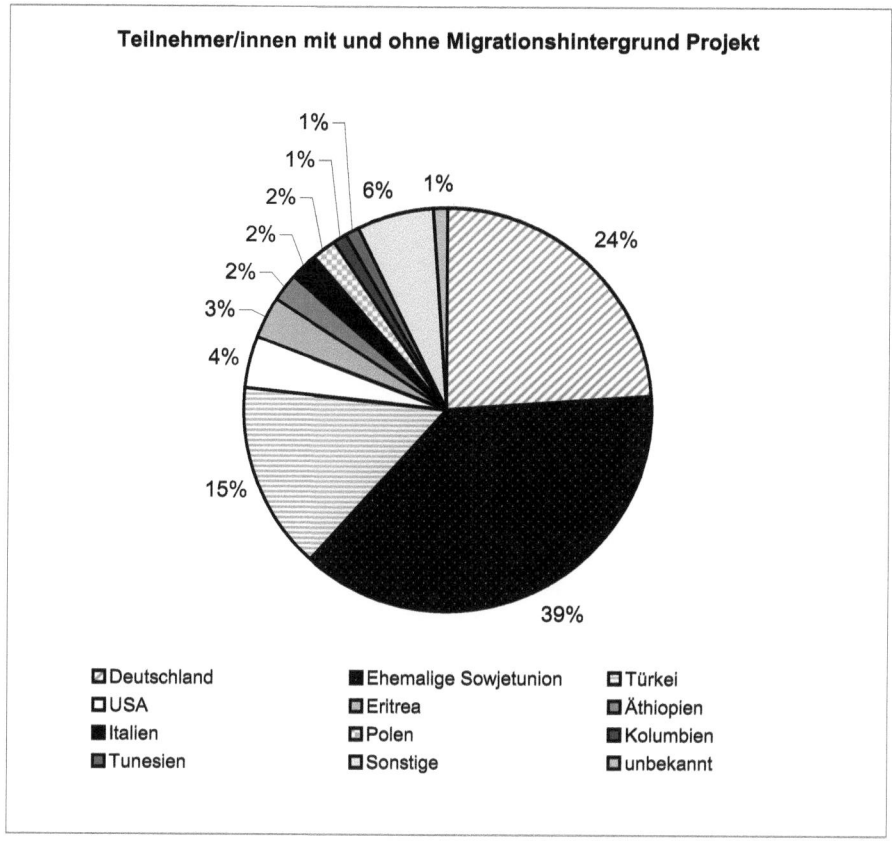

N=273

Knapp vier Fünftel (76%) der Teilnehmer/innen im Projekt hatte einen Migrationshintergrund. Die Zielgruppe der „Migrant/innen" wurde damit mit dem Projekt erreicht.

Zusätzlich ist eine Unterscheidung innerhalb der Gruppe der Migrant/innen aufschlussreich:

Abbildung 4:   Migrant/innengruppen im Projekt (eigene Darstellung)

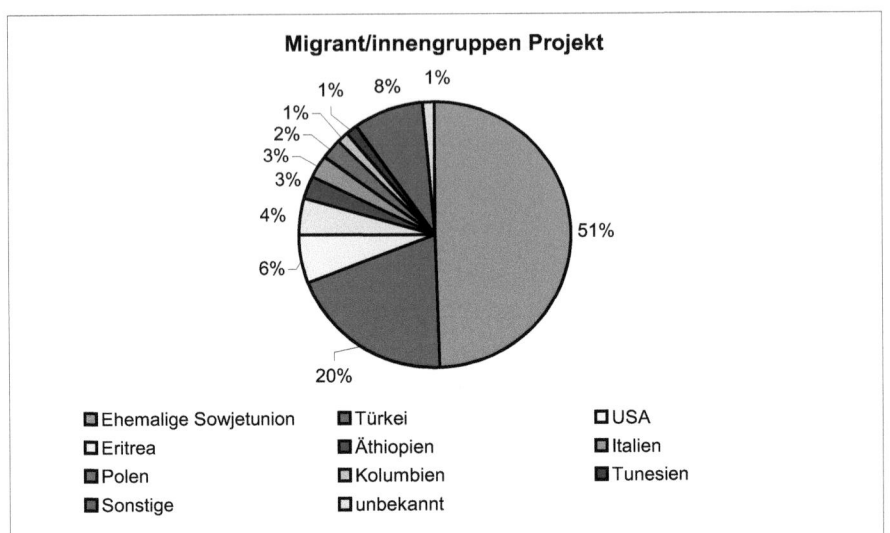

N=208 (alle Teilnehmer/innen mit Migrationshintergrund, *ohne* Deutsche ohne Migrationshintergrund)

Die meisten Migrant/innen kamen aus den Staaten der ehemaligen Sowjetunion[13] (51%), ein Drittel (32%) kam allein aus Russland. Die türkischen Migrant/innen stellten mit zwei Fünfteln aller Teilnehmer/innen die zweitgrößte Gruppe dar. Alle anderen Gruppen blieben unter 10%, hier waren Migrant/innen aus USA mit 6% am stärksten vertreten.

Hier zeigt sich deutlich die Diversität der kulturellen Gruppen, die ins Projekt kamen. Die zahlenmäßige Dominanz der Russlanddeutschen wurde von den Projektbeteiligten auf die erfolgreiche Erstansprache der Integrationslotsin zurückgeführt (KT 10.6.08), die insbesondere zu Beginn des Projekts eine wichtige Vermittlungsfunktion wahrnahm (vgl. ausführlich dazu Kapitel 6).

Nationalitäten der Teilnehmer/innen
Die oben in Gruppen zusammengefassten Migrationshintergründe gestalten sich nochmals differenzierter, wenn man die einzelnen Nationalitäten unterscheidet; so lassen sich zum Beispiel Migrant/innen aus der ehemaligen Sowjetunion nochmals in verschiedene Nationalitäten untergliedern. Im Projekt waren insge-

---

13   Die im Projekt vertreten Staaten der ehemaligen Sowjetunion waren: Armenien, Kasachstan, Kirgistan, Litauen, Russland, Ukraine, Usbekistan.

samt 30 verschiedene Nationalitäten im Sinne von Herkunftsländern[14] der Teilnehmer/innen vertreten. (In der folgenden Darstellung wird aus Gründen der Übersichtlichkeit auf die Angabe von Prozentzahlen verzichtet.)

Abbildung 5: Nationalitäten der Teilnehmer/innen (eigene Darstellung)

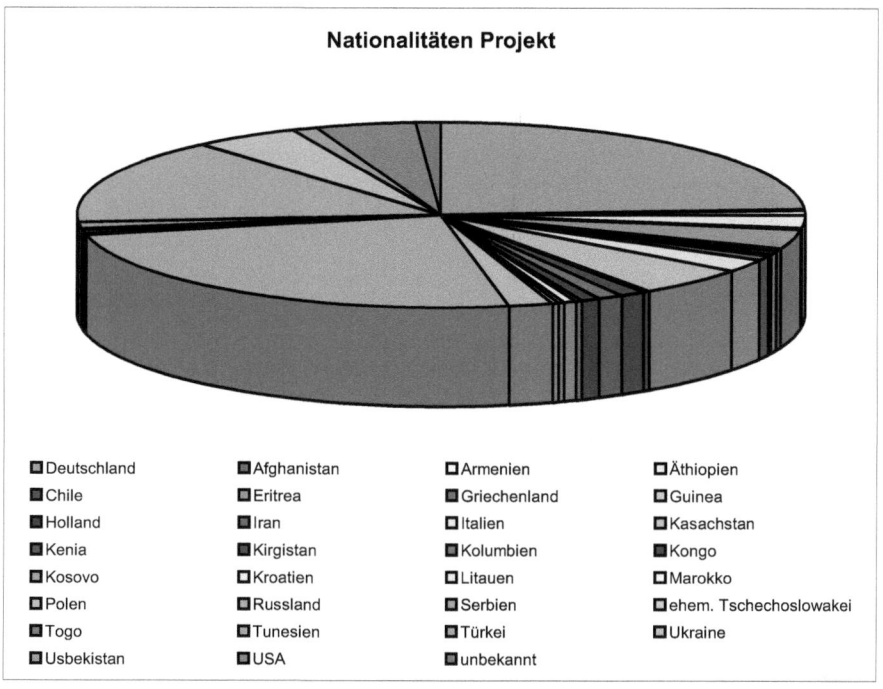

Nationalitäten Projekt

▣ Deutschland	▣ Afghanistan	▢ Armenien	▢ Äthiopien
▣ Chile	▣ Eritrea	▣ Griechenland	▣ Guinea
▣ Holland	▣ Iran	▢ Italien	▣ Kasachstan
▣ Kenia	▣ Kirgistan	▣ Kolumbien	▣ Kongo
▣ Kosovo	▢ Kroatien	▢ Litauen	▢ Marokko
▢ Polen	▣ Russland	▣ Serbien	▣ ehem. Tschechoslowakei
▣ Togo	▣ Tunesien	▣ Türkei	▣ Ukraine
▣ Usbekistan	▣ USA	▣ unbekannt	

N=273

Die drei größten Gruppen kamen aus Deutschland, Russland und der Türkei. Aus Deutschland (demnach also Teilnehmer/innen ohne Migrationshintergrund), kam fast ein Viertel (24%), aus Russland kam genau ein Viertel (25%) und aus der Türkei 15%. An dieser Aufstellung wird aber auch deutlich, dass Teilnehmer/innen aus unterschiedlichen Kulturkreisen und mit unterschiedlichen religiösen Hintergründen im Projekt vertreten waren.

---

14   Bei den Herkunftsländern wurde nicht unterschieden, welche Staatsbürgerschaft die Teilnehmer/innen aktuell haben.

Selbstlernzentrum

Im Selbstlernzentrum hatten im Schnitt etwa vier von fünf (79%) aller Besu-
cher/innen einen Migrationshintergrund. Über den gesamten Zeitraum betrachtet
war dieser Anteil sehr konstant und lag je nach Quartal mindestens bei 77% und
maximal bei 80%. Im Selbstlernzentrum wurde damit die Zielgruppe der Migrant/
innen erreicht.

Zu Beginn der Laufzeit des Selbstlernzentrums kamen sehr viele Migrant/ innen aus der ehemaligen Sowjetunion[15] (78,8% von allen Personen mit Migrationshintergrund)[16] und nur vergleichsweise wenige aus anderen Ländern. Die zweitgrößte Gruppe stellten auch hier mit 6% türkischstämmige Migrant/innen. Bis Juni
sank der Anteil der Migrant/innengruppe aus den ehemaligen Sowjetstaaten um
knapp 20 Prozentpunkte auf drei Fünftel (60,2%) und verringerte sich dann bis
zum Ende des Projekts leicht weiter auf noch knapp drei Fünftel der Teilneh-
mer/innen (59%). Türkischstämmige Migrant/innen blieben weiterhin die zweitgrößte Gruppe und waren zum Schluss mit 13% im Selbstlernzentrum vertreten.

Im Selbstlernzentrum ließ sich im Gegensatz zu Ausbildungs- und Beschäftigungslotsin eine klare Dominanz der Teilnehmer/innen aus den ehemaligen
Sowjetstaaten zu feststellen. Bereits sehr früh im Projektverlauf wurde die zahlenmäßige Unausgewogenheit vor allem zwischen Migrant/innen aus der ehemaligen Sowjetunion und der Türkei erkannt und versucht gegenzusteuern. Die
Integrationslotsin hatte zwischen Januar und März verstärkt versucht, die türkischen Migrant/innen für das Selbstlernzentrum zu motivieren. Dabei berichtete
sie von zweierlei Erfahrung: Zum einen schienen ein niedriger Ausbildungsstand
und Berührungsängste im Umgang mit dem PC Einfluss auf das Interesse zu
haben. Zum anderen sind die türkischen Migrant/innenvereine in der Nordstadt
sehr aktiv. Dadurch konkurrierte das Angebot im Projekt mit den Angeboten der
Migrant/innenvereine (KT 10.3.08).

Im Selbstlernzentrum wurde trotz der Bemühungen eine Teilgruppe der
Zielgruppe (Migrant/innen aus der ehemaligen Sowjetunion) deutlich besser
erreicht als andere Teilgruppen. Die Verteilung der Teilnehmer/innen war bis
zum Ende nicht ausgewogen im Vergleich zu den Anteilen der Migrant/innen-
gruppen, die in der Nordstadt leben. Aus Sicht der wissenschaftlichen Begleitung
wäre daher im Selbstlernzentrum eine gemischtere Verteilung anzustreben gewesen. Ins Selbstlernzentrum kamen Personen 25 verschiedener Nationalitäten.

---

15   Kasachstan, Kirgistan, Russland, Ukraine, Usbekistan
16   Dieser Faktor ist auf die erfolgreiche Akquise der Integrationslotsin zurück zu führen, die einen
      sehr guten Kontakt zu dieser Migrant/innengruppe hat (vgl. auch das Kapitel zu Vernetzung).

Abbildung 6: Nationalitäten im Selbstlernzentrum (eigene Darstellung)

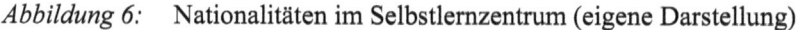

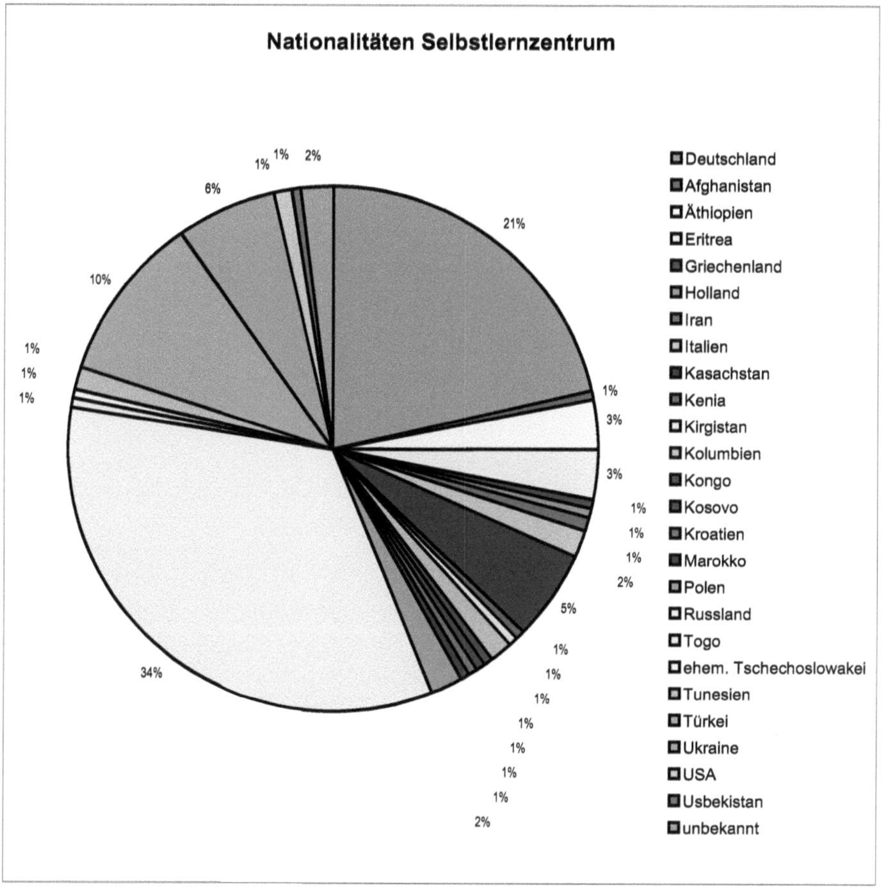
Nationalitäten Selbstlernzentrum
21%
1%
3%
3%
1%
1%
1%
2%
5%
1%
1%
1%
1%
1%
1%
1%
2%
34%
1%
1%
1%
10%
6%
1%
1%
2%
Deutschland
Afghanistan
Äthiopien
Eritrea
Griechenland
Holland
Iran
Italien
Kasachstan
Kenia
Kirgistan
Kolumbien
Kongo
Kosovo
Kroatien
Marokko
Polen
Russland
Togo
ehem. Tschechoslowakei
Tunesien
Türkei
Ukraine
USA
Usbekistan
unbekannt

N=164

Im Einzelnen nannte ein Drittel der Teilnehmer/innen im Selbstlernzentrum Russland als Herkunftsland, gefolgt von Deutschland mit etwas über einem Fünftel. Ein Zehntel kam aus der Türkei und 5% aus Kasachstan.

Beschäftigungsförderung

Im Bereich der Beschäftigungsförderung war die Gruppe der Personen mit Migrationshintergrund etwas kleiner (74%) als im Selbstlernzentrum, allerdings konnte eine kontinuierliche Steigerung des Anteils der Teilnehmer/innen mit

Migrationshintergrund verzeichnet werden – von zwei Dritteln (66%) zu Beginn der Arbeit der Beschäftigungslotsin bis auf 74% bei Ende des Projekts.

Auch bei der Beschäftigungslotsin kamen zu Beginn sehr viele Migrant/innen aus den ehemaligen Sowjetstaaten[17] (43% von allen Teilnehmer/innen mit Migrationshintergrund), allerdings war der Anteil von vorneherein deutlich geringer als im Selbstlernzentrum. Die zweitgrößte Gruppe waren türkische Migrant/innen (21,4%). Im Verlauf des Projekts sank der Anteil der Migrant/innengruppe aus den ehemaligen Sowjetstaaten von 39% bis zum Ende auf 35,7% ab. Im gleichen Zeitraum stieg dahingegen der Anteil türkischer Migrant/innen von zwischenzeitlich einem Viertel (25%) auf ein Drittel zu Ende des Projekts. Bei der Beschäftigungslotsin wurde damit zum Ende ein ausgewogenes Verhältnis von Migrant/innen aus der ehemaligen Sowjetunion und aus der Türkei erreicht.

Abbildung 7:   Nationalitäten bei der Beschäftigungslotsin (eigene Darstellung)

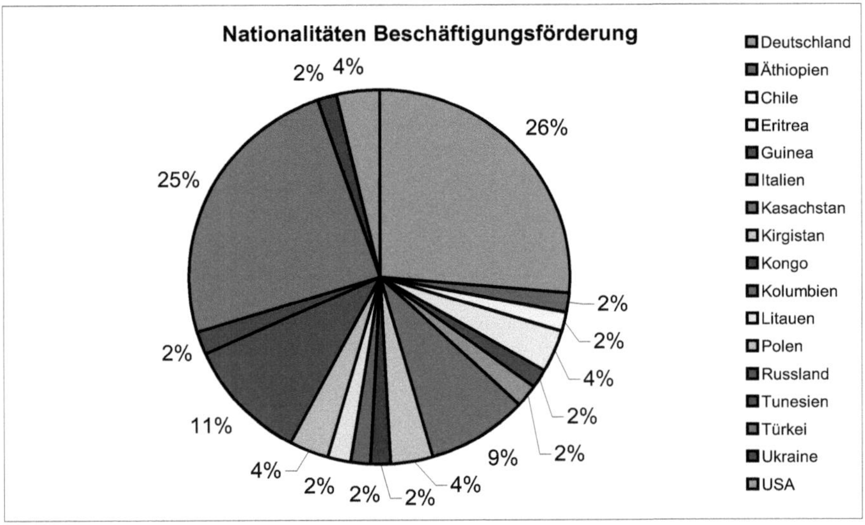

N=57

Weitere einzelne Teilnehmer/innen kamen aus den USA (2), Guinea (1), Eritrea (2), Äthiopien (1), Chile (1), Italien (1), Kongo (1), Kolumbien (1), Polen (2), Tunesien (1). Zur Beschäftigungslotsin kamen 17 verschiedene Nationalitäten.

Bei der Beschäftigungslotsin kam über ein Viertel (26%) der Teilnehmer/innen ursprünglich aus Deutschland. Interessant ist hier, dass die zweitgröß-

---

17   Russland, Kasachstan, Kirgistan, Litauen, Ukraine

te Gruppe aus der Türkei kam (25%). Russland und Kasachstan waren jeweils nur bei circa einem Zehntel (11% beziehungsweise 9%) der Teilnehmer/innen Herkunftsland.

Nationalitäten bei der Ausbildungslotsin
Auch bei der Ausbildungslotsin hatte die Mehrheit (72%) der Teilnehmer/innen einen Migrationshintergrund. Im Gegensatz zur Beschäftigungslotsin war hier eine umgekehrte Tendenz erkennbar, da der Anteil von vier Fünfteln (80,7%) zu Beginn auf etwas mehr als zwei Drittel (72%) zum Ende des Projekts fiel.

Abbildung 8:   Nationalitäten bei der Ausbildungslotsin (eigene Darstellung)

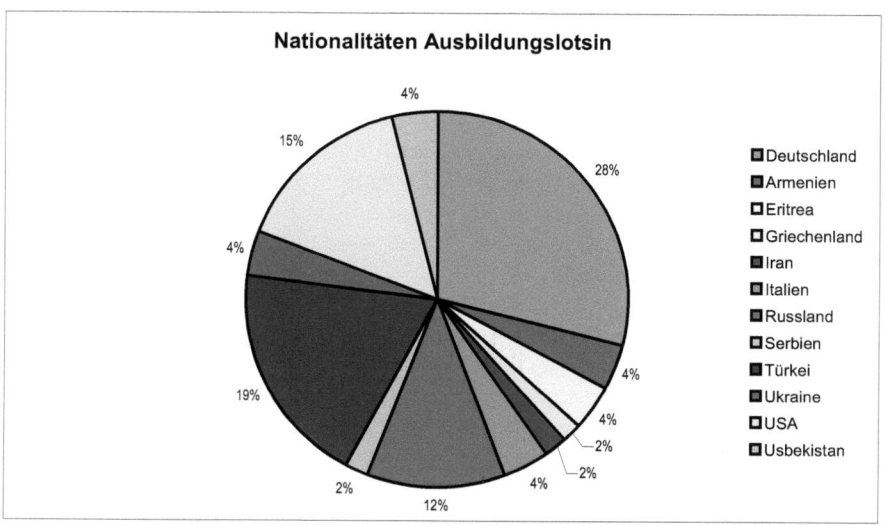

N=52

Bei der Ausbildungslotsin entwickelten sich die Anteile der Teilnehmer/innen[18] aus den ehemaligen Sowjetstaaten[19] sehr ähnlich wie bei der Beschäftigungslotsin: Zu Beginn machte ihr Anteil an allen Teilnehmer/innen mit Migrationshintergrund noch 42% aus, sank dann aber bis zum Ende des Projekts auf knapp ein Drittel (32%) ab. Türkische Migrant/innen waren im Verlauf immer stärker vertreten; ihr Anteil stieg von knapp einem Fünftel (19%) zu Beginn auf knapp ein Drittel (27%) am Ende. Die Ausbildungslotsin hatte vergleichsweise viele Teilnehmer/innen aus

---

18   Gemessen an allen Teilnehmer/innen mit Migrationshintergrund
19   Russland, Usbekistan, Armenien, Ukraine

den USA (knapp über ein Fünftel, 21,6%). Weitere einzelne Teilnehmer/innen
kamen aus Italien (2), Eritrea (2), Serbien (1), Griechenland (1), Iran (1).

Bei der Ausbildungslotsin haben sich die Zahlen der Teilnehmer/innen mit
ehemalig sowjetischem und türkischem Hintergrund deutlich angenähert, so dass
zum Ende ihrer Arbeit ein nahezu ausgewogenes Verhältnis erreicht wurde. Zur
Ausbildungslotsin kamen 12 verschiedenen Nationalitäten.

Die größte Gruppe kam aus Deutschland (28%), an zweiter Stelle gefolgt
von der Türkei, die bei knapp einem Fünftel (19%) Herkunftsland war. 15%
gaben USA und 12% Russland als Herkunftsländer an.

5.2.3.2   Staatsbürgerschaften der Teilnehmer/innen

Obwohl im Projekt drei Viertel der Teilnehmer/innen einen Migrationshintergrund hatte, besaß dennoch über die Hälfte (56%) die deutsche Staatsbürgerschaft. Dies ist dadurch zu erklären, dass der Anteil der deutschen Staatsbür-
ger/innen mit Migrationshintergrund sehr hoch war.

Zu Beginn des Projekts hatte über die Hälfte (53%) der Teilnehmer/innen
mit deutschem Pass einen Migrationshintergrund, am Ende stieg der Anteil sogar
noch leicht an (58%). Im Verlauf des Projekts kamen folglich zunehmend Deutsche mit Migrationshintergrund.

Im Selbstlernzentrum lag der Anteil der Teilnehmer/innen mit deutschem
Pass über den ganzen Zeitraum konstant bei über der Hälfte (51%), allerdings
war hier der höchste Anteil an Deutschen mit Migrationshintergrund zu verzeichnen (58,3%). Dies ist unter anderem damit erklärbar, dass im Selbstlernzentrum die Besucher/innen mit Migrationshintergrund die größte Gruppe bildeten. Zudem war im Selbstlernzentrum der Anteil an Spätaussiedler/innen von
allen Projektteilen am größten.[20]

Bei der Beschäftigungslotsin hatten 60% der Teilnehmer/innen die deutsche
Staatsbürgerschaft inne. Von dieser Gruppe waren über die Hälfte (56%) Deutsche mit Migrationshintergrund.

---

20   Im Selbstlernzentrum waren es 22 Staatsangehörigkeiten. Folgende Staatsbürgerschaften waren
     vertreten: Afghanistan (1), USA (1), Äthiopien (5), Deutschland (84), Eritrea (4), Griechenland
     (1), Holland (2), Iran (1), Italien (3), Kasachstan (2), Kenia (1), Kirgistan (1), Kolumbien (2),
     Kongo (1), Kosovo (1), Kroatien (1), Marokko (1), Polen (2), Russland (26), Tunesien (2),
     Türkei (12), Ukraine (7).

Abbildung 9:   Anteil deutscher Staatsbürger/innen im Projekt (eigene
Darstellung)

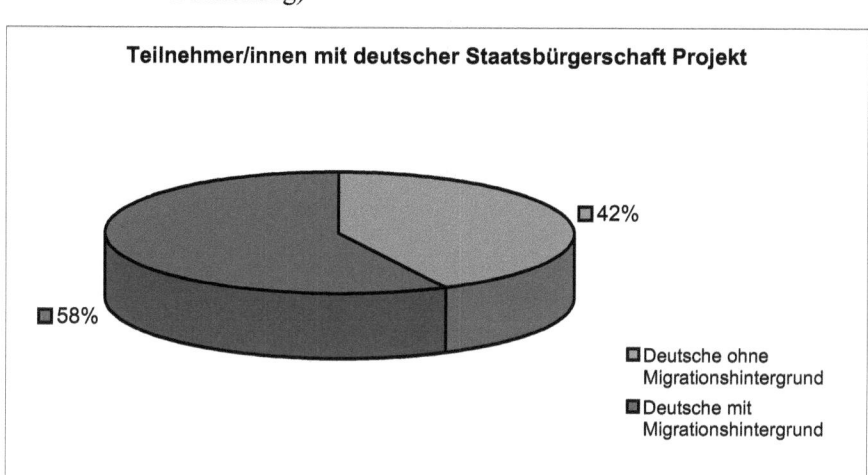

Teilnehmer/innen mit deutscher Staatsbürgerschaft Projekt

N=153

Hier zeigte sich die interessante Entwicklung, dass zu Beginn annähernd gleich
viele Ausländer/innen und Deutsche (52,4% zu 47,6%) kamen, im Verlauf des
Projekts der Anteil Deutscher allerdings rasch wuchs (zwei Fünftel zu drei Fünftel) und auch der Anteil der Deutschen mit Migrationshintergrund zunahm: von
30% zu Beginn auf 56% am Ende.[21]

Die Ausbildungslotsin hatte die meisten Teilnehmer/innen mit deutschem
Pass (67%), von denen etwas über die Hälfte (57%) Deutsche mit Migrationshintergrund waren.[22] (In der folgenden Darstellung wird aus Gründen der Übersichtlichkeit auf die Angabe von Prozentzahlen verzichtet.)

Insgesamt waren im Projekt 27 verschiedene Staatsangehörigkeiten vertreten. Die größte Gruppe hatte die deutsche Staatsbürgerschaft (56%), es kamen
demnach auch 44% Ausländer/innen. Dieser Anteil übersteigt den Auslän-
der/innenanteil in der Nordstadt um ein Vielfaches (16,4%).

Über die Hälfte der Teilnehmer/innen hatte die deutsche Staatsangehörigkeit (56%). Einige Teilnehmer/innen hatten auch die türkische (10%) oder die

---

21   Im Bereich Beschäftigungsförderung waren es 14 Staatsangehörigkeiten. Folgende Staatsbürgerschaften waren vertreten: Äthiopien (1), Chile (1), Deutschland (34), Eritrea (1), Italien (1), Kirgistan (1), Kongo (1), Kolumbien (1), Litauen (1), Polen (2), Russland (2), Tunesien (1), Türkei
(9), Ukraine (1)

22   Bei der Ausbildungslotsin waren es 10 Staatsangehörigkeiten: Armenien (1), Deutschland (35),
Eritrea (1), Italien (1), Russland (4), Usbekistan (2), Serbien (1), Türkei (5), Ukraine (1), USA (1)

russische (12%) Staatsbürgerschaft inne. Die anderen Gruppen waren anteilsmäßig sehr gering vertreten und verteilten sich recht gleichmäßig auf 24 verschiedene Staatsbürgerschaften. Die Auszählung der Staatsbürgerschaften zeigt noch einmal auf, dass sich diese deutlich von der Verteilung der Teilnehmer/innen mit Migrationshintergrund unterscheidet und mit einer Auszählung der Staatsbürgerschaften allein kein vollständiges Bild über die Migrationshintergründe der Teilnehmer/innen gewonnen werden kann.

Abbildung 10: Staatsangehörigkeit der Teilnehmer/innen im Projekt (eigene Darstellung)

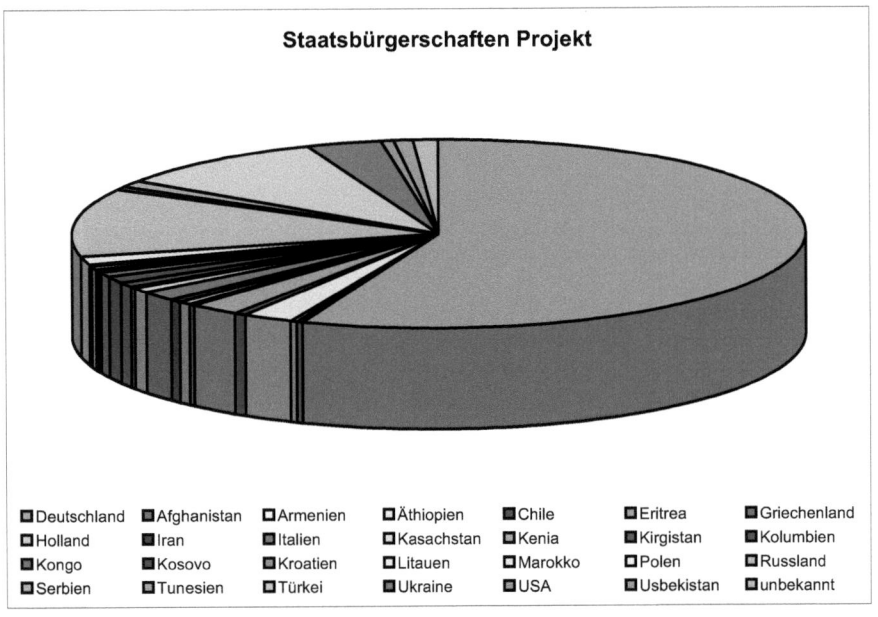

N=273

5.2.3.3   Arbeitsmarktstatus der Teilnehmer/innen

Im Projektantrag waren als Zielgruppe formuliert worden:

- Langzeitarbeitslose Bezieher/innen von Arbeitslosengeld I und II mit Migrationshintergrund (Antrag)

Auch diese Zielgruppe wurde erreicht.

Abbildung 11: Arbeitsmarktstatus der Teilnehmer/innen (eigene Darstellung)

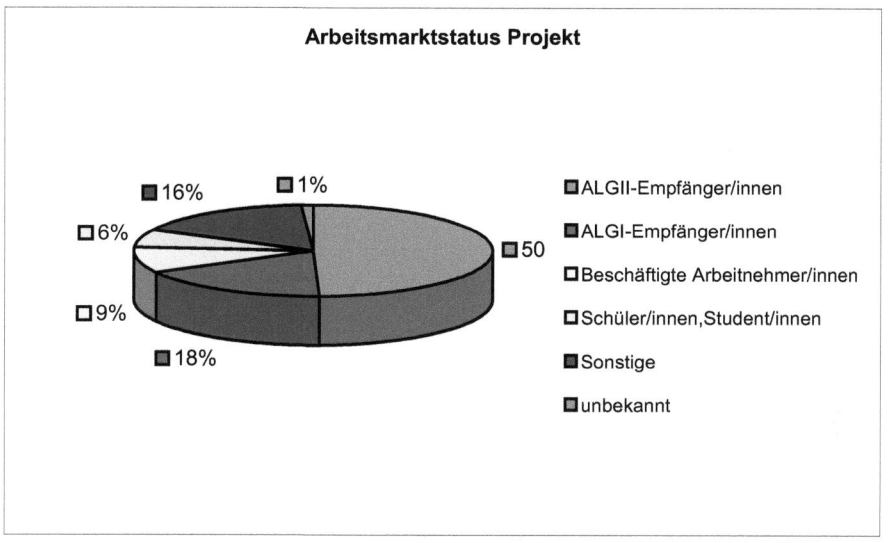

N=273

Der weitaus größte Teil der Teilnehmer/innen war länger als ein Jahr arbeitslos. Im Projekt bezog die Hälfte (50%) aller Teilnehmer/innen ALGII. Knapp ein Fünftel (18%) war unter einem Jahr arbeitslos und im Bezug von ALGI, ein Zehntel (9%) war in Arbeit und 16% der Teilnehmer/innen bezog entweder bereits Rente oder war nicht arbeitslos gemeldet.

In der Nordstadt lag die Arbeitslosenquote[23] im März 2008 (dies war im Oktober 2008 der letzte bei der Stadt Gießen erfragbare Datenstand) bei 21,1%, dabei war über die Hälfte der Betroffenen (52,7%) langzeitarbeitslos. Die SGBII-Quote[24] lag im März 2008 in der Nordstadt bei 14,1% (Quelle aller Daten: Stadt Gießen über Nordstadtbüro). Damit war im Projekt der Anteil der Langzeitarbeitslosen an allen Arbeitslosen höher als in der Nordstadt und die Zielgruppe der Langzeitarbeitslosen erreicht.

---

23 Anteil der Arbeitslosen an allen zivilen Erwerbspersonen (15-64). Zahlen in Berlin, Stadt zum Vergleich: 13,6%.

24 Hilfebedürftige Personen nach SGBII (erwerbsfähige und nicht erwerbsfähige Hilfebedürftige) Bevölkerung bis unter 65 (Bundesagentur für Arbeit, Statistische Grundlagen), Zahlen in Berlin, Stadt zum Vergleich: SGBII-Quote 21,8%, Arbeitslosenquote SGBII 11,1%.

Im Folgenden wird der Arbeitsmarktstatus der Teilnehmer/innen in den einzelnen Projektteilen betrachtet.

Abbildung 12: Arbeitsmarktstatus Selbstlernzentrum (eigene Darstellung)

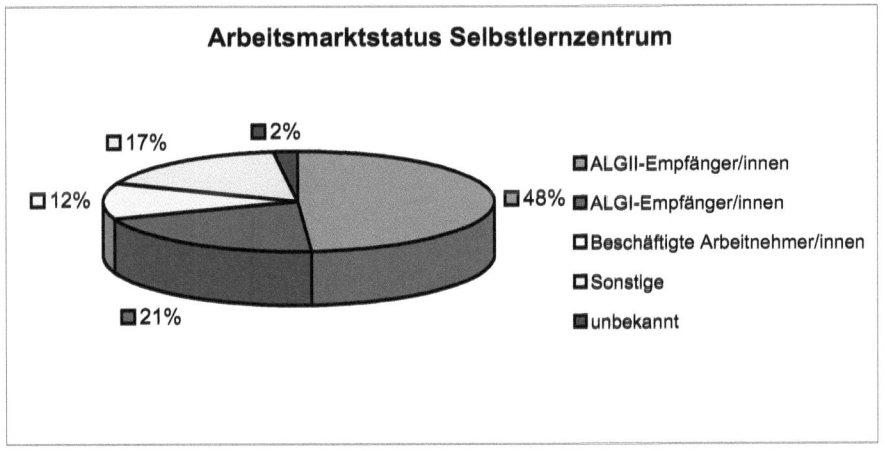

N=164

Im Selbstlernzentrum war knapp die Hälfte der Besucher/innen langzeitarbeitslos (48%). Ein Fünftel (21%) der Teilnehmer/innen war unter einem Jahr arbeitslos, knapp über ein Zehntel (12%) in Arbeit. Im Selbstlernzentrum gab es zudem eine große Gruppe (17%) an Teilnehmer/innen, die frühzeitig in Rente waren oder sich altersmäßig tatsächlich im Rentenalter befanden.

Die größte Gruppe an ALGII-Bezieher/innen gab es unter den Teilnehmer/innen der Beschäftigungslotsin (60%). Ein Fünftel (19%) der Teilnehmer/innen war hier unter einem Jahr arbeitslos. Im Bereich Beschäftigungsförderung waren nur wenige (5%) in Arbeit. Zudem gab es einen Personenkreis (5%), der bereits Rente bezog. Etwa ein Zehntel (11%) war nicht arbeitslos gemeldet und dadurch nicht im Leistungsbezug.

Im Bereich Ausbildungsförderung bezogen 40% ALGII, sehr wenige bezogen ALGI (6%) und eine kleine Gruppe (6%) arbeitete bereits. Die Ausbildungslotsin hatte eine große Gruppe (ein Drittel), die Schüler/innen oder Student/innen waren. Diese Kategorie spielte in den anderen Bereichen keine Rolle. Durch das unterschiedliche Alter der Zielgruppen bei der Ausbildungslotsin im Gegensatz zu den Teilnehmer/innen im Selbstlernzentrum und bei der Beschäftigungsförderung war die unterschiedliche Verteilung in Bezug auf den Arbeitsmarktstatuts wenig überraschend, da erwartbar.

Abbildung 13: Arbeitsmarktstatus bei der Beschäftigungslotsin (eigene
Darstellung)

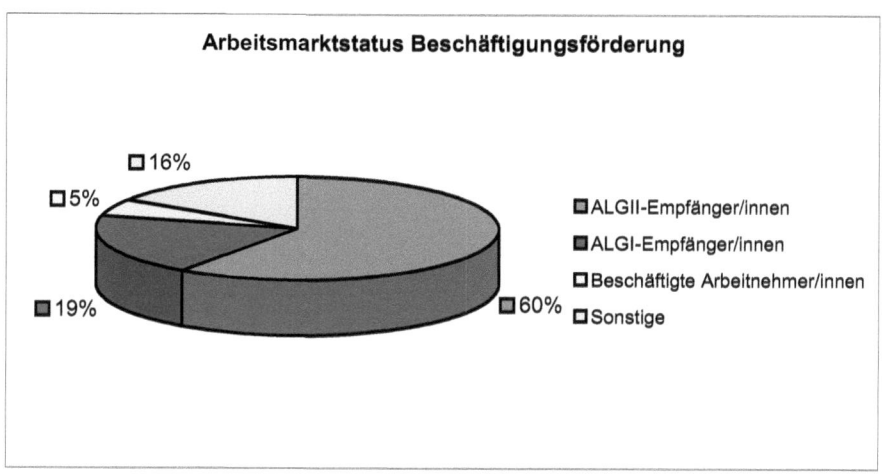

N=57

Abbildung 14: Arbeitsmarktstatus bei der Ausbildungslotsin (eigene
Darstellung)

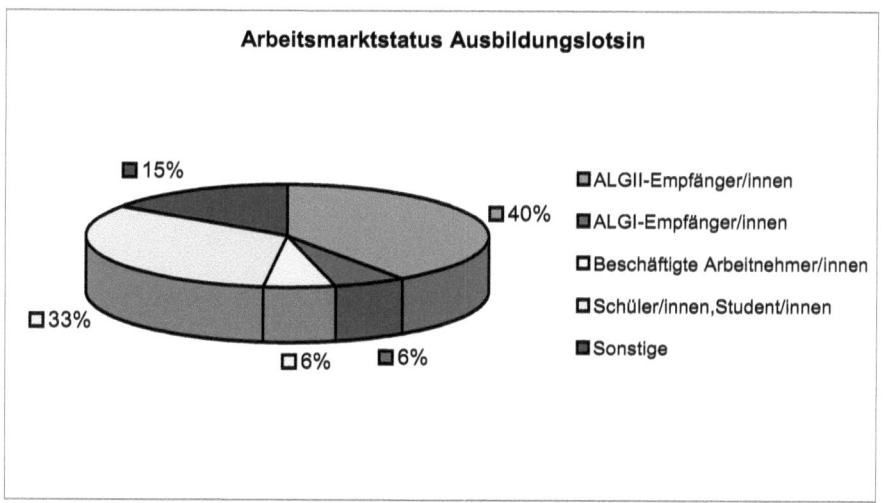

N=52

Die Quote der Jugendarbeitslosigkeit (U25)[25] liegt in der Nordstadt bei 11,4%. Verglichen mit den Zahlen im Projekt zeigte sich, dass der Anteil der langzeitarbeitslosen und arbeitslosen Jugendlichen (insgesamt 46%) den Anteil deutlich überstieg. Damit wurde die Zielgruppe der ausbildungssuchenden Jugendlichen insbesondere im ALGII-Bezug erreicht.

5.2.3.4 Altersgruppen der Teilnehmer/innen

Der Altersdurchschnitt im Gesamtprojekt lag bei 38 Jahren. Entscheidend ist hier allerdings, dass die Ausbildungslotsin nur Teilnehmer/innen bis 25 Jahre betreute, die Bereiche Beschäftigungsförderung und Selbstlernzentrum für die Zielgruppe ab 25 zuständig war. Die Teilnehmer/innen der Ausbildungslotsin waren daher also im Schnitt deutlich jünger. Dadurch hebt sich auch der Altersdurchschnitt, wenn nur Beschäftigungsförderung und Selbstlernzentrum betrachtet werden, auf 43 Jahre.

Abbildung 15: Altersgruppen der Teilnehmer/innen (eigene Darstellung)

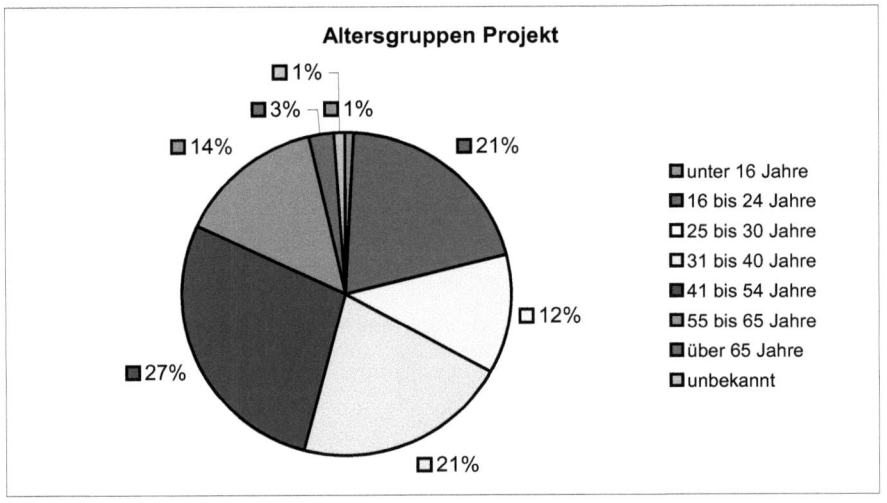

N=273

---

25   Anteil der arbeitslosen Jugendlichen an den erwerbsfähigen Jugendlichen, Zahlen Berlin, Stadt zum Vergleich: 14,2% (bezogen auf die abhängigen zivilen Erwerbspersonen).

Bezogen auf die einzelnen Bereiche lag das Durchschnittsalter im Selbstlernzentrum bei 43,5 Jahren, bei der Beschäftigungslotsin bei 41,2 Jahren und bei der Ausbildungslotsin bei 20 Jahren.

Abbildung 16: Altersgruppen im Selbstlernzentrum und bei der
Beschäftigungslotsin (eigene Darstellung)

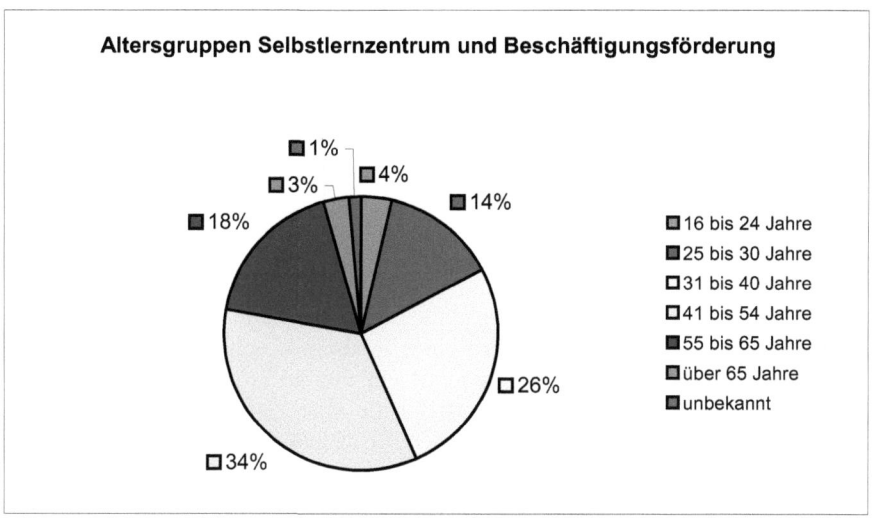

N=221

Ins Selbstlernzentrum und zur Beschäftigungslotsin war ein Drittel (34%) der Teilnehmer/innen im Alter zwischen 41 und 54. Die zweitgrößte Gruppe (26%) war zwischen 31 und 40 Jahren alt, die drittgrößte Gruppe (18%) zwischen 55 und 65 Jahren alt.

Im Selbstlernzentrum waren nur 13% in der jüngsten Altersgruppe, knapp ein Viertel zwischen 31 und 40, allerdings waren ein Drittel zwischen 41 und 54 Jahren. Das Selbstlernzentrum hatte zusätzlich einen recht hohen Anteil an Teilnehmer/innen, die zwischen 55 und 65 Jahren alt waren (knapp ein Fünftel). Insbesondere zu Beginn des Projekts kamen 34% der Teilnehmer/innen in dieser Altersgruppe.

Die Teilnehmer/innen bei der Beschäftigungslotsin waren insgesamt etwas jünger: 15% waren in der Altersgruppe zwischen 25 und 30 Jahren, ein Drittel zwischen 31 und 40 Jahren alt und 36% zwischen 41 und 54 Jahren. 14% waren zwischen 55 und 65. Bei der Ausbildungslotsin waren die Anteile der Altersgruppen sehr ausgeglichen: die eine Hälfte war zwischen 16 und 19 Jahren, die andere zwischen 20 und 24 Jahren alt.

5.2.3.5   Teilnehmer/innenanteile nach Geschlechtern

In das Projekt kamen 70% Frauen und 30% Männer. In den Teilprojekten waren mehrheitlich Frauen vertreten. Eine ausführliche Darstellung und Diskussion der Ergebnisse erfolgt im Rahmen der quantitativen Auswertung im Teilkapitel 5.3.5.3 zu Gender Mainstreaming. Deswegen sei an dieser Stelle nur darauf verwiesen. Auch bei diesem Punkt sei auf die ausführliche Darstellung in Teilkapitel 5.3.5.3 verwiesen.

5.2.3.6   Schulabschlüsse der Teilnehmer/innen

Im Antrag war folgendes Ziel festgehalten worden:

- Verbesserung der Beschäftigungsfähigkeit der Menschen im Stadtteil mit geringer Qualifizierung (Antrag)

Die Teilnehmer/innen, die in das Projekt kamen, waren durchschnittlich recht gut gebildet: Über ein Drittel (37%) hatte einen Realschulabschluss, 3% einen Fachoberschulabschluss, 5,5% Abitur, und fast ein Fünftel (18,6%) einen FH- oder Hochschulabschluss. Ein Fünftel (19,8%) hatte aber auch einen Hauptschulabschluss, 5% einen qualifizierten Hauptschulabschluss und 8% gar keinen Abschluss[26].

Bundesweit weist die Personengruppe im SGBII-Bezug folgende Bildungsabschlüsse auf: circa ein Viertel (28% bei den Frauen, 21% bei den Männern) haben die mittlere Reife und 14% die Fachhochschulreife oder Abitur, dafür aber haben über die Hälfte nur einen Hauptschulabschluss (vgl. Achatz 2007: 12).

Die Projektmitarbeiterinnen wiesen hier jedoch darauf hin, dass bei vielen Teilnehmer/innen die Schulabschlüsse in Deutschland nicht anerkannt waren, was ein Problem bezüglich der Arbeitsmarktintegration darstelle. Der Eindruck war auch, dass es sehr schwierig ist, Ausbildungsabschlüsse in adäquater Höhe anerkannt zu bekommen, da diese bei den zuständigen Stellen (zum Beispiel dem Regierungspräsidium in Darmstadt) tendenziell eher abgestuft würden (WS 1.9.08).

Insofern ist also davon auszugehen, dass die tatsächlich anerkannten Schulabschlüsse niedriger liegen. Nicht in allen Projektteilen wurde dies berücksichtigt. Die Daten in den einzelnen Teilbereichen wurden folgendermaßen erhoben: Im Selbstlernzentrum wurde nach erreichtem und nicht nach anerkannten Abschluss eingeordnet. Die Beschäftigungslotsin konnte dagegen die Kategorie der nicht anerkannten Schulabschlüsse nacherheben. Für die Datenauswertung im

---

26   Dabei ist allerdings nicht unterschieden, ob diese Abschlüsse in Deutschland anerkannt sind oder nicht.

Gesamtprojekt bedeutet dies, dass nicht exakt rekapituliert werden kann, wie viele Personen die Nicht-Anerkennung der Abschlüsse betrifft. Insgesamt liegen jedoch die in Deutschland anerkannten Qualifikationsniveaus mit Sicherheit niedriger als die oben genannten Zahlen. Im Folgenden werden die Abschlüsse der Teilnehmer/innen in den Teilprojekten betrachtet.

Im Selbstlernzentrum hatte die weitaus größte Gruppe (41,5%) einen Realschulabschluss, 5% Abitur und ein Viertel (25%) einen Hochschul- oder Fachhochschulabschluss. Dahingegen hatte nur ein knappes Fünftel (17%) einen Hauptschul- oder qualifizierten Hauptschulabschluss und 7% gar keinen Abschluss. Formal waren die Besucher/innen des Selbstlernzentrums damit vergleichsweise besser gebildet als die bundesweiten Vergleichspersonen im SGBII-Bezug, die schlechtere Schulabschlüsse aufweisen, wobei hier allerdings einbezogen werden muss, dass nicht alle Abschlüsse in Deutschland anerkannt sind. In den Koordinationstreffen wurde die bessere Bildung der Besucher/innen thematisiert. Ein Grund dafür könnte der hohe Anteil an Menschen aus der ehemaligen Sowjetunion sein, da diese im Schnitt besser qualifiziert sind als andere Migrant/innengruppen (KT 2.6.08).

Im Bereich Beschäftigungsförderung hatten 5,2% keinen Abschluss, 30% einen Hauptschul- oder qualifizierten Hauptschulabschluss, 35% Realschule, 12% Abitur, 16% Fachhochschul- oder Hochschulabschluss. An den Schulabschlüssen zeigt sich deutlich, dass auch die Teilnehmer/innen in diesem Bereich wesentlich besser gebildet waren als die bundesweite Vergleichsgruppe der Personen im Rechtskreis SGBII.

Allerdings waren hier fast ein Viertel (22%) der im Ausland abgelegten Schulabschlüsse in Deutschland nicht anerkannt. Dadurch verringern sich die Bildungsgrade. Es hatten danach 28% einen anerkannten Hauptschul- oder qualifizierten Hauptschulabschluss, 22% einen Realschulabschluss, 2% einen Fachoberschulabschluss, 7% Abitur und 8% einen Fachhochschul- oder Hochschulabschluss. 33% hatten keinen oder keinen anerkannten Schulabschluss. Nach der Korrektur der Ausbildungsabschlüsse waren die Teilnehmer/innen der Beschäftigungslotsin also formal schlechter qualifiziert als der Durchschnitt der bundesweiten Vergleichsgruppe. Offensichtlich betrifft die fehlende Anerkennung von Schulabschlüssen überwiegend die besser Qualifizierten, da die Anteile derjenigen mit Realschule, Abitur und Fachhochschul- oder Hochschulabschluss deutlich sanken.

Im Vergleich zu den Schulabschlüssen aller bundesdeutscher Ausbildungsplatzbewerber/innen (Quelle: Bundesagentur für Arbeit, Oktober 2007) hatten die Teilnehmer/innen bei der Ausbildungslotsin schlechtere Ausgangsbedingungen[27]: 13,5% hatten keinen Schulabschluss, im bundesweiten Vergleich sind es 5,1%. 44,2% hatten einen Hauptschul- oder einen qualifizierten Hauptschulabschluss, im Gegensatz zu 35% in der Vergleichsgruppe. Dafür haben die bundesdeutschen Ausbildungsplatzbewerber/innen insgesamt zu 46,1% einen mittleren Bildungsabschluss und 13,2% sogar eine Hochschul- oder Fachhochschulreife. Bei der Ausbildungslotsin hatten immerhin knapp ein Drittel (30% mit Realschul- oder Fachoberschulabschluss) einen mittleren Bildungsabschluss, allerdings nur 4% die Fachhochschulreife. Die Teilnehmer/innen der Ausbildungslotsin waren formal deutlich schlechter gebildet als die Vergleichsgruppe aller bundesdeutschen Ausbildungsplatzbewerber/innen. Dies ist ein Indikator dafür, dass ihr Klientel eher schwierig war (vgl. auch Kapitel 5.2.4.).

Im Projektverlauf zeigte sich, dass zu Beginn der Anteil derjenigen ohne Abschluss sogar noch höher lag (19,2%) als am Ende, dafür aber weniger Teilnehmer/innen einen Hauptschulabschluss hatten (23%). Diese Zahlen haben sich im Verlauf geändert und es kamen mehr Jugendliche mit Hauptschulabschluss. Der Anteil derjenigen mit einem mittleren Bildungsabschluss oder höher blieb recht konstant. Gründe dafür konnten nicht ausgemacht werden.

5.2.3.7 Ausbildungsabschlüsse der Teilnehmer/innen

Zielgruppen

- Verbesserung der Beschäftigungsfähigkeit der Menschen im Stadtteil mit geringer Qualifizierung (Antrag)
- Ausbildungssuchende Jugendliche (Antrag)

Im Gesamtprojekt hatte ein Drittel (32%) der Teilnehmer/innen keine Ausbildung, 11% hatten eine Ausbildung ohne Abschluss und über die Hälfte (56%) hatte eine abgeschlossene Ausbildung.

Die Besucher/innen im Selbstlernzentrum hatten meistens (73%) eine Ausbildung mit Abschluss, nur knapp ein Fünftel (19%) hatte keine Ausbildung und 5,5% hatten eine Ausbildung ohne Abschluss. Lässt man die Frage der Nicht-Anerkennung außer Acht ist festzustellen, dass die Teilnehmer/innen im Selbstlernzentrum häufiger über eine abgeschlossene Berufsausbildung verfügten als die Vergleichsgruppe der SGB-II Bezieher/innen (Frauen: 53%, Männer 58%, Ausländer: Frauen 33%, Männer 35%). Die Teilnehmer/innen bei der Beschäftigungs-

---

27 Die Unterscheidung in nicht anerkannte und anerkannte Schulabschlüsse war bei der Ausbildungslotsin nicht relevant, da nur zwei Teilnehmer/innen Schulabschlüsse im Ausland erworben hatten.

lotsin wiesen allerdings leicht unterdurchschnittliche Werte auf. Im Rechtskreis SGBII haben im bundesweiten Vergleich insbesondere Ausländer oftmals keinen Ausbildungsabschluss (Frauen: 64%, Männer 61%) (Achatz 2007: 12).

Auch bei der Beschäftigungslotsin hatte die Hälfte der Teilnehmer/innen eine abgeschlossene Ausbildung, allerdings stellt sich bei den Ausbildungsabschlüssen das Problem der Nicht-Anerkennung der Abschlüsse noch viel gravierender dar als bei den Schulabschlüssen als Vermittlungshindernis für die Arbeitsmarktintegration. Je nach Berufsgruppe handelte es sich a) um Abschlüsse, die in Deutschland so nicht existierten[28] oder b) um Abschlüsse, die nicht dem deutschen Standard entsprachen[29] und dadurch nicht als vollwertige Ausbildungen anerkannt wurden (KT 2.6.08, WS 1.9.08).

Abbildung 17: Berufsausbildung bei den Teilnehmer/innen der Beschäftigungslotsin (eigene Darstellung)

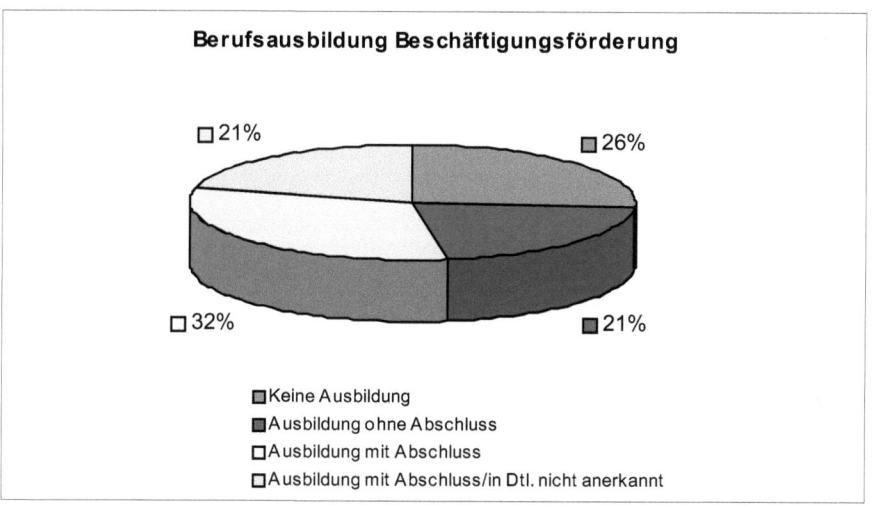

N=57

---

28 Die Beschäftigungslotsin berichtete von einer Teilnehmerin, die aus der ehemaligen Sowjetunion kam, gut ausgebildet war und viele Jahre Berufserfahrung hatte. Das Problem hieran war, dass sie einen Beruf hatte, den es in Deutschland nicht gab, der sozusagen länderspezifisch war – in dem Fall für die sozialistischen Staaten.

29 Ein Teilnehmer hatte in seinem Herkunftsland eine KFZ-Mechanikerausbildung absolviert, die wesentlich kürzer dauerte als in Deutschland. In seinem Herkunftsland konnte er als Mechaniker arbeiten, in Deutschland wurde die Ausbildung nicht als vollwertig anerkannt.

Die Beschäftigungslotsin erhob die nicht anerkannten Berufsabschlüsse als eigene Kategorie nach und konnte zeigen, dass unter ihren Teilnehmer/innen mit abgeschlossener Ausbildung knapp die Hälfte eine Ausbildung hatte, die in Deutschland nicht anerkannt war[30]. Diese gelten dann in Deutschland als „Ohne Ausbildung". Des Weiteren hatte ein Viertel keine Ausbildung und ein weiteres Viertel hatte eine Ausbildung ohne Abschluss.

Bei der Ausbildungslotsin hatten vier von fünf Teilnehmer/innen noch keine Ausbildung und weitere 15,4% eine Ausbildung ohne Abschluss. Auf Grund der Ausrichtung auf ausbildungssuchende Jugendliche stellen diese Zahlen eine Besonderheit des Klientels der Ausbildungslotsin dar. Zwei Teilnehmer/innen hatten bereits eine Ausbildung als Maler und Lackierer und als Gärtnerin. Bei der Ausbildungslotsin wurde damit die Zielgruppe der ausbildungssuchenden Jugendlichen erreicht.

5.2.3.8   Sprachkenntnisse

Zielgruppe

- Verbesserung der Beschäftigungsfähigkeit der Menschen im Stadtteil mit geringer Qualifizierung (Antrag)

Die Sprachkenntnisse wurden von den Projektmitarbeiter/innen sehr unterschiedlich eingestuft bzw. erhoben. Dies wurde nach der ersten Präsentation der Ergebnisse deutlich (KT 2.6.08). Es stellte sich heraus, dass die Sprachkenntnisse im Selbstlernzentrum und auch bei der Beschäftigungslotsin tendenziell zu positiv bewertet worden waren. Daraufhin stufte die Beschäftigungslotsin die Sprachkenntnisse rückwirkend ab. Im Selbstlernzentrum konnte dies nicht geschehen, deswegen wurden die Daten erst bei der Interpretation durch die wissenschaftliche Begleitung abgestuft, um eine adäquate Wiedergabe der Sprachkenntnisse der Teilnehmer/innen zu gewährleisten. Für das Projekt waren die Zahlen deswegen nicht einheitlich interpretierbar. Für das Gesamtprojekt können nur Tendenzen beschrieben werden, wie sich die Sprachkenntnisse darstellten. Für die einzelnen Teilbereiche dagegen können exakte Aussagen gemacht werden.

Die Ausbildungslotsin stufte die Sprachkenntnisse ihrer Teilnehmer/innen danach ein, ob Schreiben, Lesen und Kommunizieren ausreichend für eine Ausbildung waren. Dabei galten die Kategorien „Grundkenntnisse" und „mittlere

---

30   Auch im Selbstlernzentrum spielt die Nicht-Anerkennung von Ausbildungsabschlüssen vermutlich eine große Rolle. Diese Kategorie konnte aber nicht nacherfasst werden, deswegen liegen hier keine genauen Angaben vor.

Kenntnisse" als nicht ausreichend für eine Ausbildung, bei der Bewertung „gute Sprachkenntnisse" war es grenzwertig und „sehr gute Sprachkenntnisse" bedeuteten ausreichend. Bei der Ausbildungslotsin hatte über die Hälfte der Teilnehmer/innen (57,7%) Deutsch als Muttersprache, davon wurde der überwiegende Teil (44,2% von allen Teilnehmer/innen) als „mit sehr guten muttersprachlichen Kenntnissen" eingestuft, 13,5% mit „guten". 42,3% der Teilnehmer/innen waren keine deutschen Muttersprachler. Aus dieser Gruppe hatten (gemessen an allen Teilnehmer/innen) 15,4% „sehr gute deutsche Sprachkenntnisse", 11,5% „gute", 11,5% „mittlere" und nur 4% „Grundkenntnisse". Dies zeigt, dass die meisten Teilnehmer/innen der Ausbildungslotsin ausreichende Sprachkenntnisse für eine Ausbildung besaßen. Bei einem Zehntel war die Sprachkenntnisse knapp ausreichend für eine Ausbildung und bei 15% stellten die fehlenden Sprachkenntnisse ein Hindernis für die Ausbildungsreife dar.

Im Selbstlernzentrum wurde die Einstufung der Sprachkenntnisse meist beim Erst- oder Zweitkontakt durchgeführt und basierte dadurch ausschließlich auf dem Kriterium Kommunikationsfähigkeit. Zudem nahmen verschiedene Personen, nämlich sowohl die Leiterin des Selbstlernzentrums als auch die Honorarkräfte die Einstufung vor.

Nach Abstufung der Sprachkenntnisse hatten die Teilnehmer/innen im Selbstlernzentrum in der Mehrheit „Grundkenntnisse" bis „mittlere deutsche Sprachkenntnisse". 38% und damit über ein Drittel verfügte maximal über Grundkenntnisse und knapp ein weiteres Drittel (31,7%) verfügte über mittlere Kenntnisse. Nur ein Zehntel (9,1%) hatte gute Sprachkenntnisse. Ins Selbstlernzentrum kamen wesentlich weniger Muttersprachler als zur Ausbildungslotsin (19,5%).

Im Bereich Beschäftigungsförderung verteilten sich die Sprachkenntnisse ähnlich wie im Selbstlernzentrum. Hier hatte ein Viertel der Teilnehmer/innen (25%) „Grundkenntnisse", 35% „mittlere Sprachkenntnisse", 12% „gute Sprachkenntnisse" und 28% waren Muttersprachler. Im Vergleich zum Selbstlernzentrum kamen zur Beschäftigungslotsin also mehr Muttersprachler. Mit Blick auf das Gesamtprojekt kamen ins Selbstlernzentrum die sprachlich schwächsten Teilnehmer/innen, also diejenigen, die die schlechtesten Sprachkenntnisse aufwiesen. So hat sich in der Beratungspraxis gezeigt, dass sprachlich sehr schwache Teilnehmer/innen, die in die Sprechstunde der Beschäftigungslotsin kamen, oftmals erfolgreich in das Selbstlernzentrum vermittelt werden konnten (vgl. qualitative Bögen). Umgekehrt war es für die Leiterin des Selbstlernzentrums ein Erfolg, wenn sie Teilnehmer/innen nach der ersten Phase im Selbstlernzentrum an die Beschäftigungslotsin vermitteln konnte.

Insgesamt lagen die Sprachkenntnisse der Zielgruppe im Selbstlernzentrum und bei der Beschäftigungslotsin überwiegend im Bereich „Grundkenntnisse" bis „mittlere Deutschkenntnisse".

5.2.3.9 Fazit zu den quantitativen Ergebnissen

- Knapp vier Fünftel (76%) der Teilnehmer/innen im Projekt hatte einen Migrationshintergrund. Die Zielgruppe der Migrant/innen wurde damit mit dem Projekt erreicht.
- Die meisten Migrant/innen kamen aus den Staaten der ehemaligen Sowjetunion (51%), ein Drittel (32%) kam allein aus Russland. Die türkischen Migrant/innen stellten mit zwei Fünfteln aller Teilnehmer/innen die zweitgrößte Gruppe dar.
- Im Selbstlernzentrum wurde trotz der Bemühungen eine Teilgruppe der Zielgruppe (Migrant/innen aus der ehemaligen Sowjetunion) deutlich besser erreicht als andere Teilgruppen. Die Verteilung der Teilnehmer/innen war bis zum Ende nicht ausgewogen im Vergleich zu den Anteilen der Migrant/ innengruppen, die in der Nordstadt leben.
- Aus Sicht der wissenschaftlichen Begleitung wurde damit ein Teil der Zielgruppe Migrant/innen besser erreicht als andere Teile, was kritisch zu sehen ist.
- Bei der Beschäftigungslotsin wurde zum Ende ein ausgewogenes Verhältnis von Migrant/innen aus der ehemaligen Sowjetunion und aus der Türkei erreicht.
- Bei der Ausbildungslotsin haben sich die Zahlen der Teilnehmer/innen mit sowjetischem und türkischem Hintergrund deutlich angenähert, so dass zum Ende ihrer Arbeit ein nahezu ausgewogenes Verhältnis erreicht wurde.
- Über die Hälfte (53%) der Teilnehmer/innen hatte einen deutschem Pass; die Betrachtung der Staatsangehörigkeiten sagt demnach nichts über die tatsächlichen Migrationshintergründe aus.
- Der weitaus größte Teil der Teilnehmer/innen war länger als ein Jahr arbeitslos. Im Projekt bezog die Hälfte (50%) aller Teilnehmer/innen ALGII. Knapp ein Fünftel (18%) war unter einem Jahr arbeitslos und im Bezug von ALGI, ein Zehntel (9%) war in Arbeit und 16% der Teilnehmer/innen bezogen entweder bereits Rente oder waren nicht arbeitslos gemeldet. Damit war im Projekt der Anteil der Langzeitarbeitslosen an allen Arbeitslosen höher als in der Nordstadt und die Zielgruppe der Langzeitarbeitslosen erreicht.
- Der Altersdurchschnitt im Gesamtprojekt lag bei 38 Jahren. Bezogen auf die einzelnen Bereiche lag das Durchschnittsalter im Selbstlernzentrum bei 43,5 Jahren, bei der Beschäftigungslotsin bei 41,2 Jahren und bei der Ausbildungslotsin bei 20 Jahren.
- In das Projekt kamen 70% Frauen und 30% Männer. In den Teilprojekten waren mehrheitlich Frauen vertreten.
- 28,6% der Teilnehmer/innen im Projekt hatten Erziehungsaufgaben. 42% der Erziehenden im Projekt waren allein erziehend.

- Die Teilnehmer/innen, die in das Projekt kamen, waren im Vergleich zum Durchschnitt der bundesweiten Vergleichsgruppe der Langzeitarbeitslosen recht gut gebildet: Über ein Drittel (37%) hatte einen Realschulabschluss, 3% einen Fachoberschulabschluss, 5,5% Abitur, und fast ein Fünftel (18,6%) einen FH- oder Hochschulabschluss.

- Allerdings waren bei einigen Teilnehmer/innen die Schulabschlüsse in Deutschland nicht anerkannt (der Anteil war nicht genau zu beziffern), so dass im Projekt die anerkannten Schulabschlüsse eher unter dem Bundesdurchschnitt lagen.

- Die Teilnehmer/innen der Ausbildungslotsin waren formal deutlich schlechter gebildet als die Vergleichsgruppe aller bundesdeutschen Ausbildungsplatzbewerber/innen.

- Bei den Berufs- und Ausbildungsabschlüssen stellte sich das Problem der Nicht-Anerkennung noch gravierender dar als bei den Schulabschlüssen: Bei der Beschäftigungslotsin hatte unter den Teilnehmer/innen mit abgeschlossener Ausbildung knapp die Hälfte eine Ausbildung, die in Deutschland nicht anerkannt war.

- Insgesamt lagen die Sprachkenntnisse der Zielgruppe im Selbstlernzentrum und bei der Beschäftigungslotsin überwiegend im Bereich „Grundkenntnisse" bis „mittlere Deutschkenntnisse".

- Bei der Ausbildungslotsin hatte über die Hälfte der Teilnehmer/innen (57,7%) Deutsch als Muttersprache, 42,3% der Teilnehmer/innen waren keine deutschen Muttersprachler. Aus dieser Gruppe hatten (gemessen an allen Teilnehmer/innen) 15,4% „sehr gute deutsche Sprachkenntnisse", 11,5% „gute", 11,5% „mittlere" und nur 4% „Grundkenntnisse".

Empfehlungen/Good Practices

- Um eine gemischtere Verteilung von unterschiedlichen Nationalitäten zu erreichen, sollten gezielt und persönlich verschiedene bzw. unterrepräsentierte ethnische Gruppen angesprochen werden.

5.2.4 Erreichung der Indikatoren

Im Projektantrag wurden für die einzelnen Teilbereiche drei zentrale quantitative Indikatoren formuliert:

- Für das Selbstlernzentrum: durchschnittlich 50 kontinuierliche Teilnehmer/innen im Selbstlernzentrum pro Monat
- Für die Beschäftigungslotsin: Pro Monat sind mind. 5 Personen zu vermitteln

- Für die Ausbildungslotsin: Pro Ausbildungsjahr 25 neue, zusätzliche Ausbildungseintritte

Im folgenden Abschnitt wird die Erreichung der Indikatoren teilbereichsbezogen
dargestellt und diskutiert.

Zur Vergleichbarkeit
Um die erreichten Ergebnisse weiterführend einordnen und bewerten zu können,
wurden für die einzelnen Bereiche Vergleichsprojekte herangezogen: Für das
Selbstlernzentrum waren dies die Selbstlernzentren in Offenbach und Stuttgart,
für die Beschäftigungsförderung Beschäftigungsprojekte, die ähnlich angelegt
waren. Hier wurde vor allem auf Vergleichsprojekte von ZAUG zurückgegriffen.
Die Vermittlungszahlen der Ausbildungslotsin wurden im Kontext der drei weiteren Ausbildungslots/innen im Landkreis Gießen betrachtet.

Dazu ist vorab eine grundsätzliche Einschränkung zu machen: Es gibt beziehungsweise gab in allen drei Bereichen jeweils verschiedene ähnlich angelegte
Projekte – das bedeutet allerdings nicht, dass die Ergebnisse direkt vergleichbar
gewesen wären. Jedes Projekt hatte eine spezifische Ausgangslage und eine darauf
abgestimmte Umsetzung. Dies führt dazu, dass die Projekte in Bezug auf Zielgruppen, Öffnungszeiten und Ausstattung sowie hinsichtlich der psychosozialen
Rahmenbedingungen des Klientels teilweise erhebliche Unterschiede aufweisen.
Damit war in den meisten Fällen eine direkte Vergleichbarkeit der Ergebnisse nicht
gegeben. So konnten beispielsweise die Ergebnisse des Selbstlernzentrums in der
Steinstraße nicht unmittelbar mit den Ergebnissen des Selbstlernzentrums in Stuttgart oder Offenbach verglichen werden, weil Zielgruppen, Öffnungszeiten und
Zugangsbedingungen sich deutlich unterschieden. Im Umkehrschluss bedeutet dies
zwar nicht, dass die vergleichende Betrachtung der Ergebnisse sinnlos wäre, es
wäre aber verfälschend, diese direkt im Hinblick auf die quantitativen Ergebnisse
vergleichen zu wollen – das Erreichen von Benchmarks kann also nicht verglichen
werden, und zwar in keinem der Fälle. Der Vergleich muss vielmehr die unterschiedlichen Rahmenbedingungen einbeziehen, um zu qualifizierten Aussagen zu
kommen.

5.2.4.1 Das Selbstlernzentrum

Folgender Indikator war im Antrag formuliert worden:

- Teilhabe der Bewohner/innen an Qualifizierungs- und selbst gestalteten
  Lernprozessen: *durchschnittlich 50 kontinuierliche Teilnehmer/innen im
  Selbstlernzentrum pro Monat*

Im Ergebnis wurde der Indikator nicht ganz erreicht: Im Durchschnitt des gesamten Erhebungszeitraums kamen 41 Teilnehmer/innen pro Monat. Der Durchschnitt war über die Monate gesehen relativ konstant. Im Monat August wurde allerdings der Indikator von 50 Teilnehmer/innen erreicht – es kamen 51.

Aus Sicht der wissenschaftlichen Begleitung gab es zwei zentrale Gründe dafür, dass der Indikator insgesamt nicht ganz erreicht werden konnte:

- Das Selbstlernzentrum startete erst am 22.11.2007
- Es konnten nicht wie geplant Lerngruppen à zwei Personen etabliert werden

Das Selbstlernzentrum hatte formal eine Laufzeit vom 15.7.2007 bis zum 30.9.2008 – entsprechend der Laufzeit des XENOS-Sonderprogramms. Allerdings konnte die konkrete Arbeit an den PC-Arbeitsplätzen erst am Tag der Eröffnungspressekonferenz des Projekts am 22.11.2007 aufgenommen werden. Erst zu diesem Zeitpunkt war die technische Infrastruktur komplett und betriebsbereit. Damit hatte das Selbstlernzentrum eine faktische Laufzeit von etwas mehr als zehn Monaten.

Bei den anderen beiden Selbstlernzentren gestaltete sich dies anders: Auch das Selbstlernzentrum in Stuttgart war ein im Sonderprogramm gefördertes Projekt, das aber bereits zum 15.7.2007 eröffnet wurde. Das bedeutet, dass das Selbstlernzentrum in Stuttgart während des vergleichsweise kurzen Förderzeitraums dennoch in der Praxis eine um vier Monate längere Laufzeit hatte. Ähnlich wie in der Nordstadt wurde auch hier ein komplett neuer Standort bezogen[31] und neu eingerichtet. Träger war „Neue Arbeit", ein diakonisches Sozialunternehmen.

Im Unterschied zur Nordstadt starteten die Stuttgarter aber bereits zum 15.7.07 mit dem Selbstlernzentrum. In Gießen hat dagegen die Inbetriebnahme die ersten Monate der Projektlaufzeit beansprucht. Der Bezug des komplett neuen Standorts in Gießen brachte Verzögerungen bei der Vernetzung des Projekts mit sich: Die Bekanntmachung nicht nur des Angebots, sondern auch des Standorts brauchte Zeit, denn das Projektzentrum stellte keinen etablierten Standort mit einem bereits bestehenden Teilnehmer/innenkreis dar. Im Gegenteil – den Zielgruppen und den Vernetzungsakteuren (Vereine etc.) in der Nordstadt musste sowohl das neue Angebot im Rahmen des „Sozialen Stadt"-Programms als auch der neue Standort erst bekannt gemacht werden. Im Projektverlauf erwies sich zudem, dass durch die räumliche Trennung zwischen dem Projektzentrum in der Steinstraße und dem Nordstadtbüro die Vernetzung mit den Nordstadtstrukturen erschwert wurde.

---

31 Ein ehemaliges Spielwarengeschäft in einem Einkaufszentrum mit mehreren Geschäften am Europaplatz. Der Vorteil hieran war, dass die ersten drei Monate nicht nur Personen vorbei kamen, die Spielwaren kaufen wollten, sondern der „Durchgangsverkehr" in einem Einkaufszentrum sehr viel größer ist, als dies in der Steinstr. in der Nordstadt der Fall war.

Die Struktur im Selbstlernzentrum in Offenbach war schließlich anders gelagert als die der Zentren in Gießen und Stuttgart. Das Zentrum in Offenbach läuft bereits seit 2003. Es ist Teilprojekt im Netzwerk „Offenes Lernen" der „Lernenden Region Offenbach" und wird im Rahmen des Programms „Lernende Regionen – Förderung von Netzwerken" vom Bundesministerium für Bildung und Forschung und aus ESF-Mitteln gefördert. Der Träger ist hier, wie in Gießen und Stuttgart, gemeinnützig: GOAB (Gemeinnützige Offenbacher Ausbildungs- und Beschäftigungsgesellschaft mbH)[32].

Das Selbstlernzentrum in Offenbach hat keine bestimmten Zielgruppen definiert. Teilnehmen können Personen aller Altersgruppen, der Wohnort muss nicht in Offenbach sein. Die Benutzung des Selbstlernzentrums ist kostenpflichtig[33]. Die Besucher/innen müssen sich vorab in Anmeldelisten eintragen und können dann bis zu zwei Stunden am PC lernen. Die Ausstattung mit 23 PCs ist im Vergleich zu Stuttgart und Gießen deutlich größer.

Ergebnisse

Ins Selbstlernzentrum in Gießen kamen bis zum Abschluss des Projekts 164 Teilnehmer/innen. Die meisten besuchten das Selbstlernzentrum im ersten Quartal 2008. Hier kamen 81 verschiedene Teilnehmer/innen, im zweiten Quartal sank die Zahl mit 63 Teilnehmer/innen etwas ab, stieg allerdings im dritten Quartal erneut auf 78 Teilnehmer/innen an.

Obwohl im ersten Quartal die meisten Teilnehmer/innen kamen, besuchten diese weniger oft das Selbstlernzentrum als die im dritten Quartal. So waren im ersten Quartal 425 Besuche zu verbuchen, im dritten Quartal 566. Juli und August 2008 verzeichneten jeweils Besucherrekorde von 198 bzw. 199 Besuchen. Das dritte Quartal war eindeutig auch das besucherstärkste mit 566 Besuchen gegenüber dem ersten Quartal mit 425 und dem zweiten Quartal mit 467 Besuchen. Insgesamt kamen auf 164 Teilnehmer/innen 1531 Besuche. Die Stundenzahl pro Besuchszeit war nicht begrenzt, lag aber sehr konstant bei 1,9 Stunden pro Besuch.

---

32   Gesellschafter der GOAB ist die Stadt Offenbach (98 %)
33   Erwachsene bezahlen 25 Euro monatlich.

Abbildung 18: Besuchszahlen im Selbstlernzentrum (eigene Darstellung)

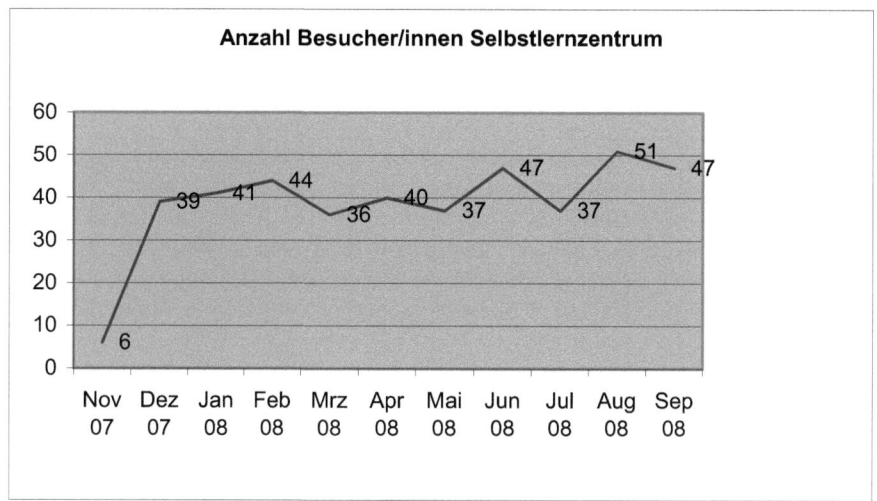

Ein Vergleich der Teilnehmer/innenzahlen zeigt, dass Stuttgart wesentlich mehr Teilnehmer/innen erreicht hat (650 bis zum 31.8.2008). Dies kann auf mehrere Gründe zurückgeführt werden:

- Die Ausstattung: Das Selbstlernzentrum in der Steinstraße war mit sieben PCs ausgestattet. Im Vergleich dazu umfasste die Ausstattung in Stuttgart 15 PCs, das waren etwas mehr als doppelt so viele wie in Gießen. In der dem Projektantrag zugrunde liegenden Konzeption für das Selbstlernzentrum in Gießen war geplant gewesen, dass die sechs PC-Arbeitsplätze jeweils von zwei Personen genutzt werden sollten, es waren also 12 Arbeitsplätze an sechs PCs angestrebt. In der Praxis hat sich aber gezeigt, dass sowohl die Teilnehmer/innenstruktur (die Interessent/innen kamen meistens einzeln in das Selbstlernzentrum) als auch die Lernsoftware nicht die Voraussetzungen für ein gemeinsames Lernen vor dem PC schufen.
- Räumlichkeiten und Konzept: In der Steinstraße wurden die Räumlichkeiten sowohl von den Teilnehmer/innen als auch von den Mitarbeiterinnen als wenig offen und kommunikationsfördernd wahrgenommen (häufig wurde zum Beispiel der Zugang ins Projekt thematisiert: Statt offener Türen gab es eine Klingel und zwei Eingangstüren, also optische und emotionale Barrieren). Die Mitarbeiter/innen haben versucht, mit Sitzmöglichkeiten und einer Kaffeemaschine den mittleren Raum als Ort der Begegnung zu etablieren. Bis zum Endes des Projekts wurde dieser aber nicht als Treffpunkt wahrge-

nommen. Die Atmosphäre im Selbstlernzentrum wurde von den Mitarbeiter/innen als konzentrierte Lernatmosphäre beschrieben. Das Selbstlernzentrum in Stuttgart war dagegen von vorneherein als Kombination aus Selbstlernzentrum und Begegnungsstätte konzipiert worden. Entsprechend waren auch die Räumlichkeiten sehr groß: Das Zentrum umfasste 600qm, aufgeteilt auf drei Räume, von denen einer sehr groß und offen war.

- Zielgruppen: Im Selbstlernzentrum in der Steinstraße waren die Zielgruppen im Gegensatz zu Stuttgart sehr klar definiert. Neben dem gezielten Fokus auf Langzeitarbeitslose und Migrant/innen war die Altersuntergrenze auf 25 festgesetzt worden. Stuttgart hingegen öffnete sein Selbstlernzentrum für jede und jeden Interessierten aller Altersgruppen. Dadurch war der Personenkreis der potentiell zu erreichenden Personen um ein Vielfaches größer.

5.2.4.2   Die Ausbildungslotsin

Folgender Indikator war im Antrag formuliert worden: Verbesserung des Ausbildungsumfeldes und der beruflichen Situation der Jugendlichen insbesondere der Migrant/innen im Stadtteil: *Pro Ausbildungsjahr 25 neue, zusätzliche Ausbildungseintritte.*

Die Tätigkeit der Ausbildungslotsin startete zum 1.9.2007 und endete bereits zum 30.6.2008, das bedeutet, dass die Arbeit der Ausbildungslotsin in der Nordstadt einen Zeitraum von zehn Monaten umfasste. Bis zum 30.6.2008 waren 65 Teilnehmer/innen in Beratung.

- Von 65 Teilnehmer/innen konnten 10 (15%) in eine Ausbildung vermittelt werden.
- Jeweils sechs Teilnehmer/innen (9%) wurden in schulische oder außerschulische Maßnahmen oder in Arbeit vermittelt, fünf in ein betriebliches Praktikum (8%). Ein Teilnehmender holte einen externen Berufsabschluss nach (2%).
- Die anderen Teilnehmer/innen verblieben entweder in der Schule (5 Teilnehmer/innen; 8%) oder in der Ausbildung (1 Teilnehmer/in; 2%), begannen ein Studium (1 Teilnehmer/in; 2%), wurden in ein FSJ (1 Teilnehmer/in; 2%) oder in einen Sprachkurs (2 Teilnehmer/innen; 3%) vermittelt.
- Bei zehn Teilnehmer/innen (15%) kam es zu einem Beratungsabbruch.
- 13 Teilnehmer/innen (20%) waren nach Ende der Arbeit der Ausbildungslotsin an ZAUG übergegangen und dort im Oktober 2008 noch nicht ausgeschieden, so dass hier noch nichts über Beratungserfolge ausgesagt werden kann. Über diese Teilnehmer/innen liegen keine Erhebungsbögen vor. Sie werden daher in der folgenden detaillierten Berechnung nicht mit einbezogen.

Auswertungsgrundlage für den vorliegenden Abschlussbericht waren die qualitativen Bögen, die von der Ausbildungslotsin zu den einzelnen Teilnehmer/innen ausgefüllt wurden. Hieraus ergaben sich Angaben über 52 Beratungsteilnehmer/innen (Stand zum 30.6.2008)[34]. Die Vermittlungszahlen zum 30.6.2008 stellen sich wie folgt dar:

Abbildung 19: Vermittlungen der Ausbildungslotsin zum 30.6.2008 (eigene Darstellung)

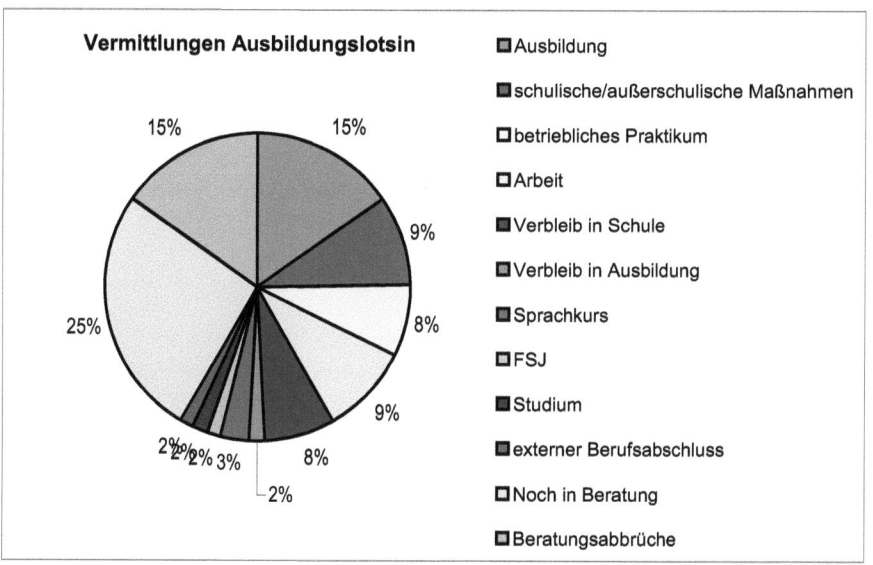

N=65

---

34   Die Vermittlungszahlen der Ausbildungslotsin wurden zu unterschiedlichen Stichtagen ausgezählt (15.5., 30.6. und 30.9.). Die Zahlen weichen entsprechend je nach Auszählungszeitraum voneinander ab: So lag den Ergebnissen zum Stichtag 15.5. die Berechnungsgrundlage von N=49 Teilnehmer/innen zugrunde. Die Ausbildungslotsin beendete ihre Tätigkeit im Projekt zum 30.6., zu diesem Zeitpunkt hatte sie 52 Beratungen abgeschlossen. Für diese 52 Teilnehmer/innen wurden die Erhebungsbögen entsprechend ausgefüllt und an die wissenschaftliche Begleitung gegeben. Sie sind Grundlage der folgenden Berechnungen. Zum 30.9. waren noch 13 weitere ehemalige Teilnehmer/innen an ZAUG übergegangen und noch nicht wieder ausgeschieden (daraus ergibt sich insgesamt ein N = 65 Teilnehmer/innen). Diese 13 Teilnehmer/innen waren erst kurz vor Ende des Ausbildungslotsenprojekts in die Beratung der Ausbildungslotsin gekommen und wurden nach dem 30.6.2008 von ZAUG übernommen. Über sie liegen keine Angaben vor, da noch keine Erhebungsbögen ausgefüllt wurden. Das bedeutet: Ausschließlich bei der Vermittlungsstatistik ist N=65. Da aber über 13 Teilnehmer/innen keine statistischen Angaben vorliegen, ist N=52 Berechungsgrundlage für alle weiteren Aussagen.

Zur Erreichung des Indikators:
Der Indikator wurde in Bezug auf die Schaffung neuer, zusätzlicher Ausbildungseintritte nicht erreicht. Die Schwierigkeiten lagen aus Sicht der wissenschaftlichen Begleitung in folgenden Bereichen:

Der vergleichende Blick auf das Gesamtprojekt „Ausbildungslotsen" zeigt, dass dieser Indikator auch bei längerer Laufzeit schwierig umzusetzen ist. Die Ausbildungslotsin arbeitete aber nur zehn Monate (1.9.2007 bis 30.6.2008), wobei der Indikator für ein Jahr (also zwölf Monate) angesetzt war. Würde man den Jahresindikator entsprechend den zehn Monaten Laufzeit anpassen, käme man auf zwanzig Vermittlungen in Ausbildung, die allerdings ebenfalls nicht erreicht wurden.

Ein weiterer Grund dafür ist, dass die Arbeit der Ausbildungslotsin vor Beginn des Ausbildungsjahres endete, so dass nicht endgültig gesagt werden kann, wie viele ihrer Teilnehmer/innen eine Ausbildung bekommen haben.

Die Ausbildungslotsin hatte zudem im Vergleich zu den anderen Teilräumen ein schwieriges Klientel (vgl. Ergebnispräsentation des Projekts Ausbildungslotsen), dessen Problemstellung sehr vielschichtig war (vgl. Teilkapitel zu psychosozialen Problemlagen und Darstellung Schulabschlüsse und Arbeitsmarktstatus in diesem Kapitel).

Dass letztendlich 10 Teilnehmer/innen in Ausbildung vermittelt werden und insgesamt 32 Teilnehmer/innen erfolgreich beraten und vermittelt werden konnten, die nun nicht mehr arbeitslos sind, ist daher insgesamt positiv zu werten.

Vergleichende Betrachtung
Die Ausbildungslotsin war konzeptionell in das Projekt eingebunden, gleichzeitig aber auch Teil des Projekts „Ausbildungslotsen in der Stadt und im Landkreis Gießen", das im Rahmen des Förderprogramms „Verbesserung des Ausbildungsumfeldes" umgesetzt und finanziert wurde. Hierbei handelte es sich um ein ESF-Projekt, das durch die lokale ARGE (GIAG), die Stadt Gießen und das Land Hessen/ESF gefördert wurde.

Zur vergleichenden Beurteilung der Vermittlungsergebnisse der Ausbildungslotsin wurden daher die Zahlen der anderen Ausbildungslots/innen im Landkreis herangezogen. Diese liegen nur für den Stichtag 15.5. vor (gemeinsame Abschlusspräsentation des Ausbildungslotsenprojekts), so dass sich für die Ausbildungslotsin in der Nordstadt wiederum eine andere Zahl an Teilnehmer/innen ergibt (N=49).

Auch hier ist zunächst auf die bedingte Vergleichbarkeit der Ergebnisse hinzuweisen: Im Gegensatz zur Ausbildungslotsin in der Nordstadt begannen die anderen Ausbildungslots/innen ihre Arbeit bereits in 2005[35]. Da Netzwerkaufbau und Teilnehmer/innenakquise erhebliche Zeitressourcen beanspruchen, ist anzu-

---

35　Die Stelle der Ausbildungslotsin für die Nordstadt wurde zum 1.9.07 im Rahmen des XENOS-Projekts neu geschaffen (vgl. ZAUG: Jahresbericht 2007: 45).

nehmen, dass sich eine längere Laufzeit positiv auf die Vermittlungserfolge auswirkt. Zudem trafen die Ausbildungslots/innen in ihren Gebieten auf sehr unterschiedliche Problemstellungen. Die Ausbildungslotsin in der Nordstadt hatte dabei die schwersten Bedingungen: Sie hatte sowohl mit den Problemstellungen des Teilraums Nord als auch denen des Teilraums Ost zu kämpfen: Im Teilraum Nord hatten rund 30% der Jugendlichen einen türkischen Pass (Ausbildungslotsin Nordstadt: 10% Jugendliche mit türkischem Pass, insgesamt 20% hatten einen türkischen Migrationshintergrund), 53% der Jugendlichen verfügten über Hauptschul-, 30% über einen Realschulabschluss (bei der Ausbildungslotsin in der Nordstadt 44,2% Hauptschul-, 30% Realschulabschluss). Im Teilraum Ost wurden als Problemstellungen angeführt: Unterstützungsbedarf trotz mittlerer Reife (trifft auch für die Ausbildungslotsin in der Nordstadt zu, zum Beispiel hatten beide Interviewteilnehmer/innen die mittlere Reife), Ausbildungsplatzsuchende über 20 Jahre, mit wenig oder ohne Berufserfahrung (bei der Ausbildungslotsin in der Nordstadt war die Hälfte der Beratungsteilnehmer/innen in der Altersgruppe über 20), Jugendliche aus sozial schwachen Familien mit einer Vielzahl von Vermittlungshindernissen (vgl. Aussagen der Ausbildungslotsin in KT 17.1.08: In der Nordstadt bezog teilweise die ganze Familie der jugendlichen Beratungsteilnehmer/innen seit längerem ALGII), Jugendliche mit massiven psychischen Problemen und dadurch fehlender Ausbildungsfähigkeit (auch dies war in der Nordstadt gegeben, vgl. KT 17.1.08).

Anhand der Beschreibung der Problemstellungen in den Teilräumen kann der Schluss gezogen werden, dass die Ausbildungslotsin in der Nordstadt ein besonders schwieriges Klientel zu beraten hatte. Diese Sachverhalte müssen bei der abschließenden Beurteilung der Vermittlungszahlen berücksichtigt werden.

Dieses vorausgeschickt, lässt sich nach einer vergleichenden Betrachtung der Vermittlungszahlen der einzelnen Ausbildungslots/innen feststellen, dass die Vermittlungszahlen in Ausbildung der Ausbildungslotsin in der Steinstraße leicht unterdurchschnittlich waren: Während die anderen drei Ausbildungslots/innen im Schnitt für 30% der Teilnehmer/innen Ausbildungsplätze fanden, gelang dies der Ausbildungslotsin in der Steinstraße nur bei 20% der Teilnehmer/innen. Die Ausbildungslotsin konnte keine Teilnehmer/innen in ein EQJ (Einstiegsqualifizierungsjahr) vermitteln, die anderen Ausbildungslots/innen hingegen in mindestens 5% der Fälle (auch 6,4% und 7,6%). Das EQJ bedeutet allerdings eine sehr gute Möglichkeit, danach in eine Ausbildung übernommen zu werden. Diese unterdurchschnittlichen Vermittlungszahlen können jedoch durch die gegenüber den anderen Standorten erschwerten Ausgangslagen erklärt werden.

Im Vergleich der Ausbildungslots/innen zeigte sich jedoch, dass der Anteil nicht vermittelbarer Jugendlicher bei der Ausbildungslotsin in der Steinstraße deutlich niedriger lag (6,1%) als bei den Ausbildungslots/innen für die Gebiete West (11%) und Nord (13%). Insofern hätte die schwierigere Ausgangslage durch ein Klientel kompensiert werden können, das im Schnitt etwas besser vermittelbar war. Die Anzahl derjenigen Jugendlichen, die sich im Verlauf der Beratung nicht mehr meldeten, war mit einem Zehntel vergleichbar hoch wie im Gebiet Ost (11,3%). Im Teilraum Nord waren es weniger (5,3%).

Bei der Ausbildungslotsin in der Nordstadt waren Ende Mai 2008 noch knapp ein Drittel der, ausbildungssuchenden Jugendlichen in Beratung (32,6%). Dieser Anteil war doppelt so hoch wie bei allen drei anderen Ausbildungslots/innen. Insofern bestand hier auch bei einer größeren Gruppe noch die Möglichkeit, einen Ausbildungsplatz zu erhalten. Ob dies gelang, kann nach Abschluss des Projekts allerdings nicht mehr nachgewiesen werden.

Für alle Ausbildungslots/innen war die Akquise von 25 zusätzlichen Ausbildungsplätzen pro Region und Jahr als Indikator formuliert worden. Bei Betrachtung der Zahlen zeigt sich eine grundsätzliche Schwierigkeit dieses Ziels: Im Gesamtprojekt wurden insgesamt 260 Ausbildungsplätze gefunden, davon waren 95 zusätzliche Ausbildungsplätze. An diesem Verhältnis zeigt sich bereits auf der Ebene des Gesamtprojekts die Schwierigkeit, den Indikator von 25 zusätzlichen Plätzen pro Jahr und Region tatsächlich zu erreichen.

Die Ausbildungslotsin in der Steinstraße hat insgesamt zehn Teilnehmer/innen in Ausbildung vermittelt. Dabei handelte es sich um erhaltene, nicht um zusätzliche Ausbildungsplätze. Es wurden also keine zusätzlichen Ausbildungsplätze geschaffen, sondern nur Ausbildungsplätze erhalten.

Aus Sicht der wissenschaftlichen Begleitung war der Indikator deutlich zu hoch gegriffen. 25 neue, zusätzliche Ausbildungsplätze in der Nordstadt zu schaffen, war nach den oben dargestellten Ergebnissen sehr unrealistisch.

Beurteilt man die Vermittlungsergebnisse der Ausbildungslotsin auf einer anderen Ebene als die des Indikators, dann hat es die Ausbildungslotsin erreicht, 31 Personen aus der Arbeitslosigkeit zu holen.

5.2.4.3 Die Beschäftigungslotsin

Im Antrag wurde folgender Indikator formuliert:

Verbesserung der Beschäftigungsquote für Erwachsene insbesondere für geringQualifizierte durch gezielte Vermittlung in sozialversicherungspflichtige Beschäftigung, auch durch Zeitarbeit: *Pro Monat sind mind. 5 Personen zu vermitteln.*

Der Bereich Beschäftigungsförderung startete am 1.1.2008 und lief bis zum Projektende am 30.9.2008. Die Beschäftigungslotsin arbeitete also faktisch neun Monate im Projekt.

Wie bei der Ausbildungslotsin waren die qualitativen Bögen Auswertungsgrundlage für die Berechungen der Vermittlungszahlen im Bereich Beschäftigungsförderung. Bei der Auswertung der Bögen fiel auf, dass es einige Teilnehmer/innen gab, die durch die Beschäftigungslotsin in mehrere Bereiche vermittelt wurden, zum Beispiel erst in eine Qualifizierungsmaßnahme und anschließend in Arbeit. Es gab also in einigen Fällen mehrere Vermittlungen pro Person. Die Gesamtzahl aller Vermittlungen ist daher um ein Vielfaches höher als die tatsächliche Anzahl der Beratungsteilnehmer/innen. Eine Auszählung aller Vermittlungen sagt deswegen nichts über die Vermittlungen der einzelnen Personen aus.

Um den Indikator allerdings beurteilen zu können, mussten die Vermittlungserfolge personenbezogen ausgewertet werden. Dazu wurde jede Person nur genau einer Kategorie zugeordnet, auch wenn sie an mehreren Maßnahmen teilgenommen hatte. Dabei wurde dem Indikator entsprechenden Prioritäten gefolgt. Entscheidendes Kriterium für die Einordnung war die Unterscheidung Vermittlung in Arbeit ja/nein. Sobald Personen in Arbeit vermittelt wurden, sind sie in dieser Kategorie geführt. Wurden sie nicht in Arbeit vermittelt, sind sie in den anderen Kategorien aufgeführt. Die Auszählung ergab folgendes Bild:

Abbildung 20: Vermittlungen der Beschäftigungslotsin (eigene Darstellung)

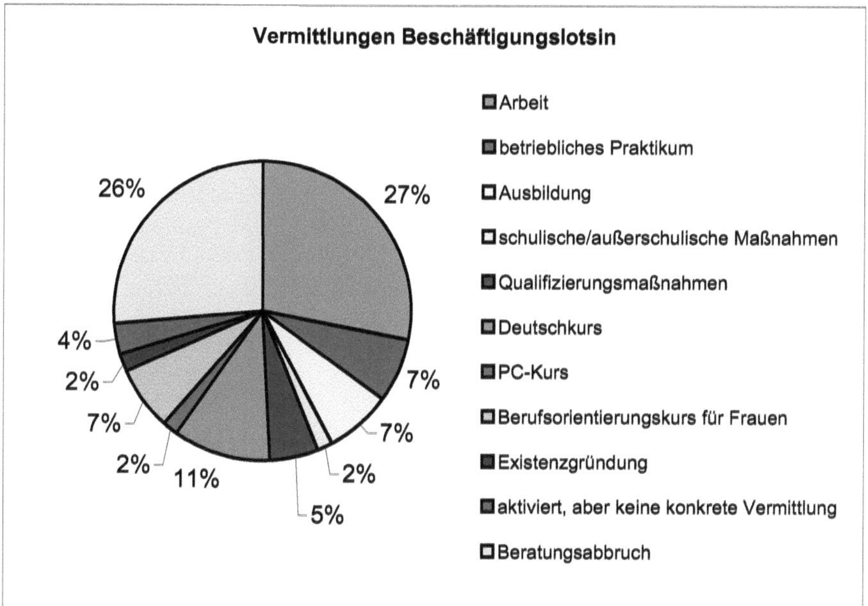

N=57

Von insgesamt 57 Teilnehmer/innen wurden 16 Teilnehmer/innen (27%) in Arbeit vermittelt.

Des Weiteren wurden vier Teilnehmer/innen in Ausbildung und weitere vier in ein betriebliches Praktikum vermittelt. Im Bereich Existenzgründung gab es eigentlich zwei Teilnehmer/innen, ein Existenzgründer ist allerdings letztendlich auch in Arbeit vermittelt worden und wurde deshalb in dieser Kategorie eingeordnet. Ein Teilnehmer wurde in eine schulische beziehungsweise außerschulische Maßnahme vermittelt.

Darüber hinaus haben mehrere Teilnehmer/innen an Qualifizierungsmaßnahmen teilgenommen: Insgesamt drei Teilnehmer/innen wurden in die Qualifizierung zur ehrenamtlichen Seniorenbegleiter/in vermittelt, eine der drei konnte danach weitervermittelt werden. Eine Teilnehmer/in nahm an einer Schulung zur Abfall- und Energieberatung teil. Da bei sechs Teilnehmer/innen die Deutschkenntnisse für eine Arbeitsaufnahme noch zu gering waren, wurden sie in einen Deutschkurs vermittelt sowie eine weitere Teilnehmer/in in einen PC-Kurs.

Von insgesamt zehn Frauen, die am Berufsorientierungskurs für Frauen teilgenommen haben, haben vier nur diesen Kurs besucht. Die anderen konnten durch den Kursbesuch aktiviert und weitervermittelt werden.

An den Qualifizierungsmodulen (Gebäudereinigung; Haushaltsarbeiten und Gastroservice) nahmen fünf Teilnehmer/innen teil, die in der personenbezogenen Auszählung allerdings nicht in dieser Kategorie eingeordnet sind, da danach alle entweder in ein betriebliches Praktikum oder in Arbeit vermittelt werden konnten.

Bei 15 Teilnehmer/innen (26%) kam es zu einem Beratungsabbruch[36]. Diese konnten nicht vermittelt werden. Zwei Teilnehmer/innen (4%) wurden beraten – allerdings ohne konkreten Vermittlungserfolg.

Insgesamt hat die Beschäftigungslotsin damit 20 Vermittlungen in Arbeit oder Ausbildung erreicht. Bei 57 Teilnehmer/innen ist dies eine Quote von ca. 35%. Der Indikator der fünf Vermittlungen pro Monat ist damit allerdings nicht erreicht worden.

Aus Sicht der wissenschaftlichen Begleitung sind jedoch die Ergebnisse gerade im Bereich Beschäftigungsförderung insgesamt durchaus positiv und differenziert zu bewerten; der Indikator wird daher am Ende dieses Abschnitts nochmals mit Blick auf seine Angemessenheit und seine Realisierbarkeit diskutiert.

Um ein vollständiges Bild über alle Vermittlungserfolge zu erhalten – unabhängig davon, ob die Personen mehrfach vermittelt wurden oder nicht – war eine zweite Auszählung über alle Vermittlungserfolge im Bereich Beschäftigungsförderung sinnvoll.

---

36   Zu den Gründen und einer ausführlichen Darstellung der psychosozialen Problematik vgl. Kapitel 5.2.6.

Abbildung 21: Alle Vermittlungserfolge der Beschäftigungslotsin (eigene
Darstellung)

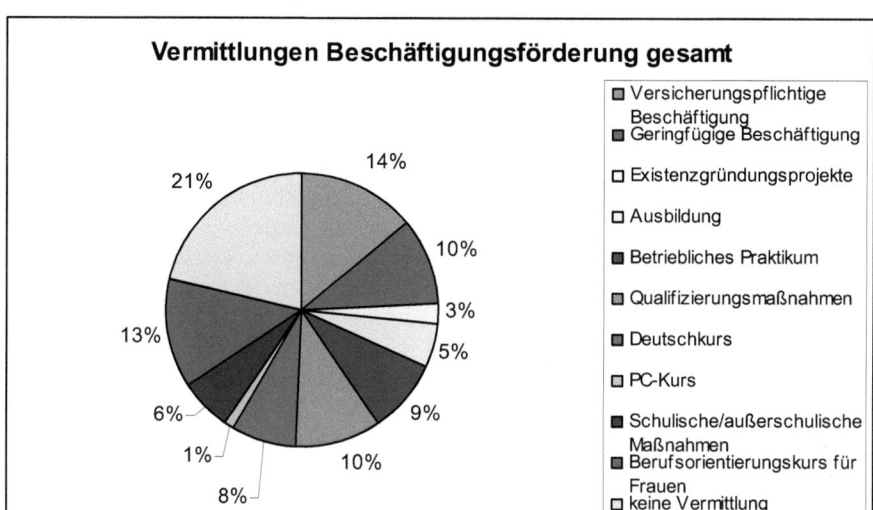

N = Mehrfachnennungen

Entsprechend dieser Auszählung gab es insgesamt 62 Vermittlungen, davon 11
Vermittlungen (14%) in eine sozialversicherungspflichtige Beschäftigung und
acht Vermittlungen (10%) in geringfügige Beschäftigung. Sieben Teilneh-
mer/innen wurden in ein betriebliches Praktikum, vier in Ausbildung, acht in
Qualifizierungsmaßnahmen und drei in schulische/außerschulische Maßnahmen
vermittelt. Sieben Teilnehmer/innen wurden entweder ausschließlich oder zusätzlich in einen Deutschkurs und einen PC-Kurs vermittelt.

Zehn Frauen nahmen am Berufsorientierungskurs für Frauen der Beschäftigungslotsin teil. Zwei Teilnehmer/innen wurden hinsichtlich ihres Existenzgrün-
dungsprojekts beraten.

Da es bei 17 von 57 Teilnehmer/innen zu keiner erfolgreichen Vermittlung
kam, wird beim Vergleich der beiden Auszählungsarten deutlich, dass sich die
insgesamt 62 erfolgreichen Vermittlungen auf 40 Teilnehmer/innen verteilten
oder anders ausgedrückt: Die erfolgreich vermittelten Teilnehmer/innen wurden
im Schnitt 1,5 mal vermittelt.

Zur Beurteilung des Indikators:

Um zu einer weiterführenden Bewertung der Erreichung des Indikators zu kommen, hat die wissenschaftliche Begleitung auch in diesem Bereich Vergleichsprojekte herangezogen: ZAUG – Durchführungsträger des Projekts – führt selbst ähnlich angelegte Projekte für Personen im Rechtskreis SGBII durch.

Zur vergleichenden Betrachtung wurde hier das Projekt „Arbeitsgelegenheit mit Mehraufwandsentschädigung" aus dem Jahr 2007 herangezogen. Da es sich bei dem Projekt um eine Maßnahme handelte, die über sechs Monate lief, ist es nur insofern vergleichbar, als dass sich auch hier bestimmte Mechanismen offenbaren, die sich auch bei der Beschäftigungslotsin zeigten:

Bei dem ZAUG-Projekt überstieg die Beratungsquote die tatsächliche Vermittlungsquote um knapp die Hälfte (von 520 beratenen Personen wurden 57,3% eingesetzt). Bei der Beschäftigungslotsin waren es circa 30%, bei denen die Beratung nicht zu einem Vermittlungserfolg führte. Es zeigte sich also bei beiden, dass eine erste Schwelle[37] darin bestand, die Personen zu einer Maßnahmenteilnahme zu überzeugen.

Nach der Maßnahme bei ZAUG konnte danach knapp ein Fünftel der Teilnehmer/innen in den ersten Arbeitsmarkt vermittelt werden (55 von 298 Personen), 18 Personen wechselten in andere Maßnahmen. Bei der Beschäftigungslotsin konnten sogar 27% aller Teilnehmer/innen in den ersten Arbeitsmarkt integriert werden – unabhängig davon, ob sie vorher eine Maßnahme besucht hatten oder nicht. Von diesen (insgesamt 16) Teilnehmer/innen wurde der Grossteil (9) direkt in Arbeit vermittelt. Sieben Personen hatten vorher an mindestens einer Qualifizierungsmaßnahme (Qualifizierungsmodule, Berufsorientierungskurs für Frauen, Deutschkurs) teilgenommen. Hieran zeigt sich, dass einige Personen nach einer Maßnahme nicht direkt in den ersten Arbeitsmarkt integriert werden können, sondern als nächster Schritt eine weitere Maßnahmenteilnahme sinnvoll ist oder sein kann.

Auf der Ebene der qualitativen Erfolge ähneln sich die Ergebnisse der ZAUG-Maßnahme und der Beschäftigungslotsin sehr stark: Auch die Teilnehmer/innen der Eingliederungsprojekte bei ZAUG waren äußerst motiviert. Durch die Maßnahmen konnte das Selbstwertgefühl der Betreffenden gestärkt werden und das Gefühl „gebraucht zu werden" wurde als sinnstiftend empfunden (vgl. ZAUG: Jahresbericht 2007: 20).

Bei ZAUG wurden weiterhin auch Kurse zur Arbeitsvorbereitung und Unterstützung für Frauen angeboten. Die Kurse dauerten vier Monate und waren damit länger als der von der Beschäftigungslotsin angebotene Orientierungskurs. Inhaltlich sind die Angebote aber vergleichbar. Bei ZAUG fanden zwei Kurse mit insgesamt 45 teilnehmenden Frauen statt, von denen 35 die Maßnahme er-

---

37   Eine ausführliche Thematisierung der Schwellen in Kapitel 5.2.6.

folgreich absolviert haben. Sechs Frauen erhielten während des Kurses bereits einen Arbeitsplatz, vier Frauen wurden danach von ZAUG in eine Arbeitsstelle vermittelt. Bei der Beschäftigungslotsin konnten von zehn Frauen vier Frauen in eine Arbeitsstelle vermittelt werden, zwei weitere in ein betriebliches Praktikum. Die Vermittlungsquote in Arbeit war also nach dem Kurs der Beschäftigungslotsin höher als bei ZAUG. Von den sechs Frauen, die nach dem Kurs der Beschäftigungslotsin in Arbeit vermittelt werden konnten, haben zwei nach dem Orientierungskurs noch an einer Qualifizierungsmaßnahme teilgenommen, bevor sie in ein Arbeit beziehungsweise in ein betriebliches Praktikum vermittelt werden konnten.

Zur Erreichbarkeit des Indikators
Mit Blick auf Erreichbarkeit und Realisierbarkeit des Indikators sind verschiedenste Aspekte zu thematisieren.

Bereits in den Koordinationstreffen wurde kontrovers über die Erreichbarkeit des Indikators diskutiert. Wurde der Indikator beim Auftaktworkshop von allen Projektbeteiligten noch als realistisch eingeschätzt (WS 22.10.07), änderte sich im Projektverlauf bei einigen Beteiligten diese Meinung nach der Vorstellung der quantitativen Ergebnisse durch die wissenschaftliche Begleitung am 2. und 10. Juni 2008. Es wurde problematisiert, dass der Indikator eventuell zu hoch gegriffen gewesen sei und vermutlich nicht mehr erreichbar sein würde. Zudem wurde von zwei Projektbeteiligten zum gesamten Bereich Beschäftigungsförderung kritisch angemerkt, dass er in Konkurrenz mit anderen, bereits bestehenden Projekten zur Arbeitsvermittlung stehe. Zudem biete der Bereich lokale Ökonomie in der Nordstadt wenige Chancen für erfolgreiche Ansatzpunkte. Die Bewertung der Ergebnisse zum Indikator durch die Projektbeteiligten beim Abschlussworkshop fiel dann wieder positiv aus, denn

- Es erhielten zahlreiche Teilnehmer/innen eine Perspektive, weil sie Arbeit, Ausbildung oder Qualifizierung bekommen haben
- Die Konzeption der Beschäftigungslotsin war ursprünglich mit einer starken Anbindung an ZAUG konstruiert worden, d. h. der Weg der Teilnehmer/innen hätte von der Beschäftigungslotsin zu ZAUG verlaufen sollen, was in der Praxis so nicht umgesetzt wurde
- Bei vielen Teilnehmer/innen stand, ähnlich wie bei der Ausbildungslotsin, zunächst die psychosoziale Stabilisierung im Vordergrund. Sie konnten also gar nicht sofort vermittelt werden.
- Es gab zahlreiche Synergieeffekte zwischen Selbstlernzentrum und Beschäftigungslotsin, die ebenfalls als Erfolge gewertet werden sollten
- Die Laufzeit war mit knapp acht Monaten zu kurz, um den Indikator zu erreichen.

Auch die Bewertung der wissenschaftlichen Begleitung fällt nach den dargestellten Vermittlungserfolgen, wie auch den Ergebnissen der qualitativen Analyse, insgesamt positiv aus. So sind die Vermittlungserfolge der Beschäftigungslotsin angesichts der sehr kurzen faktischen Laufzeit als sehr positiv zu werten:

- Es wurden insgesamt 57 Personen beraten, also mehr als bei der Ausbildungslotsin, deren Arbeitszeitraum etwa drei Monate länger war
- Bei 40 von 57 Teilnehmer/innen, oder gut 70%, gab es konkrete Vermittlungserfolge in Beschäftigung oder Qualifizierung
- In der qualitativen Untersuchung wurden signifikante Aktivierungserfolge benannt

Des Weiteren sind für die Beurteilung des Indikators folgende Faktoren zu berücksichtigen:

- Bei der Berechnung des Indikators wurde keine Vorlaufzeit eingeplant. Es ist anzunehmen, dass sich bei längerer Laufzeit die Vermittlungsquote immer stärker dem zu erreichenden Indikator nähern würde.
- Durch die Beratung der Beschäftigungslotsin wurde die Zielgruppe der gering Qualifizierten angesprochen. Die Analysen haben gezeigt, dass die Problemlagen dieser Gruppe sehr komplex sind, was sich nicht nur in einer intensiven und zeitaufwändigen Beratungsleistung, sondern auch in den quantitativen Vermittlungszahlen widerspiegelt. Diese fielen dementsprechend niedriger aus.
- Die Funktion einer sozialräumlich ausgerichteten Beschäftigungslotsin ist zudem sinnvoll, da dieser Bereich im Integrierten Handlungskonzept zur Sozialen Stadt der Nordstadt zwar als Teilbaustein ausgewiesen, aber wie beschrieben bislang noch nicht umfassend bearbeitet wurde. Auch gibt es zwar bereits Institutionen, die auf dem Gebiet Arbeitsvermittlung arbeiten. Diese arbeiten aber a) nicht aktivierend genug (siehe Abschnitt 5.2.5. zu Kritik an Agentur und ARGE (GIAG)), und b) arbeiten sie bislang nicht sozialraumbezogen.
- Im Projektantrag war geplant gewesen, nicht nur sozialraumbezogen zu beraten, das heißt Nordstadtbewohner/innen, sondern auch sozialraumbezogen zu vermitteln. Dahinter stand das Ziel, die Entwicklung der lokalen Ökonomie der Nordstadt zu fördern und zu stärken. Aus Sicht der wissenschaftlichen Begleitung müssen die Arbeitsplätze, in die vermittelt wird, nicht ausschließlich in der Nordstadt angesiedelt sein, da die lokale Ökonomie in der Nordstadt nicht genügend Arbeitsplätze bieten kann.

- Dennoch ist ein besonderer Fokus auf die lokale Ökonomie in der Nordstadt durchaus sinnvoll und darf nicht von vorneherein ausgeschlossen werden, auch wenn es angesichts der Mängel in Sozial- und Infrastruktur schwierig ist. Die Existenzgründungsprojekte haben gezeigt, dass es sowohl Existenzgründer/innen in der Nordstadt gibt, als auch strategische, inhaltliche Lücken, die gefüllt werden können.

Bisher gab es für die Nordstadt das Konzept der Beschäftigungslotsin noch nicht und damit hatte dieser Bereich Pilot- bzw. Experimentalcharakter. Deswegen sollte das Konzept anhand der gemachten Erfahrungen spezifiziert und angepasst werden: Es ist grundlegend festzuhalten, dass die Beschäftigungslotsin faktisch zwei Aufgabenbereiche abdeckte: die psychosoziale Begleitung (1.) und die Vermittlung (2.). Beides sind wichtige Bereiche, und es muss letztendlich konkrete und quantitativ messbare Erfolge geben, da die Beratungsarbeit sonst an einem gewissen Punkt stehen bleibt. Allerdings wurde den Projektbeteiligten durch die Beratungspraxis deutlich, dass die psychosozialen Problemlagen der Zielgruppe oft das zuerst zu bearbeitende Problem darstellen. Deswegen erwies es sich als sinnvoll, den Fokus nicht allein auf eine Integration in den Arbeitsmarkt, sondern auch auf die soziale Integration zu legen.

Auf Grund der schwierigen Zielgruppe war aus Sicht der wissenschaftlichen Begleitung a) der Indikator zu hoch angesetzt und b) nicht differenziert genug formuliert, um auch Aktivierungserfolge und Vermittlungen in Qualifizierung einbeziehen zu können.

Indikator: Entwicklung alternativer Beschäftigungs- und Einkommenssicherungsmöglichkeiten für die Stadtteilbewohnerinnen und Stadtteilbewohner: *In der Projektlaufzeit mindestens eine Gründung.*

Während der Projektlaufzeit wurden zwei Existenzgründungsprojekte von der Beschäftigungslotsin betreut. Eine Teilnehmerin plante die Eröffnung einer Großtagespflegestelle in der Nordstadt, ein Teilnehmer wollte sich als Friseur selbständig machen. Bis zum Ende des Projekts wurde jedoch nicht gegründet. Eine Genossenschaftsgründung wurde gar nicht bearbeitet. Streng genommen wurde damit der Indikator nicht erreicht. Bei beiden Projekten gab es allerdings spezifische Gründe dafür, warum bis jetzt nicht gegründet wurde: Der Friseur hat während der Betreuung durch die Beschäftigungslotsin eine volle Stelle als Angestellter in einem anderen Friseursalon gefunden. Deswegen wurde das Gründungsvorhaben nicht mehr prioritär weiter verfolgt.

Das Projekt Großtagespflegestelle verdeutlicht eine grundlegende Problematik von Existenzgründungen bei ALG-II-Empfänger/innen. Es war in allen Bereichen schon sehr weit entwickelt und würde zudem auch eine strategische

Lücke in der Nordstadt füllen können, doch je näher die tatsächliche Realisierung rückte, desto mehr Zweifel kamen der Existenzgründerin hinsichtlich der Konsequenzen, wenn sie tatsächlich den Schritt in die Selbständigkeit wagen würde. Dies waren vor allem finanzielle Befürchtungen und die Tatsache, dass die bisher durch ALG II gesicherte Grundversorgung der Familie bei der Existenzgründung wegfallen würde.

Diese Befürchtungen sind durchaus berechtigt und verweisen auf die angesprochene Grundproblematik, die beim Abschlussworkshop thematisiert wurde. Dort wurde auch dieser Indikator (WS 1.9.08) als schwer umsetzbar eingeschätzt, denn

- Ca. 80% aller Existenzgründungsprojekte von ALG-II-Empfänger/innen scheitern.
- Gründungen brauchen darüber hinaus einen langen Vorlauf
- Existenzgründungen sind insbesondere für ALG-II-Empfänger/innen zu riskant
- Daher sind die psychischen Hürden für die jeweiligen Personen zu hoch

5.2.4.4   Fazit zur Erreichung der Indikatoren

Selbstlernzentrum

- Im Ergebnis wurde der Indikator von 50 Teilnehmer/innen pro Monat nicht ganz erreicht: Im Durchschnitt des gesamten Erhebungszeitraums kamen 41 Teilnehmer/innen pro Monat. Im Monat August wurde allerdings der Indikator überschritten (es kamen 51 Personen).
- Angesichts der Tatsache, dass statt wie geplant zwei mal sechs Arbeitsplätze faktisch nur sieben zur Verfügung standen, ist die Besucher/innenzahl positiv zu werten

Ausbildungslotsin

- Der Indikator wurde nicht erreicht; es wurden nur zehn (statt 25) Teilnehmer/innen in Ausbildung vermittelt.
- Es gab allerdings insgesamt 31 Vermittlungen in Arbeit, Ausbildung oder Qualifizierung
- Aus Sicht der wissenschaftlichen Begleitung war der Indikator zu hoch gegriffen

Beschäftigungslotsin

- Beide Indikatoren wurden nicht erreicht, wobei
- der Indikator zu Vermittlungen in sozialversicherungspflichtige Beschäftigung (5 pro Monat) aus Sicht der wissenschaftlichen Begleitung als zu hoch gegriffen erscheint,
- der Indikator zu Existenzgründungen realisierbar war, allerdings der Vorlauf aufgrund der Risiken zu kurz eingeschätzt wurde und
- Existenzgründungen von ALG-II-Empfängern angesichts des hohen Risikos nicht zu empfehlen sind.
- Eine Genossenschaftsgründung wurde nicht bearbeitet.

Empfehlungen/Good Practices

- Selbstlernzentren sollten als Begegnungszentren konzipiert werden
- Selbstlernzentren sollten an bestehende Örtlichkeiten der Begegnung im Standort angekoppelt werden
- Bei der Arbeit in Selbstlernzentren sollte mit einer Person pro PC geplant werden
- Angesichts der zu erwartenden psychosozialen Problematiken des Klientels sollte der Erfolgsindikator für ein Ausbildungslotsenprojekt differenziert definiert werden: 25 Vermittlungen sind erreichbar, allerdings sind dabei dann auch Vermittlungen in Weiterqualifizierungen positiv zu werten
- Aus den gleichen Gründen sollten Indikatoren für Beschäftigungsprojekte differenziert definiert werden
- Angesichts der Erfolge im Bereich Vermittlung und Aktivierung ist eine Fortführung einer sozialraumorientierten Beschäftigungsförderung sinnvoll, bzw. eine entsprechende Umorientierung der Strategien anderer Institutionen wie der GIAG
- Angesichts des hohen Risikos ist die Förderung von Existenzgründungsprojekten für ALG-II-Empfänger nicht zu empfehlen; sinnvoller ist, wie im Projektantrag ursprünglich angestrebt, die Gründung von Genossenschaften o. Ä., die das Risiko anders verteilen
- Genossenschaftsgründungen, die einen erheblichen zeitlichen Vorlauf haben dürften, sind dagegen eher realisierbar und empfehlenswert

5.2.5 Bildungswege und Berufssituation, aktuelle Situation und konkrete Anliegen der Teilnehmer/innen

5.2.5.1 Ergebnisse

Bildungswege und aktuelle Situation der Teilnehmer/innen sind zumeist stark durch ihre durchbrochenen Berufsbiographien geprägt. Die Darstellung der quantitativen Ergebnisse in 5.2.3. hat gezeigt, dass 95% der Teilnehmer/innen bei der Ausbildungslotsin und ca. 50% der Teilnehmer/innen bei der Beschäftigungslotsin keine bzw. eine Ausbildung ohne Abschluss hatten. Die Auswertung des Arbeitsmarktstatus ergab, dass im Bereich Beschäftigungsförderung 60% langzeitarbeitslos und knapp ein Fünftel (19%) arbeitslos unter einem Jahr waren. Bei der Ausbildungslotsin waren die Anteile der arbeitslosen (6%) und langzeitarbeitslosen (40%) Teilnehmer/innen geringer, da sie die Altersgruppe bis 25 Jahre betreute und hier der Anteil der Schüler/innen hoch war (33%).

Entscheidend für die Interpretation der Ergebnisse ist auch, dass bei der Beschäftigungslotsin fast die Hälfte der Teilnehmer/innen und davon fast nur Frauen Erziehungs- bzw. Betreuungsaufgaben hatten. Zudem wiesen in allen drei Bereichen circa 70% der Teilnehmer/innen einen Migrationshintergrund auf. Entsprechend dieser Faktoren stellte sich die aktuelle Situation der Teilnehmer/innen folgendermaßen dar[38]:

Die meisten Teilnehmer/innen hatten eine durchbrochene Berufsbiographie, die geprägt war von Phasen der Arbeitslosigkeit, der beruflichen Orientierung, der Neuorientierung nach negativen beruflichen Erfahrungen und des Jobbens. Die große Mehrheit der Teilnehmer/innen (68%) war arbeitslos, dabei war die größte Gruppe sogar langzeitarbeitslos (50%). Die aktuelle Situation der Teilnehmer/innen war zudem entscheidend davon beeinflusst, dass die Teilnehmer/innen entweder keine oder eine abgebrochene Ausbildung hatten, seit längerer Zeit aus dem Berufsleben ausgestiegen waren und nun den Wiedereinstieg wagen wollten, eine im Ausland abgeschlossen Ausbildung hatten, die aber in Deutschland nicht anerkannt war, oder mangelnde Deutschkenntnisse noch der entscheidende Hinderungsgrund für eine Arbeitsaufnahme waren.

„Habe nicht suchen Arbeit, deswegen suchen Arbeit bis heute deswegen sprechen schwer" (Int. 7).

---

38   Es ist nicht immer ganz einfach, eine gemeinsame Beschreibung der gesamten Klientel des Projekts zu finden, da mit den drei Projektbereichen sehr unterschiedliche Alters- und Zielgruppen angesprochen wurden. Um eine möglichst genaue Beschreibung der Klientel zu gewährleisten, werden im Folgenden nur an den Stellen gemeinsame Aussagen getroffen, an denen dies ohne Einschränkung möglich ist.

Deswegen waren die meisten Teilnehmer/innen im Projekt arbeitslos oder langzeitarbeitslos. Viele lebten von Hartz IV, einige jobbten, Frauen und insbesondere Mütter waren oftmals vor Jahren aus dem Berufsleben ausgestiegen. Zwei Gruppen hatten darüber hinaus noch weitere spezifische situationsbezogene Charakteristika: Die Jugendlichen, die eine Ausbildung suchen, und die erziehenden Frauen. Die Ausgangssituation eines großen Teils des Klientels der Ausbildungslotsin lässt sich anhand von folgendem Zitat verdeutlichen:

> „[…] und da war eben noch unklar, was ich machen möchte. In welchem Bereich ich arbeiten möchte, welche Ausbildung ich machen möchte. Und dann bin ich hier hergekommen und dann hat mir Frau Sassen eben geholfen [...]" (Int. 4).

Es gab eine Gruppe Jugendlicher, die sich direkt im Anschluss an die Schule aktiv um die Ausbildungsplatzsuche kümmerte, und eine andere, ältere Gruppe Jugendlicher, die sich meist auch im Anschluss an ihre Schulzeit um einen Ausbildungsplatz bemüht hatten, wobei diese Bemühungen aber erfolglos geblieben waren.

> „Und nach meinem Zivildienst – äh – war ich wieder ne ganze zeitlang also arbeitslos, aber ich hat auch immer versucht n Ausbildungsplatz zu kriegen. Dann hab ich, dann hab ich nen normalen Aushilfsjob gefunden und hab dann jetzt ne ganze zeitlang gearbeitet. Also übern Jahr. Fast eineinhalb Jahre im Lager." (Int. 6)

Besonders zu erwähnen ist auch die Situation von erziehenden Frauen. Die Mehrheit der Erziehenden im Projekt war weiblich; die allein Erziehenden waren sogar fast ausschließlich weiblich. Die Vereinbarkeit von Familie und Beruf stellte die betreffenden Frauen vor konkrete Probleme bei der Arbeitssuche:

> „Und seit 2004 lebe ich wieder in der Familie, hab ich ein Familienleben. Nur bis jetzt noch keine richtige Arbeitsstelle. Eine abgeschlossene Ausbildung hab ich nach wie vor nicht. Zurzeit mach ich die Kursen beim ZAUG, als Reinigungskraft, als Reinigungsdienst in der Hoffnung, dass es mir was bringt." (Int. 5)

> „Seit 2004, da hab ich richtig angefangen Job zu suchen. Und mir wurde aus verschiedenen Gründen abgesagt bis heute noch. Vor allem, dass meine Kinder klein sind, dass ich mit der Betreuung oder falls die Kinder krank werden [...] Und das ist von dieser Seite auch nicht so, dass ich spontan irgendwo hin gehen kann und sagen hallo, hier bin ich, jetzt mache ich hier spontan mit. Das musst du planen. [...] Und wie gesagt und wenn ich die Vorstellungsgespräche habe, dann wurde mir auch so gesagt, sie haben [...] soundso viele Jahre Familienpause gemacht. Wir hätten lieber was anderes." (Int. 5)

Viele der Frauen waren jedoch auch stark familienorientiert, wie folgendes Zitat beispielhaft zeigt:

> „Also ich bin keine richtige Karrierefrau. Also mir sind meine Kinder sehr wichtig, mir ist meine Familie sehr wichtig und eine gute Beziehung zu meinem Mann sehr wichtig." (Int. 5)

Die Betreffenden wollten dann in der Regel eine Teilzeitbeschäftigung ausüben. Die Einschätzung der Möglichkeiten, die sie hatten, erwies sich meist als betont realistisch:

> „Ja, zum Beispiel als Reinigungsdienst hab ich mir gedacht. [...] Da möchte ich hin. [...] Und das wäre mein Traum, eine ruhige Arbeitsstelle zu finden. Ich denke mir, dass diese Tätigkeit könnte ich mit meinem Familienleben vereinkehren." (Int. 5)

In diesem Zusammenhang ist es besonders bedeutsam für die Arbeitsmarktintegration von erziehenden Frauen, eine an ihren Bedürfnissen orientierte Beratung vorzunehmen, die ihnen Möglichkeiten der Vereinbarkeit von Familie und Beruf aufzeigt.

5.2.5.2   Fazit zu Bildungswegen und aktueller Situation

Bildungswege und aktuelle Situation

- Die meisten Teilnehmer/innen hatten eine durchbrochene Berufsbiographie
- Die große Mehrheit der Teilnehmer/innen ist arbeitslos, dabei ist die größte Gruppe sogar langzeitarbeitslos
- Die häufigsten Vermittlungsprobleme waren: Keine abgeschlossene, eine abgebrochene oder eine nicht anerkannte Ausbildung, längerer Ausstieg aus dem Berufsleben, mangelnde Deutschkenntnisse
- Die meisten Teilnehmer/innen hatten sich bereits aktiv Gedanken gemacht, wie es beruflich weitergehen sollte und eigene Schritte unternommen, dabei aber negative Erfahrungen gemacht. Deshalb suchten sie Unterstützung
- Eine Gruppe Jugendlicher kümmerte sich direkt im Anschluss an die Schule aktiv um die Ausbildungsplatzsuche, eine andere, ältere Gruppe tat dies später, nach erfolglosen Bemühungen
- Die Situation von erziehenden Frauen ist besonders schwierig, die Tatsache, dass sie Kinder hatten, war ein faktisches Vermittlungshindernis. Umgekehrt strebten sie aber meist auch nur eine Teilzeittätigkeit an.

Empfehlungen/Good Practices

- Die Beratung von erziehenden Frauen sollte einbeziehen, Möglichkeiten der Vereinbarkeit von Familie und Beruf zu entwickeln

In der Beratung haben sich folgende Ausrichtungen als erfolgreich erwiesen:

- Eine individuell angelegte und auf alle (auch persönliche) Probleme der Klienten bezogene Beratung
- Eine gezielte persönliche Ansprache und Aktivierung
- Das Vermitteln einer realistischen Einschätzung für Möglichkeiten und Grenzen der beruflichen Perspektive

5.2.6 Die besondere psychosoziale Problematik der Teilnehmer/innen

5.2.6.1 Ergebnisse

Neben der oft schwierigen beruflichen Situation war bei vielen Teilnehmer/innen auch die persönliche Situation kompliziert. Sehr früh im Projektverlauf wurde deshalb deutlich, dass die Vermittlungsschwierigkeiten der Zielgruppen unterschiedlich gelagert waren.

Für den Projektzusammenhang war die Unterteilung in zwei Gruppen von Vermittlungshindernissen sinnvoll: In die eine Gruppe können solche subsumiert werden, die als direktes Hindernis für die Arbeitsmarktintegration bezeichnet werden können – der Bereich der fehlenden Qualifikationen (abgebrochene Schule, abgebrochene Ausbildung), die fehlende Anerkennung von im Ausland erworbenen Schul- und Ausbildungsabschlüssen bzw. die fehlende Anerkennung der im Ausland erworbenen Berufspraxis, zu geringe Deutschkenntnisse und mangelnde Kinderbetreuungsmöglichkeiten. Zu einer zweiten Gruppe gehören indirekte Hindernisse, die im Bereich der sozialen und gesundheitlichen Problemlagen der Betroffenen liegen. Sie zeigten sich im Projekt vielfach.

Diese Problematik ist seit längerem bekannt. Viele Studien belegen den deutlich schlechteren physischen wie psychischen Gesundheitszustand von Arbeitslosen im Vergleich zu Beschäftigten (vgl. Kuhnert 2007: 279) und fordern deswegen eine stärker gesundheitsorientierte Arbeitslosenberatung. Hinzu kommt, dass gerade in Deutschland eine langfristige Wiedereingliederung in den ersten Arbeitsmarkt schwer gelingt und „bereits eine Arbeitslosigkeitsdauer von 12 Monaten in kontinuierliche Arbeitslosigkeitskarrieren führt und knapp drei Viertel aller Wiederbeschäftigten spätestens nach vier Jahren wieder arbeitslos sind" (ders: 300).

Dies zeigte sich auch bei den Teilnehmer/innen des Projekts. Die große Mehrheit der Teilnehmer/innen war wie beschrieben arbeitslos bzw. arbeitssuchend, und/oder wies durchbrochene Berufsbiographien auf. In den Aussagen der Teilnehmer/innen zeigte sich immer wieder, dass diese beruflichen Negativerfahrungen schwierig zu verarbeiten waren.

> „Ich stand da, und ich war fix und fertig. Ich habe paar Monate danach gebraucht, um mich aufzusammeln sozusagen, zur Ruhe zu kommen [...] (Int. 5).

Erfahrungen im Bereich ausbildungssuchender Jugendlicher

Im Projekt machte sich die besondere soziale wie gesundheitliche Problematik in allen Altersgruppen bemerkbar und wurde insbesondere von der Ausbildungs- wie auch von der Beschäftigungslotsin thematisiert und als Bestandteil der Beratungen eingebaut.

Die Ausbildungslotsin berichtete bei ihren Beratungsteilnehmer/innen von teilweise akuten persönlichen Problemen (Alkohol, Schulden, Familie, Psyche), die mit weiteren Vermittlungshemmnissen wie kein Schulabschluss, Lernbehinderung, Sprachproblemen, Schule schon vor längerer Zeit beendet oder allein erziehend, einhergingen (KT 17.1.08 und 28.1.08).

Die persönliche Situation (Krisen, familiäre Konflikte, soziale Probleme) wurde bei 40% der Teilnehmer/innen in der Beratung thematisiert. Nach Aussage der Ausbildungslotsin musste jeder zweite Teilnehmer/innen zunächst psychosozial stabilisiert werden (KT 28.7.08).

Die persönliche Situation war nicht nur Gegenstand der Beratungen, sondern wurde von der Ausbildungslotsin explizit auch als Vermittlungsschwierigkeit angegeben. Bei einem Fünftel aller Teilnehmer/innen stellten allgemeine Probleme ein Vermittlungshindernis dar, knapp ein weiteres Fünftel wurde von der Ausbildungslotsin als unzuverlässig eingestuft, da z. B. telefonisch vereinbarte Termine mit der Ausbildungslotsin nicht eingehalten wurden.

Die komplexen Problematiken wirkten sich auch negativ auf die Motivation der Beratungsteilnehmer/innen aus, einen Ausbildungsplatz zu bekommen bzw. sich eine berufliche Perspektive zu erarbeiten.

> „Ne andere Freundin von mir ist dann auch hier hergekommen. Aber ich glaub, die hatten dann, denen hat das nicht so arg viel weiter geholfen, weil die dann einfach auch keine Lust mehr hatten, weil sie, ich weiß nicht, weil sie dann doch was anderes machen wollten. Ich weiß auch nicht genau. Die haben wahrscheinlich gar nicht so den Ehrgeiz, was zu finden" (Int. 4)

Deswegen lagen bei drei Viertel der Teilnehmer/innen die Lernerfolge im Bereich „weicher" Faktoren wie „Unterstützung holen und annehmen", „Selbstbewusstsein steigern" und „eigene Kompetenzen wahrnehmen". Bei einem Viertel der Teilnehmer/innen waren die Lernerfolge direkt ausbildungsbezogen.

Ähnliches lässt sich auch im Bereich Beschäftigungsförderung feststellen: Auch hier wiesen die Zielgruppen eine hohe Problemdichte auf. Bei einem Viertel der Beratungen ging es deswegen auch um die allgemeine Lebenssituation der Teilnehmer/innen. Im Bereich Beschäftigungsförderung fielen auch die Abbrecherquoten ins Gewicht, da ein Fünftel aller Teilnehmer/innen (11 von 57) die Beratung krankheitsbedingt – sowohl physisch wie auch psychisch – abgebrochen haben.

Als Vermittlungshindernisse wurden von der Beschäftigungslotsin in einem Fünftel aller Fälle physische, bei 14% psychische Krankheiten angegeben. Hier zeigten sich allerdings deutliche Geschlechterunterschiede.

Bei den Männern konzentrierten sich die Vermittlungshindernisse auf die bereits genannten physischen und psychischen Problematiken. Ein Viertel der Männer litt unter körperlichen, ein Viertel unter psychischen Beschwerden.

Abbildung 22: Problemlagen der Männer bei der Beschäftigungslotsin (eigene Darstellung)

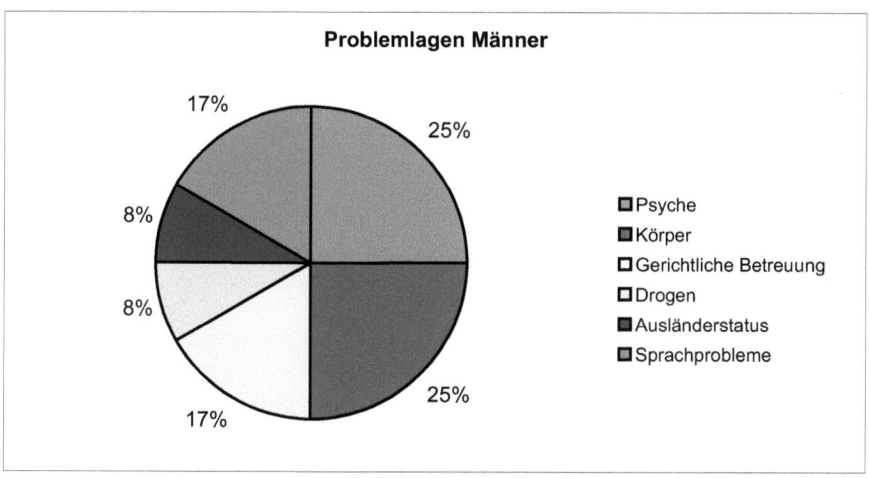

N = 12

Die Frauen wiesen meist mehrere Faktoren auf, die vermittlungshindernd wirken. Hier waren es nicht allein Psyche (11%) und Körper (17%), sondern auch Sprachprobleme (11%), Gewalterfahrungen (11%), eine abgebrochene Schule bzw. Ausbildung (11%), Probleme mit der Kinderbetreuung (18%) und der Fokus auf Familienarbeit (15%), der teilweise auch von den Ehemännern gefordert wurde.

Die Frauen im Projektzentrum, so lässt sich zusammenfassend feststellen, wiesen also im Schnitt andere Probleme auf als die Männer. Insofern war es wesentlich, dass sie durch die Projektmitarbeiterinnen individuell und mit Bezug auf ihre spezifischen Probleme angesprochen und beraten wurden (siehe dazu Abschnitt 5.3. zu Gender Mainstreaming).

Abbildung 23: Problemlagen der Frauen bei der Beschäftigungslotsin (eigene Darstellung)

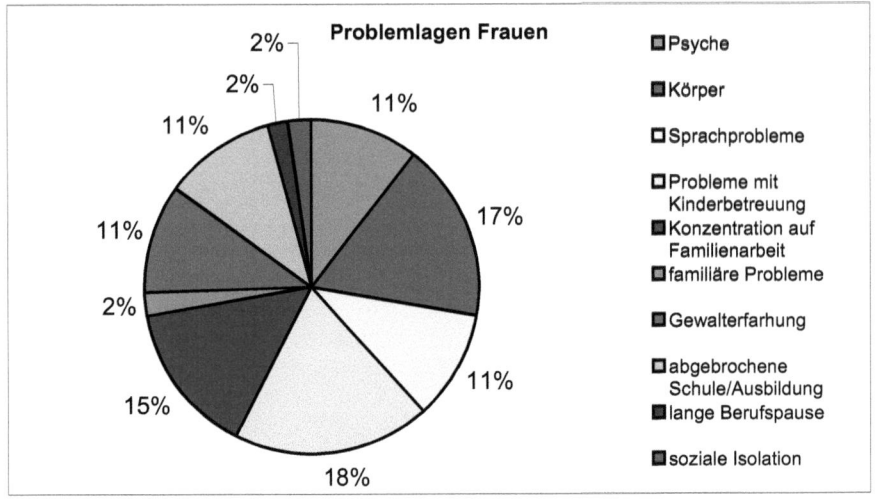

N = Mehrfachnennungen

Zusammenfassend lässt sich feststellen, dass die Teilnehmer/innen verschiedene Vermittlungshindernisse aufwiesen, die sich auf Beratungsinhalte, Abbruch-gründe, Lernerfolge und Vermittlungserfolge auswirkten. In der Altersgruppe zwischen 16-25 überwogen die sozialen und familiären Probleme, wohingegen in den Altersgruppen ab 25 der Anteil an krankheitsbedingten Vermittlungs-schwierigkeiten stark zunahm.

Die Problemlagen der Zielgruppen in der Nordstadt sind daher komplex. Aus diesem Grund hat es sich gezeigt, dass ein umfassenderes Beratungsver-ständnis wichtig ist: Die Beratung konnte nicht allein auf die unmittelbare Ver-mittlung der Teilnehmer/innen in den Arbeitsmarkt ausgerichtet werden, sondern musste auch ihre psychosoziale Situation einbeziehen, um die Teilnehmer/innen

erfolgreich aktivieren zu können. „Menschen mit stark geschwächten Ressourcen und geringen Bewältigungskompetenzen benötigen breiter angelegte Beratungskonzepte [...] (vgl. Kuhnert 2007: 281)[39].
Diese Aussage wurde auch von den Mitarbeiterinnen des Projekts bestätigt. Entsprechend legten sie, wie beschrieben, in vielen Fällen einen Beratungsschwerpunkt auf die persönliche und psychosoziale Situation der Teilnehmer/innen.
Die Evaluation von Beratungsangeboten mit Arbeitslosen hat gezeigt, dass sich insbesondere Beratungsansätze bewähren, die sich an den Potentialen der Arbeitslosen orientieren (vgl. Kuhnert 2007: 281), d. h. es geht erst ein mal darum, die Selbstachtung wiederherzustellen und die Fähigkeit zu trainieren, sich Unterstützung zu holen und anzunehmen. Mit einem solchen Ansatz lassen sich die Schwellen auf dem Weg zu Lern-, Beratungs- und Vermittlungerfolgen besser bewältigen.

5.2.6.2 Schwellen zum und im Projekt

Das Projekt war niedrigschwellig angelegt in dem Sinn, dass die Teilnahme freiwillig und kostenfrei war. Es war allerdings auch nicht niedrigstschwellig, d. h., es war keine Streetwork. Die Teilnahme baute auf gewissen Voraussetzungen auf, bzw. sie ging mit bestimmten Schwellen einher. Aus Sicht der wissenschaftlichen Begleitung wies das Projekt – vom Kommen der Teilnehmer/innen bis zum erfolgreichen Abschluss des Besuchs/der Beratung – drei Schwellen auf:

▪ Erstens ging es darum, die Teilnehmer/innen zum Kommen zu motivieren (Komm-Schwelle),
▪ Zweitens ging es darum, die Teilnehmer/innen zum Mitarbeiten und zum Bleiben zu motivieren (Bleibe-Schwelle)
▪ Drittens ging es schließlich darum, Lern- und Vermittlungserfolge zu erreichen (Erfolgs-Schwelle).

---

39 Ganz aktuell – September 2008 – ist auch in der Reihe „Aus Politik und Zeitgeschichte" (Beilage zur Wochenzeitschrift „Das Parlament") ein Heft zu dem Thema „Arbeitslosigkeit: Psychosoziale Folgen" erschienen.

Die Komm-Schwelle:
Die Ergebnisse sprechen dafür, dass sie positiv beeinflusst wurde durch

- Die verschiedenen Akquisewege
- Die persönliche Motivation der potenziellen Teilnehmer/innen, bzw. den Wunsch, etwas an ihrer Situation zu ändern
- Die Einschätzungen der Teilnehmer/innen zum Projekt sowie die Unterschiede zu formal zuständigen Institutionen: Die Teilnehmer/innen suchten Hilfe und interpretierten Selbstlernzentrum, Beschäftigungs- und Ausbildungslotsin erst einmal als mögliche weitere Unterstützungsquellen

Die Bleibe-Schwelle:
Die Ergebnisse sprechen dafür, dass sie positiv beeinflusst wurde durch

- Die persönliche Beratung (hier gibt es unterschiedliche Geschwindigkeiten, bzw. Personen, die mehr persönliche Ansprache brauchen als andere, so dass mitunter ein hoher Zeitaufwand pro Teilnehmer/in entstand. So hatte z. B. die Ausbildungslotsin einen Beratungsaufwand je Teilnehmer/in von 6,1 Stunden im Durchschnitt; in einem Fall verwandte sie jedoch auf eine Teilnehmer/in ca. 30 Stunden)
- Die Wahrnehmung der Teilnehmer/innen sowie die Unterschiede zu formal zuständigen Institutionen: Die Teilnehmer/innen von Selbstlernzentrum, Beschäftigungs- und Ausbildungslotsin kamen zu der Ansicht, dass ihnen wirklich und effektiv geholfen wurde
- Die persönliche Motivation: Blieben die Teilnehmer/innen am Ball, arbeiteten sie mit?

Die Erfolgs-Schwelle wurde positiv beeinflusst durch:

- Strukturelle Faktoren: gab es überhaupt Ausbildungsplätze im Angebot? Gab es ein passendes Kinderbetreuungsangebot?
- Die Motivation der Teilnehmer/innen: Hielten sie bis zum Ende durch?
- Die Projektmitarbeiter/innen: Konnten sie die Aktivierung erfolgreich zu einem Abschluss bringen?

Das Projekt erforderte also mehrere Schritte, um Lernerfolge zu erreichen: Waren die Teilnehmer/innen einmal gekommen, mussten bei einem großen Teil zunächst „die psychosozialen Baustellen bearbeitet" (Zitat einer Projektmitarbeiterin) werden, also erst einmal die Teilnehmer/innen motiviert und aktiviert, bzw. die psychosozialen Voraussetzungen fürs Kommen, Mitmachen, Mitarbeiten und Lernen geschaffen werden. Die sachlich-inhaltlichen Lernerfolge, die dann in Vermittlungs- oder Qualifizierungserfolge münden können, gingen in einigen Fällen damit einher; in anderen Fällen konnten sie erst nach einer gewissen psychosozialen Stabilisierung überhaupt erreicht werden.

Diese Schwellen wurden nach den Ergebnissen der wissenschaftlichen Begleitung durch die Art des Umgangs der Projektmitarbeiterinnen mit den Teilnehmer/innen signifikant positiv beeinflusst. Das „Ernst-Nehmen" der Teilnehmer/innen steigerte deren Motivation massiv, sie blieben deshalb eher „am Ball" und schafften es vielfach auch, neben der Stabilisierung klare Vermittlungs- und Lernerfolge zu erreichen.

Zudem ist angesichts der Tatsache, dass die Akquise durch Freunde und Bekannte zum Abschluss des Projekts einen so hohen Stellenwert hatte, auch davon auszugehen, dass dieser Umgang indirekt auch die Komm-Schwelle positiv beeinflusst: Der Ruf des Projekts dürfte sich angesichts der positiven Erfahrungen der meisten Teilnehmer/innen sehr gut entwickelt haben.

Insofern waren die Ausrichtung des Projekts und der Umgang der Mitarbeiter/innen mit den Teilnehmer/innen dazu angelegt, insbesondere die Bleibe- und die Erfolgs-Schwelle positiv zu beeinflussen. Auch die Komm-Schwelle wurde durch den entsprechenden Ruf des Projekts vermutlich gesenkt.

Eine Einschränkung ist jedoch zu machen: Bevor Teilnehmer/innen in das Projekt kommen, oder von Freunden dazu motiviert werden, sind diese positiven Effekte kaum spürbar. Es ist daher anzunehmen, dass ein Teil der Zielgruppen durch die Komm-Struktur des Projekts nicht erreicht wird: Diejenigen, deren Eigenmotivation nicht groß genug ist, um nach Hilfen zu suchen, sowie diejenigen, die von Freunden und Bekannten, oder aber der Integrationslotsin, nicht motiviert wurden oder werden konnten. Umgekehrt bedeutet dies: Auch mit einem Projekt, das auf Aktivierung angelegt ist, kann nur eine bestimmte Gruppe erreicht werden – nämlich diejenigen, die am meisten motiviert sind, die Komm-Schwelle zu überschreiten.

Die mit dem Projekt erreichbaren Zielgruppen können deshalb zugespitzt werden: Faktisch konnte es ALG-Empfänger/innen, Frauen, Jugendliche, Migrant/innen und Langzeitarbeitslose erreichen, die ausreichend Motivation hatten bzw. ein Mindestmaß an psychosozialer Stabilität, das ausreichte, ins Projekt zu kommen und dort mit Ausbildungs- oder Beschäftigungslotsin bzw. im Selbstlernzentrum zu arbeiten.

Dies ist allerdings keinesfalls als Manko des Projektes zu verstehen, sondern als eine Konkretisierung der erreichbaren Personengruppen. Wollte man andere Teile der Zielgruppen erreichen, etwa Abhängige oder psychosozial schwer desorientierte Personen, bräuchte es demnach andere Methoden, die die

Komm-Schwelle niedriger setzen – d. h., es bräuchte vermutlich aufsuchende Sozialarbeit und damit mehr Aufwand.

5.2.6.3   Fazit zur psychosozialen Situation der Teilnehmer/innen

Zentrale Erkenntnisse:

- Sehr früh im Projektverlauf wurde deutlich, dass die Vermittlungsschwierig-keiten der Zielgruppen unterschiedlich gelagert waren. Einerseits gab es di-rekte Hindernisse für die Arbeitsmarktintegration, wie etwa fehlende Qualifi-kationen (abgebrochene Schule, abgebrochene Ausbildung) oder mangelnde Kinderbetreuungsmöglichkeiten. Zweitens gab es indirekte Hindernisse, die im Bereich der sozialen und gesundheitlichen Problemlagen der Betroffenen lagen. Die Beratung wurde entsprechend ausgerichtet.
- Deswegen lagen bei drei Viertel der Teilnehmer/innen die Lernerfolge im Bereich der Aktivierung („Unterstützung holen und annehmen", „Selbstbe-wusstsein steigern" und „eigene Kompetenzen wahrnehmen"). Bei einem Viertel der Teilnehmer/innen waren die Lernerfolge direkt ausbildungsbe-zogen.
- Es waren geschlechtsspezifisch unterschiedliche Verteilungen der Vermitt-lungshindernisse festzustellen: Bei den Männern konzentrierten sich die Ver-mittlungshindernisse auf die bereits genannten physischen und psychischen Problematiken. Die Frauen wiesen dagegen meist mehrere Faktoren auf, die vermittlungshindernd wirken, u. a. gehörten Gewalterfahrungen dazu.
- Das Projekt war niedrigschwellig angelegt in dem Sinn, dass die Teilnahme freiwillig und kostenfrei ist. Es war allerdings nicht niedrig_st_schwellig, d. h., es war keine Streetwork
- Das Projekt wies drei Schwellen auf: die Komm-Schwelle, die Bleibe-Schwelle und die Erfolgs-Schwelle
- Bleibe- und Erfolgsschwelle wurden dabei durch die Art des Umgangs der Projektmitarbeiterinnen mit den Teilnehmer/innen direkt positiv beeinflusst, die Komm-Schwelle indirekt
- Im Projekt wurde der am wenigsten motivierte bzw. psychosozial instabilste Teil des Klientels nicht erreicht; für diese Personengruppe bräuchte es ver-mutlich aufsuchende Sozialarbeit

Empfehlungen/Good Practices

- Angesichts der komplexen Problemlagen der Teilnehmer/innen, die auch teilweise massive psychosoziale Probleme umfassen, ist es für die erfolgreiche Aktivierung wichtig, die Beratung so breit anzulegen, dass auch die psychosozialen Problematiken aufgenommen werden.
- Dadurch können Bleibe- und Erfolgsschwelle, aber auch Komm-Schwelle positiv beeinflusst werden

5.2.7 Beratung und Beratungserfolge

5.2.7.1 Ergebnisse

Allgemein gesprochen hatten alle Teilnehmer/innen, die in das Projekt kamen, ein Anliegen: sie wollten aktiv werden, sie wollten raus aus der Arbeitslosigkeit und einen Einstieg ins Erwerbsleben schaffen. Sie wollten etwas an ihrer Situation verändern, aber das schafften sie nicht mehr allein. Sie brauchten Beratung und die bekamen sie im interkulturellen Zentrum JobKomm.

Mit welchen konkreten Anliegen sind die Teilnehmer/innen gekommen?

Prinzipiell lässt sich sagen, dass die aktuelle Situation der Teilnehmer/innen entscheidend davon geprägt war, dass sie sich bereits aktiv Gedanken gemacht hatten, wie es beruflich weitergehen sollte. Vielfach hatten sie bereits eigene Schritte (Stellensuche, Ausbildungsplatzsuche, Bewerbungen schreiben, Existenzgründungspläne entwickeln) unternommen, hatten dabei aber negative Erfahrungen gemacht und gemerkt, dass sie allein nicht erfolgreich waren und deswegen Unterstützung suchen mussten.

Da sich die meisten Teilnehmer/innen schon länger mit ihrer Situation auseinander gesetzt hatten, hatten sie recht klare Vorstellungen davon, was sie von ihrem Beruf erwarteten, was aber nicht heißt, dass alle planvoll vorgingen, um dieses Ziel zu erreichen.

„Ich denk mal, das ist schon wichtig, das muss einem Spaß machen, wenn das einem net Spaß macht, dann hat man gar net die Energie, die man da reinhängt in die Arbeit. Total logisch eigentlich" (Int. 1).

Bei Frauen, die trotz Familienarbeit erwerbstätig sein wollten, war insbesondere eine gute Vereinbarkeit der beiden Bereiche von Relevanz.

„Und deswegen wollte ich auch eine Arbeitsstelle und wenn sein muss Ausbildung machen wollen. Dass ich gut kombinieren kann. Und von der anderen Seite ist mir auch eine Tätigkeit, eine Arbeit auch sehr wichtig. Das läuft bei mir im Kopf parallel, verstehen Sie. Ich möchte beides haben" (Int. 5).

Von einigen wurde auch das Ziel einer Weiterbildung konkret verfolgt, wobei die Gründe hier unterschiedlich waren. Die Teilnehmer/innen mit Migrationshintergrund erkannten oft selbst, dass sie eine Ausbildung nur machen konnten bzw. sich nur erfolgreich auf dem Arbeitsmarkt integrieren konnten, wenn sie ihre Deutschkenntnisse verbesserten.

> „So Abacus-Kurs, ich hoffe andere Schule, Abacus-Kurs verbessern mein Deutsch, weil ich sprechen schwer, verstehen schwer." (Int. 7).

Sie wurden teilweise von Ämtern in Sprachkurse verwiesen, teilweise kümmerten sie sich selbst um geeignete Angebote. Die Motivation, sich weiterzubilden, lag bei einigen auch im Wunsch begründet, einen höheren Schulabschluss zu erlangen

> „Also eigentlich war mein Traum in Anführungszeichen immer einen höheren, in Anführungszeichen besseren Abschluss zu machen, aber mit 16 Jahren, was ich heute auch mehr und mehr besser verstehen kann, wollte ich Geld verdienen, um das ganz platt zu sagen. Deswegen hab ich direkt ja die Ausbildung angefangen" (Int. 2).

Als weitere Motivation geben die Teilnehmer/innen auch an, gerne zu lernen, einige Teilnehmer/innen hatten also eine hohe eigene Lernmotivation (vgl. Int. 1, Int. 2, Int. 7). Unabhängig davon, welche Motive den Weiterbildungswunsch begründeten, verfolgten viele Teilnehmer/innen ihren Wunsch mit sehr viel Eigeninitiative.

> „Ja, darüber hab ich mich vorher schon informiert, hab recherchiert im Internet, weil ähm, ich wusst ja schon, ich wollt ja generell mit der Natur zusammen arbeiten und ähm es gibt ja ne Weiterbildung, die ist ja für landwirtschaftlicher Techniker Assistenz." (Int. 1).

Die Teilnehmer/innen hatten sich also in den Bereichen Verbesserung der deutschen Sprachkenntnisse in Sprachkursen, sowie in der Abendschule zur Erlangung eines höheren Schulabschlusses weitergebildet. Ein höherer Schulabschluss kann dabei auch Mittel zum Zweck einer neuen Berufsausbildung sein[40].

Die Teilnehmer/innen kamen damit zumeist mit einem recht konkreten Anliegen, brauchten aber Unterstützung. Manche konnten ihren Hilfebedarf konkret benennen.

---

40   Dies wurde konkret in Interview 1 deutlich, da die Teilnehmerin eine weitere Ausbildung
      absolvieren möchte, für die sie einen Realschulabschluss braucht.

„Also als erstes sind wir, hab ich halt gesagt, ich bewerb mich und es klappt halt nicht. Ich mach wahrscheinlich Fehler" (Int. 6, vgl. auch Int. 5, Int. 4),

Bei anderen dagegen muss zuerst ein beruflicher Integrationsfahrplan erstellt werden. So kamen zur Ausbildungslotsin zwei Drittel der Teilnehmer/innen mit einem konkreten Anliegen (z. B. Ausbildungsplatz finden), ein Drittel der Teilnehmer/innen kam allerdings auch mit einem sehr unspezifischen Anliegen, wie „die Berufsperspektive zu klären".

Ins Selbstlernzentrum kam zwei Drittel der Teilnehmer/innen mit einem Anliegen, ein Drittel kam mit zwei Anliegen. Die Anliegen, mit denen die Teilnehmer/innen ins Selbstlernzentrum kamen, waren durchweg sehr konkret angebbar (z. B. Deutschkenntnisse verbessern). Ein Drittel der Teilnehmer/innen wollte Deutsch lernen, ein Drittel wollte den Umgang mit dem PC lernen bzw. verbessern, knapp weniger kamen ins Selbstlernzentrum, da sie das Internet zur Stellensuche nutzen wollten und ca. 15% der Teilnehmer/innen im Selbstlernzentrum arbeiteten an ihren Bewerbungsunterlagen.

Zur Beschäftigungslotsin kamen 80% der Teilnehmer/innen mit konkreten Anliegen (Stellensuche 40%, Bewerbungsunterlagen und Vorstellungsgespräche 20%, Deutsch lernen 20%), bei einem Fünftel war das Anliegen unkonkret (berufliche Perspektive). Bei der Analyse der Beratungsinhalte und den Lernschwerpunkten wird allerdings deutlich, dass eine umfassendere als die rein berufsbezogene Beratung für die Teilnehmer/innen wichtig war.

Im Folgenden geht es zuerst um eine deskriptive Darstellung der Beratungsinhalte und der Lernschwerpunkte. Die Darstellung erfolgt getrennt nach den drei Teilbereichen. Anschließend werden die drei Bereiche in ein Gesamtfazit integriert.

Worum ging es in der Beratung?
Im Selbstlernzentrum wurden, wie beschrieben, fast alle Anliegen entweder mit einer konkreten Beratung bezüglich des Lernwunsches oder mit einer unspezifischeren Beratung bezogen auf die berufliche Gesamtsituation verknüpft. Nur bei wenigen wurde auch die persönliche Situation thematisiert. Das zeigt sich auch in den Aussagen der Interviews:

„Frau Herholz, sie ist halt auch ziemlich fit in Deutsch. Das find ich auch, die kann wirklich mit Sätzen total spielen, sie hat mir auch geholfen bisschen bei der Inhaltsangabe […] (Int. 1)

Im Selbstlernzentrum lernten 40% der Teilnehmer/innen Deutsch bzw. verbesserten ihre Deutschkenntnisse, ein Fünftel (22%) wollte den Umgang mit dem PC lernen bzw. seine PC-Kenntnisse verbessern, ein Viertel wollte den Umgang mit dem Internet lernen, jeweils 10% nutzten das Selbstlernzentrum zur Erstellung von Bewerbungsunterlagen oder nutzten den Internetzugang zur Stellensuche.

Dadurch, dass die Lerninhalte im Selbstlernzentrum sehr konkret erfasst werden konnten, sind auch die Lernerfolge konkret angebbar. Für die Auswertung des Selbstlernzentrums erweist sich eine Gruppierung der Teilnehmer/innen anhand ihrer Besuchshäufigkeit als sehr aussagekräftig. So lassen sich die Teilnehmer/innen im Selbstlernzentrum in drei Gruppen einteilen.

Zur ersten Gruppe gehören Teilnehmer/innen, die bis zu fünfmal ins Selbstlernzentrum kamen (15 Teilnehmer/innen). Sie kamen mit einem Anliegen, das sich in vergleichsweise kurzer Zeit erledigen ließ. So haben die Hälfte der Teilnehmer/innen einen Job gefunden und die andere Hälfte gute Bewerbungsunterlagen erstellt.

Zur zweiten Gruppe gehören Teilnehmer/innen, die auch bis zu fünfmal ins Selbstlernzentrum kamen (ca. die Hälfte aller Teilnehmer/innen), die allerdings nicht wiederkamen. Da ihr Verbleib unbekannt ist, können keine Gründe für den Abbruch angegeben werden. Einige Teilnehmer/innen kamen allerdings sehr unregelmäßig.

Zur dritten Gruppe gehören Teilnehmer/innen, die mindestens zehnmal und damit über einen längeren Zeitraum ins Selbstlernzentrum kamen (ca. ein Fünftel aller Teilnehmer/innen). Sie bildeten einen „harten Kern". In Bezug auf Anliegen und Lernschwerpunkte unterschied sich diese Gruppe nicht von der Gesamtheit der Teilnehmer/innen im Selbstlernzentrum. Allerdings waren die Lernerfolge andere als in der ersten Gruppe. Die Erledigung der konkreten Anliegen in der ersten Gruppe setzte bereits Kenntnisse im Umgang mit dem PC sowie dem Internet bei den Teilnehmer/innen voraus. In der dritten Gruppe dagegen zeigen die Lernerfolge, dass bei diesen Teilnehmer/innen grundlegender angesetzt werden musste, da ein Drittel der Teilnehmer/innen ihre Deutschkenntnisse verbessern konnte sowie ein Viertel den Umgang mit dem PC erlernt hat.

> „Ich haben gemacht Erfahrung mit Diktate. Auch für, ich kenne nicht Computer, ich habe auch lernen Computer, 1.3., ich habe auch viele Deutschsprache gemacht hier. Hier haben lernen viele Deutsch" (Int. 7).

Von der dritten Gruppe konnten zudem über ein Drittel (35%) an die Beschäftigungslotsin weitergeleitet werden und zwei Teilnehmer/innen konnte ein Honorarvertrag für das Selbstlernzentrum angeboten werden.

Zusammenfassend lässt sich feststellen, dass es je nach Anliegen und Qualifikation der Teilnehmer/innen (hier vor allem Deutschkenntnisse und Kenntnisse im Umgang mit dem PC) kurzfristige und langfristige Gründe gibt, dass Selbstlernzentrum zu nutzen. Deutschkenntnisse zu verbessern und den Umgang mit dem PC zu erlernen, sind Anliegen, die erst nach mehreren Besuchen zu Erfolgen führen, wohingegen das Nutzung des Internets zur Stellensuche mit wohingegen das Nutzung des Internets zur Stellensuche mit vergleichsweise weniger Besuchen erledigt werden kann. Das Angebot des Selbstlernzentrums sprach beide Gruppen an.

In der Beratung der Ausbildungslotsin wurde meist die Besprechung der beruflichen Situation mit der Besprechung der persönlichen Situation verknüpft.

> „Ja, sie hat eben erst mal gefragt, wo ich herkomme und all das. Und was meine, also, warum ich hier herkomme, was ich erreichen möchte. Und dann hab ich ihr eben erzählt, dass ich eine Ausbildung suche, aber noch nicht weiß, in welchem Bereich und dann haben wir das zusammen ausarbeitet" (Int. 4).

Die Ausbildungslotsin setzte in ihrer Beratung konkret am jeweiligen Stand ihrer Teilnehmer/innen an und ging dann Schritt für Schritt gemeinsam mit ihren Teilnehmer/innen vor. Daraus ergab sich ein relativ typischer Beratungsablauf: Bei einem Teil der Teilnehmer/innen ging es zuerst darum, passende Ausbildungsberufe zu entdecken. Sobald diese Frage geklärt war, erstellten die Teilnehmer/innen gemeinsam mit der Ausbildungslotsin Bewerbungsunterlagen.

> „Dann hat die geguckt, ja, dein Foto ist nicht so gut, mach n neues Foto und dein Lebenslauf. Und meine Bewerbung, das haben wir alles dann so umgeschrieben. Das hat natürlich großen Teil sie gemacht, ich hab dann meistens nur gesagt, ne so nicht, so hier" (Int6).

Sobald die Bewerbungsunterlagen aktualisiert waren, suchte die Ausbildungslotsin gemeinsam mit den Teilnehmer/innen nach Stellen. Sobald geeignete Stellen gefunden waren, schrieb sie dann gemeinsam mit ihnen Bewerbungen. Die fertigen Bewerbungen wurden im Projekt kopiert und ausgedruckt. Die Teilnehmer/innen mussten die Bewerbungen dann noch abschicken.

Auch in Zeiten, in denen die Teilnehmer/innen auf Antworten der Betriebe warteten, meldete sich die Ausbildungslotsin teilweise telefonisch bei den Teilnehmer/innen, um zu hören, wie der Stand der Dinge war. Wenn es Termine für Bewerbungsgespräche gab, übte die Ausbildungslotsin mit den Teilnehmer/innen Bewerbungsgespräche. Die Beratung der Ausbildungslotsin war eine sehr engmaschige und zeitintensive.

Die Beratungsinhalte spiegeln dabei die vielfach schwierige psychosoziale Situation der Teilnehmer/innen wider: Bei insgesamt über die Hälfte der Teilnehmer/innen ging es um die Klärung von Berufszielen, bei 45% wurde in der Beratung auch die persönliche Situation und die allgemeine Lebensplanung thematisiert. Bei knapp 40% ging es ganz konkret um die Erstellung von Bewerbungsunterlagen. Die persönliche Situation der Teilnehmer/innen spielte in den Beratungen der Ausbildungslotsin im Vergleich zu den anderen Projektteilen die größte Rolle.

Bei drei Viertel der Teilnehmer/innen lagen entsprechend die Lernerfolge im Bereich „weicher" Faktoren wie „Unterstützung holen und annehmen", „Selbstbewusstsein steigern" und „eigene Kompetenzen wahrnehmen". Bei einem Viertel der Teilnehmer/innen waren die Lernerfolge direkt ausbildungsbezogen.

Die Beratungsteilnehmer/innen im Bereich Beschäftigungsförderung kamen mit sehr unterschiedlichen Vorraussetzungen und Problemlagen zur Beschäftigungslotsin. Dies resultierte in breit angelegten Beratungen, die unterschiedlichste Aspekte abdeckten.

> „Konkrete Adressen, konkrete Tipps, konkrete Instanzen. Ich hab doch gesagt, dass sie mir geholfen hat. Die hat einen ganzen Plan erstellt, wohin, wann. Sie hat auch Telefon und Adressen gegeben. Ja, sie hat mir zum Beispiel geholfen, weil ich noch privat Probleme habe, mit meinem Sohn teilweise (...) und das gehört nicht unbedingt zu meinem Beruf oder Tätigkeit" (Int. 5).

Dadurch ging die Beschäftigungslotsin sehr individuell auf die Teilnehmer/innen ein und es kann kein typischer Beratungsverlauf wie bei der Ausbildungslotsin nachgezeichnet werden.

Dies war aber gleichzeitig auch die Stärke der Beschäftigungslotsin. In vielen Fällen ging es darum, Netzwerke zu knüpfen, auch Netzwerke zwischen den Fallmanager/innen bei der GIAG oder anderen Stellen, die für Arbeitsmarktintegration oder Existenzgründungsprojekte zielführend waren

> „Renate hat mit den entsprechenden Herren und Damen gesprochen, ob das machbar ist, wie das machbar ist. Also sprich Betreuungsangebot für unter Dreijährige, also sie hat Kontakte, nenn ich mal so, gesorgt, Kontakte zu knüpfen" (Int. 2).

Der Berufsorientierungskurs für Frauen war als Gruppenberatungsangebot für Frauen konzipiert. Hier wechselte sich der gemeinsame Austausch in Gruppengesprächen mit Einzelgesprächen zwischen der Beschäftigungslotsin und den einzelnen Frauen ab. Für jede Frau wurde am Ende ein individueller Vorgehensplan zur beruflichen Orientierung und Integration erstellt.

Die Beratung im Bereich Beschäftigungsförderung bezog sich in über 50% der Fälle auf berufliche Inhalte, bei knapp der Hälfte ging es konkret um das Thema Bewerbung (Bewerben und die Erstellung von Bewerbungsunterlagen) und bei einem Viertel der Teilnehmer/innen stand auch die allgemeine Lebenssituation und die Erörterung weiterer Hilfebedarfe im Mittelpunkt der Beratungen. Gerade bei den weiblichen Teilnehmer/innen im Bereich Beschäftigungsförderung spielt auch die Vereinbarkeit von Familie und Berufstätigkeit eine wichtige Rolle, so war dies auch bei knapp über einem Viertel aller weiblichen Teilnehmer/innen ein Thema in den Beratungen.

Im Bereich der Beschäftigungsförderung konnten bei 36% der Teilnehmer/innen konkrete Lernerfolge angegeben werden: Erfolgreiche Bewerbung, aktive Stellensuche, Erstellung von Bewerbungsunterlagen. Bei einem Viertel konnte eine berufliche Perspektive erarbeitet werden (z. B. realistische Einschätzung der Grenzen zwischen beruflicher und psychischer Belastbarkeit) und bei 22% konnte ganz grundlegend etwas bewegt werden: Aktivierung, also das Entwickeln von Motivation und Eigeninitiative. Bei fünf Teilnehmer/innen wurden Möglichkeiten zur Vereinbarkeit von Familie und Berufstätigkeit entwickelt.

Insgesamt
Was die Teilnehmer/innen in der Beratung gelernt haben, kann einerseits auf der Sachebene und andererseits auf der Aktivierungsebene beurteilt werden. Auf der Sachebene haben die Teilnehmer/innen gelernt, ordentliche Bewerbungsunterlagen zu erstellen, mit Betrieben zu telefonieren, mit Behörden zu sprechen und Vorstellungsgespräche zu führen.

Die Teilnehmer/innen hatten vorher oft nur Absagen auf Bewerbungen bekommen (vgl. Int. 5, Int. 6), durch die Unterstützung im Projekt hat sich dies geändert. Einige Bewerbungen wurden positiv beschieden.

Auf der Motivationsebene haben die Teilnehmer/innen gelernt, durchzuhalten und den Glauben an sich nicht zu verlieren. Sie haben erfahren, dass Unterstützung gut tut und neue Motivation und Hoffnung schenkt. Die meisten Teilnehmer/innen wirkten zu Beginn der Beratung zwar motiviert, aber recht hilf- und orientierungslos. Gemeinsam mit den Projektmitarbeiterinnen konnte ein beruflicher Fahrplan entworfen werden, an dem sich die Teilnehmer/innen nun orientieren können. Damit konnte auch den Erwartungen der Teilnehmer/innen insgesamt entsprochen werden.

Die Lernerfolge zeigen: Ein Fünftel der Teilnehmer/innen erzielte grundlegende Lernerfolge im Bereich der „Motivierung" und „Aktivierung", mit einem weiteren Fünftel konnte eine berufliche Perspektive erarbeitet werden – sie wurden sozusagen auf den Weg gebracht, bei einem Zehntel konnten Lösungsmöglichkeiten für die Vereinbarkeit von Kindern und Beruf erarbeitet werden.

Worin liegen die Chancen, wo die Schwierigkeiten des Klientels?
Die Teilnehmer/innen, die grundlegend motiviert waren, etwas an ihrer Situation zu ändern, schafften dies auch. Allerdings hat das Projekt gezeigt (vgl. Interviews), dass sie sehr viel Hilfestellung und eine/n feste/n Ansprechpartner/in brauchten, der/die ihnen das Gefühl gab, nicht nur rein sachlich an ihnen interessiert zu sein, sondern sie auch persönlich ansprach. Dies bedeutet, dass der Beratungsprozess pro Teilnehmer/in sehr zeitintensiv war, was sich in den Beratungsstunden pro einzelnem/r Teilnehmer/in deutlich widerspiegelte. Es zeigte sich, dass der Beratungsbedarf der Teilnehmer/innen sehr umfassend war.

Im Projekt wurde deutlich, dass die Beratung bei solchen Teilnehmer/innen zu einem Vermittlungserfolg wurde, die grundlegend an ihrer eigenen beruflichen Situation Interesse und vor allem Motivation hatten, diese dauerhaft zu ändern. Sobald der eigene Antrieb fehlte, war es auch für die jeweiligen Ansprechpartnerinnen schwierig, eine dauerhafte Motivation zu wecken. Bei manchen Teilnehmer/innen konnte die Motivation kurzfristig geweckt werden, sobald aber „Schwierigkeiten" oder „Arbeit, wie Bewerbungen schreiben" auftauchten, wurde der Beratungsprozess abgebrochen.

Die Freiwilligkeit des Beratungsprozesses kann damit also sowohl positiv als auch negativ wirken. Bei Teilnehmer/innen, die selbst genug Eigenmotivation aufbringen, auch bei „Arbeitsaufträgen wie Bewerbungen schreiben" oder Stellensuche oder auch bei Negativerfahrungen wie Absagen dennoch weiter im Beratungsprozess zu bleiben, wirkt der freiwillige Charakter positiv – sie haben es selbst in der Hand. Bei Teilnehmer/innen, die ihre berufliche Integration mit weniger Eigenmotivation verfolgen, kann sich die Freiwilligkeit negativ auswirken. Der Beratungsprozess kann von ihnen konsequenzlos beendet werden, wenn es zu anstrengend wird.

5.2.7.2   Bewertung der Beratung durch die Teilnehmer/innen

Die Teilnehmer/innen bewerteten die Beratung in allen drei Projektbereichen als sehr gut. Folgende Aspekte wurden dabei konkret angesprochen: Die Teilnehmer/innen fühlten sich ernst genommen. In den Beratungsgesprächen ging es nicht nur um die berufsbezogene Situation, sondern die Teilnehmer/innen hatten die Möglichkeit, „sich erst mal alles von der Seele zu reden".

> „Ähm, mir persönlich hat das, dass die Frau Kesperling hat erst mal mich ernst genommen, zugehört, hat keinen Druck gemacht, so wie die Mitarbeiter vom Arbeitsamt. Und als ich mich sozusagen, als diese, dieser Druck runter kam, dann hat sie kontrolliert, als sei meine Geschichte angehört hat" (Int. 5).

Die Projektmitarbeiterinnen sind im Beratungsprozess sowie im zeitlichen Verlauf sehr auf die Bedürfnisse der Teilnehmer/innen eingegangen und haben sich deren „Tempo" angepasst. Dadurch war die einzelne Beratung sehr individuell, da sehr persönlich, aber auch sehr zeitintensiv.

Obwohl im Selbstlernzentrum die Einzelberatung nicht im Vordergrund stand, fühlten sich die Teilnehmer/innen auch hier umfassend betreut.

> „Die macht das ja nur alles neben bei zu den Computern, ihre Arbeit, aber sonst ähm, die werden ja nicht so, die bleiben ja nicht in der Luft stehen, die Leute. Die

können immer die Leute fragen, wenn`s irgendwelche Probleme gibt. Die tun sich ja richtig für jeden individuell drum kümmern. Wenn jemand neu dahin kommt, dann fragen die ja einen, was willst du machen, welche Vorstellungen hast du, damit die dann da drauf eingehen können, was diese Mensch möchte" (Int. 1).

Die Teilnehmer/innen bekamen das Gefühl, dass auch die Projektmitarbeiterinnen ein Interesse am Beratungserfolg hatten: Die Projektmitarbeiterinnen haben durch Nachtelefonieren bei den Teilnehmer/innen sehr deutlich signalisiert, dass nicht nur die Teilnehmer/innen an ihrem Beratungserfolg interessiert sind, sondern auch die Projektmitarbeiterinnen selbst.

„Und Frau Sassen hat sich dann auch, ich hab dann ja den Lehrgang angefangen – den mach ich jetzt schon seit Februar – da hat sie sich letzte oder vorletzte Woche bei mir gemeldet und hat auch gefragt, was jetzt ist, ob ich da noch arbeite und alles. Und dann hab ich ihr das alles erzählt. Also es kommt mir auch vor, als hätte sie wirklich Interesse daran, dass ich was finde" (Int4)

Die Projektmitarbeiterinnen waren für die Teilnehmer/innen echte Ansprechpartnerinnen, die jederzeit gefragt und angerufen werden konnten, z. B. wenn in den Beratungsgesprächen vergessen wurde, eine Frage zu klären. Für die Teilnehmer/innen war dies sehr wichtig. So entwickelte sich auch ein gegenseitiger Kontakt: Die Projektmitarbeiterinnen erkundigten sich über den Verlauf und die Teilnehmer/innen meldeten sich bei Fragen und Problemen von selbst (vgl. Int. 6, Int. 4).

„Und im Moment finde ich das nicht so, dass man sagt so, da und da und da, da machen wir und da kriegste ne Antwort und dann muss ich weitersehen, was passiert. Also mir geht es bedeutend besser damit. Also das ist mir ganz wichtig, das zu sagen. Also dass quasi eine Fachfrau sich der Sache annimmt, ja, tut einem natürlich gut, um überhaupt sagen zu können, ich bleib noch dran" (Int. 2).

Als positiv wurde auch bewertet, dass die Projektmitarbeiterinnen keinen Druck ausgeübt haben und die Beratung auf freiwilliger Basis ablief (vgl. Int. 5, Int. 6)
    Die Projektmitarbeiterinnen boten den Teilnehmer/innen teilweise eine Kombination aus persönlicher Ansprache und berufsbezogener Hilfe. Unter anderem gaben die Mitarbeiterinnen den Teilnehmer/innen das Gefühl, dass sie sich wirklich für sie interessierten.

„Hm, wie soll ich sagen? Natürlich hat sie auf mich sehr sachlich und als eine offizielle Frau, die offiziellen Job macht, gewirkt, aber von der anderen Seite auch wie eine Freundin" (Int. 5).

Das war für die Teilnehmer/innen sehr wichtig und wirkte sich positiv auf eine regelmäßige Teilnahme am Beratungsangebot aus.

Wie geht es mit den Teilnehmer/innen weiter?
Die Zukunftsperspektiven wurden von den interviewten Teilnehmer/innen des Selbstlernzentrums und der Ausbildungslotsin sehr konkret formuliert: Bei der Ausbildungslotsin war es die Vorbereitung auf die Ausbildung

> „Also wie gesagt, ich wart jetzt auf den Vertrag, dass der Vertrag jetzt endlich fertig ist, dass ich unterschreiben kann, dass ich meine ganzen Papiere erledigen kann. Nach dem Vertrag. Und dann freu ich mich einfach nur. Muss ich wieder in die Schule, aber es ist nicht so schlimm" (Int. 6).

Bei den Teilnehmer/innen im Selbstlernzentrum war es unter anderem die Verbesserung der Deutschkenntnisse in einem anderen Sprachkurs, damit die sprachlichen Vorraussetzungen für eine erfolgreiche Arbeitssuche gegeben sind.

Bei den Teilnehmer/innen der Beschäftigungslotsin, die noch keine konkrete Zusage haben, sind die Zukunftsperspektiven wesentlich offener und unsicherer.

> „Ich warte bis Juni. Bisher bewerbe ich mich nicht mehr wegen den Kursen. Ich hab mich voll auf diese Kurse eingelassen (...) Aber ich vermute mir, vielleicht bekomme ich noch eine weitere Empfehlung und dann sehen wir weiter. Wenn allerdings nichts mir das bringen sollte bis September, was ich hoffentlich nicht bekomme und wenn alles nur negativ wäre, natürlich würde ich mich ab September weiter bewerben bei verschiedenen Firmen, auch bei der Uni noch mal probieren" (Int. 5).

5.2.7.3   Erfahrungen mit Arbeitsamt, ARGE und Ämtern

Ein besonders augenfälliges Ergebnis der Untersuchung ist, dass die formal und in erster Linie für die Teilnehmer/innen und ihre Arbeitsmarktintegration zuständigen Institutionen, die Agentur für Arbeit und die lokale ARGE (GIAG), von den Teilnehmer/innen im Projekt insgesamt als ineffektiv und eher abschreckend beurteilt wurden.

Alle Teilnehmer/innen hatten vor ihrer Zeit im Projekt bereits Erfahrungen mit der Agentur für Arbeit und der GIAG (sowie außerdem verschiedenen Ämtern) gemacht. Diese bestanden teilweise in einem eigeninitiierten Zugehen auf die Behörden zwecks Beratungsbedarf oder finanzieller Hilfen, teilweise aber auch im Wahrnehmen von verordneten Terminen. In beiden Fällen wurde die Hilfestellung durch diese Institutionen meist negativ bewertet. Die Teilnehmer/innen stimmten in ihrer Kritik an GIAG und Agentur weitgehend überein. Die Kritik bezog sich dabei auf verschiedenste Aspekte.

Zum einen gab es eine Grundsatzkritik an der strukturellen Überlastung der beiden Institutionen, die für eine schlechte Behandlung der Arbeitssuchenden verantwortlich gemacht wurde.

„Agentur für Arbeit versucht gut ihren Job zu machen und ich rede übrigens auch nicht von der Sachbearbeiterin oder von den Menschen, die da ihre Arbeit tun, aber es ist leider ganz ganz oft so, dass sie maßlos überfordert sind, teilweise nicht kompetent, ich möchte wirklich dazu sagen, es liegt nicht an den Leuten, die da arbeiten. Ja, so ein bisschen Wissen muss ja vermittelt werden, aber ja, maßlos überfordert, weil schlicht und einfach zu viel Arbeit für zu viel Leute, keinerlei professionelle Wissenslösung. Da draus resultiert, dass wir, sag ich jetzt einfach mal, Arbeitslose, ganz schlecht behandelt werden." (Int. 2)

Kritisiert wurde zudem eine Vermittlungs- und Qualifizierungspolitik, die als willkürlich erschien.

„Ja, die haben mich da hin gesteckt, dann haben die mich da hin gesteckt. Ich hab gedacht, ne, kann ja net sein. Ach, das war so`n Drüber und Drunter" (Int. 1).

Die meisten Teilnehmer/innen berichteten davon, dass ihnen die Institutionen nicht helfen konnten. Dies lag zum Teil daran, dass die Beratung nicht als effektiv erlebt oder ein Fehlen der individuellen Orientierung kritisiert wurde.

„Ja, das hatt ich, aber die, wenn ich ehrlich bin, haben die mir nicht weitergeholfen. Die haben mir zwar auch ähm Adressen geschickt, aber ja das auch nicht unbedingt in dem Bereich, was ich machen möchte und die haben mir auch nicht geholfen rauszufinden, was überhaupt meine Stärken sind, weil ich war, ich wusste das einfach nicht. War ratlos. Und die haben mir einfach nur die Adressen geschickt, mehr war das nicht." (Int. 4).

„Ja, ich hab da auch so ein Test gemacht, welcher Beruf zu mir passen könnte, aber da kam auch nichts dabei raus. Nicht wirklich." (Int. 4)

Die Arbeitsangebote wurden oftmals als völlig unpassend für das Qualifizierungsprofil erlebt. Wenn Teilnehmer/innen sich dann bewarben, führte dies zu Frustration:

„Nein, nein, nein. Die haben schon – wie gesagt – aus dem Computer spontan was sie hatten an-, ausgedruckt, angeboten, nur wie gesagt, diese Stellen passten zu meine Situation überhaupt nicht, überhaupt nicht. Und dann natürlich, ich hab da angerufen, ich hab da mich beworben – trotz allem. Dass man mir wirklich glaubt, dass ich etwas machen kann, dass ich bereit bin, verstehen Sie. Nur wie gesagt, es hat nichts gebracht. Ich habe entweder Absagen bekommen darauf. Weil die Leute sind doch nicht blöd. Die haben, die sehen, aha, so was brauchen wir nicht. Oder sie haben sich gar nicht gemeldet, so was gab's auch." (Int. 5)

Die Beratung wurde insgesamt als stereotyp und wenig aktivierend, aber als Druck aufbauend erlebt:

> „Ja, also, die haben natürlich auch viel Druck gemacht. Sag ich nix. Halt so Papierkrieg natürlich, also dies, wegen dies noch, diese Beglaubigung, dieses Zeugnis, also viel Papier hin und her. Also es war schon nervig, sag ich mal. Aber so normal, muss so sein. [...] Also da sind die, sag ich mal – meine Erfahrung natürlich – ich weiß ja nicht, wie es bei den anderen ist, sehr trocken. Du kommst da hin, erzählst bisschen, dann sagen die, ja, musst soundso machen, musst soundso machen. Du kannst nicht rumsitzen, du kannst nicht das oder dies machen. Also eher wie so militärmäßig." (Int. 6)

Mitunter wird die Beratung explizit als demotivierend und abschreckend beschrieben:

> „Das war 94. Gleich, sofort, zwei oder drei Wochen, nachdem wir nach Deutschland gekommen waren. Vielleicht ein Monat, aber nicht mehr. Und wie gesagt, der Berufsberater hat mich zugehört durch meine Mutter, weil ich konnte damals mich nicht vollständig, also, ich konnte mich nicht vollständig verständigen und ich konnte noch sehr schlecht Deutsch. Und er hat gesagt: okay, Sie haben kein Abitur, weil ich wollte damals Design studieren. So Wohnarchitekt zum Beispiel hat mich interessiert, und ähm Design und Architekt gemischt, also die Richtung. Und er hat mich zugehört, hat gesagt, Sie haben erstens kein Abitur, keine gute Deutschkenntnisse, keine gute Englischkenntnisse, keine gute PC-Kenntnisse und so weiter und so fort. Bitte vergessen Sie es und fangen Sie erst mal mit Deutsch lernen und dann vielleicht mit einer einfachen Ausbildung. Er hat mich quasi von den Wolken herunter..genau. Ich hab dann verstanden, nur in dem Moment war ich so super enttäuscht über mich selbst und die ganze Welt, dass ich mir gedacht habe, ich werd nichts machen mehr." (Int. 5).

Diese teilweise herbe Kritik der Teilnehmer/innen an der Beratung von ARGE und Agentur ist aus Sicht der wissenschaftlichen Begleitung sehr kritisch zu bewerten. Eine für den Beratungserfolg zentrale Aktivierung des Klientels kann so kaum gelingen; es ist vielmehr eher mit einer Demotivierung zu rechnen.

Auch mit Blick auf die Arbeitsmarktintegration von Frauen ist die Aktivität von ARGE und Agentur aus Sicht der wissenschaftliche Begleitung kritisch zu beurteilen. Ein Beispiel dafür ist, dass Briefe mit Einladungen zu Qualifizierungsmaßnahmen so verschickt wurden, dass es für Frauen mit Kindern nur schwer möglich ist, Folge zu leisten.

„Bis jetzt nur, also vor einem Jahr bekam ich spontan Freitagnachmittag einen Brief, dass ich bei Aktivierung und Profiling für vier Wochen einen Kurs machen sollte. Und der Kurs sollte schon am Montag, die kommende Woche darauf anfangen. Da hab ich auch keine Möglichkeit, die Leute vom Arbeitsamt anrufen oder mich irgendwie darüber zu konfrontieren oder was dazu zu sagen. Ich musste automatisch mitmachen. Sonst stand in dem Brief werden mir die Leistungen gekürzt. Das war`s dann. Ich hab diesen Kurs natürlich brav mitgemacht. Ich hab das alles brav mitgemacht. Nur gebracht hat mir das gar nichts." (Int. 5)

In einem anderen Fall wurde einer Teilnehmerin der Beschäftigungslotsin, die nach einer zweijährigen Elternzeit wieder den Berufseinstieg suchte, gesagt, sie solle doch lieber noch ein drittes Jahr Elternzeit nehmen (WS 1.9.).

Ambivalenzen in Bezug auf die Vereinbarkeit von Familie und Beruf, beziehungsweise das Bedürfnis, Arbeit, meist in Teilzeit, mit einer Berufstätigkeit zu vereinbaren, wurden in der Beratung bei ARGE und Agentur oftmals nicht positiv gewendet und mitunter als Vermittlungshindernis interpretiert.

„Nur, ich bin, ich stehe heute da, ich kann nicht sagen, ich schmeiß jetzt alles hin, ist mir alles egal. Ich kann Vollzeit arbeiten gehen, ich kann dies, ich kann das. Ich hab Verantwortung. Also diese Aussagen, auch von meiner Seite, wurde meistens von Seite Arbeitsamt, also den Mitarbeitern dort, dass ich mich hinter meiner Familienfassade, hinter meinen Mann und Kinder verstecke und nicht wirklich Bereitschaft zeige, etwas zu tun. Eine Tätigkeit zu suchen, eine Arbeit. Die haben mich meistens so verstanden." (Int. 5)

Die Teilnehmer/innen verglichen die Erfahrungen im Projekt oft mit den Erfahrungen beim Arbeitsamt. Alle interviewten Teilnehmer/innen schätzen im direkten Vergleich das Projekt sehr viel positiver ein als die Agentur und die ARGE (GIAG). Aus Sicht der Teilnehmer/innen lag der entscheidende Unterschied in der Ansprache der Teilnehmer/innen. ARGE bzw. Agentur hatten Zeitdruck in den Beratungen, signalisierten kein Interesse an der Person und versuchten, mit Druck zum Erfolg zu kommen. Das Projekt dagegen setzte eher auf Aktivierung, und zwar erfolgreich:

„Es ist ein ganz andres Gefühl, find ich, wenn man dann wirklich merkt, da interessiert sich jemand für dich wirklich, dass aus dir was wird, als beim Arbeitsamt, wo du das Gefühl hast, du bist nur ne Nummer. Das ist ein ganz großer Unterschied. Deswegen ist der Kontakt eigentlich schon wichtig" (Int. 1).

Dadurch und durch die Freiwilligkeit steigt die Bereitschaft zur Mitarbeit. Insbesondere wurden die individuelle Betreuung im Projekt gelobt sowie die Tatsache, dass die Teilnehmer/innen das Gefühl hatten, die Mitarbeiter/innen jederzeit ansprechen zu können:

„Die macht das ja nur alles neben bei zu den Computern, ihre Arbeit, aber sonst ähm, die werden ja nicht so, die bleiben ja nicht in der Luft stehen, die Leute. Die können immer die Leute fragen, wenn's irgendwelche Probleme gibt. Die tun sich ja richtig für jeden individuell sich drum kümmern. Wenn jemand neu dahin kommt, dann fragen die ja einen, was willst du machen, welche Vorstellungen hast du, damit die dann da drauf eingehen können, was dieser Mensch möchte. Das finde ich halt gut, das ist nicht so wie beim Arbeitsamt, da fragen die nicht so. Da geht's wirklich nur Zahle weg und weg." (Int. 1)

„Ja, sie macht ihren Job sehr gut. Sie geht auf jeden einzeln und allgemein sehr gut ein. Verstehen Sie? Und das kriegt man heutzutage, ich will nicht immer nur negativ über die Mitarbeiter vom Arbeitsamt reden, sozusagen, die und die und die machen so und so. Nein, aber das kriegt man heute nicht unbedingt vom Arbeitsamt, verstehen Sie. Und die Leute, die schon ganz wenig – so wie ich – zum Beispiel Hoffnung haben, oder wenn man sein Leben so anschaut und einschätzt, die Möglichkeiten. Also die wirkt positiv, verstehen Sie?" (Int. 5)

Positiv bewertet wurde auch die Freiwilligkeit des Angebots:

„Ja, ja. Allein schon psychologischer Effekt, dass man hier freiwillig ist und da mehr so gezwungen. Deswegen kommt man eher hier her als da." (Int. 6)

Die Situation im Projekt, in der ohne Druck gearbeitet wurde, wurde explizit als aktivierend beschrieben:

„Die Frau Kesperling hat auch realistisch gezeigt, was man machen kann und was man machen sollte, lassen sollte. Aber sie hat nicht nur, wie die Leute beim Arbeitsamt, nur Druck gemacht. So und nicht weiter. Sie hat auch mehr soziales Dienst erwiesen." (Int. 5)

„Ähm, mir persönlich hat das, dass die Frau Kesperling hat erst mal mich ernst genommen, zugehört, hat keinen Druck gemacht, so wie die Mitarbeiter vom Arbeitsamt. Und als ich mich sozusagen, als dieses, dieser Druck runter kam, dann hat sie kontrolliert, als sie meine Geschichte angehört hat." (Int. 5)

Deswegen wurde das Projekt als weitere Möglichkeit aufgefasst, Unterstützung zu finden.

„Und äh eines Tages habe ich bei mir im Postkasten eine Prospekt von XENOS bekommen, hab ich durchgelesen und für mich so was wie ein kleines Hoffnung gefunden und hab gesagt, okay, wenn mir keiner helfen kann, dann vielleicht die. Bin hingegangen und hab nachgefragt, wie und was. Man hat mich hier gut aufgefangen sozusagen" (Int. 5).

Insgesamt wurde die Beratung im Projekt als realistisch und sachorientiert, aber eben auch als aktivierend eingeschätzt, wie folgendes Zitat detailliert beschreibt:

> „Die sagt natürlich nicht, die redet uns keine falschen Hoffnungen ein. Was sie sagt, ich weiß nicht, wie ich das ausdrücken soll. Also sie kombiniert ganz gut ihre Beratung, in dem sie ganz gute Beratungstipps gibt und auch dabei Hoffnung schenkt, aber realistische Hoffnung. Verstehen Sie, realistische, dass man wirklich machen könnte und was man lieber vergessen und lieber lassen sollte. […] Das […]ist mehr persönlich, das schenkt mehr Hoffnung. Man fühlt sich mehr verstanden und ernst genommen. Natürlich zeigt man dann auch mehr Bereitschaft, verstehen Sie. Und ohne Druck, das heißt nicht, dass sie uns sagt, ach ihr Armen, eij, euch geht doch so schlecht, ja. Ich versteh euch, ich hab nur… Nein, nein, so ist sie überhaupt nicht. […] Sehr sachlich, sehr sachlich. Sie zeigt auch die Fehler, was man. Sie hat auch bei mir gesagt, oder mir Tipps gegeben, wo ich zum Beispiel, wenn ich mich bewerbe oder wenn ich mit Behörden spreche. Was ich lieber lassen sollte, wie ich mich besser zeigen könnte, verstehen Sie. Und welche Fehler ich vermeiden könnte." (Int. 5)

Auswirkungen
Diese Kritik, die alle Teilnehmer/innen in den Interviews an der Arbeits- und Umgangsweise der Agentur für Arbeit und der ARGE (GIAG) äußerten, ist im Zusammenhang mit der in 5.2.6. beschriebenen psychosozialen Situation und den verschiedenen Schwellen einer erfolgreichen Beratung als besonders problematisch zu interpretieren. Die Klagen über abschreckende und demotivierende Umgangsweisen bedeuten nichts anderes als eine negative Beeinflussung der Erfolgsschwelle (Komm- und Bleibe-Schwelle existieren bei der ARGE dagegen nicht, da die Klienten ihre Termine einhalten müssen, da ihnen sonst Sanktionen drohen). Eine erfolgreiche Aktivierung ist durch diese Art des Umgangs nach den Erkenntnissen des Projekts nicht zu erreichen, im Gegenteil: Es ist sogar mit einer zusätzlichen Demotivierung der Klienten von ARGE und Agentur zu rechnen.

In der Betrachtung der Arbeit der ARGE (GIAG) ist in Bezug auf das Projekt sowie das Ziel der sozialräumlich orientierten und integrierten Beschäftigungsförderung und Qualifizierung noch eine weitere kritische Anmerkung zu machen. Beim Abschlussworkshop (WS 1.9.08) berichtete die Beschäftigungslotsin von folgendem Problem: Während die Teilnahme an Kursen der Beschäftigungslotsin und im Selbstlernzentrum freiwillig ist, gilt dies nicht für die Maßnahmen, in die die ARGE vermittelt. Es kam nun aber regelmäßig vor, dass mit einem Teilnehmer/innen bereits ein bestimmtes Vorhaben – sei es ein Kurs oder eine Qualifizierung – geplant oder begonnen war, diese Person dann aber kurzfristig doch nicht an den von ihr vermittelten Maßnahmen teilnehmen konnte, da sie zwischenzeitlich und kurzfristig von der ARGE zu einer anderen Maßnahme verpflichtet worden war. Da die ARGE verpflichtend zuweist, mussten die Betreffenden die freiwillige Maßnahme abbrechen.

Damit haben zumindest in einigen Fällen die Zuweisungspflichten der AR-GE gemeinwesenbezogene arbeitsmarktpolitische Aktivitäten wie die einer Beschäftigungslotsin in der Nordstadt tendenziell konterkariert. Anzustreben wären dagegen Synergieeffekte; diese könnten jedoch nur entstehen, wenn die Stellen auch zusammen arbeiten.

5.2.7.4   Fazit zu den Anliegen, Lernschwerpunkte und Beratungsinhalten:

a) Anliegen der Teilnehmer/innen:

- Ein Anliegen war allen Teilnehmer/innen, die in das Projekt kamen, gemein: Sie wollten aktiv werden, sie wollten raus aus der Arbeitslosigkeit und einen Einstieg ins Erwerbsleben schaffen. Sie wollten etwas an ihrer Situation verändern, aber das schafften sie nicht mehr allein.
- Da sich die meisten Teilnehmer/innen schon länger mit ihrer Situation auseinander gesetzt hatten, hatten sie recht klare Vorstellungen davon, was sie von ihrem Beruf erwarteten – was aber nicht heißt, dass alle planvoll vorgingen, um dieses Ziel zu erreichen.
- Obwohl die Teilnehmer/innen zumeist mit einem recht konkreten Anliegen kamen, brauchten sie Unterstützung. Manche konnten ihren Hilfebedarf konkret benennen, bei anderen dagegen musste zuerst ein beruflicher Integrationsfahrplan erstellt werden.
- Zur Ausbildungslotsin kamen zwei Drittel der Teilnehmer/innen mit einem konkreten Anliegen (z. B. Ausbildungsplatz finden), ein Drittel der Teilnehmer/innen kam allerdings auch mit einem unspezifischen Anliegen („Berufsperspektive klären").
- Im Selbstlernzentrum waren die Anliegen durchweg sehr konkret angebbar (z. B. Deutschkenntnisse verbessern).
- Ein Drittel der Teilnehmer/innen im Selbstlernzentrum wollte Deutsch lernen, ein Drittel wollte den Umgang mit dem PC lernen bzw. verbessern, knapp ein Drittel wollte das Internet zur Stellensuche nutzen und ca. 15% arbeiteten an ihren Bewerbungsunterlagen.
- Zur Beschäftigungslotsin kamen 80% mit konkreten Anliegen (Stellensuche 40%, Bewerbungsunterlagen und Vorstellungsgespräche 20%, Deutsch lernen 20%), bei einem Fünftel war das Anliegen unkonkret (berufliche Perspektive).

b) Lernschwerpunkte

- Obwohl der überwiegende Teil der Teilnehmer/innen mit konkreten Anliegen kam, hat sich gezeigt, dass eine umfassendere, als die rein berufsbezogene Beratung für die Teilnehmer/innen wichtig war.
- In der Beratung der Ausbildungslotsin wurde meist die Besprechung der beruflichen Situation mit der Besprechung der persönlichen Situation verknüpft. Die persönliche Situation spielte dort im Vergleich zu den anderen Projektteilen die größte Rolle.
- Die Beratung der Ausbildungslotsin war sehr engmaschig und zeitintensiv. Die Ausbildungslotsin setzte in ihrer Beratung konkret am jeweiligen Stand ihrer Teilnehmer/innen an und ging dann Schritt für Schritt vor.
- Die Beratungsteilnehmer/innen im Bereich Beschäftigungsförderung kamen mit sehr unterschiedlichen Vorraussetzungen und Problemlagen
- Die Beschäftigungslotsin ging sehr individuell auf die Teilnehmer/innen ein und es kann kein typischer Beratungsverlauf nachgezeichnet werden, dies war aber gleichzeitig auch die Stärke der Beschäftigungslotsin
- Die Teilnehmer/innen im Selbstlernzentrum lassen sich in drei Gruppen einteilen:
- Zur ersten Gruppe gehören Teilnehmer/innen, die bis zu fünfmal ins Selbstlernzentrum kamen, mit einem Anliegen, das sich in vergleichsweise kurzer Zeit erledigen ließ. Diese Gruppe besaß bereits Kenntnisse im Umgang mit dem PC sowie dem Internet.
- Zur zweiten Gruppe gehören Teilnehmer/innen, die auch bis zu fünfmal ins Selbstlernzentrum kamen, danach allerdings nicht wiederkamen
- Zur dritten Gruppe gehören Teilnehmer/innen, die mindestens zehnmal und damit über einen längeren Zeitraum ins Selbstlernzentrum kamen (ca. ein Fünftel aller Teilnehmer/innen). Sie bildeten einen „harten Kern". Hier musste grundlegender angesetzt werden, weil diese Teilnehmer/innen ihre Deutschkenntnisse verbessern und den Umgang mit dem PC erlernen wollten.

c) Lernerfolge

Entsprechend der individuellen Ausgestaltung der Beratung können Lernerfolge auf zwei Ebenen unterschieden werden:

- Sachbezogene Lernerfolge: Bewerbungsunterlagen erstellen, mit Betrieben telefonieren, mit Behörden sprechen, Vorstellungsgespräche führen. (Die Teilnehmer/innen hatten vorher oft nur Absagen auf Bewerbungen bekommen, durch die Unterstützung im Projekt hat sich dies geändert.)

- Aktivierungsbezogene Lernerfolge: Durchhalten, den Glauben an sich nicht verlieren, Unterstützung annehmen, Orientierung erhalten
- Bei der Ausbildungslotsin können bei einem Viertel der Teilnehmer/innen direkt ausbildungsbezogene Lernerfolge angegeben werden, bei dem weitaus größeren Teil (75%) lagen die Lernerfolge auf der Aktivierungsebene
- Im Bereich der Beschäftigungsförderung können bei 36% der Teilnehmer/innen konkrete Lernerfolge angegeben werden (erfolgreiche Bewerbung, aktive Stellensuche). Bei einem Viertel konnte eine berufliche Perspektive erarbeitet werden und bei 22% lagen Lernerfolge im Bereich der Aktivierung
- Im Selbstlernzentrum sind die Lernerfolge differenziert darzustellen: In der ersten Gruppe erreichten alle ihr Ziel, in der zweiten war dies wegen der Abbrüche nicht erkennbar. In der dritten Gruppe konnte ein Drittel der Teilnehmer/innen seine Deutschkenntnisse verbessern, ein Viertel hat den Umgang mit dem PC erlernt
- Die Teilnehmer/innen, die grundlegend motiviert waren, etwas an ihrer Situation zu ändern, schafften dies auch – mit viel Hilfestellung und festen Ansprechpartner/innen, also mit zeitintensiver Beratung.
- Sobald der eigene Antrieb fehlte, war es auch für die jeweiligen Ansprechpartner/innen schwierig, eine dauerhafte Aktivierung zu erreichen.
- Die Freiwilligkeit des Beratungsprozesses kann sowohl positiv als auch negativ wirken:
- Bei Teilnehmer/innen, die selbst genug Eigenmotivation aufbringen, wirkte der freiwillige Charakter positiv.
- Bei Teilnehmer/innen, die ihre berufliche Integration mit weniger Eigenmotivation verfolgen, konnte sich die Freiwilligkeit negativ auswirken, denn der Beratungsprozess konnte konsequenzlos beendet werden, wenn es zu anstrengend wurde.

d) Bewertung durch die Teilnehmer/innen

- Die Teilnehmer/innen bewerteten die Beratung in allen drei Projektbereichen als sehr gut:
- Sie fühlten sich ernst genommen
- Die Projektmitarbeiterinnen gingen sehr auf die Bedürfnisse der Teilnehmer/innen ein.
- Dadurch war die einzelne Beratung sehr individuell, da sehr persönlich, aber auch sehr zeitintensiv.
- Die Teilnehmer/innen bekamen das Gefühl, dass auch die Projektmitarbeiterinnen ein Interesse am Beratungserfolg hatten

- Die Projektmitarbeiterinnen waren für die Teilnehmer/innen echte Ansprechpartnerinnen, die jederzeit gefragt und angerufen werden konnten
- Als positiv wurde auch bewertet, dass die Projektmitarbeiterinnen keinen Druck ausgeübt haben und die Beratung auf freiwilliger Basis ablief

e) Erfahrungen mit ARGE und Agentur

- Ein besonders augenfälliges Ergebnis der Untersuchung ist, dass die formal und in erster Linie für die Teilnehmer/innen und ihre Arbeitsmarktintegration zuständigen Institutionen, die Agentur für Arbeit und die ARGE (GIAG) von den Teilnehmer/innen im Projekt insgesamt als ineffektiv und eher abschreckend beurteilt wurden.
- Alle interviewten Teilnehmer schätzten im direkten Vergleich das Projekt sehr viel positiver ein als die Agentur und die ARGE (GIAG)
- Bleibe- und Erfolgsschwelle wurden im Projekt durch die Art des Umgangs der Projektmitarbeiterinnen mit den Teilnehmer/innen direkt positiv beeinfluss, die Komm-Schwelle indirekt
- Im Gegensatz dazu beeinflusst der Umgang von ARGE und Agentur mit ihren Klienten deren Motivation und damit die Erfolgs-Schwelle negativ

Empfehlungen/Good Practices

- Bei einem Klientel mit einem hohen Anteil psychosozialer Problemlagen ist eine individuelle Beratung wichtig, die auch die persönliche Situation einbezieht
- Für eine solche Beratung sollten ein entsprechendes Zeitbudget und proaktives Arbeiten der Mitarbeiter/innen eingeplant werden
- Lernerfolge sind dann zum einen auf der sachlichen Ebene, zum anderen auf der Aktivierungsebene zu erreichen und sollten auch so betrachtet werden
- beide Ebenen sind wichtig und bedingen einander
- Für andere Institutionen der Beschäftigungsförderung und Qualifizierung – auch gerade die ARGE (GIAG) – wäre es empfehlenswert, die Erfahrungen aus dem Projekt zu übernehmen:
- angesichts der komplexen Problemlagen der Teilnehmer/innen, die auch teilweise massive psychosoziale Probleme umfassen, wäre es für die erfolgreiche Aktivierung auch bei Agentur und GIAG wichtig, die Beratung so breit anzulegen, dass auch die psychosozialen Problematiken aufgenommen werden.

Literatur

Achatz, Juliane (2007): Lebensumstände und Arbeitsmarktperspektiven von Frauen im Rechtskreis von SGBII. In: Hessisches Sozialministerium (Hg.) (2007): Bleibt Armut weiblich? – Chancen für Frauen im Arbeitsmarktreform-Prozess. Dokumentation der Fachtagung in Frankfurt am 15.11.2006, 6-15.

Aus Politik und Zeitgeschichte (2008): Arbeitslosigkeit: Psychosoziale Folgen. Bonn: Bundeszentrale für politische Bildung.

ZAUG (2007): Jahresbericht 2007.

Berlin (2008): Arbeitslosenzahlen im Überblick in Berlin, Stadt, Stand: Juni 2008. Quelle: www.pub.arbeitsamt.de/hst/services/statistik/detail/q.html (21.7.2008).

Bundesagentur für Arbeit (2007): Situation von Frauen und Männern am Arbeits- und Ausbildungsmarkt. 200-2007. Oktober 2007.

Gießen (Amt für Statistik) (2008): Arbeitslosenzahlen in Gießen-Gesamtstadt und in der Nordstadt, Stand: 19.3.08.

Hensel, Rolf/Stolle, Hans-Joachim (2008): Hauptschule, Lernen, Arbeit finden. Wie geht das zusammen? In: Jahrbuch Pädagogik 2007. Arbeitslosigkeit. Frankfurt: Peter Lang, 269-288.

Kreher, Thomas (2008): Junge Männer und die Bewältigung prekärer Arbeitsverhältnisse. In: Jahrbuch Pädagogik 2007. Arbeitslosigkeit. Frankfurt: Peter Lang, 153-168.

Kuhnert, Peter (2007): Nur noch fordern und kaum fördern? – Arbeitslosenberatung zwischen „Hartz IV-Druck", Erhalt von Beschäftigungsfähigkeit und Gesundheit der Betroffenen. In: Sickendiek/Nestmann/Engel/Bamler (Hg.): Beratung in Bildung, Beruf und Beschäftigung. Tübingen: dgvt-Verlag, 279-309.

5.3 Gender Mainstreaming (GM)

5.3.1 Grundsätzliches

5.3.1.1 Was ist GM?

In Abgrenzung zu „sex", welches das biologische Geschlecht bezeichnet, basiert der Begriff „gender" (engl.)[41] auf der Annahme der sozialen Konstruktion von Geschlecht, das heißt es geht um gesellschaftlich, sozial und kulturell geprägte Geschlechts*rollen*. Diese sind – anders als das biologische Geschlecht – erlernt und damit auch veränderbar. Entscheidend am Gender-Konzept ist seine herrschaftskritische Komponente, die „nicht bei der bloßen Konstatierung von geschlechtsspezifischen Rollenzuweisungen stehen blieb, sondern auf der Anerkennung von im Geschlechterverhältnis eingelagerten Unterordnungs- und

---

41   Die Differenzierung zwischen sex und gender basiert auf dem Vorschlag von Ann Oakley (1972), zitiert nach von Braunmühl in Nohr/Veth 2002:17.

Unterdrückungsbeziehungen und deren Aufhebung bestand" (von Braunmühl in Nohr/Veth 2002: 17).

5.3.1.2 Das Konzept GM

Gender Mainstreaming bedeutet in der politischen Praxis: Die Geschlechterfrage in den Mainstream bringen und Politik an den Bedürfnissen unterschiedlicher Gruppen oder Geschlechter orientieren, insbesondere, wenn diese unterrepräsentiert sind.

GM bedeutet praktisch einen neuen Ansatz in der Gleichstellungspolitik zur Förderung der Chancengleichheit von Männern und Frauen. Bei diesem Ansatz wird anerkannt, dass es keine geschlechtsneutrale Wirklichkeit gibt und dass deswegen bei allen gesellschaftlichen Vorhaben die unterschiedlichen Lebenssituationen und Interessen von Männern und Frauen von vorneherein und regelmäßig zu berücksichtigen sind. Entscheidend ist, dass die Berücksichtigung von Geschlecht, als konkrete inhaltliche Vorgabe, zum zentralen Bestandteil von Entscheidungen und Prozessen gemacht wird.

GM ist damit eine Doppelstrategie aus Frauenpolitik und GM, das heißt die Geschlechterfrage kommt zur Frauenfrage hinzu. Im Gegensatz zur klassischen Frauenpolitik wird im Konzept des GM die Geschlechterfrage nicht bei Frauen- oder Gleichstellungsbeauftragten „geparkt", sondern als Querschnittsaufgabe in alle Prozesse integriert. „Gender Mainstreaming und spezifische Gleichstellungspolitik ergänzen sich, sie sind zwei unterschiedliche Strategien für ein und das selbe Ziel, nämlich Gleichstellung der Geschlechter, und müssen Hand in Hand gehen" (Europarat zitiert nach Weg 2005: 71). In der Praxis ist es dann eine Konsequenz des Konzepts Gender Mainstreaming, spezifische Fördermaßnahmen für unterrepräsentierte Gruppen oder Geschlechter zu erarbeiten.

5.3.1.3 GM und Frauenpolitik

GM stellt insofern einen Paradigmenwechsel für die Frauenpolitik dar (vgl. Roth in Miethe/dies. 2003: 66), als frauenspezifischen, faktisch häufig allein bei Frauenbeauftragten angesiedelten Belangen ein zweiter Bereich beigestellt wird, der die Geschlechterperspektive in den Mainstream, also in alle Bereiche des Handelns von Organisationen, integriert. Beide Ansätze werden eingesetzt, um die Gleichstellung der Geschlechter zu erreichen.

Eine Gegenüberstellung von Frauenpolitik und GM ergibt folgendes Bild:

Frauenförderung wird von speziellen organisatorischen Einheiten betrieben, die für Gleichstellungspolitik zuständig sind (zum Beispiel Frauenbeauftragte in

Unternehmen). GM dagegen setzt auf die Beteiligung aller an einer Entscheidung beteiligten Personen. Die Herstellung von Gleichheit zwischen Männern und Frauen liegt nicht mehr ausschließlich im Zuständigkeitsbereich der Frauenbeauftragten.

Frauenförderpolitik setzt an einer konkreten Situation an, in der die Benachteiligung von Frauen unmittelbar zum Vorschein kommt. GM setzt bei allen politischen Entscheidungen an, auch bei denen, die auf den ersten Blick keinen geschlechtsspezifischen Problemgehalt haben.

Die Frauenpolitik kann rasch und zielorientiert handeln, da sie sich auf eine konkrete Problemstellung bezieht. GM setzt grundlegend an, die Umsetzung dauert dadurch wesentlich länger. Dafür hat GM nachhaltige Potentiale für eine Veränderung bei allen Akteur/innen und bei allen politischen Prozessen.

Der ergänzende Charakter der Strategien kann nach Dunst (2002: 41) folgendermaßen zusammengefasst werden:

GM ist zukunftsorientiert/nachhaltig, indem es versucht, bei Planungen und Entscheidungen schon zu berücksichtigen, welche geschlechtsspezifischen Auswirkungen sie haben könnten, und dies schon im Vorfeld zu vermeiden. Frauenförderung beziehungsweise Gleichstellungspolitik ist demgegenüber „rückwärts gewandt", da sie darauf abzielt, bereits gefällte Entscheidungen beziehungsweise vorhandene gesellschaftliche Ungleichheiten auszugleichen.

5.3.1.4 Feministische Kritik

Vertreterinnen einer feministisch orientierten Frauenpolitik und Feministinnen beurteilen GM als neoliberales Konzept, das „an den bestehenden Strukturen des Geschlechterverhältnisses nichts ändern werde" (Heister 2007: 50) und dadurch auch keinen Beitrag zur Herstellung von Geschlechterdemokratie leistet. Dadurch werde GM auch nicht als Durchsetzung einer Gleichstellungsstrategie begriffen, sondern als betriebswirtschaftliche Größe. Unter dem Stichwort „Managing Diversity" handele ein neuer Managementansatz, der ein gewinnsteigerndes Potential in der Unterschiedlichkeit der verschiedenen Merkmale (Rasse, Alter, Geschlecht, verschiedene Leistungsfähigkeit und -bereitschaft) seiner Mitarbeiter/innen sieht. Ziel dieser Top-Down-Management-Strategie sei eine „Win win" Situation für alle Beteiligten, aber vor allem die Erzielung von Wettbewerbsvorteilen für das Unternehmen. So werde GM beziehungsweise der Umgang mit GM eher als Organisationsentwicklungskonzept im Sinne von Diversity-Management verstanden, das zur verbesserten Nutzung der Mitarbeiterressourcen mit Fokus auf die Kategorie Geschlecht beitragen solle.

Bereits der EU-Ministerratsbeschluss von Lissabon 2000, in dem es heißt „Die volle Nutzung des Produktionspotentials der Arbeitskräfte in Europa ist wesentlich für die Verwirklichung des übergreifenden Ziels von Lissabon, die Union zum wettbewerbsfähigsten und dynamischsten wissenschaftsbasierten Wirtschaftsraum der Welt zu machen" wird im Hinblick auf die Verkürzung von GM und dem maximalen ökonomischen Nutzen interpretiert.

Ein weiterer Kritikpunkt liegt darin, dass die EU die Implementierung von GM nur in Politik und öffentlicher Verwaltung verbindlich fordert, das heißt, der Bereich der Privatwirtschaft bleibt außen vor – gerade der Bereich, in dem männliche Herrschaftsstrukturen am dominantesten sind.

5.3.2 Die bisherige Implementierung von GM

5.3.2.1 GM international und bei der EU

GM etablierte sich auf internationaler Ebene im Rahmen der UN-Frauenkonferenz 1985 in Nairobi. Hier wurde GM außerhalb der entwicklungspolitischen Zusammenarbeit, wo es bereits seit Anfang der 1980er eine wichtige Rolle spielte, einer breiteren Öffentlichkeit bekannt. Für die entwicklungspolitische Vorreiterrolle von GM gab es drei entscheidende Bedingungen: die westliche Frauenbewegung in den 1970er und 1980er Jahren, die auf Entwicklungsländer bezogene Frauenforschung und die reformorientierten Debatten der 1970er Jahre (vgl. von Braunmühl in Nohr/Veth 2002: 18). Auf der UN-Frauenkonferenz in Peking 1995 wurde GM in das Abschlussdokument aufgenommen (Roth in Miethe/dies. 2003: 67f.; von Braunmühl in Nohr/Veth 2002: 18ff.).

Von der Ebene der Vereinten Nationen wurde GM auch auf die EU-Ebene übernommen. Verschiedene Schritte führten hier zur Etablierung der Strategie. Der Europarat hatte 1995 eine Sachverständigengruppe eingesetzt, die in ihrem Abschlussdokument eine Definition von GM lieferte, auf die sich bis heute bezogen wird. Hier heißt es: „Gender Mainstreaming ist die (Re)Organisation, Verbesserung, Entwicklung und Evaluierung grundsätzlicher Prozesse mit dem Ziel, eine geschlechterbezogene Sichtweise in alle politischen Konzepte auf allen Ebenen und in allen Phasen durch alle normalerweise an politischen Entscheidungsprozessen beteiligten Akteure einzubringen." (Europarat 1998).

Die Europäische Gleichstellungspolitik bis Mitte der 1990er war gekennzeichnet durch eine schmale vertragliche Grundlage und die Beschränkung der Geschlechterpolitik auf den Arbeitsmarkt (vgl. Fuhrmann 2005: 172f.). Erst der Vertrag von Amsterdam brachte entscheidende rechtliche Neuerungen, indem das Ziel der Gleichstellung eine explizite Ausweitung auf alle Politikbereiche erfährt. „Aufgabe der Gemeinschaft ist es, durch die Errichtung eines Gemeinsamen Marktes und einer Wirtschafts- und Währungsunion sowie durch die

Durchführung der in den Artikeln 3 und 4 genannten gemeinsamen Politiken und Maßnahmen in der ganzen Gemeinschaft [...] die Gleichstellung von Männern und Frauen [...] zu fördern." (Art. 2 Vertrag von Amsterdam).

Konkretisiert werden die Politiken und Maßnahmen[42] in Art. 3: „Bei allen in diesem Artikel genannten Tätigkeiten wirkt die Gemeinschaft darauf hin, Ungleichheiten zu beseitigen und die Gleichstellung von Frauen und Männern zu fördern." (Art. 3, §2 Vertrag von Amsterdam)

5.3.2.2 GM im Europäischen Sozialfond (ESF)

Die Strukturfonds spielen für die Umsetzung von GM eine entscheidende Rolle, da GM in der EU-Politik schwerpunktmäßig in der Beschäftigungspolitik angewendet werden soll (vgl. Klein 2006: 89).

Bereits 1994 wurde bei der Reform der Strukturfonds beschlossen, das Ziel der Chancengleichheit von Frauen auf dem Arbeitsmarkt in die Rahmenverordnungen aufzunehmen. Am weitesten ging hierbei der ESF, der bei Ziel 3 („Bekämpfung der Langzeitarbeitslosigkeit, Eingliederung [...] in das Erwerbsleben") der Rahmenverordnungen einen expliziten Frauenförderschwerpunkt setzte. Es geht hierbei um „die Förderung der Chancengleichheit für Männer und Frauen auf dem Arbeitsmarkt, vor allem in den Beschäftigungsbereichen, in denen sie unterrepräsentiert sind, für gering qualifizierte Frauen oder Frauen, die nach einer Phase der Nichterwerbstätigkeit wieder in das Berufsleben zurückkehren wollen" (zitiert nach Fuhrmann 2005: 193).

In der vorletzten Förderperiode (1994-1999) der Strukturfonds gab es drei Programme, die einen Frauen fördernden Ansatz verfolgten: NOW (New Opportunities for Women)[43], HORIZON (Arbeitsmarkteingliederung für Behinderte und andere benachteiligte Gruppen) und YOUTHSTART (für dauerarbeitslose Frauen unter 20 Jahren). Bei der nächsten Reform der Strukturfonds schrieb die EU-Kommission den GM-Ansatz als Doppelstrategie aus GM und einer positiven Frauenförderung fest, das heißt, seit der Förderperiode 2000-2006 müssen alle aus den EU-Strukturfonds geförderten Projekte und Aktivitäten der Mitgliedsstaaten den GM-Ansatz verfolgen.

Die allgemeine Strukturfondsverordnung für diese Förderperiode betont neben der Hauptaufgabe der Strukturfonds zur Stärkung des wirtschaftlichen und

---

42 Genannt werden hier u.a. die Bereiche „gemeinsame Handelspolitik", Binnenmarkt, Sozialpolitik mit ESF, Stärkung des wirtschaftlichen und sozialen Zusammenhalts, Politik auf dem Gebiet der Umwelt, der Entwicklungszusammenarbeit (vgl. Klein 2006: 79).

43 NOW wurde 1997 in EQUAL integriert (Abbau von Diskriminierung und Ungleichheit am Arbeitsmarkt), vgl. www.equal.de.

sozialen Zusammenhalts in Europa, Ziel sei es auch „...die Gleichstellung von Männern und Frauen zu fördern." (zitiert nach Englert/Kopel/Ziegler in WSI-Mitteilungen 8/2002: 451).

Ende der 1990er gab es die ersten Evaluierungen der GM-Strategie von Seiten der EU-Kommission, des Europarats und des Europäischen Parlaments. Die Evaluierungen ergaben eine lange Mängelliste, die unterschiedliche Problemfelder aufzeigt. GM wird bisher in einigen Bereichen erfolgreicher umgesetzt als in anderen. Neben der Beschäftigungspolitik hat GM kaum Eingang in andere Politikbereiche erhalten (Klein 2006: 90; Roth in Miethe/dies. 2003: 69; Fuhrmann 2005: 195).

In Bezug auf die Umsetzung wird der GM-Ansatz von den Führungsebenen bisher nur unzureichend verfolgt. Darüber hinaus fehlt es an klaren Zielsetzungen (Indikatoren und Zielvorgaben) und Überwachungsmechanismen in den Mitgliedsstaaten, und eine unterlassene Umsetzung bleibt unsanktioniert (Fuhrmann 2005: 195). Die Doppelstrategie wird untergraben, da GM oft als Abkehr von vermeintlich antiquierter Frauenpolitik gefeiert wird (Klein 2006: 91) und frauenspezifische Programme dadurch teilweise gestrichen werden (von Braunmühl in Nohr/Veth 2002: 22).

5.3.2.3   GM in Deutschland

Die Zweite Frauenbewegung hat in Deutschland maßgeblich zur Sensibilisierung für frauenspezifische Problemlagen und zur Durchsetzung ihrer spezifischen Belange geführt. Sie hat es durch unterschiedliche Aktionsformen geschafft, ihre Themen in die Öffentlichkeit zu bringen. Anfang der 1980er Jahre dann ging die Frauenbewegung in die Institutionalisierungsphase über: Auf allen Ebenen des politischen Systems entstanden Frauen- und Gleichstellungsstellen bzw. Referate innerhalb von Ministerien. Nach und nach setzte sich Gleichstellungspolitik als einheitlicher Terminus durch. Aber auch durch das Aufkommen von GM wird Gleichstellungspolitik mitnichten obsolet. Im Gegenteil – GM soll der Gleichstellungspolitik zu mehr Wirksamkeit verhelfen, indem die Geschlechtergleichheit integratives Moment aller Entscheidungen wird. Damit wird dem Umstand Rechnung getragen, dass politische Prozesse einen „gender bias" aufweisen, der Geschlechterungleichheit reproduziert (vgl. Klein 2006: 123).

Die Grundgesetzänderung von 1994 stellt eine entscheidende Verpflichtung zu einer aktiven Gleichstellungspolitik dar. In Art. 3, Abs. 2 heißt es: „Der Staat fördert die tatsächliche Durchsetzung der Gleichberechtigung von Männern und Frauen und wirkt auf die Beseitigung bestehender Nachteile hin". Die Strategie GM wird allerdings erst im Kabinettsbeschluss der rot-grünen Bundesregierung

1999 als durchgängiges Leitprinzip eingeführt, um entsprechend dem Amsterdamer Vertrag die Gleichstellung beider Geschlechter herbeizuführen. Das Ver-
waltungsreformkonzept „Moderner Staat – moderne Verwaltung" greift als erstes
konkretes Vorhaben GM auf.

Weitere Meilensteine sind die Konstituierung der interministeriellen Ar-
beitsgruppe GM der Bundesregierung (als erster konkreter Umsetzungsschritt
des Kabinettsbeschlusses) am 24.5.2000 zur Implementierung von GM in allen
Ressorts und die Novellierung der Gemeinsamen Geschäftsordnung (GGO) der
Bundesministerien am 26.7.2000. Hier heißt es in §2: „Die Gleichstellung von
Frauen und Männern ist durchgängiges Leitprinzip und soll bei allen politischen,
normgebenden und verwaltenden Maßnahmen der Bundesregierung in ihren
Bereichen gefördert werden (GM)".

5.3.2.4   Erfahrungen in Deutschland – die politische Ebene: Bund, Länder Kommunen

Auf Bundesebene wurde GM für alle Bereiche per Beschluss eingeführt durch
die rot-grüne Koalitionsvereinbarung, Kabinettsbeschlüsse und die Änderung der
Geschäftsordnung. Es wurde eine interministerielle Arbeitsgruppe (IMA) eingesetzt, deren Geschäftsführung ein neu geschaffenes Referat im Bundesministerium für Frauen, Senioren, Familie und Jugend übernahm. Die Umsetzung auf der
Ministerienebene allerdings liegt in der Verantwortlichkeit der jeweiligen Ressorts (Verantwortlichkeit), das heißt, die einzelnen Ressorts entscheiden, in welcher Form sie GM umsetzen[44]. Die IMA selbst hat nur eine Steuerungs- und
Kontrollfunktion. Anhand einiger Pilotprojekte, die von der IMA bestimmt wurden, wurden drei Instrumente zur Weiterarbeit entwickelt: ein Leitfaden zur For-
schungsförderung, ein Leitfaden zur Rechtsfolgenabschätzung, und das Gender
Impact Assessment (GIA), mit dem unterschiedliche Arbeitsfelder und unterschiedliche thematische Maßnahmen ex-ante überprüft werden können (Dö-
ge/Stiegler in Meuser/Neusüß 2004: 138).

Die Umsetzung von GM auf Bundesebene kann dahingehend zusammengefasst werden, dass Vorraussetzungen, Strukturen und einige Instrumente entwickelt wurden. Noch erfolgt die Anwendung allerdings in Pilotprojekten und nicht
in umfassenden Bereichen, wie etwa dem Gesundheitssystem (dies. 2004). Ver-
waltungsbefragungen unter den GM-Zuständigen in den Ministerien[45] ergaben
eine Diskrepanz zwischen einer prinzipiell positiven Einstellung dem Thema
gegenüber und einer Geringschätzung für den eigenen Arbeitsbereich („man

---

44   Das Umweltministerium hat z. B. eine Projektgruppe installiert.
45   Befragung im Herbst 2001, vgl. Heister 2007: 55.

habe wichtigeres zu tun"). Die Umsetzung von GM wird in Zeiten der Verwaltungsverschlankung als zusätzlicher Arbeitsaufwand wahrgenommen – teilweise wird die Notwendigkeit aber auch gar nicht erkannt (Heister 2007).

Auf Länderebene gelten die Bundesländer Niedersachsen und Sachsen-Anhalt als Vorreiter, da Niedersachsen 1998 per Kabinettsbeschluss eine integrierte Chancengleichheitspolitik als Querschnittsaufgabe festlegte. Sachsen-Anhalt war 2000 das erste Bundesland, das ein GM-Konzept formulierte, das für die gesamte Landesregierung gelten sollte.

Inzwischen wurden in 11 Bundesländern Beschlüsse zur Umsetzung von GM gefasst. Dabei wird verschieden vorgegangen: Sachsen-Anhalt zum Beispiel hat die Anwendung eines gleichstellungspolitischen Checks zur Erstellung von Kabinettsvorlagen eingeführt, ein ähnliches Instrument findet sich in Schleswig-Holstein als Prüfpunkt „GM". Unterschiede zeigen sich auch in der Anbindung des GM-Prozesses an die Landesregierung: in Niedersachsen ist GM an das Frauenministerium gebunden, in Rheinland-Pfalz an eine Referentenstelle in der Staatskanzlei, in Baden-Württemberg gibt es zur Koordinierung der Modellvorhaben eine Lenkungsgruppe und eine interministerielle Projektgruppe – beide unter Federführung des Sozialministeriums.

Auch der Bericht des Deutschen Städtetags (2003) zu Best Practice Beispielen im Bereich GM verzeichnet eine sehr geringe Rücklaufquote der Fragebögen. Beklagt wurde die mangelnde Bereitschaft von Politikern sich für GM einzusetzen sowie die Verlagerung des Themas auf Frauen- und Gleichberechtigungsbeauftragte. Nur in einigen Kommunen gelang es, Gremien zu gründen, die nicht nur aus Gleichstellungs- und Frauenbeauftragter bestanden, so zum Beispiel die Steuerungsgruppe in Freiburg oder ein gemischtes Team in Frankfurt. Die Einführungskonzepte in den Kommunen reichen von der Minimalvariante (Identifizierung von Pilotprojekten, zum Beispiel in Wiesbaden und Speyer) über das Erstellen geschlechtsspezifischer Statistiken (Rostock) bis hin zur Einführung von GM verstanden als umfassendem Organisations- und Bildungsansatz (zum Beispiel Freiburg).

GM wird am häufigsten in den Fachbereichen Stadtplanung, Spielplätze, Jugendarbeit und Verkehrspolitik bearbeitet[46].

---

46 Dieses Ergebnis der Städtetagsbefragung deckt sich mit der Projektauswahl auf kommunaler Ebene von Heister 2007:55-66: Planung eines Jugendzentrums, Umbau einer Sporthalle, „Idealfall" Großraumparkplatz.

5.3.2.5   GM in der „Sozialen Stadt"

Grundsätzlich wäre es nahe liegend zu vermuten, dass GM auch im Programm „Soziale Stadt" eine zentrale Rolle spielt. Allerdings zeigt sich bereits in den Leitfäden zur Umsetzung des Programms, dass dem nicht so ist: GM taucht nicht als eigenständiger Bestandteil des Programms auf (vgl. www.sozialestadt.de/ programm/grundlagen, 1.-3.Fassung, 10.3.2008). Dies gilt ebenso für die Leitlinien zur Hessischen Gemeinschaftsinitiative Soziale Stadt (www.hegiss.de).

Auch in den bisher vorliegenden bundesweiten und hessenweiten Evaluationsberichten (Difu 2003: Soziale Stadt: Erfahrungen und Perspektiven, HEGISS 2004: Fünf Jahre Soziale Stadt in Hessen – Zwischenbilanz – Empfehlungen für die Programmfortführung) taucht GM nicht auf.

GM ist damit als Teil der „Sozialen Stadt" nicht ausgeschlossen. Es bleibt jedoch allein der Entscheidung bzw. Prioritätensetzung der vor Ort Verantwortlichen überlassen, inwieweit GM-Prozesse im Rahmen der „Sozialen Stadt" umgesetzt werden. Dies geschieht allerdings in zahlreichen Standorten – die bundesweite Projektdatenbank (www.sozialestadt.de/praxisdatenbank, 22.2.2008) zeigt, dass es einige Projekte mit Genderaspekt gibt. Die meisten dieser Projekte richten sich speziell an die Zielgruppen „nur weibliche Arbeitslose", „nur weibliche Ausländerinnen", „nur weibliche Alleinerziehende"[47].

Im Rahmen von HEGISS gab es frauenspezifische Anregungen, zum Beispiel in Form von Frauengruppen im Baustein „Aktivierung und Verbesserung der Chancengleichheit" als Teil der Ansprache schwer erreichbarer Bevölkerungsgruppen und im Baustein „Verbesserung des sozialen und kulturellen Lebens" (vgl. HEGISS 2004: Fünf Jahre Soziale Stadt in Hessen – Zwischenbilanz).

5.3.2.6   Fazit zur bisherigen Implementierung von GM

In der Bewertung bisheriger GM-Prozesse kann man zu dem Fazit einer „gefühlten Gleichstellung" (Heister 2007: 93) kommen, da die positiven Änderungen maximal auf der Ebene der „Klimaverbesserung" für das Geschlechterthema verortet werden können, harte Fakten aber fehlen. GM bleibt bislang noch zu oft bei der Programmplanung stecken.

---

47   Interessant ist aber, dass die Kategorie „Genderaspekt" in der Projektbeschreibung meist nur
     mit „ja" beantwortet wird. In den wenigsten Projekten wurde der Genderaspekt näher erläutert.

Als Barrieren können ausgemacht werden:

- Mangelnde Verbindlichkeit, keine Sanktionen: GM ist als Strategie sowohl rechtlich (GG, Amsterdamer Vertrag) als auch politisch (zum Beispiel Programm zur Verwaltungsreform „Moderner Staat – moderne Verwaltung") verankert, es mangelt aber an der Umsetzung. Gründe hierfür werden unter anderem in der Unverbindlichkeit der Strategie gesehen, da eigentlich keine Sanktionen vorgesehen sind, wenn der Absichtserklärung keine Umsetzung folgt.
- Mangelndes Umsetzungsinteresse der Führungsetagen: GM ist als Top-Down-Ansatz konzipiert, das heißt, die Umsetzenden sind Teile der Geschlechterhierarchie, die es aufzubrechen und zu verändern gilt.
- Mangelhafte Programmplanung: Für die Länderebene werden hier vor allem quantitative Zielvorgaben, Fehlen einer differenzierten geschlechterspezifischen Problemanalyse (vgl. Engler/Kopel/Ziegler in WSI-Mitteilungen 8/2002: 457) genannt
- Fehlen von beziehungsweise geringe Verbreitung von Gender-Wissen: Wirkt sich auf alle Ebenen der Programmimplementierung aus.
- Bottom-Up-Prozesse: GM ist zwar als Top-Down-Strategie/Steuerung vorgesehen, doch kann sie nicht funktionieren, wenn sie nicht bottom up mitgetragen wird (über Frauen- und Gleichstellungsbeauftragte hinaus).

5.3.3 Die Umsetzung von GM

5.3.3.1 Kriterien für die Umsetzung von GM

Bisherige Erfahrungen mit der Umsetzung von GM zeigen also, dass noch zu oft rhetorischen Bekenntnissen zu GM wenige konkrete Ergebnisse folgen. Wie soll, wie kann sich dies ändern?

Zwar kann die Beseitigung von zwei der oben genannten Problemfaktoren – ein mangelndes Umsetzungsinteresse der Führungsetagen sowie fehlende Bottom-Up-Prozesse – nur schwer „verordnet" werden. Die drei anderen Problemfaktoren lassen sich jedoch konkret und vergleichsweise klar bearbeiten:

Einer mangelnden Verbindlichkeit von GM-Prozessen kann durch die Formulierung von Erfolgsindikatoren sowie gegebenenfalls durch die Vereinbarung von Sanktionen bei Nichterreichen entgegengetreten werden.

Programmplanungen können in der Regel problemlos durch geschlechtsspezifische Problemanalysen unterfüttert werden; daraus sind dann zumeist auch konkrete qualitative und/oder quantitative Zielvorgaben ableitbar. Gender-Wissen kann durch entsprechende Schulungen vermittelt werden. Diese drei

Aspekte sind als Voraussetzungen erfolgreicher GM-Prozesse zu interpretieren. Werden diese umgesetzt, hätte dies auch indirekt Auswirkungen auf die Motivation der Führungskräfte und Bottom-Up-Prozesse, weil beispielsweise das Umsetzungsinteresse bei den Führungskräften durch die Androhung von Sanktionen gesteigert werden könnte.

5.3.3.2 Instrumente und Checklisten

Aufgrund bisheriger Erfahrungen mit GM wurden eine Reihe von Instrumenten und Checklisten[48] entwickelt, unter anderem die „3 R"-Methode aus Schweden[49]. Sie soll hier kurz dargestellt werden. (www.gender-mainstreaming.net)

Abbildung 24: Checkliste GM (eigene Darstellung)

Arbeitsschritte	Anforderungen/Überlegungen
Repräsentation	z. B.
Wie groß ist der Anteil von Frauen und Männern? (quantitative Angabe)	Wie hoch ist der Anteil von Angelegenheiten, die hauptsächlich Frauen oder Männer betreffen?
Ressourcen	z. B.
Wie werden die verschiedenen Ressourcen zwischen Frauen und Männern verteilt? (quantitative Angabe)	Wie sind Gehälter zwischen Frauen und Männern verteilt?
Realität	Ausgehend von den zwei vorausgegangenen Arbeitschritten, z. B.
Warum ist die Situation so? (qualitative Angaben)	Warum werden Frauen und Männer unterschiedlich behandelt, beurteilt, beteiligt?

---

48 Ein kurzer Überblick über die wichtigsten Checklisten: Leitfaden GM im Europäischen Sozialfonds (BMFSFJ, ESF), Arbeitshilfe GM (Regiestelle LOS), Fragebogen zur Antragsstellung von LOS-Projekten in LOS-Themenpapier 01/2007: GM (BMFSFJ, ESF), Indikatorenlisten zu verschiedenen Gleichstellungszielen (*www.gender-mainstreaming.net*), Gender Selbstcheck in zivilgesellschaftlichen Organisationen (Weg 2005).

49 Schweden gilt als Vorreiter der Einführung von GM. Bereits 1994 wird hier begonnen, GM auf nationaler, regionaler und kommunaler Politikebene umzusetzen. Gleichstellung wird nicht nur als Angelegenheit der Gleichstellungsministerin verstanden, sondern jedes Ministerium hat in seinem Zuständigkeitsbereich die Verantwortung dafür, dass Gleichstellungsaspekte alle Bereiche der Politik durchdringen. Gender Mainstreaming wird seitdem als Hauptmethode der schwedischen Gleichstellungspolitik begriffen.

Im Arbeitsschritt Repräsentation geht es um die quantitative Erfassung der Geschlechterverteilung. Auf das Projekt bezogen bedeutet dies zu schauen, ob zum Beispiel das Selbstlernzentrum eher von Männern, eher von Frauen oder geschlechterparitätisch besucht wird. Prinzipiell muss die Nutzerstruktur aller Angebote im Hinblick auf die Kategorie Geschlecht ausgewertet werden.

Auch der Arbeitsschritt Ressourcen wird durch quantitative Auszählungen erfasst, indem nämlich beispielsweise ausgewertet wird, wie viele Gelder in geschlechtsspezifische Angebote fließen. Beispielsweise sollte bei der Vermittlung in Arbeit erhoben werden, ob Männer und Frauen den gleichen Lohn für die gleiche Arbeit erhalten.

Der dritte Arbeitsschritt Realität baut auf den Ergebnissen der quantitativen Analysen auf und erfragt die zugrunde liegenden Mechanismen. Sollte beispielsweise im Projekt die Erfahrung gemacht werden, dass Männer einfacher in Arbeit vermittelt werden können als Frauen, geht es bei diesem Arbeitsschritt darum zu erfragen, warum Frauen und Männer unterschiedlich behandelt oder beurteilt werden und unter welchen Bedingungen sie jeweils beteiligt werden.

5.3.3.3 GM in ESF/LOS-Projekten

Der ESF hat konkrete Vorgaben für die Umsetzung von GM formuliert.

„Die Berücksichtigung von GM ist eine wesentliche Vorraussetzung für die Teilnahme am Programm 'Lokales Kapital für soziale Zwecke'" (www.los-online.de: Arbeitshilfe GM).

Deswegen muss GM auf verschiedenen Ebenen berücksichtigt werden:

- Bei der Erstellung des Umsetzungsplans/Lokalen Aktionsplans
- Auf der Ebene der Entscheidungsfindung über die Auswahl von Mikroprojekten (Begleitausschuss)
- Auf der Ebene der Mikroprojekte
- Für alle Ebenen im Bereich Controlling/Auswertung/Ergebnistransfer.

Für alle Ebenen wird ein Qualitätsmanagement gefordert, bei dem je nach Ebene unterschiedliche Fragen berücksichtig werden sollen.

Für die Erstellung des Umsetzungsplans ist zu beachten:

- Ist bei der Analyse bestehender Angebote der sozialen Infrastruktur der Aspekt der Geschlechtergerechtigkeit berücksichtigt worden?
- Berücksichtigen die Bedarfsanalysen die Geschlechterdifferenz?
- Existieren im Gebiet schon Strukturen, die die Strategie GM unterstützen (Gibt es zum Beispiel spezielle Angebote und Arbeitskreise?)
- Welche Faktoren der sozialen Lage sind so dominant, dass sie drohen, die Genderstrategie zu überlagern?
- Welche Maßnahmen sollen zur Herstellung der Geschlechtergerechtigkeit beitragen?

Für die Ebene der Entscheidungsfindung über die Auswahl von Mikroprojekten ist unter anderem zu beachten:

- Werden Mikroprojekte gefördert, die entsprechend des Handlungskonzepts zur Herstellung der Geschlechtergerechtigkeit beitragen?
- Lässt die Konzeption des Mikroprojekts eine geschlechtsbezogene Sichtweise erkennen?

Für die Durchführungsebene der Mikroprojekte:

- Sind die geschlechtsbezogenen Vorannahmen überprüft worden (Erkundung, Beteiligung)?
- Wer profitiert von dem Angebot/Projekt/Maßnahme? (quantitatives Verhältnis der Geschlechter)
- Lässt die Konzeption des Mikroprojekts eine geschlechtsbezogene Sichtweise erkennen?
- Werden die Zielgruppen unter einem geschlechtsbezogenen Blickwinkel wahrgenommen und angesprochen?
- Wird eine differenzierte, zielgruppengenaue Angebotsstruktur mit Blick auf beide Geschlechter umgesetzt?
- Sind die geschlechterdifferenten Potentiale/Stärken sowie die Belastungen/Schwächen der Jugendlichen berücksichtigt?
- Werden die normierten Geschlechterrollen eher bestätigt oder erweitert?
- Ist der Zugang zum Projekt entsprechend der unterschiedlichen Ausgangsvoraussetzungen von Frauen und Männern gestaltet (Werbung, Erreichbarkeit, Arbeits- bzw. Teilnahmezeiten)?

Für alle Ebenen im Bereich Controlling/Auswertung/Ergebnistransfer:

- Sind Bewertungsindikatoren zur Messung der Zielerreichung benannt?
- Wurden Teilziele definiert?
- Sind Zeitpunkte zur Überprüfung der Teilziele/Zielerreichung festgelegt?
- Ist eine Prozessbegleitung vorgesehen?
- Ist ein projektübergreifender Ergebnistransfer vorgesehen?

Wie gestaltete sich bisher die Umsetzung dieser Anforderungen?
Für die Förderperiode 2005/06 ergab ein Monitoring des ESF folgendes Bild (vgl. LOS-Themenpapier 01/2007: GM):

Die meisten Projekte waren geschlechterheterogen (72%), daneben gab es 23,5% frauenspezifische und 4,5% männerspezifische Projekte. Frauenspezifische Projekte gab es vor allem im Bereich der Existenzgründung (29%), allerdings ist hier die Tendenz im Vergleich zur vorangegangenen Förderperiode rückläufig, wohingegen sie bei den Männern steigt (von 4% auf knapp 9% aktuell).

Die Teilnehmer/innenstruktur hat insgesamt einen höheren Frauenanteil (54%), bedingt durch die höhere Anzahl frauenspezifischer Programme. Dennoch verzeichnen die geschlechterheterogenen Projekte eine ausgewogene Verteilung, nur bei jugendspezifischen Programmen sind Mädchen noch leicht unterrepräsentiert (aktuell 45%).

Die Leistungen für die Teilnehmer/innen weisen den größten „gender bias" auf, da Männer sowohl mehr sozialpädagogische Betreuung als auch eine höhere Entlohnung für geringfügige Beschäftigung erhalten. Frauen dagegen bekommen mehr Beratung und Qualifizierung, aber sind bei geringfügiger Beschäftigung finanziell schlechter gestellt. Kinderbetreuung wird fast nur in frauenspezifischen Projekten angeboten, in männerspezifischen Projekten ist diese Leistung nicht vorgesehen.

Das Monitoring zeigt, dass es sowohl mehr frauenspezifische Programme als auch einen höheren Frauenanteil in den Projekten gibt, aber die Leistungen dennoch zu ungunsten der Frauen ausfallen. Frauen bekommen mehr Beratung und Qualifizierung, werden dafür aber seltener in geringfügige Beschäftigung vermittelt, und sie werden hier auch geringer entlohnt. Daraus folgt, dass ein höherer Frauenanteil in den Projekten und frauenspezifische Projekte allein nicht ausreichen, um die Benachteiligung von Frauen auf dem Arbeitsmarkt abzubauen. Zudem muss auch bei der Projektausrichtung die Genderperspektive stärker miteingebunden werden, damit der „gender bias" bei den Leistungen der Projekte reduziert wird.

5.3.4 Bisher in Gießen im Kontext Soziale Stadt Geleistetes

„Der überdurchschnittlich hohe Anteil an Erwerbslosen, an Personen mit geringen Bildungsqualifikationen, Alleinerziehenden, MigrantInnenfamilien und Aus-
siedlerInnen zeigte bereits mit Beginn des HEGISS-Programms (1999) die Notwendigkeit eines frauenspezifischen Projektansatzes" (Frauen aktiv in: Nordstadt
Gießen 2006: 32). Deswegen bearbeitete der Gießener Trägerverbund im Jahr
2001 das Thema „Förderung von Frauen" und fasste einen Grundsatzbeschluss
zu GM. Im Jahr 2002 tagte eine Arbeitsgruppe zu GM.

5.3.4.1 Bisherige Projekte

Im Folgenden werden die Projekte im Bereich Frauen und GM dargestellt, die im
Rahmen des Programms „Soziale Stadt" sowie der LOS-Förderung durchgeführt
wurden. Im Hinblick auf die inhaltliche Ausrichtung des Projekts „Interkulturelles Zentrum JobKomm" erscheint es sinnvoll, die früheren Projekte thematisch
und nicht zeitlich zu ordnen.

Projekte im Bereich Beschäftigungsförderung und Qualifizierung

- „Die Hürden überwinden…" Was brauchen (junge allein erziehende) Müt-
  ter für den (Wieder-)Einstieg in den Beruf? (LOS 2004-06). (Vergleiche
  Projekttableau Kapitel lokale Ökonomie). Erfolge 2005: 2 Frauen nahmen
  ehrenamtliches Engagement im Stadtteil auf.
- Orientierungs- und Berufswiedereinstiegskurs für Frauen (LOS 2005):
  (vergleiche Projekttableau Kapitel lokale Ökonomie)
- Seniorengerechter Mittagstisch (LOS 2005): (vergleiche Projekttableau
  Kapitel lokale Ökonomie)
- Nähstube „Silberfaden" (LOS 2006-07): Zielgruppe waren Frauen, insbesondere arbeitslose Frauen und/oder arbeitslose Migrantinnen. Das Projekt
  diente der Qualifizierung und Steigerung der Chancen auf dem Arbeitsmarkt (vergleiche Projekttableau Kapitel lokale Ökonomie)
- Offenes Beratungsangebot für Eltern behinderter Kinder (LOS 2007): Brü-
  cke zum Wiedereinstieg der Gruppenleiterin ins Berufsleben nach mehrjähriger Familienpause: Projektdurchführung hat Chancen erhöht!

Projekte im Bereich Jugend und GM

- „Mitmachen-mitbestimmen" Jugendpartizipation in der Gießener Nordstadt (LOS 2004-05): Versuch der besonderen Ansprache von Mädchen, da gerade Mädchen wenig in der Öffentlichkeit sind
- „Wir...hier und jetzt" Projekt zur Lokalen Wohnumfeldverbesserung (LOS 2006): die Bedürfnisse von Mädchen und Jungen in Bezug auf die Gestaltung der Lebensumwelt sind unterschiedlich. Mädchen sind im Viertel wenig präsent. Im Projekt gab es kaum Beteiligung von Seiten der Mädchen
- Einrichtung des „Treffpunkts Nord" unter jugendlicher Beteiligung (LOS 2007): Ziel des Projekts war die Steigerung der Beteiligung von Mädchen am Treffpunkt, da es in diesem Bereich kaum zielgruppenspezifische Angebote oder Angebote für gemischtgeschlechtliche Gruppen gibt. Im Projekt gab es kaum Beteiligung von Seiten der Mädchen
- „Projekt Herkules" – Bau einer Holzhütte, der zukünftige Jugendtreff in Selbstverwaltung (LOS 2007): Mit diesem Projekt sollten auch junge Frauen in der Berufsorientierungsphase angesprochen werden, um neue Ausbildungshorizonte zu eröffnen. Es beteiligte sich ein Mädchen.

Projekte im Bereich Migrantinnen

- Cafe Konvers: Miteinander leben – voneinander lernen... denn Sprache verbindet (ab 5.9.2005, LOS 2006): Ziel des Projekts war die Integration in das Wohnumfeld und die Teilnahme am öffentlichen Leben, da gerade Migrantinnen mit geringer Bildung und wenigen/keinen Deutschkenntnissen kaum soziale Kontakte haben. Das Café war ein niedrigschwelliges Angebot, das zu 89,47% von Frauen besucht wurde.
- HIPPY (Home instructions for preschool youngsters) (LOS 2006): Migrantinnen haben oft keine Deutschkenntnisse und sind dadurch in der Öffentlichkeit unter anderem vom Ehemann abhängig. HIPPY zielt daher auf Mütter und ihre Kinder. Am Projekt haben 100% Migrantinnen teilgenommen.

Allgemeine Frauenprojekte
Seit 1999[50] traf sich vierzehntägig eine Gruppe von Frauen aus der Nordstadt, die unter anderem über aktuelle politische und stadtplanerische Themen diskutierten. 2004 etablierte sich im Soziale Stadt-Zusammenhang ein Frauengesundheitsprojekt, da in der AG Frauen (Trägerverbund, Jugendamt, Frauenbeauftrag-

---

50 Treffen der Frauengruppe sind in den Jahresberichten zur Sozialen Stadt dokumentiert bis 2001.

te) dringender Handlungsbedarf gesehen wurde. Spezifische Bedarfe von Nordstadtbewohnerinnen wurden erfragt, aus denen Angebote abgeleitet wurden. Dies waren unter anderem Einzelberatungen, aufsuchende Angebote, gemeinsame Kochabende und Ausflüge. Die Ziele des Projekts bestanden in der Stärkung des Selbstwertgefühls der Frauen, damit sie mehr Verantwortung für die eigene Gesundheit und die der Familie übernehmen konnten, sowie generell in der Stärkung des Zusammenhalts von Frauen im Stadtteil. Abschließend wurde herausgestellt, dass die Honorarkraft immer wieder Motivierungsarbeit leisten musste (Jahresbericht 2006)[51].

5.3.4.2 Fazit zu den Projekten

In der 2. Förderperiode der LOS-Projekte lag ein Schwerpunkt unter anderem auf der beruflichen Wiedereingliederung von Frauen. Deswegen finden sich frauenspezifische Angebote im Bereich Beschäftigung und Qualifizierung vor allem in diesem Zeitraum.

Bei den Projekten lässt sich feststellen, dass Beratung, Qualifizierung und Perspektivenentwicklung im Vordergrund standen, wie auch das LOS-Monitoring ergeben hat, wohingegen der Vermittlungsaspekt weniger bedeutsam war (zum Beispiel Nähprojekt Silberfaden). Auch in den Jugendprojekten wurde der Genderaspekt berücksichtigt, doch schien es hier besonders schwer, auch Mädchen für die Projekte zu gewinnen. Es gab ein Jugendprojekt, in dem Jugendlichen in der Berufsorientierungsphase neue Ausbildungshorizonte eröffnet werden sollten. Die Beteiligung der Mädchen war allerdings auch hier – wie in den anderen Jugendprojekten mit Genderaspekt – sehr gering (nur ein Mädchen nahm teil).

Des weiteren gab es gemischtgeschlechtliche Jugendprojekte, die explizit eine Gender-Komponente in ihrem Ansatz berücksichtigten, sowie Projekte im Bereich der Migrantinnenarbeit, die teilweise frauenspezifisch oder auch gemischtgeschlechtlich waren. Frauengruppe und Frauengesundheitsprojekt waren als reine Frauenprojekte konzipiert und umgesetzt.

---

51   Weitere frauenspezifische Angebote fanden im Rahmen der Arbeit der Integrationslotsinnen ab 2005 statt.

5.3.5 GM im Projekt „Interkulturelles Zentrum JobKomm"

5.3.5.1 Grundsätzliches

GM war im Rahmen des Projekts von hoher Relevanz, weil gerade für die Frauen der Nordstadt oftmals verschiedene problematische Faktoren im Hinblick auf ihre private und berufliche Situation kumulieren. Zu der nach wie vor bestehenden generellen Benachteiligung von Frauen auf dem Arbeitsmarkt kommen bei den in der Nordstadt lebenden Frauen in überdurchschnittlichem Ausmaß hinzu: Fehlende Qualifikationen, eine junge Mutterschaft ohne Ausbildung, der Status allein erziehend mit mehreren Kindern, ein Migrationshintergrund sowie das Leben in sozial benachteiligten Verhältnissen. Diese relative Häufung von Risikofaktoren wirkt sich kumulierend auf die generelle Benachteiligung aus. Gerade bei Migrantinnen ist Analphabetentum verbreitet oder zumindest sind keine ausreichenden Sprachkenntnisse vorhanden. Auch haben sie oft viele Kinder, die sie nicht adäquat betreuen lassen können. Durch diese Vermittlungshemmnisse ist die Integration in den ersten oder zweiten Arbeitsmarkt schwierig.

Junge Mädchen haben oft ein eingeschränktes Berufswahlspektrum – oft auf Grund klassischer Rollenbilder. Hier gilt es, GM in der Ausbildungsberatung zu berücksichtigen und auch Zugänge zu anderen als den klassischen Berufsfeldern zu ermöglichen. Daher werden im Projektantrag zu GM als Arbeitsprinzip/Querschnittsaufgabe/Selbstverpflichtung folgende Ziele festgehalten (vgl. Projektantrag):

- Wahrnehmung unterschiedlicher Lebenswirklichkeiten von Frauen und Männern
- Sensibilisierung für die eigene Geschlechterrolle – Reflexion der eigenen Biografie, der Prägung in der Herkunftsfamilie, der Berufswelt
- Erkennen der Vorteile und Notwendigkeit von Veränderungen
- Wahrnehmung der Geschlechterverhältnisse und gegenseitiges Verstehen
- Entwicklung von Gender-Kompetenz, verstanden als Fähigkeit, Ungleichbehandlungen der Geschlechter zu identifizieren, zu artikulieren und Veränderungsvorschlägen zuzuführen
- Förderung des Dialogs zwischen den Geschlechtern über konkrete Ungleichheiten im erlebten Alltag, um GM zum „Anfassen" zu bringen

Alle Bereiche des Projektvorhabens – also Evaluation, Projektkoordination, Beschäftigungsförderung, Selbstlernzentrum und Ausbildungslotsin – sollen die Einbeziehung der Ungleichheit von Lebensverhältnissen von Männern und Frauen bei der weiteren Planung und der konkreten Durchführung im Fokus haben.

5.3.5.2 Die Evaluation von GM im Projekt: Indikatoren

Zur Evaluation von GM hat die wissenschaftliche Begleitung in Bezug auf das Projekt eine Reihe von Indikatoren entwickelt, die nachfolgend dargestellt werden. Die Unterteilung erfolgt entlang der Bereiche Selbstlernzentrum, Beschäftigungsförderung, Ausbildungslotsin und Multiplikatorenschulungen.

Eine Grundsatzüberlegung ist hierbei: Gender Mainstreaming bedeutet, wie eingangs bereits beschrieben, nicht, dass beide Geschlechter immer und in allen Maßnahmen gleich vertreten sein müssen. GM zielt im Gegenteil auf spezifische Maßnahmen zur Förderung *unterrepräsentierter Geschlechter* ab. Im Bereich der Beschäftigungsförderung und Qualifizierung ist daher aus zwei Gründen ein höherer Anteil von Frauen (und nicht: eine ausgeglichene Verteilung) als Erfolg zu werten: Frauen wurden erstens im Projektantrag als Zielgruppe konkret benannt. Zweitens sind sie auf dem Arbeitsmarkt unterrepräsentiert und besonders benachteiligt.

Selbstlernzentrum: Berücksichtigung der Genderspezifik im Bildungskonzept in Bezug auf Lerneinheiten, Zielgruppenansprache, Beratung, Öffnungszeiten

Indikatoren:
- Höherer Anteil an Teilnehmerinnen im Selbstlernzentrum (quant.)
- Lerneinheiten sind auf den spezifischen Bedarf von Männern und Frauen zugeschnitten (z. B. Deutsch für Analphabetinnen), da ein überdurchschnittlich hoher Anteil an Frauen in der GI-Nordstadt Analphabetinnen sind
- Öffnungszeiten berücksichtigen den genderspezifischen Bedarf
- Beratung berücksichtigt Genderspezifik, z. B. geschlechtsspezifischer Umgang mit PCs
- Werbung für das Selbstlernzentrum berücksichtigt beide Geschlechter/ Frauen und Männer werden jeweils gezielt und zielgruppenspezifisch angesprochen bzw. beworben

Beschäftigungsförderung:
Berücksichtigung des Genderaspekts im Konzept für Beschäftigungsförderung

Indikatoren:
a) Beratung:
- Mindestens (annähernd) gleicher Anteil von Männern und Frauen in der Beratung (quant.), oder höherer Anteil von Frauen
- Berücksichtigung des Genderaspekts bei der Beratung (z. B. für Frauen stärken: Beratung/Vermittlung in sozialversicherungspflichtige Arbeitsver-

hältnisse, Teilzeit/Vollzeit statt Minijobs, Orientierung auf „frauenuntypische" Berufe etc.)
- Besondere Unterstützung von Frauen beim Schritt in die Selbständigkeit
bzw. Erwerbsarbeit
- Auf die familiäre Situation wird explizit Rücksicht genommen

b) Beschäftigungsprojekte
- Mindestens quantitativ (annähernd) gleicher Anteil von in Beschäftigungspro-
jekt(en) beschäftigten Frauen/zielgruppenadäquate Ausrichtung der Beschäftigungsprojekte (z. B. Schrottlerprojekt wäre eher auf Männer bezogen, Projekt mit „Silberfaden" eher auf Frauen, evtl. auch explizit genderuntypische
Projekte, z. B. Internetprojekt nur für Frauen), oder höherer Frauenanteil
- Auf die familiäre Situation wird explizit Rücksicht genommen

Ggfs. strukturelle Situation bei Betrieben, in die vermittelt wird:
- Anteil von Voll- und Teilzeitstellen ist entsprechend des Bedarfs
- (Annähernd) gleicher Anteil von Frauen in formellen Beschäftigungsver-
hältnissen

Ausbildungslotsin:
Berücksichtigung der Genderspezifik in der Berufsberatung

Indikatoren:
- Mindestens (annähernd) gleicher Anteil der beratenen Jungen und Mädchen, oder höherer Anteil von Mädchen (quantitativ)
- GM ist Bestandteil der Ausbildungsberatung in Bezug auf die Ausbildungsplatzwahl, Branche (auch genderuntypische), etc.

Multiplikatorenschulungen:
Berücksichtigung der Genderspezifik

- GM ist prinzipiell eigener Baustein/eigenes Thema der Schulungen
- Mindestens (annähernd) gleicher Anteil von teilnehmenden Männern, oder
höherer Anteil von Männern

Allgemein:
- Es versteht sich, dass seitens des Personals keinerlei sexistische Bemerkungen fallen, kein sexistisches Verhalten erfolgt, zudem
- Bei sexistischen Bemerkungen bzw. Verhalten in Beratungen, Beschäftigungsprojekten oder im Selbstlernzentrum wird seitens des Personals sofort
interveniert

5.3.5.3   Gender Mainstreaming – Auswertung nach quantitativen Aspekten

Gesamtprojekt
Indikator:
▪ Sind Frauen/Mädchen zu 50% oder mehr in den Teilprojekten vertreten? (Antrag)

In das Projekt kamen 70% Frauen und 30% Männer. In den Teilprojekten waren mehrheitlich Frauen vertreten (siehe unten). Die Zielgruppe „Frauen" wurde also vorrangig erreicht.

Aus GM-Perspektive ist die Geschlechterverteilung positiv zu werden, da Frauen a) explizit als Zielgruppe formuliert wurden und b) das auf dem Arbeitsmarkt benachteiligte Geschlecht darstellen und daher besonders gefördert werden sollten. Aus diesen genannten Gründen ist eine Gleichverteilung der Geschlechter nicht anzustreben.

GM und Beschäftigungsförderung
Indikatoren:
▪ Mindestens (annähernd) gleicher Anteil von Männern und Frauen in der Beratung (quant.), oder höherer Anteil von Frauen
▪ Mindestens quantitativ (annähernd) gleicher Anteil von in Beschäftigungsprojekt(en) beschäftigten Frauen

Die Indikatoren wurden im Bereich der Beschäftigungsförderung durchgängig erreicht. Zur Beschäftigungslotsin kamen von Anfang an deutlich mehr Frauen (76%) als Männer (24%). Zu Ende des Projekts verstärkte sich diese Tendenz auf vier Fünftel (80%) Frauen und ein Fünftel (20%) Männer.

GM und Ausbildungsförderung
Indikator:
▪ Mindestens (annähernd) gleicher Anteil der beratenen Jungen und Mädchen, oder höherer Anteil von Mädchen (quant.)

Bei der Ausbildungslotsin wurde dieser Indikator erreicht. Bei der Ausbildungslotsin war das Verhältnis zu Beginn exakt ausgewogen, verschob sich schließlich aber zugunsten der Frauen auf ein Verhältnis von 57,7% Frauen und 42,3% Männer.

GM und Selbstlernzentrum
Indikator:
▪ Höherer Anteil an Teilnehmerinnen im Selbstlernzentrum (quant.)

Im Selbstlernzentrum wurde dieser Indikator erreicht.

Im Selbstlernzentrum war gegenüber der Beschäftigungsförderung eine umgekehrte Tendenz zu erkennen. Dieser Bereich startete mit einem Verhältnis von vier Frauen zu einem Mann, wohingegen der Männeranteil mit Verlauf des Selbstlernzentrums kontinuierlich gesteigert werden konnte und am Schluss 71,3% Frauen und 28,7% Männer kamen.

Der überwiegende Frauenanteil im Selbstlernzentrum wurde im Rahmen der Prozessevaluation diskutiert. Als mögliche Erklärungsansätze wurden genannt: Frauen seien aktiver (KT 17.1.08) und die Art des Angebots spreche sie eher an; bei einem anderen Angebot (z. B. Internet-Cafe) wäre mit einem höheren Männeranteil zu rechnen gewesen (WS 1.9.08). Im Projektverlauf wurde auch immer wieder thematisiert, wie der Männeranteil im Selbstlernzentrum erhöht werden könnte. Vorschläge hierzu waren z. B. über ein verändertes Kursangebot oder die Vergabe von Zertifikaten (KT 17.1.08). Letztere wurden eingeführt und den Teilnehmer/innen über ihre im Selbstlernzentrum erbrachten Stunden ausgestellt.

Erziehende/Betreuende

Bei der Eingliederung in den Arbeitsmarkt zeigen sich markante Unterschiede zwischen den Geschlechtern im Hinblick auf die Auswirkungen von Erziehungsaufgaben: Erziehungsaufgaben werden nach wie vor in der Hauptsache von Frauen wahrgenommen, und es sind vor allem Frauen, die erziehungsbedingte Auszeiten auch längerer Dauer aus dem Beruf aufweisen. Auch gibt es zahlreiche Frauen, die aufgrund ihrer Erziehungsaufgaben nur Teilzeit arbeiten können oder möchten, bzw. dem Arbeitsmarkt nur eingeschränkt zur Verfügung stehen – hierfür gibt es sowohl strukturelle Gründe, wie das unzureichende Angebot an Kinderbetreuung, als auch einstellungsbedingte Gründe, wie eine hohe Priorität für das Familienleben oder psychischer Druck der Partner (siehe dazu die folgende Passage zur qualitativen Auswertung). Zudem sind etwa neun Zehntel aller allein erziehenden Frauen, und diese sind auf dem Arbeitsmarkt noch mal stärker benachteiligt. Im Folgenden werden daher die Verteilungen von Teilnehmer/innen mit Erziehungsaufgaben und allein Erziehenden im Projekt betrachtet.

28,6% der Teilnehmer/innen im Projekt hatten Erziehungsaufgaben. Gerade in der Nordstadt leben jedoch viele Familien mit Kindern: 1231 Familien leben dort; die Nordstadt ist damit nach der Innenstadt (1497) der Gießener Stadtteil mit den meisten Familien. Insbesondere liegt der Anteil von Familien mit drei oder mehr Kindern über dem stadtweiten Vergleich (vgl. Keiner 2007: 18). Es gibt zwar über die Zahl der Menschen mit Erziehungsaufgaben unter der Nordstadtbevölkerung keine Angaben, aber angesichts dieser Zahlen lässt sich doch feststellen, dass der Anteil der Teilnehmer/innen mit Erziehungsaufgaben im Projekt angesichts einer im stadtweiten Vergleich großen Zahl von Familien mit Kindern geringer erscheint, als diese Zahlen erwarten ließen.

Allerdings wiesen die drei Projektbereiche erhebliche Unterschiede auf:

- Bei der Beschäftigungslotsin gab es einen besonders hohen Anteil von Teilnehmer/innen mit Erziehungsaufgaben. Von den insgesamt 57 Teilnehmer/innen hatte fast die Hälfte (42%) Erziehungsaufgaben inne, fast alle waren Frauen (ein Mann war dabei).
- Ins Selbstlernzentrum kamen insgesamt weniger Besucher/innen mit Erziehungsaufgaben als bei der Beschäftigungsförderung. Deren Anteil konnte jedoch kontinuierlich gesteigert werden. So waren es zu Beginn 20,5%, im Juni bereits 23,6% und bei Abschluss des Projekts 28,7% der Teilnehmer/innen im Selbstlernzentrum, die Erziehungsaufgaben hatten.
- Im Bereich der Ausbildungslotsin hatten die wenigsten Teilnehmer/innen Erziehungsaufgaben (13,5%). Dies ist wenig überraschend, da ihre Teilnehmer/innen nicht älter als 25 Jahre waren.
- Die Teilnehmer/innen mit Erziehungsaufgaben waren insgesamt in neun von zehn Fällen Frauen.

Allein Erziehende
Die allein Erziehenden haben in mehrfacher Hinsicht nochmals eine Sonderrolle als Zielgruppe des Projekts. Sie sind in den allermeisten Fällen Frauen (Bundesweit sind unter den allein Erziehenden 87% Frauen und 13% Männer; IAQ/FIA/GendA (Hg): Jahresbericht Gender-Projekt 2007), und sie sind damit auf dem Arbeitsmarkt doppelt benachteiligt, nämlich sowohl als Erziehende als auch als Frauen. Damit stellen sie eine spezifische und besonders förderungsbedürftige Teilgruppe der Zielgruppe der Frauen dar. Wie war nun der Anteil von allein Erziehenden im Projekt?

42% der Erziehenden im Projekt waren allein erziehend. Bezogen auf alle Teilnehmer/innen bedeutet dies, dass knapp über ein Zehntel (12%) der Teilnehmer/innen im Projekt allein erziehend waren. Zum Vergleich: In der Nordstadt gibt es unter allen Familien mit Kindern 43,5% allein Erziehende. Damit entspricht die im Projekt erreichte Verteilung dem Verhältnis von Erziehenden und allein Erziehenden in der Nordstadt.

Bei der Beschäftigungslotsin war der Anteil der allein Erziehenden mit 50% der Erziehenden am höchsten. Dies ist insofern wenig überraschend, als hier auch der Anteil von Teilnehmer/innen mit Erziehungsaufgaben am höchsten war: Von den insgesamt 57 Teilnehmer/innen hatten im Bereich Beschäftigungsförderung 23 Erziehungsaufgaben inne, fast alle waren Frauen (ein Mann war dabei). Unter diesen 23 waren wiederum 12 allein erziehende Frauen. Insofern waren also über ein Fünftel (21%) aller Teilnehmer/innen der Beschäftigungslotsin allein erziehend.

Abbildung 25: Erziehende im Projekt (eigene Darstellung)

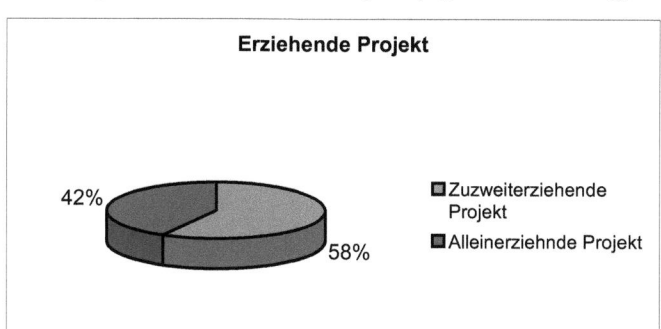

Abbildung 26: Erziehende in der Nordstadt (eigene Darstellung)

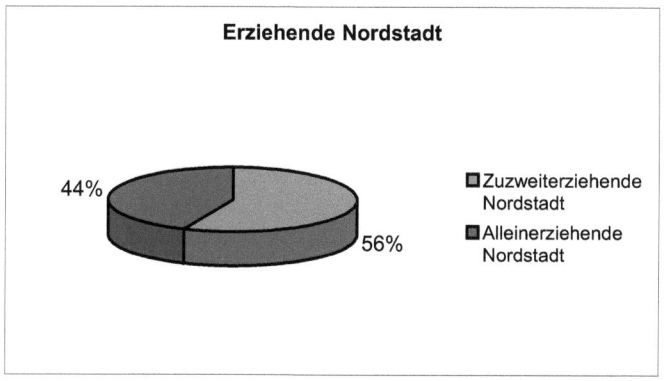

Im Selbstlernzentrum hatten zum Ende des Projekts knapp ein Drittel der Teilnehmer/innen (27,7%) Erziehungsaufgaben. Von diesen waren wiederum 38% allein erziehend. Damit war insgesamt etwas mehr als ein Zehntel (11,6%) der Teilnehmer/innen im Selbstlernzentrum allein Erziehende. Das Durchschnittsalter der Besucher/innen im Selbstlernzentrum lag zudem bei Mitte 40, d. h. die Frauen waren in einem Alter, in dem die Kinder meist schon größer sind. Warum weniger allein Erziehende ins Selbstlernzentrum kamen als zur Beschäftigungslotsin, ist nicht unmittelbar zu erklären. Es gibt lediglich einen möglichen Grund, der im Projektverlauf immer wieder thematisiert wurde: Im Selbstlernzentrum gab es keine Kinderbetreuung. Auf den Koordinationstreffen wurde als Ansatz

zur Lösung dieses Problems wiederholt diskutiert, dass Angebote mit Kinderbetreuung den Anteil der allein erziehenden Frauen sowie den Anteil der Frauen
mit Kindererziehung generell erhöhen (KT 10.3.08).

Unter den Teilnehmer/innen der Ausbildungslotsin hatten deutlich weniger
Erziehungsaufgaben inne als bei der Beschäftigungslotsin: Insgesamt war es nur
gut ein Zehntel (13,5%) aller Teilnehmer/innen. Angesichts der Tatsache, dass
das Klientel der Ausbildungslotsin mit der Altersmaßgabe „bis 25 Jahre" deutlich jünger war, verwundert dies auch nicht. Allerdings war unter den erziehenden Teilnehmer/innen wie auch in den anderen zwei Bereichen ebenfalls knapp
die Hälfte allein erziehend.

Insgesamt sank in allen drei Bereichen der Anteil der allein Erziehenden im
Verlauf des Projekts, und zwar im Selbstlernzentrum von zwischenzeitlich über
50% auf 43% und abschließend auf 38%, aber auch bei der Beschäftigungslotsin
von anfänglich 66% auf 53% zu abschließenden 50%. Im gesamten Projekt gab
es keine allein erziehenden Männer. Gründe dafür sind aus dem Projektverlauf
allerdings nicht erkennbar.

5.3.5.4   Gender Mainstreaming – Auswertung nach qualitativen
Gesichtspunkten

Für das Querschnittsziel des Gender Mainstreaming wurden neben den quantitativen auch eine Reihe von qualitativen Indikatoren definiert, denn auch in diesem
Bereich ist es wichtig, neben den absoluten Zahlen die Lernerfolge der Teilneh-
mer/innen zu erfassen. Hierbei ist vorauszuschicken, dass GM als eigenes Thema
für die Teilnehmer/innen kaum zu greifen ist. Es ist also wenig sinnvoll, in Beratungen direkt und grundsätzlich die Geschlechterverhältnisse zu thematisieren.
Daher fand sich die Ausrichtung auf GM vor allem in konkreten Fragen und
konkreten Beratungsbedarfen wieder.

Im Hinblick auf die Ergebnisse des Projekts mit Bezug auf die qualitativen
Indikatoren ist eingangs festzustellen, dass das Projekt auch auf der qualitativen
Ebene von GM als Erfolg anzusehen ist. Vor allem trifft dies im Hinblick auf die
Lerneffekte bei den Teilnehmer/innen beziehungsweise die Veränderung von
Einstellungen zu.

Dies ist direkt auf die Beratungen zurückzuführen: Bei der Ausbildungs-
und bei der Beschäftigungslotsin war GM oft ein wichtiger Bestandteil der Beratungen. Aussagekräftige Beispiele sind hier der Kurs der Beschäftigungslotsin
„Berufsorientierungskurs für Frauen", oder die Ermutigung einer Existenzgründerin zum Schritt in die Selbständigkeit. Ein zentraler Aspekt ist dabei jeweils
die Einbeziehung der familiären Situation und, bei Erziehenden, die Vereinbarkeit von Familie und Beruf.

GM und Beschäftigungsförderung
Qualitative Indikatoren:

- Berücksichtigung des Genderaspekts bei der Beratung (z. B. für Frauen stärken: Beratung/Vermittlung in sozialversicherungspflichtige Arbeitsverhältnisse, Teilzeit/Vollzeit statt Minijobs, Orientierung auf „frauenuntypische" Berufe etc.)
- Besondere Unterstützung von Frauen beim Schritt in die Selbständigkeit bzw. Erwerbsarbeit
- Auf die familiäre Situation wird explizit Rücksicht genommen

Die Indikatoren wurden im Bereich der Beschäftigungsförderung durchgängig erreicht.

Angesicht dessen, dass es im Bereich Beschäftigungsförderung einen besonders hohen Anteil an Teilnehmer/innen mit Erziehungsaufgaben gab, zielten hier auch die Beratungsinhalte stark auf die Berücksichtigung der familiären Situation ab. Bei über der Hälfte der erziehenden Frauen war die Vereinbarkeit von Kindern und Berufstätigkeit explizit Inhalt der Beratung. In diesem Zusammenhang zeigten sich bestimmte, für Frauen mit Erziehungsaufgaben spezifische Vermittlungsschwierigkeiten, wie „Konzentration auf Familienarbeit" und „mangelnde Kinderbetreuung".

Hierbei sind zwei Ebenen zu unterscheiden: Während mangelnde Kinderbetreuung als *strukturell* behindernder Faktor für eine Arbeitsaufnahme von Frauen anzusehen ist, ist die Konzentration auf Familienarbeit auf der *Einstellungsebene* anzusiedeln. Es müssen daher für diese beiden Bereiche unterschiedliche Hilfestellungen erfolgen.

Kinderbetreuung ist ein struktureller Engpassfaktor für die Arbeitsaufnahme erziehender und insbesondere allein erziehender Frauen. Auch wenn das Angebot an Kinderbetreuung in Gießen im bundesweiten, westdeutschen Vergleich (in den ostdeutschen Bundesländern ist das Angebot deutlich besser) relativ gesehen noch eher breit ist, gibt es auch hier strukturelle Mängel. Konkrete Bedarfe betreffen deshalb z. B. die Örtlichkeiten – so hilft es etwa einer allein erziehenden Mutter aus der Nordstadt oft kaum, wenn sie einen KiTa-Platz in Klein-Linden erhält. Zudem wurden von den Teilnehmerinnen die Öffnungszeiten der KiTas als Begrenzung bezeichnet.

„Das ist das größte Problem finde ich heutzutage, für solche Frauen in Deutschland, verstehen Sie? [I: Mit der Kinderbetreuung?] Mit der Kinderbetreuung. Weil sogar im Kindergarten, meiner Meinung nach, die Arbeitszeiten, sind begrenzt, sehr begrenzt. Umständlich. Das ist umständlich, leider." (Int. 5)

Die zweite Ebene ist die der Einstellungen der Frauen und oft auch ihres Umfeldes zur Vereinbarkeit von Familie und Beruf. Viele Teilnehmerinnen gaben ihrem Familienleben einen prioritären Stellenwert:

> „Da könnte ich Ihnen aber jetzt ganz ganz viel erzählen. Also, na ja gut, an erster Stelle steht natürlich ohne Wenn und Aber das Familienleben." (Int. 2).

Von den Projektmitarbeiterinnen wurde thematisiert, dass oftmals auch das familiäre Umfeld und insbesondere die Ehemänner einer Qualifizierung oder Arbeitsaufnahme der Frauen kritisch gegenüber standen. Einerseits hielten manche Männer ihre Frauen zur Familienarbeit an, auf der anderen Seite sahen sich aber die Frauen selbst auch in einer Doppelrolle, d. h., dass sie sich selbst die Verantwortung für die Kindererziehung zuwiesen und das Thema Vereinbarkeit von Kindern und Berufstätigkeit damit allein im Verantwortungsbereich der Frauen verblieb.

Dadurch hatten einige Teilnehmerinnen die explizite Ansicht, dass Frauen es aus den oben genannten Gründen schwerer haben und deswegen mehr und anders unterstützt werden müssen. Frauen bräuchten mehr Ermutigung als Männer, da diese selbstbewusster in Bezug auf ihre eigenen Fähigkeiten seien.

> „Also ich bin der Meinung, dass Frauen mehr und anders unterstützt werden sollten, ohne Wenn und Aber. Also ich möchte, ich kann jetzt wirklich nicht ausschließen, dass Männer, was weiß ich, alles können, keineHilfe brauchen, um Gottes Willen. Trotz allem ist es bewiesen durch Studien, durch alles Mögliche und ich behaupte, ich weiß es einfach, dass Frauen einfach anders rangehen. In dem ganzen Bereich, was Existenzgründung angeht. Ob das die Kredite sind, die um einiges höher sind, und und und." (Int. 2)

Auf diese Einstellungen muss dann in der Beratung eingegangen werden, um die Teilnehmerinnen zu aktivieren und um ihr persönliches Modell der Vereinbarkeit auszubilden. Hierzu ist insbesondere als Erfolg zu werten, dass auch unter den Frauen ein Drittel der Teilnehmerinnen in Arbeit vermittelt werden konnten, also der gleiche Anteil wie bei den Männern.

Nach Ansicht der Beschäftigungslotsin erzielten sechs Frauen zentrale Lernerfolge im Hinblick auf die Vereinbarkeit von Kindern und Beruf. Eine Teilnehmerin wurde in ein Anerkennungsjahr als Erzieherin vermittelt und kann dadurch ihre Ausbildung beenden. Eine Teilnehmerin beginnt eine Ausbildung, eine andere strebt durch die Beratung eine Ausbildung als Logopädin gezielt an. Eine Teilnehmerin konnte in eine Honorartätigkeit als Ausbilderin im Gastronomiebereich vermittelt werden. Zwei Teilnehmerinnen nahmen am Berufsorientierungskurs für Frauen teil. Eine dieser Teilnehmerinnen wurde zudem in ein betriebliches Praktikum als Reinigungskraft vermittelt, durch das im Anschluss eventuell eine Teilzeitbeschäftigung möglich wird.

Eine frauenspezifische Thematik ist auch der Wiedereinstieg in den Beruf nach mehrjähriger Familienpause. In diesem Bereich gab es mit dem „Berufsorientierungskurs für Frauen" ein explizites Angebot. Der Kurs hatte frauentypische Probleme wie den Wiedereinstieg in den Beruf und einen gemeinsamen Austausch über die Lebenssituation, Arbeitslosigkeit und Erwerbstätigkeit zum Thema. Diese Ausrichtung wurde von den teilnehmenden Frauen als sehr gut beurteilt

> „Erst mal war ich froh, dass ich unter Leute kam, unter den Frauen. Weil das fehlt den arbeitslosen Frauen, oder den Frauen, die jahrelang eine sehr lange Familienpause wegen Kindern, Männern oder was weiß ich zu machen. Es gibt Möglichkeit, einfach unter die Leute zu sein. Du siehst, du bist nicht alleine. Es gibt noch mehrere, denen auch nicht so gut geht, oder die auch jahrelang versuchen, versucht haben, etwas zu finden. Arbeit, Ausbildung, was weiß ich, alles Mögliche" (Int. 5).

Auch die Zeiten der Angebote im Bereich Beschäftigungsförderung berücksichtigten den genderspezifischen Bedarf. Die Kurszeiten der Qualifizierungsmodule waren gerade für Frauen mit schulpflichtigen Kindern günstig gelegt, da die Kurse vormittags und außerhalb der Schulferien stattfanden.

Die Beratung der Beschäftigungslotsin wurde von den Teilnehmerinnen insgesamt als sehr gut beurteilt, da es ihr gelang, auf die frauenspezifischen Bedürfnisse einzugehen und den Frauen Mut zu machen. Der Beschäftigungslotsin gelang es, für die Teilnehmerinnen überzeugende Wege aufzuzeigen, Kindererziehung und Berufstätigkeit zu kombinieren, oder auch die Überzeugung zu wecken, dass auch Frauen erfolgreich in der Existenzgründung sein können.

> „Sie macht`s von allen Seiten, eine totale Beratung, und das gibt uns Frauen und das ist meine persönliche Meinung, eine Hoffnung, dass wir, dass ich das trotz allem schaffen kann, und diese Brücke schaffen, bis zur Arbeitsstelle. Diese Zukunft kann ich mir doch aufbauen und das brauchen wir Frauen sehr heutzutage, ja." (Int. 5)

GM und Ausbildungsförderung
Qualitativer Indikator:

- GM ist Bestandteil der Ausbildungsberatung in Bezug auf die Ausbildungsplatzwahl, Branche (auch genderuntypische), etc.

Auch bei der Ausbildungslotsin wurde der Indikator erreicht.

Auch die Beratung der Ausbildungslotsin war genderspezifisch zugeschnitten. Dies ergab sich aus den Anliegen der Teilnehmer/innen: Während es bei den jungen Frauen in 73% der Fälle zuerst um das prinzipielle Erarbeiten einer beruflichen Orientierung ging, war dies bei den jungen Männern nur bei 14% der Fall. Diese Diskrepanz lag darin begründet, dass die männlichen Teilnehmer meist mit klaren Berufsvorstellungen in die Beratung kamen, wohingegen die weiblichen Teilnehmer ihre Interessen und Qualifikationen meist noch nicht eindeutig definieren konnten. Daraus ergaben sich praktische, inhaltliche Beratungsunterschiede zwischen Männern und Frauen: Die Teilnehmerinnen mussten zuerst „gefördert und gefordert" werden, wohingegen die Männer „auf die Spur gesetzt werden" mussten (KT 10.3.08).

Da unter den Teilnehmer/innen der Ausbildungslotsin im Schnitt weniger Personen Erziehungsaufgaben inne hatten als bei der Beschäftigungslotsin (insgesamt nur 13,5%), hatte das Thema „Vereinbarkeit von Beruf und Familie" einen vergleichsweise geringeren Stellenwert als im Bereich Beschäftigungsförderung. Bei den Teilnehmer/innen der Ausbildungslotsin wurde in vier Fällen auch das Thema Kinderbetreuung erörtert, davon war ein Teilnehmer männlich. Drei konnten vermittelt werden: Der männliche Teilnehmer erhielt eine Stelle über Zeitarbeit, eine Teilnehmerin mit Kindern wurde in eine schulische Ausbildung vermittelt, eine in ein betriebliches Praktikum.

GM im Selbstlernzentrum

Qualitative Indikatoren

- Lerneinheiten sind auf den spezifischen Bedarf von Männern und Frauen zugeschnitten (z. B. Deutsch für Analphabetinnen), da ein überdurchschnittlich hoher Anteil an Frauen in der GI-Nordstadt Analphabetinnen sind
- Öffnungszeiten berücksichtigen den genderspezifischen Bedarf
- Beratung berücksichtigt Genderspezifik, z. B. geschlechtsspezifischer Umgang mit PCs
- Werbung für das Selbstlernzentrum berücksichtigt beide Geschlechter/ Frauen und Männer werden jeweils gezielt und zielgruppenspezifisch angesprochen bzw. beworben

Auch im Selbstlernzentrum wurden die Indikatoren erreicht.

Zwar stand auch im Selbstlernzentrum GM als expliziter Beratungsbestandteil nicht im Vordergrund (WS 1.9.08), dennoch wurde die Beratung auf geschlechtsspezifische Bedürfnisse, wie z. B. auf Unterschiede im Umgang mit PCs, zugeschnitten. Auch die Lerneinheiten waren auf den spezifischen Bedarf von Männern und Frauen ausgerichtet, und zwar insbesondere auf den Bedarf benachteiligter Frauen (z. B. Analphabetinnen). Hier gelang die Aktivierung, es besuchten Analphabetinnen das Selbstlernzentrum (WS 1.9.08).

Auch die Öffnungszeiten wurden von den Teilnehmerinnen eher als ausreichend bewertet, durchaus auch für Frauen mit Erziehungsaufgaben, etwa weil vormittags im Selbstlernzentrum gelernt werden konnte, während Kinder in der

Schule waren (Int. 2, Int. 5). Das Selbstlernzentrum hatte einen Vormittag (Donnerstag) nur für Frauen reserviert. Dieser wurde seitens einer Teilnehmerin positiv bewertet, wobei diese allerdings anmerkte, dass ganze Tage nur für Frauen eher dem Bedarf entsprechen würden (Int. 1). Die Mitarbeiterinnen sahen dagegen eher keinen Bedarf an einem spezifischen Frauenvormittag.

Inwieweit die Werbung für das Selbstlernzentrum den Bedarf beider Geschlechter berücksichtigte, kann nicht für alle in Kapitel 6 beschriebenen Akquisewege nachvollzogen werden. Es ist jedoch davon auszugehen, dass der hohe Anteil an personenbezogener Akquise (durch Freunde und Verwandte sowie die Integrationslotsin) sich positiv auf die Anwerbung weiblicher Teilnehmender auswirkte, da die Integrationslotsin über ein enges Netzwerk unter den Frauen des Stadtteils verfügte, und die Mehrheit der Teilnehmer/innen weiblich war. Es ist dabei anzunehmen, dass Frauen Frauen in stärkerem (oder mindestens ebenso starkem) Ausmaß ansprechen wie Männer.

Zusammenfassend ist für alle Teilbereiche zu sagen, dass die frauenspezifische Aktivierung auch deshalb gut gelang, weil die Mitarbeiterinnen der drei Teilbereiche alle weiblich waren.

Für die Teilnehmerinnen war eine Frau als Ansprechpartnerin sehr wichtig, da sie es einfacher fanden, sich Frauen zu öffnen und ihre Probleme darzustellen.

> „Ja. Ich konnte auch mit Frau Sassen offener reden, wie mit dem Berufsberater jetzt. Das war ja ein Mann. Ich hab zwar kein Problem mit Männern, aber der ist auch nicht so darauf eingegangen." (Int. 4).

Insgesamt konnten die weiblichen Teilnehmer im Hinblick auf die Steigerung ihres Selbstbewusstseins generell und als Frau zentrale Lernerfolge verbuchen.

Sowohl im Bereich Beschäftigungsförderung als auch bei der Ausbildungslotsin wurden schließlich den Teilnehmer/innen (Männer wie Frauen) auch „geschlechtsuntypische" Berufsfelder nahe gelegt. Dies führte teilweise zu einem Umdenken der Teilnehmer/innen. Bei manchen Frauen konnte ein Bewusstsein dafür geschaffen werden, dass man sich durch einen Berufsabschluss oder eine eigene Stelle Unabhängigkeit vom Partner erarbeitet. Es gab jedoch auch männliche Teilnehmende, die sich im Verlauf der Beratung für eher frauentypische Berufe öffneten (Reinigungsservice).

5.3.5.5   Fazit zur Auswertung im Bereich Gender Mainstreaming

Zusammenfassend lässt sich zunächst festhalten, dass drei Ebenen unterschieden werden sollten, auf denen sich die Erfolge im Bereich Gender Mainstreaming bewegen.

- Die quantitative Ebene: Die quantitativen Ergebnisse (Teilnehmer-Anteile) im Hinblick auf GM haben mit Ausnahme der Multiplikatorenschulungen zu einer Erreichung der Indikatoren geführt.
- Die Ebene der Beratung: GM wurde im Prozess der Beratung berücksichtigt und regelmäßig, auf spezifische Themen und Fragestellungen bezogen, auch angesprochen. Allerdings wurde GM nicht als übergreifendes, abstraktes Thema angesprochen. Die qualitativen Indikatoren wurden alle erreicht.
- Die Ebene des Projektzentrums: Dort gab es keine sexistischen oder fremdenfeindlichen Vorfälle. Es ist also gelungen, einen Raum zu schaffen, in dem gegenseitige Unterstützung praktiziert wurde, und wo Sexismus keinen Platz hatte. GM spiegelte sich in den Inhalten und Werten des Zentrums wieder. Die Öffnungszeiten waren für beide Geschlechter weitgehend adäquat, allerdings fehlte eine Kinderbetreuung.

Erreichung der Indikatoren:

- Die quantitativen Indikatoren wurden durchgängig erreicht
- Die qualitativen Indikatoren wurden ebenfalls durchgängig erreicht

Zentrale Erkenntnisse zum Bereich Gender Mainstreaming:

- Erfolge im Bereich GM lassen sich nur auf der quantitativen Ebene ganz klar erfassen
- Einstellungsänderungen sind dagegen schwer zu erfassen
- Der Bereich GM ließ sich nur dann explizit im Beratungsverlauf thematisieren, wenn es konkrete Anlässe gab. Ansonsten schwang das Thema eher implizit mit.
- Da Frauen und Männer unterschiedliche Probleme und Beratungsbedarfe haben, gab es aber regelmäßig Anlass, geschlechtsspezifische Fragen im Beratungsverlauf zu thematisieren
- Für die Arbeitsmarktintegration erziehender Frauen gibt es a) strukturelle Hindernisse (unzureichende Kinderbetreuung) und b) einstellungsbezogene Hindernisse
- Die strukturellen Hindernisse können durch entsprechende Verbesserungen angegangen werden
- Einstellungsbezogene Hindernisse sind dagegen oft auch im unmittelbaren persönlichen Umfeld verankert; um sie anzugehen, bedarf es individuell angelegter Beratung

- Dennoch: tief verankerte Muster der geschlechtsspezifischen Arbeitsteilung können damit nur bedingt aufgebrochen werden

Empfehlungen/Good Practices

- Ein Projekt wie das Interkulturelle Zentrum JobKomm sollte den Bedarfen der Zielgruppen a) der Erziehenden und b) der allein Erziehenden gerecht werden
- Öffnungszeiten sollten am Bedarf der Frauen orientiert sein, z. B. durch Frauenvormittage
- Ein Kinderbetreuungsangebot ist empfehlenswert, um Menschen mit Erziehungsaufgaben besser erreichen zu können
- Spezifische Kursangebote für Frauen (Wiedereingliederung, Existenzgründung) sind empfehlenswert
- Mitarbeiterinnen sind als Ansprechpartnerinnen für Teilnehmerinnen sehr wichtig, da Teilnehmerinnen es einfacher finden, sich Frauen zu öffnen und ihre Probleme darzustellen
- Eine frauenspezifische Ausrichtung der Beratung, z. B. durch Einbeziehung der Thematik der Vereinbarkeit, ist empfehlenswert, denn individuell angelegte Beratung durch Frauen zeigt gerade bei den Frauen gute Erfolge im Bereich der Aktivierung
- Es war erfolgreich, durch Verhalten und unausgesprochene Regeln einen Raum zu schaffen, in dem Sexismus keinen Platz hat.

Literatur

BMFSFJ und ESF: Kurzfassung des Leitfadens zur Implementierung und Umsetzung von Gender Mainstreaming.

BMFSFJ und ESF: Leitfaden Gender Mainstreaming im Europäischen Sozialfonds.

BMFSFJ (2002): Frauen in Deutschland. Von der Frauen- zur Gleichstellungspolitik. Bonn.

Bundesprogramm Lokales Kapital für Soziale Zwecke (LOS): Arbeitshilfe Gender Mainstreaming. (download von www.los-online.de)

Der deutsche Städtetag (2003): Gender Mainstreaming. Best-practice-Beispiele aus den Kommunen. (download von www.bmfsfj.de/bmfsfj/generator/RedaktionBMFSFJ/Re daktionGM/Pdf-Anlagen/arbeitshilfe-gm-kommunen,property=pdf,bereich=gm,sprache=de,rwb=true.pdf)

Döge, Peter/Stiegler, Barbara (2004): Gender Mainstreaming in Deutschland. In: Meuser, Michael/Neusüß, Claudia (Hg.): Gender Mainstreaming. Konzepte – Handlungsfelder – Instrumente. BpB, 135-157.

Difu (Deutsches Institut für Urbanistik) (2003): Strategien für die Soziale Stadt, Berlin, Bundesministerium für Verkehr, Bau- und Wohnungswesen.

Dunst, Claudia (2002): „Gender-Mainstreaming" – das bessere Rezept für Chancengleichheit? In: Allroggen, Ulrike/Berger, Tanja/Erbe, Birgit (Hg.): Was bringt Europa zu den Frauen? Feministische Beiträge zu Chancen und Defiziten der Europäischen Union. Hamburg, 31-50.

Englert, Dietrich/Kopel, Mechthild/Ziegler, Astrid (2002): Gender Mainstreaming im Europäischen Sozialfond – das Beispiel Deutschland. In: WSI-Mitteilungen 8/2002, 451-457.

Europarat (1998): Gender Mainstreaming: Rahmenkonzept, Methodik und Vorstellung bewährter Praktiken. Straßburg. Download: http://www.coe.int/T/E/Human_Rights/ Equality/02._Gender_mainstreaming/100_EG-S-MS(1998)2rev.asp#TopOfPage

Fuhrmann, Nora (2005): Geschlechterpolitik im Prozess der europäischen Integration. Wiesbaden: VS Verlag.

Fürst, Gunilla (1999): Sweden – the equal way. Stockholm: Swedish Institute.

Gender Mainstreaming – Fakten und Grundlagen der Facharbeit. (download von www.gender-mainstreaming.net, 9.11.2007)

Gender Mainstreaming – Diskriminierung als zentrale Kategorie (www.gender-mainstreaming.net, 9.11.2007

Gender Mainstreaming – 3R-Methode in Schweden. (download von www.gender-mainstreaming.net, 9.11.2007)

Gleichstellungsindikatoren (download von www.gender-mainstreaming.net, 9.11.2007)

HEGISS 2004: Fünf Jahre Soziale Stadt in Hessen – Zwischenbilanz – Empfehlungen für die Programmfortführung, download von www.hegiss.de

Heister, Marion (2007): Gefühlte Gleichstellung. Zur Kritik des Gender Mainstreaming. Königstein: Ulrike Helmer Verlag.

IAQ, FIA, GendA (2007): Bewertung der SGBII-Umsetzung aus gleichstellungspolitischer Sicht. Jahresbericht 2007 des Gender-Projekts. (2007).

Keiner, Gabi (2007): Sozialraumbezogene Daten: Sozialstruktur und Kinderbetreuung in der Gießener Nord- und Weststadt. In: Early Excellence Center – ein Modell für Gießen. Sozialraumbezogene Angebote für Kinder und Familien in der Nord- und Weststadt. Dokumentation Fachtag 9.März 2007, S. 18-23.

Klein, Uta (2006): Geschlechterverhältnisse und Gleichstellungspolitik in der EU. Wiesbaden: VS-Verlag.

Lang, Sabine (2005): Der Kaiserin neue Kleider? Gender Mainstreaming im Kontext lokaler Geschlechterpolitik. In: Behning, Ute/Sauer, Birgit (Hg.): Was bewirkt Gender Mainstreaming? Evaluierung durch Policy-Analysen. Frankfurt: Campus, 189-202.

LOS-Themenpapier 01/2007 (BMFSFJ und ESF): Gender Mainstreaming. Download von http://www.los-online.de/content/e326/e3469/index_ger.html, am 12.05.2008

Magistrat der Universitätsstadt Gießen (Hg.) (2006): Nordstadt Gießen 2006, 32-35.

Michalitsch, Gabriele (2006): Gleichheit, Differenz, Gerechtigkeit. Gender-Mainstreaming im Spiegel feministischer Theorien. In: Gubitzer, Luise/Schunter-Kleeman, Susanne: Gender

Mainstreaming – Durchbruch der Frauenpolitik oder deren Ende?: kritische Reflexionen einer weltweiten Strategie. Frankfurt: Lang Verlag, 15-38.

Rabe, Christine (2002): Umsetzung von Gender Mainstreaming im Stadtbezirk. In: Nohr, Barbara/Veth, Silke (Hg.): Gender Mainstreaming. Kritische Reflektionen einer neuen Strategie. Berlin: Dietz-Verlag, 106-111.

Roth, Silke (2003): Gender-Mainstreaming und EU-Erweiterung. In: Miethe/dies (Hg.): Europas Töchter. Opladen: Leske+Budrich, 63-77.

Schratzenstaller, Margit (2002): Gender Budgets – ein Überblick aus deutscher Perspektive. In: Bothfeld, Silke/Gronbach, Siegrid/Riedmüller, Barbara (Hg.): Gender Mainstreaming – eine Innovation in der Gleichstellungspolitik. Zwischenberichte aus der politischen Praxis. Frankfurt: Campus, 133-158.

Stiegler, Barbara (2002): Wie Gender in den Mainstream kommt. In: Bothfeld, Silke/Gronbach, Siegrid/Riedmüller, Barbara (Hg.): Gender Mainstreaming – eine Innovation in der Gleichstellungspolitik. Zwischenberichte aus der politischen Praxis. Frankfurt: Campus, 19-40.

Von Braunmühl, Claudia (2002): Gender Mainstreaming: neue Konzepte – neue Chancen? In: Nohr, Barbara/Veth, Silke (Hg.): Gender Mainstreaming. Kritische Reflektionen einer neuen Strategie. Berlin: Dietz-Verlag, 17-25.

Weg, Marianne (2005): Going Gender. Gender Mainstreaming in zivilgesellschaftlichen Organisationen. Bonn: Friedrich Ebert Stiftung.

5.4 Migration, Fremdenfreundlichkeit versus Fremdenfeindlichkeit

5.4.1 Migration – Zahlen und Fakten

5.4.1.1 Allgemeines

In Deutschland haben nach aktuellen Zahlen 15,3 Millionen Menschen oder knapp 19% der Gesamtbevölkerung (Statistisches Bundesamt 2007: 7)[52] einen Migrationshintergrund. Der Begriff beinhaltet, dass die Betreffenden entweder selbst Migrationserfahrung haben oder aber, dass dies für ihre Eltern oder Großeltern gilt. 9% der Bevölkerung sind dabei Ausländer/innen ohne deutschen Pass, 10% haben einen Migrationshintergrund, besitzen aber die deutsche Staatsangehörigkeit.

Menschen mit Migrationshintergrund werden im Mikrozensus in verschiedene Gruppen eingeteilt[53]. Aufgrund der Ergebnisse lassen sich folgende Gruppen zusammenfassen:

---

52 Statistisches Bundesamt (2007): Bevölkerung und Erwerbstätigkeit. Bevölkerung mit Migrationshintergrund – Ergebnisse des Mikrozensus 2005.

53 Das Statistische Bundesamt hat zum ersten Mal im Rahmen des Mikrozensus 2005 die Kategorie „Personen mit Migrationshintergrund" ermittelt. In dieser Kategorie werden sechs Gruppen unterschieden: 1. (Spät-)AussiedlerInnen mit eigener Migrationserfahrung, 2. eingebürgerte Personen mit eigener Migrationserfahrung 3. eingebürgerte Personen ohne eigene Migrationserfahrung, 4. Ausländer/innen mit und ohne eigene Migrationserfahrung, 5. Ausländer/innen mit eigener Migrationserfahrung, 6. Deutsche Staatsangehörige, bei denen mindestens ein Elternteil Eingebürgerter, Ausländer/in oder Aussiedler/in ist (Mikrozenszus 2005: 75)

- In Deutschland leben 4 Millionen Spätaussiedler/innen und deren Nachkommen, von denen 21,5% in Deutschland geboren sind. Diese Personen sind deutsche Staatsangehörige.
- Knapp 4 Millionen zählen zu der Gruppe „Eingebürgerte und als Deutsche geborene Kinder von Zuwanderern". Auch diese Personen sind deutsche Staatsangehörige. In dieser Gruppe sind zudem bereits über die Hälfte (58,4%) in Deutschland geboren, gehören also der 2. oder 3. Einwanderergeneration an.
- Die letzte Gruppe „zugewanderte und in Deutschland geborene Ausländer/innen" – also die Menschen ohne deutschen Pass – umfasst 7,3 Millionen Menschen[54], davon sind 24% in Deutschland geboren. Ein Drittel der Ausländer/innen kommt aus Staaten der EU, die anderen zwei Drittel aus Drittstaaten.

Jeweils lokal anzugeben, wie viele Menschen mit Migrationshintergrund in einer Kommune oder einem Stadtteil leben, ist jedoch meist nicht exakt möglich. In kommunalen Statistiken werden in der Regel lediglich „Ausländer" von „Deutschen" unterschieden. Ein Migrationshintergrund wird zumeist nicht gesondert erfasst. Daher liegen für einzelne Städte und Regionen meist keine detaillierten Zahlen über Migrant/innen oder Migrant/innengruppen vor.

Wenn im Folgenden von quantitativen Angaben in Bezug auf „Ausländer/innen" die Rede ist, ist daher davon auszugehen, dass der tatsächliche Anteil von Menschen mit Migrationshintergrund nicht genau angegebenen werden kann, aber höchstwahrscheinlich höher liegt.

5.4.1.2 Räumliche Verteilung der Migrant/innen heute

Historisch bedingt konzentrieren sich die in Deutschland lebenden Migrant/innen noch heute auf bestimmte Regionen Deutschlands. Auf Grund des Arbeitskräftemangels wurden die ersten Migrant/innen in den 1950er und 1960er in die Bundesländer und städtischen Ballungsgebiete geholt, die einen hohen Bedarf an Arbeitskräften hatten. Räumlich konzentrieren sich die in Deutschland lebenden Migrant/innen daher in den westdeutschen wirtschaftlichen Ballungszentren. Die meisten leben in Berlin, Hamburg und München sowie in den Gebieten rund um Frankfurt und Stuttgart und dem Ruhrgebiet.

---

54 Der Vergleichbarkeit wegen wird sich hier bei allen Angaben auf den Mikrozensus 2005 bezogen, allerdings werden Ausländer/innen jährlich über das Ausländerzentralregister (Zuständigkeit hierfür liegt beim Bundesamt für Migration und Flüchtlinge) erfasst, so dass aktuell 6,7 Millionen Ausländer/innen in Deutschland leben (Statistisches Bundesamt, Stand 31.12.2007).

Den größten Ausländeranteil hat Hamburg mit 14,2%, gefolgt von Berlin mit 13,7%. In den neuen Bundesländern liegen die Anteile dagegen nur zwischen zwei und drei Prozent. Sachsen-Anhalt weist mit 1,9% den geringsten Ausländeranteil auf.

2001 lebten 45% der Ausländer/innen, über 30% der Menschen mit Migrationshintergrund, aber „nur" 27% der Deutschen ohne Migrationshintergrund in Großstädten[55] (vgl. Plahuta 2007: 17). Das hat seinen Grund darin, dass neben dem räumlich differenzierten Bedarf an Gastarbeitern mit dem steigenden Wohlstand der deutschen Haushalte in den 1960er Jahren eine Abwanderung in die Vororte der Städte einsetzte, die dazu führte, dass Kettenmigration und Familiennachzug der Migrant/innen in die frei werden Wohnungen der Innenstädte erfolgte. So gehören nicht nur Zuwanderung und Stadtentwicklung untrennbar zusammen, es wurde auch wegen der Ansiedlung von Migrant/innen in den Innenstädten lange Zeit von der „Integrationsmaschine Stadt" gesprochen. Deren Effekt wird allerdings von einigen Autoren zunehmend in Frage gestellt.

5.4.1.3 Mehrfach benachteiligte Migranten/innen

Die Integration in den deutschen Arbeitsmarkt ist für Migrant/innen schwierig. Der Migrant/innenanteil ist im Bereich der un- und angelernten Stellen traditionell sehr hoch. Infolge des Abbaus von Arbeitsplätzen in der Industrie, der besonders diese Bereiche betraf, sank deshalb der Anteil der Migrant/innen, die im Berufsleben stehen, deutlich. Die Arbeitslosigkeit der ausländischen Bevölkerung ist seit vielen Jahren doppelt so hoch wie die der deutschen.

Migrant/innen sind nicht nur wegen ihrer schlechteren Qualifikationsstruktur deutlich in ihrer wirtschaftlichen Teilhabe benachteiligt. Weitere Ursachen sind Sprachbarrieren und Diskriminierung auf dem Arbeitsmarkt (vgl. Migration info Nr.6/2007).

Auch der aktuelle, siebte „Bericht über die Lage der Ausländerinnen und Ausländer" der Bundesregierung[56] kommt zu ähnlichen Ergebnissen. Er befasst sich schwerpunktmäßig mit den Themen Bildung und berufliche Qualifizierung. In beiden Bereichen werden deutliche Defizite markiert: Jugendliche mit Migrationshintergrund machen heute 26% der Schülerschaft aus. Allerdings besuchen nur 7% der italienischen und 8% der türkischen Jugendlichen mit Migrationshintergrund eine gymnasiale Oberstufe (bei der gesamten Schülerschaft sind es

---

55 Als Großstadt werden Städte mit mehr als 100.000 Einwohner bezeichnet (im Jahr 2002 sind das 69 Gemeinden, vgl. Plahuta 2007: 17).

56 Bericht der Beauftragten für Migration, Flüchtlinge und Integration über die Lage der Ausländerinnen und Ausländer in Deutschland (www.bundesregierung.de, download 11.2.2008).

27%, nur Deutsche: 45%). Differenziert man nach Jugendlichen mit Migrationshintergrund und ausländischen Jugendlichen fallen die Zahlen noch drastischer
aus: knapp 18% der ausländischen Jugendlichen verließen 2005 die Schule ohne
Abschluss (Abbrecherquote unter deutschen Schülern bei 7%). Hier zeigt sich,
dass Jugendliche mit Migrationshintergrund und hier insbesondere ausländische
Jugendliche in den weiterführenden Schulen unterrepräsentiert sind, wohingegen
sie überproportional häufig die Hauptschule besuchen bzw. ohne Abschluss die
Schule verlassen (vgl. Migration info Nr.1/2008).

Ähnliches lässt sich für die Ausbildungsbeteiligung sagen: Rund 40% der
Jugendlichen mit Migrationshintergrund bleiben ohne jegliche berufliche Qualifizierung (ohne Migrationshintergrund: 15%). Die Bundesregierung versucht
unter anderem mit ihrem Programm „Aufstieg durch Bildung" diesem Trend
entgegenzuwirken.

5.4.2 Rassismus, Fremdenfeindlichkeit und Rechtsextremismus in Deutschland

Migrant/innen sind oftmals von Ressentiments der deutschen Bevölkerung ohne
Migrationshintergrund betroffen.

Rassismus, Fremdenfeindlichkeit und Rechtsextremismus sind diesbezüglich die drei Begriffe, die am häufigsten in der Literatur verwendet werden. Dabei ist eine Abgrenzung der drei voneinander nicht leicht.

5.4.2.1 Rassismus

Inhaltlich geht es beim Rassismusbegriff um die Auf- oder Abwertung sozialer
Gruppen anhand ethnischer oder biologischer Kriterien – in manchen Theorien
mit dem Fokus auf die Herausstellung biologischer Unterschiede, die zur Abgrenzung sozialer Gruppen dienen, oder aber mit dem Fokus auf der angeblichen
Unaufhebbarkeit kultureller Differenzen als ein „Rassismus ohne Rassen" (Kal-
paka/Rätzhel in Gorzini/Müller (Hg.) 1993: 315).

In Deutschland – im Gegensatz zu Frankreich und den angelsächsischen
Ländern (Großbritannien und USA) – hat Rassismusforschung keine Tradition, da
der Begriff unmittelbar mit der jüngsten deutschen Vergangenheit verknüpft ist.
Der Nationalsozialismus griff auf die im 19. Jahrhundert entwickelten wissenschaftlichen Rassismustheorien zurück und integrierte diese in die nationalsozia-
listische Weltanschauung. „In Deutschland (…) ist der Begriff Rassismus unauf-
löslich verwoben in die Rassenpolitik der Nationalsozialisten und den Holocaust"
(Jaschke 2001: 65). In den angelsächsischen Ländern und in Frankreich steht er in
Zusammenhang mit ihrer kolonialen Vergangenheit und der Auseinandersetzung

mit dem Eigenen und dem Fremden. In England sind es vor allem Stuart Hall und Robert Miles, im französischsprachigen Raum Balibar, die sich mit Rassismus/Neorassismus beschäftigen. Rezipiert wurden ihre Ansätze seit den 1980er Jahren auch in Deutschland, vor allem am Duisburger Institut für Sprach- und Sozialforschung unter Siegfrid Jäger, aber auch von Autoren wie Birgit Rommelspacher, Nora Räthzel und Christoph Buttwegge (vgl. ders. 2001: 66).

Der Rassimusbegriff wurde damit in Deutschland nach 1945 geächtet. Allerdings ist Rassismus damit nicht verschwunden. Er findet sich vor allem in rechten Gruppierungen: Die Zeitschrift „Neue Anthropologie" des Anwalts Jürgen Rieger ist aktuell das Forum für einen neuen wissenschaftlichen Rassismus in Deutschland. Aber auch bestimmte gesellschaftliche Debatten und Konflikte tragen rassistische Züge. So erschien 1981 das „Heidelberger Manifest vom 17. Juni 1981", unterzeichnet von 11 Professoren, die wegen eines vermehrten Zustroms von Migrant/innen den Überlebenskampf der Deutschen einforderten. Auch die Debatten um Asylbewerber/innen und Flüchtlinge in Deutschland Anfang der 1990er Jahre transportierten rassistische Inhalte.

Die Unterscheidung von Rassismus und Rechtsextremismus wird in folgender Formulierung deutlich: Rechtsextremismus ist politisch organisierter Rassismus (vgl. Jaschke 2001: 68).

5.4.2.2 Rechtsextremismus

Rechtsextremistische Orientierungen zeichnen sich durch eine Verbindung von Ideologien der Ungleichwertigkeit[57] und der Akzeptanz von Gewalt als Handlungsform aus (vgl. Sitzer/Heitmeyer in APuZ 37/2007). Sie beinhalten in der Regel „Zielsetzungen, die den Individualismus aufheben wollen zugunsten einer völkischen, kollektivistischen, ethnisch homogenen Gemeinschaft in einem starken Nationalstaat und in Verbindung damit den Multikulturalismus ablehnen und entschieden bekämpfen" (Jaschke 2001: 30).

Rechtsextremismus ist jedoch kein Randphänomen, sondern ein Problem in der Mitte der Gesellschaft: „Rechtsextremismus ist eigentlich der falsche Begriff, er verschleiert, dass derartige Einstellungen längst in unserer Mitte zu Hause sind" (Brähler zitiert nach Migration info Nr.10/06). Rechtsextreme Einstellungen werden nicht nur durch wirtschaftliche Ängste begünstigt, sondern vor allem auch durch die Erfahrung sozialer Deprivation. Diese kann durch verschiedene

---

57 Heitmeyer fasst Rassismus auch als eine Form von Ideologie der Ungleichwertigkeit, nämlich Rassismus als Abwertung anderer aufgrund der Bewertung biologischer Unterschiede, und auch Fremdenfeindlichkeit (Abwehr von Konkurrenz um Positionen, Plätze etc. aufgrund anderer ethnischer Herkunft), Heitmeyer/ Sitzer in APuZ 37/2007.

Faktoren begünstigt werden bzw. entstehen: beispielsweise das Gefühl, politisch nicht mitentscheiden zu können, aber auch durch strenge und lieblose Eltern oder ein geringes Selbstwertgefühl (vgl. Brähler zitiert in Migration Info Nr.10/06). Faktoren wie diese begünstigen nicht nur rechtsextreme Einstellungen, sondern auch Gewalthandlungen als Austragungsmuster für Konflikte.

Zur Erklärung rechtsextremistischer Gewalt gibt es verschiedene Konflikttheorien, die Erklärungsansätze liefern. Prominent in der wissenschaftlichen Literatur ist der von Heitmeyer vertretene soziale Desintegrationsansatz. Die Theorie sozialer Desintegration basiert auf der Annahme, dass „rechtsextremistische Gewalt am besten als Folge von Anerkennungsdefiziten in drei zentralen gesellschaftlichen Integrationsdimensionen" (Heitmeyer/Sitzer in APuZ 37/2007:9) erklärt werden kann.

Als Integrationsdimensionen werden definiert:

a. positionale Anerkennung, d. h. die Teilhabe an materiellen und kulturellen Gütern.
b. die moralische Anerkennung, d. h. die rechtliche Gleichheit und der gerechte Ausgleich zwischen konfligierenden Interessen und
c. emotionale Anerkennung, d. h. die Erfahrung von Zuwendung in sozialen Nahbeziehungen.

Liegen bei einer oder mehreren der drei Dimensionen Anerkennungsdefizite vor, können Ideologien der Ungleichwertigkeit und die dadurch legitimierte Gewalt gegenüber schwächeren Gruppen die Funktion erfüllen, diese Anerkennungsdefizite zu kompensieren und Anerkennung auf andere Weise zu erfahren. Konkret heißt dies z. B. im Falle der moralischen Anerkennung, dass Anerkennungsdefizite in dieser Dimension „insbesondere aus beanspruchten Etabliertenvorrechten resultieren" (ders: 10). Mit rechtsextremistischer Gewalt soll hier auf die eigene prekäre Situation hingewiesen werden. Es ist der Kampf um öffentliche und politische Aufmerksamkeit.

5.4.2.3 Fremdenfeindlichkeit

Der Begriff Fremdenfeindlichkeit ist der jüngste der drei Begriffe. Er betrifft konkret Vorurteile über „Fremde" oder die Diskriminierung von „Fremden" (vgl. Purohit 2005: 16). Die Debatten um Fremdenfeindlichkeit gründen sich auf zwei Theorietraditionen: Zum einen die deutsche Migrationsforschung der 1980er Jahre, die sich auch interdisziplinär mit der Unterscheidung des Eigenen und des

Fremden auseinandergesetzt hat (vgl. ders: 18); zum anderen die Sozialpsychologie, die sich mit Fremdenfeindlichkeit unter anderem in Zusammenhang mit Vorurteilen beschäftigen (vgl. die Forschung im Rahmen der Forschungsgruppe Gruppenbezogene Menschenfeindlichkeit[58]).

Der Begriff Fremdenfeindlichkeit bezieht sich auf die soziologische Figur des Fremden. Prominent beschrieben wurde diese von dem soziologischen Klassiker Georg Simmel (vgl. Altvater in ders./Stammer/Thomssen 2002: 59), der den Fremden als Element der Gruppe definiert. Nach Simmel kann der Fremde aus zwei Perspektiven betrachtet werden: Er wird entweder aus der Perspektive der Gemeinsamkeiten betrachtet oder aus der Perspektive der Fremdheit[59]. Die Perspektive der Gemeinsamkeiten bedeutet, dass auch der Fremde beispielsweise als Arbeitender oder als Nachbar wahrgenommen wird. Dann ist die Perspektive Nachbar ausschlaggebender als die Perspektive Fremder. Die Perspektive der Fremdheit hingegen bedeutet, dass andere soziale Zuordnungen wie „Arbeitender" unwichtiger werden und der Fremde als sozialer Typus „Fremder" empfunden wird.

Nach dieser Argumentation sind Migrant/innen in Deutschland auf der einen Seite Träger sozialer Inhalte: Sie haben zumeist eine Ausbildung oder einen Beruf. Auf der anderen Seite werden ihnen aber als Gruppe die Gemeinsamkeiten mit der Mehrheitsgesellschaft ohne Migrationshintergrund abgesprochen. Individuell sind Migrant/innen also oftmals sozial integriert beziehungsweise im Innen der Gesellschaft. Als Gruppe werden sie dagegen meist als Türk/innen, Aussiedler/innen oder Ausländer/innen – und damit als Fremde – wahrgenommen beziehungsweise bezeichnet, und damit auch aus der Gruppe der Deutschen ausgeschlossen.

Fremdenfeindlichkeit findet ihren Nährboden in wachsenden sozialen Verunsicherungen, wie sie in der heutigen deutschen Gesellschaft viele Menschen erleben[60] (vgl. Altvater in ders./Stammer/Thomssen (2002): 20). Gefühle der Orientierungslosigkeit, die Wahrnehmung eines Anstiegs von sozialer Unsicherheit durch Kontrollverluste nationalstaatlicher Politik im Zuge der Globalisierung, aber auch die Unbeeinflussbarkeit ökonomischer Prozesse erzeugen den Eindruck, keinen Einfluss mehr auf die Entwicklungsrichtung der Gesellschaft zu haben.

---

58   Das Projekt untersucht Ausmaße, Erscheinungsformen, Ursachen und Konsequenzen von Gruppenbezogener Menschenfeindlichkeit. Gruppenbezogene Menschenfeindlichkeit richtet sich gegen „fremde" Gruppen, wie zum Beispiel Migrant/innen. Über einen Zeitraum (Start 2002) über 10 Jahre werden repräsentative Bevölkerungsumfragen zum Thema durchgeführt. Das Projekt ist interdisziplinär angesiedelt. Beteiligte Universitäten sind Bielefeld, Göttingen, Gießen und Marburg.

59   Simmel betrachtet den Fremden in einem Verhältnis von Nähe und Entferntheit (vgl. Simmel 2002: 53f., org. 1908).

60   Heitmeyer titelt in der ZEIT: „Die verstörte Gesellschaft" (Nr. 51, 15.12.2005).

Diese Gefühle sind in den letzten Jahren gewachsen. Immer mehr Menschen geben an, Angst vor Arbeitslosigkeit, negative Zukunftserwartungen oder das Gefühl zu haben, dass „alles in Unordnung geraten ist" (Heitmeyer in ZEIT 51/2005).

Eine Folge der wachsenden Orientierungslosigkeit ist ein zunehmender Druck auf Minderheiten. Denn „wenn die Desintegrationserfahrungen bei der Mehrheit und in der Mitte zunehmen, so der Befund, reduziert sich die Anerkennung schwacher Gruppen" (ders. in ZEIT 51/2005) und führt zu ihrer verstärkten Ausgrenzung. Es richten sich die Reaktionen gegen schwächere Gruppen innerhalb der Gesellschaft, unter anderem gegen Ausländer/innen und Migrant/innen. Der zugrunde liegende psychologische Mechanismus versucht, die erfahrenen Kontrollverluste auszugleichen, indem diesen Gruppen die Verantwortung dafür zugeschrieben wird. Sie werden z. B. verantwortlich dafür gemacht, dass es zu wenige Arbeitsplätze in Deutschland gibt. In der Folge solcher Zuschreibungen und wachsender sozialer Unsicherheiten wächst die Zustimmung zu fremdenfeindlichen Aussagen. „Dieser zunehmende Rassismus hat verhältnismäßig wenig mit den Eigenschaften der Minderheiten selbst zu tun. Er hängt vielmehr mit der ökonomischen und sozialen Krise zusammen, die durch die Umstrukturierung der Wirtschaft und den beschleunigten gesellschaftlichen Wandel hervorgerufen wird (Castles in Bielefeld 1991: 146).

Das bedeutet: Es ist nicht primär die Präsenz der Fremden beziehungsweise der Kontakt zu ihnen für Fremdenfeindlichkeit verantwortlich. Vielmehr werden durch wahrgenommene Risiken ausgelöste Ängste der Deutschen ohne Migrationshintergrund auf die Fremden projiziert.

Studien haben sogar gezeigt, dass interkulturelle Kontakte zum Abbau von Vorurteilen und Fremdenfeindlichkeit führen (Christ/Wagner in Heitmeyer 2008: 163). Darüber hinaus reduziert sich durch interkulturelle Kontakte nicht nur die Fremdenfeindlichkeit gegenüber Ausländer/innen/Migrant/innen, sondern es wird auch die eigene kulturelle Perspektive durch den interkulturellen Kontakt relativiert. Dies hat große Praxisrelevanz, da gerade ethnisch-heterogene Stadtteile von ethnischen Konflikten betroffen sind.

5.4.3 Pädagogische Ansätze gegen Fremdenfeindlichkeit

Die Ursachen für fremdenfeindliche Einstellungen und Gewalt sind also vielfältig. Gründe liegen unter anderem in der Erfahrung sozialer Deprivation, mangelnder Anerkennung in der Familie, dem sozialen Umfeld oder auf dem Arbeitsmarkt. Es spielen also nicht nur Erfahrungen in Kindheit und Jugend (Sozialisation) eine Rolle, sondern auch im Erwachsenenalter und im Arbeitsleben.

Gerade der Arbeitsmarkt spielt eine große Rolle für die soziale Anerkennung. Wird dieser aber als unsicher wahrgenommen und Bevölkerungsgruppen befürchten einen konkreten Arbeitsplatzverlust, kann dies in Fremdenfeindlichkeit umschlagen. Daraus wird deutlich, dass es auf Grund der Komplexität der Ursachen schwierig ist, gegen Rassismus und Fremdenfeindlichkeit vorzugehen. Deswegen haben sich in der Jugend- und Sozialpolitik verschiedene Ansätze herausgebildet. Hier stehen kurativen Ansätzen, die erst bereits bestehende Haltungen angehen, auch präventive Ansätze gegenüber, die fremdenfeindliche Haltungen erst gar nicht entstehen lassen sollen. Auf einer kurativen Ebene geht es um psychologische Lernprozesse beziehungsweise um die Öffnung der individuellen Perspektiven und Einstellungen. Thematisch stehen hier der konstruktive Umgang mit Konflikten, Konfliktbewältigungsstrategien und Interkulturalität im Vordergrund, die in Workshops und Schulungen vermittelt werden. Dabei wird mittels unterschiedlicher Methoden (Einzel- und Gruppengespräche, Übungen) versucht, individuelle Einstellungen und individuelles Verhalten zu ändern.

Allerdings können nicht alle Ursachen mit diesen Ansätzen angegangen werden. Gerade die Erfahrungen sozialer Deprivation können durch Seminare zu interkulturellem Miteinander nicht aufgehoben werden. Diese Erfahrungen liegen oft schon weit in der Vergangenheit, so dass hier nur grundsätzlich die Aussage getroffen werden kann, dass Erfahrungen sozialer Deprivation die Bedingungen für Fremdenfeindlichkeit und Rassismus begünstigen. Um hier gegen zu wirken, greifen eher präventive Ansätze wie zum Beispiel intervenierende Jugendarbeit, die sehr früh in und mit den Familien arbeitet.

5.4.4 Fremdenfreundlichkeit in der Praxis

Als „Fremdenfreundlichkeit" wird im Folgenden eine offene und tolerante Haltung verstanden, die Fremden gegenüber aufgeschlossen ist.

5.4.4.1 Europäische und nationale Programme

Die EU geht seit Jahren intensiv gegen Fremdenfeindlichkeit und Rassismus vor. So hat sich der Rat der Justizminister 2007 erstmals auf europaweit einheitliche Mindeststandards im Kampf gegen Rassismus und Fremdenfeindlichkeit geeinigt. Im Mittelpunkt des Rahmenbeschlusses steht „das Verbot der öffentlichen Aufstachelung zu Gewalt und Hass gegen Menschen anderer Rasse, Hautfarbe, Religion oder nationaler wie auch ethnischer Abstammung. Dieses Verbot ist gemeinsame Vorraussetzung aller Straftatbestände." (Migration info Nr.4/2007).

Allerdings wird der Rahmenbeschluss nur als eine Mindestharmonisierung von Strafvorschriften erachtet, so dass den Mitgliedsstaaten unter anderem bei der Strafverfolgung Ermessensspielräume zugestanden werden.

Nach der Verabschiedung der Europäischen Richtlinien über die Gleichbehandlung der Rassen und die Gleichbehandlung in Beschäftigung und Beruf durch den Rat der Europäischen Union wurde flankierend ein Aktionsprogramm zur Bekämpfung von Diskriminierung in der Gesellschaft eingeleitet. Die erste Periode erstreckte sich über den Zeitraum 2001-2006. Ab 2007 (bis 2013) wurde PROGRES (Programm für Beschäftigung und soziale Solidarität) angeschlossen, das unter anderem das bereits erwähnte Programm integriert. Damit ist die Bekämpfung von Diskriminierung auch hier ein zentraler Bestandteil (http:// ec.europa.eu/employment_social/fundamental_rights/policy/aneval/sre_de.htm, 27.2.2008).

Auch im ESF spielt Anti-Diskriminierungspolitik eine wichtige Rolle. Hier liegt der Fokus auf der Bekämpfung von Diskriminierung beim Zugang zum Arbeitsmarkt und auf dem Arbeitsmarkt selbst (http://ec.europa.eu/employment_ social/esf/fields/discrimination_de.htm, 27.2.2008).

Das XENOS-Programm ist Teil des Aktionsprogramms „Jugend für Toleranz und Demokratie – gegen Rechtsextremismus, Fremdenfeindlichkeit und Antisemitismus" der beiden Bundesministerien Arbeit und Soziales sowie Familie, Senioren, Frauen und Jugend. Mit ENTIMON[61] und CIVITAS[62] gab es noch zwei weitere Programme innerhalb des Aktionsprogramms, deren Förderzeit allerdings zum 31.12.2006 endete. Die Bundesregierung setzte bei diesem Aktionsprogramm einen dezidiert jugendpolitischen Schwerpunkt.

Bei „XENOS – Leben und Arbeiten in Vielfalt"[63] wurden zum ersten Mal arbeitsmarktbezogene Maßnahmen mit Aktivitäten gegen Fremdenfeindlichkeit und Rassismus verknüpft. Im Fokus der Aktivitäten lag die Schnittstelle zwischen Schule und Arbeitswelt, an der nachhaltig gegen die Komponenten vorgegangen und zivilgesellschaftliche Strukturen gestärkt werden sollten. Als Handlungsfelder

---

61 Bei ENTIMON ging es a) um die Einübung von Toleranz und Offenheit für Fremde und die Vielfalt kultureller, ethnischer und religiöser Überzeugungen und b) um die aktive Förderung einer demokratischen Kultur, die von Zivilcourage und der Bereitschaft, sich für Aufgaben des Gemeinwesens zu engagieren sowie Interessengegensätze und Konflikte demokratisch zu bewältigen, getragen wird. (*http://www.bmfsfj.aktiv-gegen-hass.de*, 27.2.2008).

62 Ziel von CIVITAS war es, eine demokratische, gemeinwesenorientierte Kultur in den neuen Bundesländern einer Ideologie der Ungleichwertigkeit von Menschen entgegenzusetzen. Die Arbeit sollte die Perspektive der Opfer rechtsextremer Gewalt im Blick haben. Im Zentrum standen dabei die Anerkennung, der Schutz und der Respekt gegenüber ethnischen, kulturellen und sozialen Minderheiten.

63 „XENOS – Leben und Arbeit in Vielfalt" endete zum 31.12.2007, hat aber eine Nachfolgerprogramm „XENOS – Integration und Vielfalt", das im März 2008 startete. Für weitere Informationen vgl. http://www.xenos-de.de/Xenos/Navigation/integration-und-vielfalt.html.

wurden definiert (vgl. Rambøll management (2004): Evaluation des Bundesprogramms XENOS – Zwischenbericht 2004): Familie, Arbeitsplatz, Stadtplanung,
Sozialpädagogische Arbeit, Polizei und Justiz, Politische Bildung. Dabei wurden
weiterhin vier Maßnahmenarten identifiziert, die gefördert wurden:

- Integrierte lokale Projekte, mobile Beratungsteams und Expertenpools
- Qualifizierung von Multiplikator/innen
- Maßnahmen in Schule, Beruf und Betrieben
- Information und Sensibilisierung

Die bundesweite Programmevaluation von XENOS hat eine Analyse viel ver-
sprechender Ansätze vorgenommen, die gemeinsam mit den Fokusgruppenge-
sprächen zur Grundlage für die Erarbeitung eines Handlungsleitfadens wurden
(vgl. Rambøll management (2007): Kurzfassung des Abschlussberichts, 16-20).
Empfehlungen zur Förderung spezifischer inhaltlicher Ansätze sind:

- Prävention durch Kompetenzvermittlung sollte gegen Rassismus und
  Fremdenfeindlichkeit im Vordergrund stehen.
- Es gilt Positives zu setzen, da es Teilnehmer/innen, Betrieben und anderen
  Personen leichter fällt, bei einem Projekt mitzumachen, das „für etwas" ist.
- Im Vordergrund der inhaltlichen Vermittlung sollten soziale Basiskompe-
  tenzen (Sozialkompetenz, Konfliktfähigkeit) sowie interkulturelle Kompe-
  tenzen stehen.
- Angesprochen werden sollten a) die Jugendlichen an der Schnittstelle zum
  Arbeitsmarkt als direkte Zielgruppe und b) Multiplikator/innen als indirekte
  Zielgruppe, da sie die Nachhaltigkeit und Breitenwirksamkeit des Pro-
  gramms entfalten.
- Die Ansprache von Betrieben sollte intensiviert werden, da bisher die
  Einbindung dieser noch nicht so gut gelungen ist.

Folgende Handlungsfelder, die insbesondere für das XENOS-Projekt in der
Nordstadt relevant sind, werden zur Weiterentwicklung empfohlen:

- Lokale Netzwerke in strukturschwachen Gebieten, da die Evaluation gezeigt hat, dass arbeitsmarktbezogene Qualifizierungsmaßnahmen allein
  nicht ausreichen. Es gilt auch, die zivilgesellschaftlichen Gegenkräfte zu
  stärken und in der lokalen Gemeinschaft zu verankern.
- Integration von Migrant/innen, da es hier noch zu wenig Projekte auf diesem Gebiet gibt.

- Gestaltung von bildungs- und berufsbezogenen Übergängen, da auf Grund der Struktur des Bildungs- und Ausbildungssystems in Deutschland Handlungsbedarf besteht, Jugendliche an der Schnittstelle von Schule und Ausbildung/Beruf zu unterstützen. Die Begleitung der Übergänge ist ein guter Ansatzpunkt für die Verankerung von Maßnahmen gegen Fremdenfeindlichkeit und Rassismus.

Des Weiteren hat Rambøll Kriterien für die gezielte Auswahl kommender Ansätze identifiziert. Als wichtigstes Kriterium gilt, in welcher Art und Weise die Projekte Maßnahmen gegen Fremdenfeindlichkeit und Rassismus mit arbeitsmarktspezifischen Maßnahmen verbinden. Auf der Ebene der Projektinhalte sind dies folgende Aspekte (vgl. Rambøll management: Evaluation des Bundesprogramms XENOS – Zwischenbericht 2004: 62ff.)

- Qualifizierung von Jugendlichen im Bereich der sozialen und interkulturellen Kompetenz: Diese ist wichtig für das friedliche Zusammenleben von Menschen in multikulturellen Kontexten.
  Lerninhalte: Bewusstwerden der Bedingtheit der eigenen Einstellungen, Akzeptanz, dass diese nicht die einzig „richtigen" sind, Ambiguitätstoleranz, Empathie (Einfühlen in die andere Perspektive) und Kommunikations- und Konfliktfähigkeit
- Konfliktmanagement und Gewaltarbeit: Viele fremdenfeindliche Jugendliche weisen Defizite bei der Bewältigung von Konfliktsituationen auf, Resultat ist Gewalt. Konflikte können durch interkulturelle Überforderungen ausgelöst werden.
  Lerninhalte: Thematisierung der gewalttätigen Austragung von Konflikten besonders in interkulturellen Konflikten, Handlungsalternativen zu Gewalt müssen gelernt werden
- Interkulturelles Handeln im Berufsalltag: Anzahl interkultureller Begegnungen im Arbeitsleben häuft sich durch die sich internationalisierende Geschäftswelt. Interkulturelle Missverständnisse können Fremdenfeindlichkeit und Rassismus auslösen.
  Lerninhalte: Schulung von Beschäftigten, die entweder im Berufsalltag mit interkulturellen Begegnungen zu tun haben oder mit verschiedenen Formen von Fremdenfeindlichkeit konfrontiert sein können.
- Maßnahmen in Verbindung mit berufsspezifischer Qualifizierung Jugendlicher: Arbeits- und Perspektivlosigkeit können bei Jugendlichen mit und ohne Migrationshintergrund zu Intoleranzen gegenüber anderen führen und auch zu Fremdenfeindlichkeit.
  Lerninhalte: fachliche Qualifizierungsmaßnahmen, die neue berufliche

Chancen ermöglichen werden mit Schulungen von Kompetenzen im Umgang mit Menschen anderer Kulturen kombiniert. So werden berufliche und zwischenmenschliche Kompetenz als natürliche Einheit erlernt.

- Schulung von betrieblichen Ausbilder/innen und Berufsschullehrer/innen im Umgang mit Fremdenfeindlichkeit: Diese Personengruppen bekleiden eine wichtige Multiplikatorenfunktion an der Schnittstelle von Schule zu Beruf und haben direkten Zugriff auf die Jugendlichen.
Lerninhalte: Schulungen im Umgang mit Fremdenfeindlichkeit und Unterstützung in der Wahrnehmung ihrer Verantwortung
- Individuelle Beratung/Coaching/Berufsorientierung: benachteiligte Jugendliche stehen häufig allein da mit ihren Problemen. Individuelle Beratung kann Unterstützung und Sicherheit geben, nicht alleine dazustehen. Gerade Beratungs- und Betreuungsangebote im lokalen Umfeld können diese Zielgruppe erreichen, Berufsberatung mit der Thematisierung von Fremdenfeindlichkeit verbinden.
- Geschlechtsreflektierte Qualifizierungs- und Betreuungsmaßnahmen: Lebenswelten sind zum Teil vom Geschlecht abhängig. Das Aufeinandertreffen verschiedener Rollenbilder kann zu Konflikten führen.
Lerninhalte: Sensibilisierung für die eigenen Rollenbilder, die Rollenbilder in anderen Kulturen, um Konflikte entschärfen zu können. Ziel ist es auch, Chancengleichheit für beide Geschlechter hinsichtlich der kulturellen, ökonomischen und sozialen Teilhabe zu befördern.

5.4.4.2   Projekte in der Stadt Gießen

Im Rahmen der Sozialen Stadt wurde im Dezember 2001 ein Grundsatzbeschluss zum Thema Integration von Migranten und Migrantinnen und interkultureller Arbeit gefasst. Parallel wurde ein Interkulturelles Aktionsprogramm ausgearbeitet, das laut Jahresbericht 2001 im folgenden Jahr umgesetzt werden sollte. Ein von der AG Integration beantragtes Fortbildungskonzept zur Schulung der Mitarbeiter in interkultureller Kompetenz wurde für das Jahr 2002 nicht bewilligt.

Interkulturelle Arbeit im Rahmen der Sozialen Stadt

- 2002 bis 2004 fanden Sprachkurse und Alphabetisierungskurse sowie Integrationskurse (auch im Jahresbericht 2005 dokumentiert) für Migrant/innen statt. 2004 gab es ein LOS-Projekt „Lernprojekt – Lesen und Schreiben, Grundbildung Deutsch". Von 20 Teilnehmerinnen waren nur zwei Deutsche

- Ab September 2005 nahmen die Integrationslotsinnen ihre Arbeit auf. Hier lag die Schwerpunktsetzung eher auf kulturellen Aspekten, es ging um Aktivierung und Beteiligung der Migrant/innen in der Nordstadt und am öffentlichen Leben
- Cafe Konvers (LOS 2006): Ziel dieses Angebot war es, Deutsch zu üben. (Vergleiche Kapitel zu GM.)
- HIPPY (Home instructions for preschool youngsters; LOS 2006): Zielgruppe waren Migrantinnen. (Vergleiche Kapitel zu GM.)
- Internationale Gärten (LOS 2006)
- Existenzgründungsworkshop für Russischsprachige (LOS 2007): Vergleiche Kapitel zu lokaler Ökonomie

Neben einigen kulturellen Angeboten im Bereich der Migrant/innenarbeit tragen gerade die Sprach- und Alphabetisierungskurse zur Qualifizierung der Migrant/innen bei, durch die bessere Chancen für den beruflichen Einstieg beziehungsweise für den Start einer Ausbildung geschaffen werden.

Im Rahmen von LOS gab es zwei Projekte (2006, 2007), die sich mit der Ausbildung und Implementierung von Konfliktberater/innen befassten. Für das Projekt wurde in verschiedensten Initiativen und Einrichtungen geworben. Ziel des Projekts war es, die Bewohner/innen der Nordstadt zu schulen, Konflikte im Stadtteil wahrzunehmen und effektiv auf eine konstruktive Lösung hinarbeiten zu können. Am Ende des Projekts gab es ein Treffen mit Multiplikator/innen, da die Konfliktberater/innen zu einem kontinuierlichen Angebot werden sollen. Deswegen ging das Projekt 2007 auch in die Implementierungsphase über. Sechs Teilnehmer/innen aus dem Vorjahr erklärten sich bereit, ein dauerhaftes Angebot der Konfliktberatung aufzubauen. Ein Flyer, um das Angebot in der Nordstadt bekannt zu machen, wurde erstellt, es gab Treffen mit Multiplikator/innen (Mieterbeiräten, Kitas, Schulen) und weitere Fortbildungen. Als Eindrücke zum Projekt wurde im Projektbericht festgehalten, dass es weniger Anfragen an die Konfliktberater/innen gab als angenommen, dass Ehrenamtliche auf längere Sicht qualifiziert und motiviert werden konnten, zukünftig eigenständig weiter zu arbeiten, und dass der Personenkreis der Konfliktberater/innen auf Jugendliche, Senior/innen und Migrant/innen erweitert werden soll.

5.4.5 Ansätze gegen Fremdenfeindlichkeit und Rassismus im Projekt

Die Bewohner/innen der Nordstadt sind überdurchschnittlich häufig von Arbeits- und Ausbildungslosigkeit und damit auch von Perspektivlosigkeit betroffen, die fremdenfeindliche Einstellungen und Verhaltensweisen begünstigen. Alle Handlungsempfehlungen zur Arbeit gegen Rassismus und Fremdenfeindlichkeit haben ergeben, dass sich Unterstützung bei der Entwicklung von beruflichen Zielen positiv auf die Ausgangslage der Menschen auswirkt. Dies sollte mit der Arbeit zum Querschnittsziel verknüpft werden, um berufliche und zwischenmenschliche Kompetenz als natürliche Einheit zu erlernen.

Beim XENOS-Projekt geht es um integrierte Ansätze gegen Fremdenfeindlichkeit und Rassismus in den Bereichen Ausbildung, Qualifizierung und Beschäftigung. Fremdenfreundlichkeit soll durch die Förderung dieser Bereiche positiv verstärkt werden. Die von Rambøll Management entwickelten Kriterien für Erfolg versprechende Ansätze sollten auch an das XENOS-Projekt angelegt werden. So sollte das Projekt auf folgendem Hintergrund bewertet werden:

- Schulungen der Mitarbeiter/innen und Multiplikator/innen im Umgang mit Fremdenfeindlichkeit
- Schulungen der Mitarbeiter/innen und Multiplikator/innen im Hinblick auf interkulturelle Kompetenz
- Verbindung der Berufs-/Ausbildungsberatung mit der Thematisierung von Fremdenfeindlichkeit
- Verbindung fachlicher Qualifizierungsmaßnahmen mit Schulungen zu Kompetenzen im Umgang mit Menschen anderer Kulturen

Im Rahmen des Antrags wurde die Anforderung formuliert, die individuellen und interkulturellen sozialen Kompetenzen zu verbessern. Die Bereitschaft zur Zivilcourage und zu Einsatz für mehr Demokratie muss konkret geübt werden. Daher soll eine Seminarreihe im Stadtteilzentrum durchgeführt werden. Dazu sollen 12 Seminar-Bausteine (vgl. „Arbeit und Bildung" e.V., Marburg) mit folgenden Themenbereichen angeboten werden:

- Einstieg, Identität
- Vorurteile
- Rassismus/Fremdenfeindlichkeit
- Migration
- Konfliktbewältigung
- Gewalt
- Autorität und Gehorsam
- Religion, Weltbilder, Werte
- Soziale Kompetenzen
- Lebenswelten unserer Nachbarn
- Zivilcourage
- Integration/Abschluss

Diese Bausteine werden neben den Multiplikator/innenschulungen auch als Module im Selbstlernzentrum eingesetzt.

5.4.6 Fremdenfreundlichkeit – quantitative Ergebnisse

Die quantitativen Ergebnisse zum Querschnittsziel Fremdenfreundlichkeit fallen sehr positiv aus, was zum Beispiel an den 30 verschiedenen Nationalitäten, die ins Projekt kamen, deutlich wird: Sie kooperierten im Projektzentrum, Teilnehmer/innen halfen sich gegenseitig, und es kam dabei an keiner Stelle zu Konflikten.

Da eine ausführliche Darstellung der quantitativen Teilergebnisse zu diesem Bereich bereits in Kapitel 5.2.3. stattgefunden hat, soll an dieser Stelle nur auf das Teilkapitel verwiesen werden.

5.4.7 Fremdenfreundlichkeit – qualitative Ergebnisse

Auch bei den Ergebnissen zum Querschnittsziel Fremdenfreundlichkeit lassen sich, ähnlich wie zu GM, drei Ebenen unterscheiden, auf denen Erfolge erzielt wurden.

- Die quantitative Ebene: Die quantitativen Ergebnisse (Teilnehmer/innen-Anteile) im Hinblick auf Fremdenfreundlichkeit zeigen, dass die Zielgruppen erreicht wurden und eine Vielzahl von Nationalitäten vertreten war[64].
- Die Ebene der Beratung: In diesem Bereich gilt ähnlich wie bei GM, dass Einstellungsweisen und Einstellungsänderungen schwer mess- und fassbar sind. Insofern war das Querschnittsziel Fremdenfreundlichkeit ein Ziel, das nur dann operationalisiert wurde, wenn sich konkret entsprechende Fragen stellten (s. u.). Meist fehlten aber solche konkreten Anlässe. Wie sich im Verlauf des Projekts gezeigt hat, schwang das Thema Fremdenfreundlichkeit damit vielfach eher implizit im Projektverlauf und bei den Aktivitäten mit, als dass es explizit in den Beratungen thematisiert wurde (WS 1.9.08).
- Die Ebene des Projektzentrums: Dort gab es keine fremdenfeindlichen Vorfälle. Zudem entwickelte sich gegenseitige Unterstützung auch unter Angehörigen verschiedener Ethnien. Es ist also gelungen, einen Raum zu schaffen, in dem gegenseitige Unterstützung von Angehörigen vieler verschiedenster Nationalitäten praktiziert wurde (im Selbstlernzentrum allein 25), und wo Fremdenfeindlichkeit keinen Platz hatte. Fremdenfreundlichkeit spiegelte sich in den Inhalten und Werten des Zentrums wider.

---

64   Ausführliche Darstellung der Ergebnisse in Kapitel 5.2.3.

Fremdenfreundlichkeit als Thema im Beratungsverlauf

Das Querschnittsziel Fremdenfreundlichkeit wurde damit von allen Projektbeteiligten im Prozess der Beratung berücksichtigt, allerdings nur in Einzelfällen als explizites Thema angesprochen.

Beispielhaft kann dies im Bereich Beschäftigungsförderung gezeigt werden, wo es in einem konkreten Fall um die Kindergartenwahl ging, die vom Migrant/innenanteil unter den Kindern abhängig gemacht werden sollte. In einem anderen Fall löste die Frage nach dem speziellen Migrationshintergrund bei einem Teilnehmer eine Diskussion über sein Zugehörigkeitsgefühl aus (1.9.08, qualitative Bögen).

Bei der Ausbildungslotsin spielt das Thema Fremdenfreundlichkeit bei neun Teilnehmer/innen eine explizite Rolle. Die Einschätzungen der Ausbildungslotsin über die betreffenden Teilnehmer/innen sind bezüglich ihrer fremdenfreundlichen Einstellungen eher positiver Art: Sie schätzte sie etwa als „offen und tolerant" ein (drei Teilnehmer/innen). Weiterhin hat sich dort gezeigt, dass dieses Thema vor allem bei Teilnehmer/innen mit Migrationshintergrund von Relevanz war. Hier gab es unterschiedlichste Einsätzungen.

Zwei Fälle zeugten eher von weniger Offenheit: Zwei Teilnehmer/innen hatten „starke Vorbehalte gegenüber Deutschen". In einem Fall bestand ein besonders „enger Bezug zu türkischem Zusammenhang". Es gab jedoch auch einen Fall, in dem nach Abschluss der Beratung „eventuell mehr Bereitschaft zur Integration" bestand. Eine Person schließlich „kennt Rassismus aus eigener Erfahrung" (vgl. qualitative Bögen).

Im Selbstlernzentrum verlief die Kommunikation multilingual. Es musste keine Regelung darüber getroffen werden, in welcher Sprache kommuniziert wurde, die Teilnehmer/innen aus 22 Nationen regelten dies unter sich. Es zeigte sich zudem, dass sich die Teilnehmer/innen der unterschiedlichen Ethnien im Selbstlernzentrum sachbezogen untereinander halfen, auf privater Ebene entstanden allerdings keine Kontakte.

5.4.8 Multiplikatorenschulungen

Indikator: pro Quartal mindestens eine Schulung

Zur Umsetzung des Indikators „Vernetztes Vorgehen im gesamten Stadtteil gegen Diskriminierung, Fremdenfeindlichkeit und Gewalt als Querschnitts- und Pflichtaufgabe" wurden Multiplikatorenschulungen als weiterer Bestandteil installiert. Im Projektantrag waren die Schulungen als wichtiger Baustein des Projekts konzipiert worden. Zahlenmäßig wurde der Indikator erreicht; es haben insgesamt vier Schulungen stattgefunden.

Thema der Schulungen waren interkulturelle Sensibilisierung (November 2007, April 2008), ADHS im Kontext sozialer Integration und Gewaltprävention (Juni 2008) und „Cool sein – Cool bleiben" – Handlungskompetenz in Gewaltsituationen (1. Phase Juni 2008, 2. Phase August 2008).

Quantitative Merkmale der Teilnehmer/innen:
Es gab insgesamt 39 Teilnahmen an allen Schulungen. Mehrfachnennungen waren hier häufig, d. h., viele Teilnehmer/innen haben mehrere Schulungen besucht. Der Kreis der teilnehmenden Personen ist daher niedriger; es liegen jedoch keine genauen Angaben über die Personen vor, die jeweils mehrfach die Multiplikatorenschulungen besucht haben. Deshalb sind die Teilnahmen und nicht Personen die Grundlage für die folgenden Angaben:

Unter diesen Teilnahmen kamen vier Fünftel von Frauen und ein Fünftel von Männern. Über die Hälfte der Teilnahmen (54%) kam von Personen in der Altersgruppe zwischen 41 und 54 Jahren. Knapp ein Drittel (28,2%) kam von Personen zwischen 31 und 40 Jahren, 8% von Personen zwischen 20 und 24 Jahren. Insgesamt 7,5% der Teilnahmen kam von Personen, die älter als 55 Jahre waren.

51% der Teilnehmer/innen kamen von Personen mit Erziehungsaufgaben. Diese Erziehungsaufgaben wurden in neun von zehn Fällen von Frauen wahrgenommen. 15,4% der Teilnahmen kamen von allein erziehende Frauen.

Die größte Gruppe der Teilnahmen (87%) kam von beschäftigten Arbeitnehmer/innen. 7,7% kamen von Langzeitarbeitslosen, 2,5% von Schüler/innen oder Student/innen und 2,5% von Sonstigen.

Die meisten (95%) Teilnahmen kamen von Personen mit deutscher Staatsbürgerschaft, ein Zwanzigstel kam von Ausländer/innen mit türkischer Staatsbürgerschaft. Insgesamt kam ein Zehntel der Teilnahmen von Menschen mit Migrationshintergrund.

Die Teilnehmer/innen waren sehr gut gebildet. Über die Hälfte der Teilnahmen (54%) kam von Personen mit Hochschulabschluss, ein Viertel von Personen mit Realschulabschluss und ein Fünftel von Personen mit Abitur.

In fast allen Fällen (95%) war Deutsch die Muttersprache, bei 5% waren die Deutschkenntnisse sehr gut.

Anhand dieser quantitativen Daten wird deutlich, dass mit den Multiplikatorenschulungen andere Zielgruppen erreicht wurden, als mit anderen Projektbereichen. Die Teilnehmer/innen der Multiplikatorenschulungen waren sehr gut ausgebildet, fast alle muttersprachlich, nur wenige Teilnehmer/innen hatten einen Migrationshintergrund und zudem war der überwiegende Teil in Arbeit. Dies hat seinen Grund darin, dass der Teilnehmer/innenkreis sich überwiegend auf Mitarbeiter/innen des Projekts konzentrierte. Einzig durch die ADHS-Schulung wurden auch Betroffene erreicht. Außerdem nahmen teil: Die Integrationslotsin, eine aktive Bürgerin, eine Praktikantin, eine Vertreterin von Aktino. Mit den Multiplikatorenschulungen wurde also nur ein kleiner Kreis möglicher Multiplikatoren erreicht: Es kamen fast ausschließlich Teilnehmer/innen der professionellen Ebene. Zur beispielhaften Evaluation erstellte die wissenschaftliche Begleitung für die Multiplikatorenschulung „Cool Sein – Cool Bleiben" einen Evaluationsbogen. Die Schulungsteilnehmer/innen füllten diesen zur Bewertung der Schulung aus. Diese Schulung „Cool sein – cool bleiben" – Handlungskompetenz in Gewaltsituationen" wurde im Schnitt sehr gut bewertet: Sie erhielt von den Teilnehmer/innen insgesamt eine 1,5 (Schulnote). Die Teilnehmer/innen gaben als Lernerfahrungen an, sich inhaltlich mit Formen von Gewalt, Täter-Opfer-Strukturen und Umgangsmöglichkeiten mit Gewalt auseinander gesetzt zu haben. Sie hatten individuell sehr unterschiedliche Kompetenzen erworben, etwa neue Handlungsmöglichkeiten erlernt und eine stärkere Sensibilisierung für kritische Situationen erreicht. Alle Teilnehmer/innen gaben an, dass die Schulung eine Relevanz in der täglichen Arbeit habe. Als Verbesserungsvorschlag wurde ein größerer Rahmen mit mehr Teilnehmer/innen angeregt. Insofern fällt die Bewertung dieser einzelnen Schulung sehr gut aus.

Im Projektverlauf zeigten sich jedoch auch verschiedene Schwierigkeiten, die mit der Anlage der Schulungen und ihrer Einbindung in den Projektzusammenhang verbunden waren. Sie wurden von den Projektbeteiligten bei den Koordinationstreffen thematisiert (siehe vor allem Protokoll des 28.7.):

- Die thematische Anbindung der Multiplikatorenschulungen an das Zentrum: für viele potenzielle Teilnehmer/innen schien der direkte Zusammenhang der Schulungen zu ihren Anliegen, aber auch zum Projekt, nicht erkennbar zu sein. Die Schulungen, so der Eindruck, wurden eher als flankierende Maßnahmen wahrgenommen. Sie waren jedoch als integrale Bausteine des Projekts geplant gewesen. Eine positive Ausnahme, so wurde festgestellt, war die ADHS-Schulung, die im Gegensatz zu den anderen auch von Betroffenen angenommen wurde.
- Die Werbung für die Schulungen: Die Schulungen wurden sehr breit beworben, auch im Stadtteilbeirat und im Trägerverbund. Dennoch kamen nicht sehr viele Teilnehmer/innen. Hierfür wurden folgende mögliche Gründe diskutiert:
- Die Schulungen wurden durch E-mails, persönliche Ansprache, Bekanntgabe in Gremien (Nordstadtbeirat, Trägerverbund) und per Post im professionellen Netzwerk um das Projekt verteilt. Der Erfolg war jedoch aus Sicht der Projektbeteiligten nicht zufrieden stellend. Dies könnte darauf verweisen, dass die Vernetzung des Projekts noch nicht ganz zufrieden stellend war.
- Für die professionelle Ebene, wie auch für engagierte ehrenamtliche Vertreter/innen, gibt es ein Überangebot an Veranstaltungen. So entsteht eine zeitliche Überlastung potenzieller Teilnehmer/innen.

- Mit dem Flyer sollte nicht nur Fachpublikum, sondern auch Privatpersonen angesprochen werden. Allerdings schienen sich Privatpersonen von dem Flyer nicht angesprochen zu fühlen. Diese hatten den Eindruck, dass sich der Flyer nur an Fachpublikum richte.
- Zielgruppen: Im Nachhinein zeigte sich, dass eine Definition der Zielgruppen für die Multiplikatorenschulungen fehlte. Diese wäre für die inhaltliche Zuspitzung, die Einordnung der Schulungen und die Ansprache des potenziellen Teilnehmerkreises wichtig und hilfreich gewesen. Zukünftig ist deswegen wichtig, zunächst zu definieren, welche Personen oder Gruppen jeweils als Multiplikator/innen verstanden werden sollen, um diese dann spezifisch anzusprechen, z. B. über unterschiedliche Flyer. Die Projektmitarbeiter/innen regten zum einen explizit an, Nordstadtjugendliche anzusprechen. Zum anderen sei insgesamt die mündliche Ansprache von potentiellen Teilnehmer/innen für Multiplikatorenschulungen, und zwar insbesondere von Privatpersonen ohne ehrenamtliche Schlüsselrollen, zentral.

5.4.9   Fazit und Empfehlungen zum Bereich Fremdenfreundlichkeit

Erreichung der Indikatoren:

- Zahlenmäßig wurde der Indikator bei den Multiplikatorenschulungen erreicht

Zentrale Erkenntnisse:

- Im Bereich Fremdenfreundlichkeit lassen sich, ähnlich wie bei Gender Mainstreaming, quantitative Verteilungen relativ gut, Einstellungen und deren Veränderungen nur schwer erfassen.
- Die Multiplikatorenschulungen schnitten in Bezug auf den Indikator und in der Auswertung der Schulungen selbst gut ab
- Mit den Multiplikatorenschulungen wurde also nur ein kleiner Kreis möglicher Multiplikator/innen erreicht: es kamen fast ausschließlich Teilnehmer/innen der professionellen Ebene.
- In Bezug auf die Zielgruppen und die Einbindung der Schulungen in die Arbeit des Zentrums bestanden noch Klärungsbedarfe.

Good Practices/Empfehlungen

- Quantitative Indikatoren für Fremdenfreundlichkeit sind zum einen ein hoher Anteil an Menschen mit Migrationshintergrund, zum anderen eine heterogene Mischung verschiedener Ethnien
- Ein qualitativer Indikator für Fremdenfreundlichkeit und gleichermaßen Zielgröße ist, einen Raum zu schaffen, wo Fremdenfeindlichkeit keinen Platz hat
- Fremdenfeindlichkeit sollte in der Beratung jedenfalls dann thematisiert werden, wenn sich konkrete Anlässe zeigen
- Die thematische Ein- und Anbindung von Multiplikatorenschulungen sollte zukünftig klarer gestaltet werden
- Die Zielgruppen für Multiplikatorenschulungen sollten vorab eindeutig definiert werden
- Die Werbung für Multiplikatorenschulungen sollte zielgruppenadäquat gestaltet werden.

Literatur

Altvater, Peter (2000): Fremdenfeindlichkeit, Rechtsextremismus und die Modernisierung moderner Gesellschaften. In: ders./Stammer/Thomssen: Alltägliche Fremdenfeindlichkeit. Interpretationen sozialer Deutungsmuster. Münster: Westfälisches Dampfboot, 19-32.

Bericht der Beauftragten für Migration, Flüchtlinge und Integration über die Lage der Ausländerinnen und Ausländer in Deutschland (2007), 7. Lagebericht. (www.bundesregierung.de)

Bundesamt für Migration und Flüchtlinge (2007): Minas. Atlas über Migration, Integration und Asyl. Nürnberg.

Castles, Stephen (1991): Weltweite Arbeitsmigration, Neorassismus und der Niedergang des Nationalstaats. In: Bielefeld, Ulrich (1991): Das Eigene und das Fremde. Neuer Rassismus in der alten Welt? Hamburg:Junius, 129-158.

Christ, Oliver/Wagner, Ulrich (2008): Interkulturelle Kontakte und Gruppenbezogene Menschenfeindlichkeit. In: Heitmeyer (Hg.): Deutsche Zustände. Folge 6. Frankfurt: Suhrkamp, 154-168.

Hafenegger, Benno (2000): Jugend, Gewalt und Rechtsextremismus in den neunziger Jahren. Eine Bilanz zum Beitrag der Jugendarbeit. In: ders/Klose, Christiana/Rademacher, Helmolt/Jansen, Mechthild (Hg.): Gewalt und Fremdenfeindlichkeit – jugendpädagogische Auswege. Opladen: Leske+Budrich, 123-165.

Heitmeyer, Wilhelm (2005): Die verstörte Gesellschaft. In: ZEIT 51/2005, 24.

Heitmeyer, Wilhelm/Sitzer, Peter (2007): Rechtsextremistische Gewalt von Jugendlichen. In: Aus Politik und Zeitgeschichte 37/2007: 3-10.

Heitmeyer, Wilhelm/Mansel, Jürgen (2008): Gesellschaftliche Entwicklung und Gruppenbezogene Menschenfeindlichkeit: Unübersichtliche Perspektiven. In: ders (Hg.): Deutsche Zustände. Folge 6. Frankfurt: Suhrkamp, 13-35.

Jaschke, Hans-Gerd (2001): Rechtsextremismus und Fremdenfeindlichkeit. Begriffe – Positionen – Praxisfelder. 2.Auflage. Wiesbaden: Westdeutscher Verlag.

Kalpaka, Anita/Rätzhel, Nora (1993): Neuere Rassismustheorien. In: Gorzini, Mehdi Jafari/Müller, Heinz (Hg.): Handbuch zur interkulturellen Arbeit. Wiesbaden: World University Service, 303-333.

Migration Info (Migration und Bevölkerung) (2006): Deutschland – neue Studie zum Rechtsextremismus. Newsletter Nr.10, Dezember 2006.

Migration Info (Migration und Bevölkerung) (2007): Deutschland – Regierungsbericht zu Rechtsextremismus. Newsletter Nr.3, April 2007.

Migration Info (Migration und Bevölkerung) (2007): EU: Mindeststandards gegen Rassismus und Fremdenfeindlichkeit festgelegt. Newsletter Nr. 4, Mai 2007.

Migration Info (Migration und Bevölkerung) (2007): Deutschland: Schlechte Aussichten für Migranten auf dem Arbeitsmarkt. Newsletter Nr. 6, September 2007.

Migration Info (Migration und Bevölkerung) (2008): Deutschland – Integration junger Migranten stagniert. Newsletter Nr.1, Januar 2008.

Plahuta, Simone (2007): Die Integration on Menschen mit Migrationshintergrund in städtische Arbeitsmärkte. Berlin: LIT Verlag.

Purohit, Preeti (2005): Perspektivenwechsel auf Rassismus, Fremdenfeindlichkeit und Zivilcourage. Eine qualitative Analyse verschiedener Sichtweisen zur Klärung der Konzepte. Tönning: Der Andere Verlag.

Rambøll Management (Bundesministerium für Wirtschaft und Arbeit) (2004): Evaluation des Bundesprogramms XENOS – Zwischenbericht 2004. http://www.xenos-de.de/Xenos/Navigation/Programm/evaluation.html, download 1.3.2008.

Rambøll Management (Bundesministerium für Arbeit und Soziales) (2005): Evaluation des Bundesprogramms XENOS – Zwischenbericht 2005. . http://www.xenos-de.de/Xenos/Navigation/Programm/evaluation.html, download 1.3.2008.

Rambøll Management (Bundesministerium für Arbeit und Soziales) (2006): Handlungsleitfaden für die Entwicklung und Durchführung von XENOS-Projekten. http://www.xenos-de.de/Xenos/Navigation/Programm/evaluation.html, download 1.3.2008.

Rambøll Management (Bundesministerium für Arbeit und Soziales) (2007): Evaluation des Bundesprogramms XENOS. Kurzfassung des Abschlussberichts. http://www.xenos-de.de/Xenos/Navigation/Programm/evaluation.html, download 1.3.2008.

Rüssmann, Ursula (2007): Brennpunkt Nachbarschaft. In: FR, 22.11.2007, 13.

Simmel, Georg (2002, org. 1908): Exkurs über den Fremden. In: Merz-Benz, Peter-Ulrich (Hg.): Der Fremde als sozialer Typus. Klassische soziologische Texte.

Statistisches Bundesamt (2007): Bevölkerung und Erwerbstätigkeit. Bevölkerung mit Migrationshintergrund – Ergebnisse des Mikrozensus 2005.

5.5 Bewertung des Projekts insgesamt aus Sicht von Teilnehmer/innen und Mitarbeiter/innen

5.5.1 Die Bewertung aus Sicht der Teilnehmer/innen

Die Teilnehmer/innen richteten ihren Blick bei der Bewertung des Projekts auf sehr unterschiedliche Aspekte, die im Folgenden nach Aspekten geordnet dargestellt werden.

Die Erfüllung von Anliegen und Erwartungen:
Die meisten Teilnehmer/innen kamen in das Projekt, um Unterstützung bei der Arbeits- oder Ausbildungsplatzsuche zu bekommen oder sich am PC zu qualifizieren. Ihren Erwartungen wurde im Projekt entsprochen. Diese positive Erfahrung trug dazu bei, dass die Teilnehmer/innen das Projekt zunehmend auch in ihrem Bekanntenkreis und in der Nachbarschaft bekannt machten und weiter verbreiteten.

Räumliche Kopplung von Ausbildungsförderung, Beschäftigungsförderung und Qualifizierung:
Da ein inhaltlicher Zusammenhang zwischen den einzelnen Bereichen bestand, empfanden die Teilnehmer/innen die räumliche Kopplung als sinnvoll.

> „Ja, eigentlich, ich find das schon gut, aus dem Grund, weil wenn dann jetzt beispielsweise jemand am Computer gucken würde nach ner Ausbildung, und dann könnte der gleich hier hin, ich nen Termin mit ihr machen und sich beraten lassen. Selbst wenn jemand ne Arbeitsstelle findet, ich denk, dass die auch ein bisschen hilft beim Bewerbungsschreiben, die kann dann auch gleich sagen hier, kannst du auch gleich einen Termin machen und dich beraten lassen. Das ist ja gut, nur beim Arbeitsamt, ich weiß nicht, man merkt das ja, wenn was ganz groß ist, dann ist das ja auch nicht so irgendwie enger zusammen als wenn das ein bissl kleiner ist" (Int. 1).

Multikulturalität im Projekt:
Das Projekt wurde als multikulturell wahrgenommen, allerdings fiel zumindest einem Teilnehmer/innen auf, dass weniger türkische und islamische Personen kamen (vgl. Int. 7). Insgesamt konnte sich das Projekt bei Deutschen wie auch bei verschiedenen Migrant/innengruppen gut etablieren.

Öffnungszeiten:
Die Öffnungszeiten des Projekts wurden von den Teilnehmer/innen als ausreichend beurteilt.

> „Man hat immer einen Termin gefunden" (Int. 6).

Sozialraumorientierung des Projekts:
Der sozialraumorientierte Ansatz hat sich bewährt, da die Teilnehmer/innen die Bewohner/innen der Nordstadt als Personengruppe charakterisierten, die „viele Probleme habe (Alkohol, Drogen)" (vgl. Int. 7) und nicht wisse, was sie tun solle.

> „Ich finds gut, dass sich auch Gedanken gemacht wird um die Menschen, die hier leben. Weil es gibt viele, die nicht wissen, wo sie hinwollen in ihrem Leben, was sie machen wollen." (Int. 4). Hierfür bot das Zentrum einen Ansatzpunkt mit Ansprechpartnern, die Hilfestellung geben konnten. „Ich schätze das sehr positiv. Nachdem, als vor paar Jahren die soziale Gesetze in Deutschland – das ist meine persönliche Meinung – geändert wurden, wurden aus meiner Sicht viele arbeitslose Menschen oder die Hartz IV-Empfänger, viele wurden im Stich gelassen vom Gesetzgeber, von Behörden und so weiter. Ganz allein auf sich. Und hier ist, hier im XENOS ist uns, also hier, das ist so was wie ein kleines Insel. Eine Hoffnungsinsel, wo man hingehen kann mit allen Sorgen." (vgl. Int. 5).

Die Teilnehmer/innen hatten aber noch einige Verbesserungsvorschläge in Bezug auf das Projekt:

- Die Einrichtung einer Kinderbetreuung wurde von einigen Teilnehmer/innen als wünschenswert erachtet, damit Kinder nicht extern betreut werden müssen.

- Die Räumlichkeiten des Zentrums wurden als sehr privat und abgeschlossen beschrieben. Einige Teilnehmer/innen würden sich eine offenere und freundlichere Atmosphäre wünschen. Das würde auch den ersten Zugang (das Hineintrauen) erleichtern.

- Von einem Teilnehmer kam der Vorschlag, eine formelle Kooperation mit der Arbeitsagentur/ARGE anzustreben, damit Leute gezielt vermittelt werden können und Missverständnisse über eine eventuelle Kooperation aufgeklärt werden können.

- Obwohl die Projektmitarbeiterinnen schon sehr bedürfnisorientiert arbeiteten, wurde der Wunsch geäußert, die Bedürfnisorientierung in den Beratungen noch ausbauen zu können (vgl. Int. 2).

Fazit zur Einschätzung des Projekts durch die Teilnehmer/innen:
Das Projekt wird von den Teilnehmer/innen sehr gut bewertet

Empfehlungen/Good Practices

- Sozialräumliche Einbindung und sozialräumliche Nähe der drei Komponenten beschäftigungs- und Ausbildungsförderung sowie Selbstlernzentrum sind Erfolgsfaktoren

Sinnvoll wären

- Kinderbetreuung
- Eine offene Raum- bzw. Zugangssituation
- Eine formelle Kooperation mit Agentur und ARGE wäre sinnvoll

5.5.2 Bewertung des Projekts durch die Mitarbeiter/innen

Das Projekt wurde von den Mitarbeiter/innen insgesamt als positiv bewertet. Insbesondere in den Bereichen Selbstlernzentrum und Beschäftigungsförderung wurde es als Pilotprojekt charakterisiert, durch das ein Angebot für die Nordstadtbewohner/innen geschaffen wurde, das es vorher noch nicht gab (WS 28.1.08). Der Bereich Beschäftigungsförderung wurde als der am schwierigsten umzusetzende Baustein im Programm Soziale Stadt eingeschätzt, der im Rahmen von Sozialer Stadt bisher nicht bearbeitet wurde, womit man im vorliegenden Projekt Neuland betreten habe (KT 10.12.08).

Die Mitarbeitenden im Projekt bekamen zudem von den Teilnehmer/innen die Rückmeldung, dass das Projekt im Stadtteil gebraucht würde. Trotz der eher ungünstigen, da abgeschlossenen und vom Nordstadtzentrum getrennten Räumlichkeiten sahen die Mitarbeiter/innen das Projekt als niedrigschwellig an (KT 10.6.08).

Kritisch wurden folgende Punkte angesprochen:

- Bis zur Zwischenevaluation Ende Januar wurden von den Mitarbeiter/innen regelmäßig die Unklarheiten bezüglich der Aufgabenverteilung und Ablaufstrukturen thematisiert, da sich in der täglichen operativen Projektumsetzung immer wieder Reibungspunkte zwischen Durchführungsträger und Projekt ergaben, die auf den Koordinationstreffen thematisiert wurden (KT 5.11.07, 10.12.07, 17.11.08, ZW 28.1.08).
- Bereits zu Beginn wurde die kurze Laufzeit von offiziell nur knapp 15 Monaten, faktisch zehn Monaten, thematisiert (Auftaktworkshop 22.10.07).
- Die Mitarbeiter/innen beurteilten auch kritisch, dass die Vorbereitungszeit bis zum faktischen Projektstart (Einrichtung der Büros und anderes) im Vorfeld nicht mit einberechnet worden war. Prinzipiell sei die Anlaufzeit unterschätzt worden (KT 21.4.08), da das Projekt komplett neu aufgebaut und das Zentrum neu eingerichtet worden sei.

6 Vernetzung

6.1 Grundsätzliche Überlegungen und Anforderungen an die Vernetzung des Interkulturellen Zentrums JobKomm

Gerade in Stadtteilen mit besonderem Erneuerungsbedarf ist die Vernetzung unter den Schlüsselakteuren, -institutionen und -bereichen von grundsätzlicher und zentraler Bedeutung für das Gelingen einer erfolgreichen, nachhaltigen und integrierten Stadtteilerneuerung. Die komplexen Problemlagen in den Stadtteilen und die Breite des Spektrums der Akteure, die für die Lösung der Probleme in den Stadtteilen von Relevanz sind, führen zu der Anforderung, verschiedene Akteursbereiche zusammenzubringen, die dann gemeinsam komplexe Ziele erreichen können.

Aufgrund dieser Verschiedenartigkeit der Akteursgruppen, die grundsätzlich für sozialraumbezogene Politiknetzwerke in Stadtteilen mit besonderem Erneuerungsbedarf relevant sind, ist es jedoch eine der wesentlichen Herausforderungen, die verschiedenen Kommunikationsstrukturen und -kulturen der einzelnen Bereiche soweit zu öffnen und anzunähern, dass Kooperation überhaupt möglich ist. Da die genannten Akteursgruppen diesbezüglich oft verschiedene Traditionen und Einstellungen sowie unterschiedliche Voraussetzungen aufweisen, gestaltet sich dies oft langwierig und schwierig: So kann es eine Herausforderung für sich sein, einen Gemeinwesenarbeiter vor Ort oder den Sprecher einer Bewohner/inneninitiative und eine Amtsleiterin der Kämmerei oder des Stadtplanungsamtes auf eine Kommunikationsebene zu bringen, auf der sie sich verständigen können.

Dagegen haben die freien Träger beziehungsweise Wohlfahrtsverbände, die schon seit Jahren im Bereich der Sozialarbeit tätig sind, zumeist eine relativ enge und stabile Kooperationsbeziehung zur Verwaltung entwickelt. In vielen Fällen hat sich deshalb bereits ein Politiknetzwerk der „Sozialfachleute" gebildet, das oftmals eine jahrelange Tradition und Praxis aufweisen kann. Deshalb besteht eine der grundsätzlichen Schwierigkeiten darin, über bereits etablierte engere Netzwerke hinaus andere relevante Akteure in ein Netzwerk einzubinden.

Beschäftigungsförderung und Qualifizierung sind dabei keine Kernbereiche der kommunalen Sozialpolitik, und, wie in Kapitel 3 beschrieben, auch keine Kernbereiche des Programms Soziale Stadt. Insofern gilt grundsätzlich, dass sich Aktivitäten in diesem Bereich a) mit den klassischen Akteuren im Bereich der Sozialpolitik, b) mit dem Kooperationsnetzwerk um das Programm soziale Stadt und c) mit den Schlüsselakteuren im Bereich der lokalen Beschäftigungsförderung und Qualifizierung vernetzen sollten. Idealerweise sollten daraus Synergieeffekte entstehen, die insgesamt ein größeres sozialraumbezogenes Gesamtnetzwerk entstehen lassen.

Für das Interkulturelle Zentrum JobKomm war daher bedeutsam, dass es in die bestehenden Vernetzungsstrukturen in der Gießener Nordstadt erfolgreich eingebunden werden konnte (a und b) und zusätzlich Vernetzungen zu den zentralen Schlüsselakteuren im Bereich der lokalen Qualifizierung und Beschäftigungsförderung geschaffen werden konnten (c). Auch sollten diese Aktivitäten konkret dazu führen, dass das sozialraumbezogene Gesamtnetzwerk ausgebaut wird. Erfolge in diesen Bereichen sind darüber hinaus auch für die Perspektiven der Verstetigung der Erfolge des Projekts von zentraler Bedeutung (siehe dazu Kapitel 7). Welches sind die für das sozialraumbezogene Kooperationsnetzwerk um das Zentrum im Einzelnen relevanten Akteure und Institutionen im Einzelnen?

a) Die Kernbereiche der Sozialpolitik:

- Ämter/Verwaltung: Dies betrifft insbesondere Sozialamt und Jugendamt
- Wohlfahrtsverbände (WFV): Wohlfahrtsverbände sind als Träger von Einrichtungen im Standort sowie als potentielle Investoren und Akteure von Bedeutung

b) Das Kooperationsnetzwerk um das Programm „Soziale Stadt":

- Die Kooperationsstrukturen der Sozialen Stadt: Stadtteilbüro (Nordstadtbüro), Stadtteilkonferenz (Nordstadtbeirat) bzw. zukünftig der Nordstadtverein
- Ämter/Verwaltung: Stadtplanungsamt, Steuerungsgruppe in der Verwaltung
- Bewohner/innen/Vereine/Initiativen: Bewohner/innen sind sowohl aktive Einzelpersonen als auch Vertreter/innen von Initiativen und Vereinen im Standort. Wichtig sind hier relevante Gruppen oder Arbeitsgemeinschaften, sowie lokale Initiativen und Vereine (Kirchengemeinden, Moscheevereine, Sport- oder Kulturvereine sowie jede andere Art von Vereinen mit lokaler Prägung und Klientel).
- Wohnungspolitik/Wohnungsbaugesellschaften: Vor Ort aktive Wohnungsbaugesellschaften (hier besonders die Wohnbau GmbH) sind sehr relevant, da sie in der Mehrzahl der Standorte Eigentümer großer Wohnungsbestände sind und damit potentiell entscheidenden Investoren darstellen; daneben sind aber

auch Akteure der privaten Wohnungswirtschaft wie private Besitzer, Haus-
und Grundbesitzervereine und Mietervereine wichtig
- politische Institutionen: Stadtparlament und Ortsbeiräte sind die formellen
  und institutionalisierten politischen Gremien für die Vertretung der Stadtteile bzw. Standorte

c) Wichtig sind sowohl für das Kooperationsnetzwerk um die „Soziale Stadt" als
auch für das Projekt Interkulturelles Zentrum JobKomm die Bereiche Arbeit,
Wirtschaft und Bildung:

- Arbeit/Wirtschaft: Wirtschaftsförderung, Arbeitsagenturen, Unternehmerver-
  bände, Handelskammern, Gewerkschaften, Beschäftigungsgesellschaften und
  freie Träger stehen für die Ziele der wirtschaftlichen und beschäftigungspolitischen Entwicklung eines Standorts
- Bildung und berufliche Bildung: Schulen und Bildungsträger sollten aufgrund
  der Bedeutung, die Bildung für die Entwicklung benachteiligter Stadtteile hat,
  in beiden Netzwerken vertreten sein

6.2 Die strategische Lücke in der „Sozialen Stadt": Arbeit und Wirtschaft

Wie bereits beschrieben zeigte sich in der Begleitforschung zum Programm Soziale Stadt eine einheitliche Tendenz: Zahlreiche der Kooperationsnetzwerke um
das Programm wiesen in den Schlüsselbereichen Arbeit und Wirtschaft eine
strategische Lücke auf. Dies wird im Folgenden noch einmal anhand der Ergebnisse der hessischen sowie der bundesweiten Begleitforschung und der Begleitforschung graphisch verdeutlicht. Im Rahmen der hessischen Begleitforschung
wurden diejenigen Akteure erhoben, die in den Kooperationsnetzwerken an 17
Standorten in Hessen vertreten waren (Stand Ende 2004):
Die folgende Grafik zeigt, in wie vielen der hessischen Standorte bis zum
Ende des Jahres 2004 welche Gruppen und Organisationen formal in den Kooperationsnetzwerken vertreten waren. Die Kooperationsbeziehungen in den Standorten wiesen deutliche Stärken, aber auch Schwächen auf:

- In den Netzwerken in den Standorten zeigte sich eine hohe Repräsentanz
  von Bewohnergruppen, der Wohlfahrtsverbände und der Wohnungsgesell-
  schaften. Auch die Schulen waren meistens in den Kooperationsnetzwerken
  vertreten.

- Eine zweite Akteursgruppe zeichnete sich durch eine mittlere Beteiligungsstärke aus. Hier handelte es sich um öffentliche Dienstleister und Gremien sowie soziale Einrichtungen.
- Den beiden bislang genannten Akteursgruppen stand eine dritte Gruppe gegenüber, die nur selten in den Kooperationsnetzwerken vertreten war. Diese Akteure, wie z. B. das Arbeitsamt, die Wirtschaftsförderung und die Interessengemeinschaft der lokalen Wirtschaft sowie die Kreise, hatten in der Programmumsetzung an den Standorten der „Sozialen Stadt" nur einen geringen Stellenwert.

Abbildung 27: Formal beteiligte Akteure in den lokalen Kooperationsnetzwerken in Hessen, Stand Ende 2004 (Ergebnisse Evers/Schulz/Wiesner 2004)

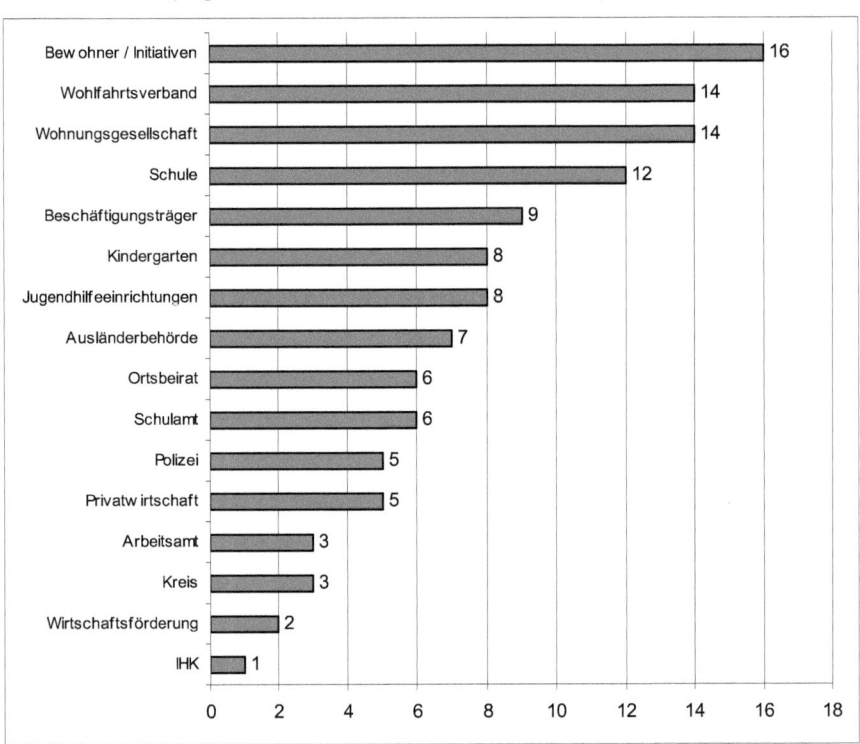

Quelle: Evers/Schulz/Wiesner 2004 (N = 17; Stand Ende 2004)

Signifikant schwach war damit der Bereich *Wirtschaft und Arbeit* vertreten. Dieser Bereich umfasst nicht nur die lokale Industrie bzw. lokal ansässige Betriebe und Unternehmen. Lokale Ökonomie beinhaltet unter dem Aspekt der Wohn-, Lebens- und Integrationsqualität der Bewohner/innen in einem Stadtteil auch den örtlichen Einzelhandel, Zugang zu einem Bankautomaten, Kioske oder Filialen konsumtiver und personenbezogener Dienstleistungen. Erfragt wurde im Rahmen der hessischen Begleitforschung auch, inwieweit es eine Infrastruktur für die in den Standorten im Vergleich zu den anderen Stadtteilen überdurchschnittlich präsente Klientel von Arbeitslosen und ALGII-Empfänger/innen gab, wie z. B. eine Filiale oder Aktivitäten der Arbeitsagentur, Beschäftigungsgesellschaften etc.. In Hessen hatten Ende 2004 nur drei von 18 besuchten Standorten (ca. 16,7%) die lokalen Arbeitsagenturen formell in die bestehenden Netzwerke eingebunden – dies lag weit unter den Ergebnissen der bundesweiten difu-Befragung. Ebenfalls lag die Einbindung der Industrie- und Handelskammern (IHKs) mit nur einem Standort (entspricht bei 18 besuchten Standorten 5,5%) im Vergleich zu 19,3% deutlich unter dem Bundesdurchschnitt. Deutlich stärker vertreten als die lokale Wirtschaft war der zweite Arbeitsmarkt (Beschäftigungsgesellschaften). In neun der untersuchten Standorte gelang es, Beschäftigungsträger in die Kooperationen einzubeziehen. Zudem standen Fragen der Beschäftigungsförderung des Öfteren im Mittelpunkt zentraler Informationsveranstaltungen in Hessen (Evers/Schulz/Wiesner 2004: 207ff.).

Diese Ergebnisse wurden durch die Programmevaluation auf Bundesebene bestätigt. So schreibt Hartmut Häußermann, der die Bundes-Evaluation durchführte: „Zentrale Probleme der Quartiersentwicklung, wie z. B. die Bedeutung der Schulen für die Lebenschancen der Bewohner und für die soziale Integration in den Quartieren oder der Aufbau einer 'Lokalen Ökonomie' (jenseits von Arbeitsbeschaffungsmaßnahmen) werden, gemessen an der Problemdiagnose, bisher nicht hinreichend thematisiert" (Häußermann 2003).

Diese Aussage wird durch ein Ergebnis des Deutschen Instituts für Urbanistik gestützt, das 2003 die an der Erarbeitung der integrierten Handlungskonzepte beteiligten Akteursgruppen erhob. Auch diese Graphik zeigt, dass im bundesweiten Schnitt lokale Unternehmen, Arbeitsämter, die Privatwirtschaft und die IHKs in eher geringem Maße bereits in die Erarbeitung des integrierten Handlungskonzepts einbezogen waren (die Beteiligung an den Kooperationsnetzwerken wurde nicht insgesamt erhoben).

Die Ergebnisse verdeutlichen die strategische Lücke des Programms Soziale Stadt im Bereich Beschäftigungsförderung, lokale Ökonomie und Qualifizierung, in die das Interkulturelle Zentrum JobKomm zielgruppen- und problemorientiert vorgestoßen ist.

Abbildung 28: An der Erarbeitung des integrierten Handlungskonzepts
beteiligte Akteure (Ergebnisse difu)

Quelle: difu 2003: 92

6.3 Vernetzung in der Giessener Nordstadt

Für unsere Untersuchung zum Kooperationsnetzwerk um das Programm haben
wir nicht das komplette Gesamtnetzwerk in der Nordstadt erhoben. Das formale
Kooperationsnetzwerk um die Soziale Stadt spiegeln jedoch die Teilnehmer/
innenlisten von Nordstadtbeirat und Trägerverbund wieder[65]:

Die Mitglieder des Trägerverbundes Gießener Nordstadt e.V. sind:

- Aktion Junge Menschen in Not e.V.
- CVJM – Jugendtreff Holzwurm
- Eltern helfen Eltern e.V.
- Evangelische Paulusgemeinde
- Evangelische Thomasgemeinde
- Initiative Jugendberufsbildung e.V.
- Vekuso, Verein für Kultur- und Sozialarbeit e.V.

---

65 Beide werden mit dem Auslaufen des Projekts, also zum Jahresende 2008 aufgelöst; die Mitglieder sollen prinzipiell in den Nordstadtverein übergehen.

- Jugendwerkstatt e.V.
- Kinderschutzbund e.V.
- Stadt Gießen
- Wohnbau Gießen GmbH
- ZAUG gGmbH
- Türkisch-Islamische Gemeinde zu Gießen e.V.
- Lebenshilfe Gießen e.V., Integrative Kindertagesstätte
- Caritasverband Gießen e.V./Kindertagesstätte Bernhard Itzel
- Alevitischer Kulturverein e.V.

Als Gäste sind dort geladen Vertreter/innen von:

- Ausländerbeirat
- Vorstand
- Stadtteilbeirat
- Stadtteilmanagement

Im Stadtteilbeirat sind gewählte Mitglieder:

- die Quartiersvertreter/innen und Ihre Stellvertreter/innen: Es gibt sieben Quartiere im Programmgebiet, also sind es insgesamt 14 Bewohnervertreter/innen
- der Trägerverbund mit 2 Personen
- die im Stadtparlament vertretenen Parteien mit jeweils einem/r Vertreter/in,
- der/die Planungsdezernent/in
- der Sozial- und Jugenddezernent/in

Beratend sind darüber hinaus vertreten:

- die im Programmgebiet vertretenen Wohnungsbaugesellschaften
- die Gewerbetreibenden
- Jugendvertreter/innen
- der Ausländerbeirat
- die Ämter der Stadtverwaltung und
- die Mitarbeiter/innen des Stadtteilbüros

Diese Auflistung gibt jedoch nur einen Eindruck über das *formale* Kooperationsnetzwerk. In den Stadtteilen der Sozialen Stadt bestehen in der Regel weitaus
breitere und vielfältigere Kontakte zwischen den lokalen Akteuren, insbesondere
wenn man die Beteiligung und das Engagement von Personen und Organisationen einbezieht, die bei der Organisation und Durchführung der verschiedenen
Projekte mitwirken. Für die Nordstadt konnten diese nicht erhoben werden.

6.4 Vernetzung des Projekts zu Institutionen und institutionellen Schlüsselakteuren

Die Kooperationsstrukturen um das Interkulturelle Zentrum JobKomm wurden von
den Projektmitarbeiter/innen in einem Schaubild zusammengefasst. Es gibt diejenigen Akteure wieder, zu denen im Projektverlauf von den Mitarbeiter/innen Kontakte entwickelt wurden bzw. bestanden (auf dem Schaubild fehlt noch Aktino).
Grundsätzlich gilt, dass die Projektmitarbeiter/innen zu allen Institutionen und
Gremien, die das Schaubild aufführt, persönlichen Kontakt gehabt haben.

Das Schaubild zeigt, dass Vernetzungen des Projekts zu den meisten zentralen Akteuren in den Bereichen b) Kooperationsnetzwerk um das Programm Soziale Stadt in der Nordstadt und c) Qualifizierung und Beschäftigungsförderung
bestanden. Hinzu kam eine interne Vernetzung im Durchführungsträger ZAUG
als kommunaler Beschäftigungsgesellschaft. Die Vernetzung des Projekts zum
Bereich a), den zentralen Akteuren im Bereich der klassischen Sozialpolitik, war
jedoch eher lückenhaft. Zwar bestanden punktuell wegen des Falls einer Klientin
Kontakte zum Jugendamt, nicht aber zum Sozialamt. Auch der Landkreis als
SGB-II-Träger fehlte. In diesen Bereichen bestanden jedoch Kontakte des
Durchführungsträgers sowie der Koordination bei der Stadt Gießen.

Weiterhin lässt sich über das Schaubild nichts aussagen über die Regelmä-
ßigkeit und die Art der Kontakte zu den einzelnen Akteuren. Wir haben daher die
Intensität dieser Kooperationen in einer Gruppendiskussion mit den Projektmit-
arbeiter/innen erhoben. Hierzu ist eine notwendige methodische Vorbemerkung
zu machen: Die Qualität von Kooperations- und Kommunikationsstrukturen ist
in ihrer Gänze grundsätzlich für Außenstehende nur schwer zu erfassen, und es
lässt sich ein Grundproblem niemals umgehen – diese Strukturen sind subjektiv,
es unterliegt damit der Einschätzung der jeweiligen Beteiligten, was sie als „gute
Kooperationsstrukturen" empfinden und was nicht.

Vernetzung – qualitative Aspekte
Das Schaubild unterscheidet mehrere Ebenen. Die erste ist die des Durchführungsträgers ZAUG. Hier erfolgte zum einen eine Vernetzung im Alltagsge-

schäft, sowie durch die regelmäßige Anwesenheit der ZAUG-Geschäftsführerin im Projekt und bei den Koordinationstreffen und Workshops. Zudem kooperierte das Projektzentrum Steinstraße mit den anderen relevanten Aktivitäten und Stellen. Die Zusammenarbeit des Selbstlernzentrums war besonders intensiv mit dem ZAUG-Projekt „Giessener Weg" zur Qualifizierung von Langzeitarbeitslosen zwischen 25 und 45. Gegen Ende der Laufzeit arbeiteten mittags vier Personen aus diesem Bereich im Selbstlernzentrum. Die Beschäftigungslotsin kooperierte insbesondere mit dem Bereich außerbetriebliche Ausbildung, in dessen Module sie Teilnehmer/innen vermittelte. Eine Kooperation zur Zeitarbeit baute sie gegen Ende der Laufzeit auf. Die Ausbildungslotsin kooperierte mit den ZAUG-Bereichen SGB-II-Büro, betriebliche Ausbildung, außerbetriebliche Ausbildung und R-BAN (regionales Berufsausbildungsnetzwerk).

Abbildung 29: Vernetzung und Koordination Interkulturelles Zentrum JobKomm, Projekt (Darstellung der Mitarbeiter/innen)

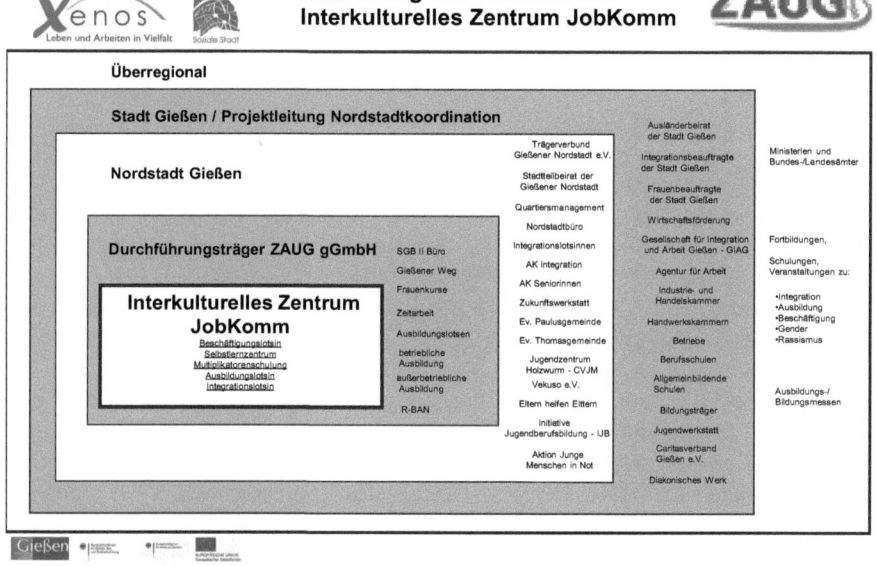

Kontakte im Kooperationsnetzwerk um das Programm „Soziale Stadt" (Bereich b)
Auf der Ebene der Nordstadt bestanden Kontakte zu Akteuren aus unterschiedlichen Bereichen.

Die Anbindung an die Akteure um das Programm Soziale Stadt geschah durch Kontakte zu Nordstadtbeirat und den Arbeitskreisen, Nordstadtbüro und Träger-verbund. Allerdings stellten die Projektmitarbeiter/innen einmütig fest, dass eine vertiefte Kooperation sich nicht entwickeln konnte, da der Zeitpunkt dafür un-passend war. Die Nordstadtstrukturen der Sozialen Stadt befanden sich zu Be-ginn des Projekts am Beginn der Umbruchs- und Verstetigungsphase, die das Auslaufen der Finanzierung durch das Programm soziale Stadt Ende 2008 vorbe-reiten sollte. Insofern stand für die Gesamtheit der Nordstadtstrukturen und viele der Akteure die Transformation im Vordergrund und es blieb wenig Zeit und Energie für die Einbindung des Projekts. Die Projektmitarbeiterinnen schilderten daher die Versuche der vertieften Kontaktaufnahme insgesamt als schwierig.

Dennoch wurde eine möglichst weit reichende Vernetzung angestrebt. Ins-besondere waren Mitarbeiter/innen des Projekts in allen Zukunftswerkstätten anwesend und waren damit zumindest über die aktuellen Entwicklungen im Ver-stetigungsprozess auf dem Laufenden. Darüber hinaus gab es wiederum eine Reihe von Kontakten, die auf den Aktivitäten von einzelnen Personen oder auch einer räumlichen Nähe beruhten. So war die Beschäftigungslotsin während der Zeit, in der sie ihre Sprechstunden im gegenüber liegenden Jugendzentrum hatte, regelmäßig im Nordstadtbüro anwesend. Zudem gab es eine Wechselseitigkeit der Teilnehmer/innen: Wer ins Nordstadtbüro kam, kam häufig ebenfalls ins Projektzentrum.

Eine Schlüsselrolle in mehrfacher Hinsicht hatte eine der Integrationslotsin-nen inne, die mit zehn Stunden pro Woche im Projekt angestellt war. Sie stellte nicht nur eine weitere Vernetzungslinie zum Nordstadtbüro dar, sondern auch zu den Bewohner/innen des Stadtteils (siehe auch folgender Abschnitt). Die zweite Integrationslotsin des Stadtteils, die für den Bereich Kinder und Jugendliche zu-ständig war, haben zwar nicht alle Projektmitarbeiter/innen kennen gelernt, auch sie hatte jedoch eine Rolle in der Vernetzung. Sie vermittelte Teilnehmer/innen aus einer Moschee ins Projekt und übersetzte in dem Existenzgründer/innenseminar, in das die Beschäftigungslotsin einen Existenzgründer vermittelte.

Auch die Vernetzung des Projekts mit dem Trägerverbund bezog sich vor allem auf die Ebene individueller Aktivitäten. Zwar ist der Durchführungsträger ZAUG Mitglied im Trägerverbund, aber das Projekt hatte mit dem Trägerver-bund direkt keine Kontakte. Der Vorsitzende des Trägerverbundes lud jedoch – in seiner Funktion als Leiter des Jugendzentrums – aktiv zu einem Vernetzungs-treffen ein.

Wichtiger für die unmittelbare Arbeit des Projekts war die horizontale Ver-netzung im Stadtteil. Hierzu ist insbesondere die Zusammenarbeit mit Vereinen und Initiativen zu erwähnen: Vekuso, Eltern helfen Eltern und Aktino (fehlt auf dem Schaubild), sowie die mit dem CVJM-Jugendzentrum „Holzwurm", die sich besonders intensiv und eng gestaltete. Diese wurden zu jeder Aktion angesprochen. Die Kontaktaufnahme wurde von den Projektmitarbeiter/innen insgesamt als erfolgreich beschrieben: Es gab Kontakte und Kooperationen in beide Richtungen und auf verschiedenen Ebenen. So nahm die Leiterin von Aktino an einer Multiplikatorenschulung teil. Auch die Kooperation mit den örtlichen Kirchengemeinden war gut und wurde von den Projektmitarbeiter/innen als zukünftig noch ausbaufähig beschrieben. Die Leiterin des Selbstlernzentrums hatte sich dort jeweils persönlich vorgestellt. Die Thomasgemeinde stellte Räumlichkeiten zur Verfügung.

Auch die Vernetzung mit den kirchlichen Trägern Caritas und Diakonie war gut. Sie kamen zu einem Absprachetermin ins Projekt, der sicherstellen sollte, dass kein „Beratungshopping" der Teilnehmer/innen stattfand. Sie haben dabei von sich aus den Kontakt gesucht. In der Folge vermittelte die Beschäftigungslotsin öfters Teilnehmer/innen dorthin.

Hilfreich war bei dieser horizontalen Vernetzung eine Dezentralisierung des Bereichs Beschäftigungsförderung. Dieser war an verschiedenen Stellen in der Nordstadt präsent. Der Kurs zur beruflichen Orientierung fand in den Räumen der ev. Thomasgemeinde statt, die Sprechstunde zur Beschäftigungsförderung dagegen in den Räumen des Holzwurms. Dadurch wurden auch unterschiedliche Träger (Kirche, CVJM) mit dem Aspekt Beschäftigungsförderung in Verbindung gebracht. Selbstlernzentrum und Ausbildungslotsin waren dagegen an die Örtlichkeit Steinstraße gebunden.

Im Projektverlauf wurden a) diese örtliche Bindung abseits des Nordstadtzentrums und b) die Frage thematisiert, ob eine Zentralisierung der Aufgaben im Projektzentrum in der Steinstraße oder eine Dezentralisierung, wie sie in der Beschäftigungsförderung stattfand, vorzuziehen sei. Zwar war für die Vernetzung des Projekts die Dezentralisierung erfolgreich, aber dennoch bietet eine Zentralisierung mehr Vorteile, da die drei Komponenten enger und effektiver zusammen arbeiten können und bessere Synergien geschaffen und genutzt werden können.

Zusammengefasst ließ sich feststellen, dass die Projektmitarbeiter/innen folgende Akteure als Schlüsselinstitutionen für eine Vernetzung des Projekts oder seiner Folgeprojekte ansahen: Die Quartiersvorsteher, denn diese seien im Stadtteil aktiv und eng mit den Bewohner/innen vernetzt. Nordstadtbüro und Stadtteilmanagement seien ebenfalls sehr wichtig. Schließlich hatten die Honorarkräfte, die sämtlich auch Bewohner/innen des Stadtteils waren, eine zentrale Rolle. Wünschenswert wäre deshalb zukünftig auch die örtliche Anbindung an das Nordstadtbüro oder dessen Nachfolgestrukturen.

Auf Ebene der Stadt Gießen bestanden Kontakte zum Ausländerbeirat, zur Integrationsbeauftragten, zur Frauenbeauftragten und zur Wirtschaftsförderung.

Es fehlten institutionalisierte Kontakte zum Sozialamt, beim Jugendamt fanden sie punktuell statt. Die Kontakte gestalteten sich unterschiedlich. Die Leiterin des Selbstlernzentrums nahm zweimal an Sitzungen des Ausländerbeirats teil. Die Beschäftigungslotsin kooperierte in verschiedenen Fällen mit der Frauenbeauftragten, teilweise waren auch Teilnehmer/innen schon einmal bei der Frauenbeauftragten gewesen. Mit der Wirtschaftsförderung arbeitete die Beschäftigungslotsin in Bezug auf die Existenzgründungsseminare und die Messe „Chance" zusammen. Mit dem Jugendamt hatte sie drei Termine wegen eines Projekts zur Existenzgründung, das auf eine Großtagespflegestelle für Kleinkinder abzielte. Die Kooperationsmöglichkeiten mit der Integrationsbeauftragten wurden dagegen nur erörtert, aber wegen der relativ kurzen Laufzeit des Projekts nicht weiter verfolgt.

Insgesamt war die Einschätzung der Projektmitarbeiter/innen, dass die Institutionen der Stadt Gießen eher weniger proaktiv handelten, sondern die Ansprache seitens des Projekts nötig war.

Kontakte im Bereich (c) Arbeit, Wirtschaft und Bildung:
Die Kontakte zu Institutionen im Gebiet Wirtschaft und Arbeit im Besonderen bestanden neben der Wirtschaftsförderung der Stadt Gießen zur lokalen ARGE (GIAG), Agentur für Arbeit, IHK und Handelskammern, sowie zu Betrieben.

Eine formelle Zusammenarbeit mit der GIAG konnte allerdings nicht etabliert werden. Der Kontakt mit der GIAG bezog sich für das Gesamtprojekt lediglich auf interessierte Einzelpersonen. Die Gründe dafür konnten nicht genau geklärt werden. Folgende Erklärungen sind möglich: Zum einen ist die GIAG als Behörde strukturiert, was mit sich bringt, dass Abläufe sich nur schwer ändern lassen und Routinen stark wirksam sind. Auch kommt hinzu, dass die Projektlaufzeit zu kurz war, um wirklich tragfähige formelle Kooperationen zu etablieren. Ein weiterer Grund könnte in den sehr unterschiedlichen Arbeitskulturen der beiden Institutionen liegen.

Es gab jedoch verschiedene Fälle von personenbezogener Zusammenarbeit: einige Fallmanager/innen schickten beispielsweise explizit Klient/innen zur Beschäftigungslotsin oder ins Selbstlernzentrum. Die GIAG schickte auch Teilnehmer/innen zur Ausbildungslotsin, wobei sie deren Tätigkeit mit finanzierte. Im Bereich der Ausbildungslotsin gab es zudem auch eine strukturelle Vernetzung über die Finanzierung.

Mit der IHK kooperierte die Beschäftigungslotsin im Rahmen von Existenzgründungsprojekten (etwa der Klärung einer potenziellen Ausnahmeregelung für einen Friseur). Mit den Handwerkskammern bestand Kontakt anlässlich von Nachfragen in konkreten Fällen bzw. mit konkreten Fragen. Auch die städtische Wirtschaftsförderung vermittelte hier Kontakt. Betriebe wurden insbesondere von der Ausbildungslotsin und der Beschäftigungslotsin kontaktiert; sie halfen bei der Vermittlung von Kontakten für Praktika und zur Stellensuche und suchten auch selbst aktiv nach Plätzen. Die Ausbildungslotsin hatte darüber hinaus auch Kontakt zu Berufsschulen und allgemeinbildenden Schulen. Der Kontakt zu anderen Bildungsträgern blieb dagegen eng begrenzt, er bestand lediglich über Teilnehmer/innen, die von der GIAG dort in Kurse vermittelt wurden.

Als fehlgeschlagenes Teilprojekt zur Vernetzung muss der Projektbeirat bezeichnet werden. Zwar wurde er im Projektverlauf konzipiert, installiert und eingeladen. Dies geschah jedoch erst relativ spät: Er tagte im April 2008 ein Mal und wurde danach nicht weitergeführt. Der Projektbeirat sollte zudem nur eine eng auf das Projekt bezogene Kompetenz und einen entsprechend engen Teilnehmer/innenkreis haben. Eingeladen waren je ein/e Vertreter/in von Trägerverbund, Stadt Gießen, Nordstadtbeirat und Nordstadtbüro, sowie die Geschäftsführung des Durchführungsträgers und die Projektleitung, die allerdings nicht alle kamen. Die Aufgaben des Projektbeirats im Projekt blieben daher letztlich ungeklärt. Diese Entwicklung war insofern zu bedauern, als der Projektbeirat als weiteres Instrument zur strukturellen und formellen Vernetzung insbesondere zu Akteuren im Bereich Arbeit und Wirtschaft sowie Bildung hätte genutzt werden können und sollen. Anzumerken ist hier aber, dass angesichts der bereits erwähnten Umbruchssituation in den Strukturen der Sozialen Stadt das Ziel eines eigenständigen Projektbeirats schwierig zu realisieren war. Mit dem Projektbeirat wurde ein weiteres Gremium neben verschiedenen bereits bestehenden Foren, Gruppen und Gremien geschaffen; die Zahl der Gremiensitzungen, die Einzelpersonen besuchen können, ist jedoch endlich, d. h., es ist anzunehmen, dass die zeitlichen Kapazitäten der Eingeladenen in der betreffenden Phase bereits ausgeschöpft waren.

Es fand zudem eine sozialräumlich orientierte Begleitung des Projekts durch den Nordstadtbeirat statt. Berichte über die Entwicklung des Projekts standen dort bei jeder Sitzung auf der Tagesordnung. Die Geschäftsführerin des Durchführungsträgers sowie der Projektleiter waren regelmäßig anwesend. Da die Eingeladenen des Projektbeirats alle auch im Nordstadtbeirat vertreten waren, konnte dadurch dessen faktischer Ausfall weitgehend kompensiert werden.

Auf der Ebene der Ministerien und Bundesämter gab es Kontakte bei Fortbildungen.

Verlauf der Vernetzungsprozesse
Die Vernetzungsarbeit im Projekt erfolgte mit verschiedensten Mitteln: Die Projektmitarbeiter/innen verteilten Flugblätter an allen Orten, die sie als strategisch wichtig einschätzten. Die Leiterin des Selbstlernzentrums begann zudem ihre Arbeit damit, dass sie sich bei allen strategisch wichtigen Kontaktpartner persön-

lich vorstellte. Öffentlichkeitsarbeit erfolgte durch Presseberichte, eine Anzeige in der Stadtteilzeitung Nordlicht, und die Teilnahme an der Messe „Chance".

Als besonders wichtig erwiesen sich darüber hinaus die Arbeit der Integrationslotsin und der Honorarkräfte im Selbstlernzentrum, die das Projekt bei den Bewohner/innen der Nordstadt bekannt machten. Für die erfolgreiche Vernetzung insbesondere zu den Bewohner/innen, hatten sie eine Schlüsselrolle; in Bezug auf die Teilnehmer/innenakquise ebenso.

Der Verlauf der Netzwerk-Bildung wurde von den Projektmitarbeiter/innen in der Gesamtperspektive als längerfristig beschrieben. Sie verwiesen unter anderem darauf, dass erst nach einigen Monaten der Laufzeit wirklich eine Basis etabliert sei, um stabilere Kooperationen zu schaffen. Zunächst lernte man sich dabei über Treffen und gemeinsame Termine kennen, danach war ein wichtiger Faktor die Möglichkeit zum Austausch von Ressourcen, bzw. die Entstehung von Synergieeffekten.

In der Analyse der Vernetzungsstrukturen um das Projekt zeigte sich vor allem ein Grundproblem: 10 Monate faktische Projektlaufzeit waren für viele Strukturen zu kurz, mit denen eine Vernetzung wichtig gewesen wäre. So zum Beispiel der AK Integration der Stadt: Hier kamen die Leiterin des AK Integration sowie die Leiterin der Selbstlernzentrums zu zwei Schlüssen. Grundsätzlich wäre erstens eine Kooperation sinnvoll gewesen, faktisch war aber zweitens die Laufzeit dafür erheblich zu kurz: Bei einem Arbeitskreis, der zweimal jährlich tagt, hätte die Teilnahme lediglich ein kurzes Intermezzo dargestellt. Ein anderes Beispiel waren Kindergärten, die gerne an Multiplikatorenschulungen teilgenommen hätten, was aber ebenfalls nach deren Angaben an der zu kurzen Projektlaufzeit scheiterte. Viele Einrichtungen, so haben die Projektmitarbeiter/innen festgestellt, seien inzwischen regelrecht „genervt von Kurzprojekten".

Insofern zeigte sich, dass in der kurzen Projektlaufzeit vor allem Vernetzungen gelangen, die eher informell und sachorientiert angelegt waren. Die formellen oder strukturellen Vernetzungen ließen sich dagegen nicht erreichen.

6.5 Vernetzung zu den Bewohner/innen

Die Vernetzung des Projekts zu den Bewohner/innen des Stadtteils gelang trotz der kurzen Laufzeit recht gut. Dies zeigten die Wege des Teilnehmer/innen ins Projekt, die sich im Projektverlauf veränderten.

In der Anfangsphase kamen die meisten Teilnehmer/innen über eine konkrete Ansprache der Integrationslotsin, die seit längerem im Stadtteil arbeitete. Einige kamen auch über das Flugblatt, das von den Projektmitarbeiter/innen beim Start des Projekts in allen Briefkästen verteilt wurde.

„Ich hab da so ein Flyer gesehen. Der lag zufällig bei meinem Kumpel" (Int. 1).

Da sich die Projektmitarbeiter/innen gezielt bei möglichst allen Vereinen der Nordstadt vorgestellt haben, begleiteten einige Vereine ihre Teilnehmer/innen auch direkt ins Zentrum.

Eine Lehrerin, Frau Singerau aus Caritas, haben mich einweisen mich hier, haben begleitet uns, eine Schüler aus Deutschkurs Sprache hier, eine Gruppe aus Schülern hier" (Int. 7).

Das Interesse einiger Teilnehmer/innen wurde auch im Vorbeigehen geweckt (7% Selbstlernzentrum, 5% Beschäftigungslotsin):

„Ich bin mal so vorbei gelaufen. Dann hab ich das so gelesen, hab ich mir gedacht, geh ich mal rein. War ich grad beim Arbeitsamt gewesen" (Int. 6).

Zum Ende des Projekts zeigte sich dann ein anderes Muster: Insbesondere ins Selbstlernzentrum kamen nun 40% der Teilnehmer/innen über Freunde und Bekannte (bei der Beschäftigungslotsin waren es 20%). Hier zeigte sich also eine deutliche Entwicklung: um das Projekt bekannt zu machen und erste Teilnehmer/innen zu bekommen, waren im Stadtteil etablierte Kontaktpersonen, und insbesondere die Integrationslotsin, sehr wichtig. Je länger das Projekt aber lief, desto weniger waren Kontaktpersonen nötig und desto wichtiger wurde die Bekanntmachung auf der informellen Ebene, d. h. über Freunde und Bekannte. Eine zentrale Rolle spielten darüber hinaus die Honorarkräfte, die alle Bewohner/innen des Stadtteils waren. Hier gab es also Vernetzungserfolge des Projekts zu den Stadtteilbewohner/innen.

Die folgenden Übersichten stellen die quantitativen Ergebnisse des Akquise, also über die Wege der Teilnehmer/innen in die Teilprojekte und das Gesamtprojekt dar[66]:

---

66   Zum Aufbau der Aufstellung: Die Angaben basieren für das Teilprojekt Selbstlernzentrum auf den Angaben/Prozenten der Leiterin. Im Teilprojekt Beschäftigungsförderung ergaben sich Differenzen zwischen den Auszählungsterminen. Im Teilprojekt Ausbildungslotsin gab es einen sehr großen Anteil „Sonstige", die nicht genau benannt werden können. Deshalb enthält die folgende Aufstellung nur Angaben, die sich aus den von allen drei Teilbereichen ausgefüllten Kategorien ergeben.

Abbildung 30: Wege der Teilnehmer/innen in das Projekt (eigene Darstellung)

	31.3.	30.6.	30.9.
Interesse im Vorbeigehen	8 (5,6%)	18 (8,2%)	20 (7,3%)
Integrationslotsin	27 (19%)	40 (18,2%)	44 (16%)
Flyer	21 (14,8%)	28 (12,8)	32 (11,7%)
Freunde	36 (25,3%)	56 (25,5%)	84 (30%)
Anzeige	2 (1,4)	6 (2,7%)	8 (3%)
	Erklärt: 66%	Erklärt: 67%	Erklärt: 68%

Abbildung 31: Wege der Teilnehmer/innen in das Selbstlernzentrum (eigene Darstellung)

	31.3.	30.6.	30.9.
Aktino	5 (6,2%)	6 (4,7%)	6 (3,7%)
Anzeige	2 (2,5%)	4 (3,1%)	6 (3,7%)
Arbeitsamt	0	2 (1,6%)	2 (1,2%)
Ausbildungslotsin	4 (5%)	4 (3,1%)	4 (2,4%)
Beschäftigungslotsin	0	1 (0,8%)	1 (0,6%)
Caritas	1 (1,2%)	1 (0,8%)	1 (0,6%)
Diakonie	2 (2,4%)	2 (1,6%)	2 (1,2%)
Eltern helfen Eltern	1 (1,2%)	1 (0,8%)	1 (0,6%)
Flyer	11 (13,6%)	14 (11%)	17 (10,4%)
Freunde	29 (35,8%)	46 (36,2%)	68 (41,5%)
Im Vorbeigehen	4 (5%)	11 (8,7%)	11 (6,7%)
Integrationslotsin	19 (23,4%)	28 (22%)	29 (17,7%)
Zeitarbeit	1 (1,2%)	1 (0,8%)	1 (0,6%)
Frauenkulturzentrum	0	0	1 (0,6%)
Nordstadtbeirat	1 (1,2%)	2 (1,6%)	3 (1,8%)
Giessener Weg	0	0	8 (4,9%)

Abbildung 32: Wege der Teilnehmer/innen zur Beschäftigungslotsin (eigene Darstellung)

	31.3.	30.6.	30.9.	Aufstellung BL zum 1.9.
Interesse im Vorbeigehen	0	1 (1,5%)	3 (5,3%)	5%
Integrationslotsin	3 (14,3%)	7 (17,5%)	10 (17,5%)	18%
Flyer	3 (14,3%)	7 (17,5%)	8 (14%)	14%
Freunde	3 (14,3%)	4 (10%)	10 (17,5%)	20%
Anzeige	0	2 (5%)	2 (3,5%)	4%
Multiplikatoren	3 (14,3%)	4 (10%)	6 (10,5%)	9%
Selbstlernzentrum	6 (28,6%)	6 (15%)	6 (10,5%)	11%
Messe Chance	3 (14,3%)	3 (7,5%)	3 (5,3%)	7%
Akquise Beschäftigungslotsin In Sprachkursen von Vekuso, u.a.	0	6 (15%)	9 (15,8%)	12%

Abbildung 33: Wege der Teilnehmer/innen zur Ausbildungslotsin (eigene Darstellung)

	31.3.	30.6.
Interesse im Vorbeigehen	4 (10%)	6 (11,5%)
Integrationslotsin	5 (12,5%)	5 (8,7%)
Flyer	7 (17,5%)	7 (12,2%)
Freunde	4 (10%)	6 (10,5%)
Andere Personen	5 (12,5%)	5 (8,7%)
Sonstige	15 (37,5%)	23 (40%)

Damit waren die wichtigsten Formen der Akquise – in unterschiedlicher Reihenfolge je nach Teilprojekt – Freunde, die Integrationslotsin und der Flyer.

6.6 Schlussfolgerungen und Empfehlungen aufgrund der bisherigen Vernetzung des Projekts

Die Übersicht über die Vernetzungserfolge des Projekts führt zu folgenden Schlussfolgerungen und Empfehlungen:

- Angesichts der kurzen Laufzeit des Projekts ist die Vernetzung bereits recht weit gediehen und intensiv:
- Es gelang eine gute, sachorientierte und intensive Vernetzung zu wesentlichen Trägern und Vereinen in der Nordstadt
- Die Vernetzung des Projekts zu Stadtteilbewohner/innen ist im Projektverlauf merklich intensiver geworden und gelang insgesamt sehr gut
- Integrationslotsin und Honorarkräfte waren dabei Schlüsselfaktoren der Vernetzung in den Stadtteil
- Auch in der internen Kooperation beim Durchführungsträger ZAUG entstanden Synergien

Zu Schlüsselakteuren im Bereich der Wirtschaft und der Wirtschaftsförderung sowie bei Ämtern gelang ebenfalls eine sachorientierte Kooperation

- Als schwierig erwies sich die Anbindung an die Nordstadt-Strukturen, insbesondere, weil diese sich gerade im Umbruch befanden. Diese Situation, in der die Veränderung des Bestehenden im Vordergrund stand, ließ wenig Zeit und Energie für den Aufbau neuer Kooperationen
- Eine formelle Kooperation mit der lokalen ARGE (GIAG) konnte nicht etabliert werden

Im Netzwerk um das Projekt fehlten der Landkreis und das Stadt-Sozialamt

- Dies sind zentrale strategische Lücken im Netzwerk um das Projekt
- Insgesamt zeigte sich: horizontale Vernetzungen (etwa zu anderen Einrichtungen im Stadtteil) sowie informelle Kooperationen mit aktiven Einzelpersonen (wie bei der GIAG) gelangen deutlich besser als vertikale und formelle Vernetzungen
- Dies hat vermutlich seine Ursachen unter anderem in den Vernetzungsgründen: Während für das Entstehen informeller bzw. sachbezogener Kooperationen das gemeinsame Interesse im Vordergrund steht und Synergieeffekte direkt spürbar sind, erfordern formelle und strukturelle Kooperationen eher den Blick auf grundsätzliche Aspekte und Vorteile solcher Kooperationen
- Grundsätzlich gilt: Vernetzungen brauchen Zeit
- Es gab daher im Projekt ein Grundproblem: die maximal zehn Monate operative Laufzeit (das Selbstlernzentrum öffnete im November 2007, die Beschäftigungslotsin begann erst im Januar 2008) erschwerten alle Vernetzungen zu Gremien, die im Abstand mehrerer Monate tagen, d. h. faktisch die meisten formellen Anbindungen

- Zwar war für die Vernetzung des Projekts die Dezentralisierung erfolgreich, aber dennoch bietet eine Zentralisierung mehr Vorteile, da die drei Komponenten enger und effektiver zusammen arbeiten können und bessere Synergien geschaffen und genutzt werden können. Wünschenswert wäre deshalb auch die örtliche Anbindung an das Nordstadtbüro gewesen
- Der Projektbeirat tagte nur ein Mal in einem engen Kreis. Diese Entwicklung ist zu bedauern, als der Projektbeirat als weiteres Instrument zur strukturellen und formellen Vernetzung insbesondere zu Akteuren im Bereich Arbeit und Wirtschaft sowie Bildung hätte sein können
- Es fand jedoch eine sozialräumlich orientierte Begleitung des Projekts durch den Nordstadtbeirat statt; da die Eingeladenen des Projektbeirats alle auch im Nordstadtbeirat vertreten waren, konnte dadurch dessen faktischer Ausfall weitgehend kompensiert werden

Empfehlungen/Good Practices

- Die Vernetzung über professionelle Synergien (Bsp.: Kontakt zu interessierten Einzelpersonen in der GIAG) ist Erfolg versprechend
- Für das Entstehen von längerfristigen und formellen Vernetzungen muss eine „Wachstumszeit" eingeplant werden, bzw. es muss einbezogen werden, dass diese in einer kurzen Laufzeit kaum entstehen können
- Bestehende gute Vernetzungen sollten gepflegt und ausgebaut werden
- Es ist von zentraler Bedeutung, die Vernetzung zu den Nachfolgestrukturen des Nordstadtbüros und zum neuen Nordstadtverein zu intensivieren
- Es ist ein Erfolgsfaktor, Schlüsselpersonen mit persönlicher Vermittlungsfunktion in den Stadtteil einzubinden (Integrationslotsinnen, Honorarkräfte)
- Die erfolgreichsten Formen der Akquise waren Freunde, die Integrationslotsin, und der Flyer
- Für die Vernetzung des Projekts war die Dezentralisierung erfolgreich
- Dennoch bietet eine Zentralisierung mehr Vorteile, da die drei Komponenten enger und effektiver zusammen arbeiten können und mehr Synergien entstehen
- Wünschenswert wäre deshalb auch die örtliche Anbindung an das Nordstadtbüro bzw. dessen Nachfolgestruktur
- Für ein Folgeprojekt wäre die Einrichtung eines Projektbeirats sinnvoll, dessen Rolle sollte dann jedoch von Beginn an klar definiert werden, er sollte frühzeitig eingeladen werden, und er sollte zentrale Schlüsselakteure im Bereich Arbeit, Wirtschaft und Bildung integrieren.

Literatur

Difu (Deutsches Institut für Urbanistik) (2003): Strategien für die Soziale Stadt, Berlin, Bundesministerium für Verkehr, Bau- und Wohnungswesen.

Evers Adalbert/Schulz, Andreas/Wiesner, Claudia (2004): Netzwerkanalyse und dialogische Begleitung. Endbericht zur HEGISS-Begleitforschung, Universität Gießen, Dezember 2004. Download unter http://www.hegiss.de/he_main.htm

Häußermann, Hartmut (2003): Zur Zwischenevaluation des Programms „Soziale Stadt", Beitrag zum 1. Fachpolitischen Dialog zur Sozialen Stadt am 21.11.2003 in Berlin.

7 Fazit zum Gesamtprojekt

In den einzelnen Teilabschnitten dieses Berichts wurden die unterschiedlichen Aspekte und Bereiche des Projekts bereits umfassend diskutiert und bewertet. In den einzelnen Teilkapiteln wurden die zentralen Erkenntnisse und Empfehlungen auch jeweils mit Fazits am Ende zusammengefasst. Die folgenden Ausführungen enthalten daher keine Wiederholung dieser Ausführungen, sondern eine zugespitzte, zusammenfassende Bewertung des Gesamtprojekts anhand mehrerer Leitfragen.

Hat das Projekt die gesteckten Ziele erreicht?
Das Projekt hat seine Ziele im Wesentlichen erreicht. Es wurden a) die im Projektantrag definierten Zielgruppen erreicht (Langzeitarbeitslose Bezieherinnen von Arbeitslosengeld I und II mit Migrationshintergrund, ausbildungssuchende Jugendliche, Frauen), und b) auch die meisten der im Projektantrag definierten Ziele: Integration von Langzeitarbeitslosen in Beschäftigung und/oder gemeinsame Existenzgründungen, Integration von Jugendlichen in Ausbildung, Qualifizierung und Arbeit unter Berücksichtigung des Gender Aspektes, Stärkung der lokalen Ökonomie mit dem Schwerpunkt Ausbildungs- und Beschäftigungsförderung, Förderung der Selbstaktivität im Selbstlernzentrum, Förderung von sozialer Integration sowie Stärkung der Zivilgesellschaft und des Gemeinwesens. Schwierigkeiten bestanden bei der Erreichung des Ziels „Systematische weitere Umsetzung der Handlungsempfehlungen im Rahmen des integrierten Handlungskonzeptes", da die Kooperation mit den bestehenden Nordstadtstrukturen aufgrund der Phase des Übergangs am Ende der Förderung nicht so gut gelang wie gewünscht.

Auch die operativen Ziele wurden fast alle erreicht (Einrichtung einer Fachkoordination Interkulturelles Zentrum Jobkomm mit den Fachgebieten: Ausbildungsverbesserung und Verbesserung der Beschäftigungsfähigkeit der Menschen im Stadtteil mit geringer Qualifizierung; Stärkung der Selbstaktivierung der Stadtteilbewohner/innen; Verbesserung der beruflichen Perspektiven mit Lernberatung für Migrant/innen; Verbesserung des Ausbildungsumfeldes mit Ausbildungsplatzakquise durch die Einbindung des Stadtteil – „Ausbildungskoordinators" und den Integrationslotsinnen; Erhöhung und Erhalt der Beschäftigungsfähigkeit mit Qualifizierungsmodulen für Erwachsene; Einbindung der Stadtteilbewohner/innen in einen Prozess des „Lebenslangen Lernens" durch den Aufbau eines Selbstlernzentrums im Stadtteil für Jugendliche und Erwachsene (Zielgruppe sollen insbesondere Migrant/innen sein); Multiplikatorenschulungen „Horizonte erweitern" – der Name ist Programm! gegen Rassismus, Fremdenfeindlichkeit und Intoleranz; Schaffung weiter struktureller und inhaltlicher Verbindungen zu weiteren stadtteilübergreifenden Aktivitäten). Nicht umgesetzt wurde ein mögliches operatives Ziel, die Gründung von Genossenschaften bzw. Kooperativen wie „Putzblitz und Goldfaden" mit der Zielsetzung, legalisierte Dienstleistungen gemeinsam anzubieten. Auch die Gewährleistung der Umsetzung und Vernetzung von weiteren Projekten im Rahmen des integrierten Handlungskonzeptes wurde aufgrund der Umbruchssituation in den Programmstrukturen der Sozialen Stadt nicht umgesetzt.

Während die Ziele also fast alle erreicht wurden, gilt dies nicht für die Indikatoren. Diese wurden nicht alle erreicht, wobei dies unterschiedliche Gründe hatte:

Indikator „Verbesserung des Ausbildungsumfeldes und der beruflichen Situation der Jugendlichen, insbesondere der Migrant/innen, im Stadtteil: Pro Ausbildungsjahr 25 neue, zusätzliche Ausbildungseintritte. Der Indikator wurde nicht erreicht; es wurden nur zehn (statt 25) Teilnehmer/innen in Ausbildung vermittelt. Es gab allerdings insgesamt 31 Vermittlungen in Arbeit, Ausbildung oder Qualifizierung. Aus Sicht der wissenschaftlichen Begleitung war der Indikator zu hoch gegriffen: Die psychosoziale Situation des Klientels war zu schwierig, um zahlreiche Vermittlungen in Ausbildung zu erreichen.

Indikator „Teilhabe der Bewohner/innen an Qualifizierungs- und selbstgestalteten Lernprozessen durch den Aufbau eines Selbstlernzentrums im Stadtteil": durchschnittlich 50 kontinuierliche Teilnehmer/innen im Selbstlernzentrum pro Monat

- Im Ergebnis wurde der Indikator von 50 Teilnehmer/innen pro Monat nicht ganz erreicht: Im Durchschnitt des gesamten Erhebungszeitraums kamen 41 Teilnehmer/innen pro Monat. Im Monat August wurde der Indikator allerdings überschritten (es kamen 51 Personen).
- Angesichts der Tatsache, dass statt wie geplant zwei mal sechs Arbeitsplätzen faktisch nur sieben zur Verfügung standen, ist die Besucherzahl positiv zu werten.

Indikator „Verbesserung der Beschäftigungsquote für Erwachsene insbesondere für gering Qualifizierte, die im Stadtteil überproportional vertreten sind, durch gezielte Vermittlung in sozialversicherungspflichtige Beschäftigung, auch durch Zeitarbeit": Pro Monat sind mind. 5 Personen zu vermitteln und Indikator „Entwicklung alternativer (nach Form und Inhalt) Beschäftigungsmöglichkeiten und Einkommenssicherungsmöglichkeiten für die Stadtteilbewohner/innen wie ggf. Genossenschaften und Kooperativen": In der Projektlaufzeit mind. eine Gründung

- Beide Indikatoren wurden nicht erreicht, wobei
- der Indikator zu Vermittlungen in sozialversicherungspflichtige Beschäftigung (5 pro Monat) angesichts der Problemlagen des Klientels auch im psychosozialen Bereich aus Sicht der wissenschaftlichen Begleitung als zu hoch gegriffen erscheint und
- der Indikator zu Existenzgründungen realisierbar war, allerdings
- sind individuelle Existenzgründungen von ALG-II-Empfängern angesichts des hohen Risikos nicht zu empfehlen.
- Die Gründung von Genossenschaften wurde nicht verfolgt.

Indikator „Vernetztes Vorgehen im gesamten Stadtteil gegen Diskriminierung, Fremdenfeindlichkeit und Gewalt als Querschnitts- und Pflichtaufgabe": regelmäßige Multiplikatorenschulungen (pro Quartal mindestens eine)

- Zahlenmäßig wurde der Indikator bei den Multiplikatorenschulungen erreicht
- In Bezug auf die Zielgruppen und die Einbindung der Schulungen in die Arbeit des Zentrums bestanden aber noch Klärungsbedarfe.

Indikator „Installierung eines Projektbeirates zur gemeinsamen Steuerung und Qualitätssicherung der Projektziele und Aufgaben, sowie der Weiterentwicklung des Projektbereiches": Ist Projektbeirat installiert? Wie oft tagt er?

- Der Projektbeirat tagte nur ein Mal in einem engen Kreis. Diese Entwicklung ist zu bedauern, da der Projektbeirat ein weiteres Instrument zur strukturellen und formellen Vernetzung insbesondere zu Akteuren im Bereich Arbeit und Wirtschaft sowie Bildung hätte sein können
- Allerdings stand das Projekt regelmäßig auf der Tagesordnung des Nordstadtbeirats, was diesen Ausfall weitgehend kompensierte.

Indikator „Förderung des Dialogs zwischen den Geschlechtern über konkrete Ungleichheiten im erlebten Alltag, um Gender-Mainstreaming zum „Anfassen zu bringen": Sind Frauen/Mädchen zu 50% oder mehr in den Teilprojekten vertreten?, sowie qualitative Indikatoren

- Die quantitativen Indikatoren wurden durchgängig erreicht
- Die qualitativen Indikatoren wurden ebenfalls durchgängig erreicht.

Was waren hinderliche, welches förderliche Faktoren? Wie haben solche Faktoren die Entwicklung und den Verlauf des Projekts beeinflusst?

Förderliche Faktoren waren:

- Die Synergieeffekte im Projekt, insbesondere in der Zusammenarbeit mit der Integrationslotsin, aber auch unter den drei Projektteilen: Sie trugen maßgeblich zum Erfolg und zur Vernetzung in der Nordstadt bei
- Die schnell gelungene Vernetzung mit den Nordstadt-Bewohner/innen: Diese hatten zum Ende des Projekts die wichtigste Rolle in der Teilnehmer/innenakquise
- Die ebenfalls schnelle sachbezogene Vernetzung zu Trägern im Stadtteil: Diese zog Synergieeffekte nach sich und begünstigte ebenfalls die Akquise
- Das Engagement der Projektmitarbeiter/innen und der Honorarkräfte: Die individuelle, breit angelegte, aktivierende Beratung war einer der zentralen Erfolgsfaktoren des Projekts, und das Engagement der Honorarkräfte trug maßgeblich zur Vernetzung im Stadtteil bei

Hinderliche Faktoren waren:

- Die lange Anlaufphase aufgrund der späten Mittelbewilligung: Sie führte dazu, dass das operative Geschäft faktisch erst Mitte November beginnen konnte
- Die kurze Laufzeit: Bedingt durch die späte Mittelbewilligung wie auch die Kürze des Programms allgemein, erschwerte sie Vernetzung und Verstetigung der Erfolge maßgeblich
- Personelle Ungleichzeitigkeiten: Sie erschwerten Synergieeffekte und Arbeitsabläufe
- Reibungen und Unklarheiten in der Steuerungsstruktur und im Kommunikationsablauf: Auch sie erschwerten und verzögerten Arbeitsabläufe

Was sind die Stärken des Projekts?

Die erste zentrale Stärke des Projekts ist, dass es in drei zentralen Schlüsselbereichen für Stadtteile mit besonderem Erneuerungsbedarf – Beschäftigungsförderung, Qualifizierung, lokale Ökonomie – ansetzt. Damit wird eine bestehende strategische Lücke im Programm Soziale Stadt geschlossen.

Die zweite zentrale Stärke ist der sozialraumorientierte und aktivierende Ansatz. Individuelle Betreuung und Aktivierung sind bei mehrfach benachteiligten und psychosozial instabilen Klienten die Basis für eine gelingende Arbeitsmarktintegration. Die Teilnehmer/innen grenzten hier das Projekt explizit positiv gegen formal zuständige Institutionen wie die ARGE (GIAG) ab.

Was sind die Schwächen des Projekts?

Neben den oben bereits genannten hinderlichen Faktoren, die in der Anlage des Projekts bereits bedingt waren – kurze Laufzeit, lange Anlaufphase, personelle Ungleichzeitigkeiten und Unklarheiten in der Steuerungsstruktur – sind hier zu nennen:

- die Örtlichkeit: Sie führte zu einer räumlichen Trennung von Nordstadtzentrum und die geschlossenen Räumlichkeiten wirkten eher abschottend
- Fehlende Kinderbetreuung: Ein Kinderbetreuungsangebot hätte es höchstwahrscheinlich erlaubt, die Teilzielgruppe der Erziehenden besser anzusprechen

8   Perspektiven der Verstetigung

Die Verstetigung der durch das Projekt erreichten Erfolge und Entwicklungen ist insbesondere der Stadt Gießen ein zentrales Anliegen und angesichts der Erfolge des Projekts auch geboten. Im Folgenden werden die aus Sicht der wissenschaftlichen Begleitung wesentlichen Fragen und Aspekte der Verstetigung thematisiert. Sie betreffen vier zentrale Bereiche:

1. Die Ebene der Teilnehmer/innen und die Frage, wie deren Lernerfahrungen und Aktivierungserfolge verstetigt werden können
2. Die Einbindung der durch das Projekt angestoßenen Entwicklungen und des Erreichten im Rahmen der Verstetigung und der Nachfolgestrukturen des Programms „Soziale Stadt" in der Nordstadt
3. Die Fortführung und Verstetigung der angestoßenen Entwicklungen und Erfolge durch ein Folgeprojekt
4. Die Fortführung und Verstetigung der angestoßenen Entwicklungen und Erfolge durch andere Träger oder Aktivitäten

Dabei ist nochmals zu unterscheiden zwischen der Fortführung von a) der strukturellen Ebene bzw. der mit XENOS neu aufgebaute Strukturen und b) der Ebene der Inhalte, der im Projekt geleisteten Arbeit, der Lernerfahrungen und der Konzepte.

a) Die strukturelle Ebene bzw. die mit XENOS neu aufgebauten Strukturen
Hier geht es um die Verstetigung der materiellen und immateriellen Strukturen des Projekts: Räume, Infrastruktur, Personal, aber auch Kooperationen und Netzwerke.
Diesbezüglich ist die Perspektive schwierig, wenn nicht bald ein Folgeprojekt bewilligt wird. Das Büro in der Steinstraße ist geräumt, das Personal nicht mehr tätig, die Infrastruktur abgebaut. Kooperationen und Netzwerke – gerade erst aufgebaut – werden damit notwendigerweise Stück für Stück wieder einschlafen.
Das Projekt in seiner jetzigen Struktur ist damit in jedem Fall mit dem 30.9.2008 am Ende, was die Verstetigung erschwert – denn was neu aufgebaut werden muss (noch dazu mit Pause dazwischen) ist immer bereits verändert, und jeder Neuaufbau braucht wieder Zeit. Auch wenn das Folgeprojekt bewilligt wird, sind bereits Brüche abzusehen: Die Beschäftigungsförderung läuft in je-

dem Fall aus. Aus Sicht der wissenschaftlichen Begleitung ist dies bedauerlich, denn der Bereich ist wichtig und war erfolgreich. Ausbildungslotsin und Selbstlernzentrum laufen dann weiter, wenn das Folgeprojekt bewilligt wird, allerdings in einem anderen Rahmen.

b) Die Ebene der Inhalte: Arbeit, Lernerfahrungen und Konzepte
Hier geht es um die Arbeitsschwerpunkte des Interkulturellen Zentrums Job-Komm, die Erfahrungen, und das Ausfüllen des strategischen Bereichs Beschäftigungsförderung und Qualifizierung – auf der operativen Ebene wie auch auf der Ebene der Teilnehmer/innen. Diese Bereiche müssen nicht notwendigerweise im Rahmen eines Folgeprojekts verstetigt werden, sondern dies kann auch durch eine Integration bei bestehenden Akteuren, Vereinen oder Institutionen geschehen.

Verstetigung der Erfolge des Interkulturellen Zentrums JobKomm muss also nicht allein heißen, dass Strukturen erhalten werden müssen, es kann aber auch zu einer neuen Frage führen: Welche Themen und Inhalte werden von anderen übernommen? Im Folgenden werden beide Aspekte mit Blick auf die genannten vier Bereiche der Verstetigung diskutiert.

8.1 Die Ebene der Teilnehmer/innen

Die Verstetigung der Erfolge mit Blick auf die Teilnehmer/innen betrifft in erster Linie die Verstetigung ihrer Lernerfolge, also den zweiten Querschnittsaspekt. Die Frage lautet hier: Was haben die Teilnehmer/innen mitgenommen, und wie kann dies verstetigt werden? Diesbezüglich zeigen die Aussagen in den Interviews und den qualitativen Bögen deutliche Lerneffekte im Hinblick auf Bewerbungstechniken, aber auch auf Motivation, Selbstwertgefühl und Aktivierung. Im Hinblick auf diese Erfolge ist davon auszugehen, dass sie nicht unmittelbar nach Ende des Projekts „verschwinden", d. h.: hier ist eine Verstetigung der Erfolge zu erwarten.

Allerdings kann diese nicht von unendlicher Dauer sein. Es ist vor allem angesichts des hohen Anteils an Personen mit psychosozialen Problemen zu erwarten, dass ein größerer Teil des Klientels weiterer Ansprache und Unterstützung bedarf. Dies führt auch zur Frage danach, in welcher Weise und durch wen diese Unterstützung zukünftig geleistet werden kann. Kommt sie nicht zustande, ist zu erwarten, dass die Lernerfolge nach einer gewissen Zeitspanne ihre Wirkung verlieren.

- Empfehlung: Um die Lernerfolge der Teilnehmer/innen zu verstetigen, sollte das inhaltliche Angebot des Zentrums verstetigt werden, wenn nicht in einer Nachfolgestruktur, dann bei anderen Institutionen oder Trägern.

8.2 Die Einbindung der durch das Projekt angestoßenen Entwicklungen und des Erreichten im Rahmen der Verstetigungsstrukturen des Programms „Soziale Stadt" in der Nordstadt

8.2.1 Die Verstetigung der Errungenschaften des Programms „Soziale Stadt" in der Nordstadt

In knapp zehn Jahren des Programmverlaufs „Soziale Stadt" in der Gießener Nordstadt wurde der Stadtteil nach Auffassung der lokalen Akteure deutlich aufgewertet und stabilisiert, so dass er nun als „normal" betrachtet werden kann. Dies wird als Ergebnis sowohl der erfolgreichen Programmumsetzung als auch der Kooperation von Verwaltung, sozialen Trägern und Bewohner/innen gesehen (Protokoll der ersten Zukunftswerkstatt).

Im September 2007 wurden in der Nordstadt eine Reihe von Zukunftswerkstätten begonnen, in denen alle Interessierten gemeinsam die Zukunft (in puncto Inhalte und Organisation) des in der Nordstadt Erreichten diskutierten. Die Diskussionen in den Zukunftswerkstätten zur Verstetigung in der Gießener Nordstadt waren mit Abschluss der fünften Zukunftswerkstatt so weit gediehen, dass die Beteiligten ein konkretes Konzept für die zukünftige Organisation und Finanzierung der Arbeit in der Nordstadt vorgeschlagen haben (zum Folgenden siehe die Satzung des Nordstadtvereins, sowie das Arbeitspapier zur fünften Zukunftswerkstatt und das Protokoll der fünften Zukunftswerkstatt):

Zur Verstetigung der Entwicklung in der Nordstadt wurde ein Verein gegründet (Nordstadtverein). Zusätzlich ist zu erwähnen, dass zwar die Beteiligung am Programm „Soziale Stadt" ausläuft, aber der Status „Soziale Stadt" noch für zwei bis drei Jahre fortbestehen wird.

Ziele des Nordstadtvereins sind:

- Verbesserung der Lebensbedingungen der Bewohner/innen
- Erhalt, Betrieb und Entwicklung des Nordstadtzentrums
- Initiierung von Projekten zur Verwirklichung der Ziele des Vereins
- Anregungen zur städtebaulichen Verbesserung und Stabilisierung
- Förderung von Kultur, Integration, sozialem und gesellschaftlichem Miteinander
- Unterstützung der Entwicklung von Kindern und Jugendlichen und deren Familien
- Erhöhung der Attraktivität von Wohnumfeld und Infrastruktur
- Herstellung von Chancengleichheit und Beachtung von Gender Mainstreaming

Angestrebt ist dazu insbesondere

- Die Aktivierung der Bewohnerschaft
- Die Mitarbeit an Fragen der Gestaltung, Erhaltung und Verbesserung von Einrichtungen und Angeboten, die dem Wohle der Bewohner/innen des Stadtteils dienen
- Die Förderung von Bürgerinformation, Vernetzung und Kooperation
- Die Förderung und Durchführung des kulturellen Miteinanders im Stadtteil
- Die positive Darstellung des Stadtteils in der Öffentlichkeit

Auffällig und für die Verstetigung der Erfolge des Interkulturellen Zentrums JobKomm als problematisch zu werten ist jedoch, dass nicht – wie in der fünften Zukunftswerkstatt ursprünglich angedacht – Stärkung der lokalen Wirtschaft und Beschäftigungsförderung als Arbeitsfelder genannt werden. Zwar bedeutet die Tatsache, dass diese Ziele nicht genannt werden, nicht automatisch, dass sie nicht umgesetzt werden; es verdeutlicht aber, dass Beschäftigungsförderung, lokale Ökonomie und Qualifizierung bei der Vereinsgründung nicht im zentralen Fokus standen. Mitglieder des Vereins können natürliche und juristische Personen werden. Die Mitgliedsbeiträge werden unterschieden in einen Beitragssatz für Einzelpersonen, einen für Familien, und einen Beitragssatz für Organisationen. Der Geschäftsführende Vorstand besteht laut Satzung aus mindestens 7 Mitgliedern und höchstens 11 Mitgliedern.

- der/dem Vorsitzenden,
- zwei Stellvertreter/innen,
- der/dem Schatzmeister/in,
- ein(e) Stellvertreter/in
- der/dem Schriftführer/in
- ein(e) Stellvertreter/in
- sowie bei Bedarf bis zu vier Beisitzer/innen.

Noch nicht abschließend entschieden sind derzeit die Zielgruppen und Arbeitskreise des Vereins, sowie die Art der Weiterführung und Finanzierung des Nordstadtbüros. Als mögliche Zielgruppen des Vereins wurden in der fünften Zukunftswerkstatt angesprochen:

- Kinder
- Jugendliche
- Erwachsene
- Senior/innen
- Migrant/innen

Als mögliche Arbeitskreise und/oder Ausschüsse des Vereins wurden in den Zukunftswerkstätten genannt:

- Finanzen und Haushalt
- Integration durch Kultur und Begegnung
- Bürgeranliegen (mit Wohnbau)
- Bildung (Stadtteilbibliothek)
- Gemeinwesenökonomie/Gewerbetreibende
- Schule und Jugendhilfe (mit Jugendamt) bzw. Kinder und Jugend
- Frauen und Gesundheit
- Wohnen, Verkehr, Umwelt (Bürgerinnen und Bürger, Stadtplanungsamt – Bauamt, Gartenamt, Gewerbetreibende, lokale Träger)
- Senior/innen
- Sport
- Stadtteilzeitung (Nordlicht)

Ein Ergebnis der Zukunftswerkstätten ist das Ziel, das Nordstadtzentrum räumlich zu erhalten. Dazu wird angestrebt, dass die Stadt Gießen sich an den Personalkosten mit 80.000 €/Jahr und an den Miet- und Sachkosten mit 55.000 €/Jahr beteiligen, wobei das Nordstadtzentrum und seine Ausstattung in Erbpacht an den Verein übertragen werden sollen.

Über dieses Ziel und die Bedingungen steht der Nordstadtverein derzeit in Verhandlungen mit der Stadt Gießen.

8.2.2 *Zur Einbindung der Errungenschaften des Projekts im Rahmen der neu entwickelten Strukturen in der Nordstadt*

Zentral für die Verstetigung der Erfolge des Projekts ist, dass die Förderung der Lokalen Ökonomie, Beschäftigung und Qualifizierung im Verstetigungsprozess und den Nachfolgestrukturen der Sozialen Stadt verankert wird. Wie kann dies geschehen?

Unabhängig von der Finanzierung eines Folgeprojekts wäre es grundsätzlich sinnvoll und notwendig, die Lernerfolge des Projekts inhaltlich im Nordstadtverein zu verankern. In diesem Zusammenhang ist wie erwähnt kritisch zu beurteilen, dass das Arbeitsfeld „Stärkung der lokalen Wirtschaft und Beschäftigungsförderung" nicht in der Satzung des Vereins enthalten ist. Dennoch wäre eine solche inhaltliche Verankerung anzustreben – die Stadt Gießen sollte hier deutlich machen, dass dies wünschenswert ist.

Eine Einbindung der Projekterfolge sollte jedoch auch mit einer strukturellen Dimension verbunden sein. Dies betrifft die formale Einbindung der Erfahrungen des Projekts, sowie evtl. eines Folgeprojekts, in die neuen Nordstadt-Strukturen. Diese könnte geschehen a) über die formale Einbindung eines Folgeprojekts und b) über die Schaffung formaler Gremien (z. B. Arbeitskreise) zum Thema. Der Zeitrahmen ab Herbst 2008 erscheint dafür aus mehreren Gründen als gut geeignet:

▪ Bislang war in der Nordstadt das Interkulturelle Zentrum JobKomm im Wesentlichen „etwas Neues", das sich nicht völlig abseits der bestehenden Strukturen entwickelte, aber auch nicht direkt in diese eingebunden war.

▪ Dies lag unter anderem daran, dass sich die etablierten Strukturen gerade selbst im Umbruch befanden.

▪ Da nun aber die neuen Strukturen der sozialraumorientierten Aktivierung und Partizipation etabliert werden, ist es sinnvoll und im Sinne von Synergie- und Vernetzungseffekten auch notwendig, die Errungenschaften des Interkulturellen Zentrums JobKomm in diese neuen Strukturen einzubinden.

Eine solche formale Ein- bzw. Anbindung erfordert jedoch als Grundlage eine inhaltliche Akzeptanz. Damit im etablierten Kooperations- und Akteurszusammenhang der Nordstadt ein originärer Platz für die Beschäftigung und Qualifizierung durch das Projekt und/oder seine Nachfolgeaktivitäten entsteht, sollte von allen Akteuren anerkannt und auch begrüßt werden, dass durch XENOS eine bisher in der „Sozialen Stadt" in der Nordstadt bestehende Lücke gefüllt wurde. Eine erfolgreiche Einbindung wird in diesem Sinne also nicht zuletzt von einer Öffnung der bisherigen Strukturen sowie der Routinen der bisher Beteiligten abhängen.

Aus Sicht der wissenschaftlichen Begleitung, die wiederum auf der Reflexion der Beurteilungen der Projektbeteiligten basiert, erscheinen jedoch Status und Wahrnehmung des Interkulturellen Zentrums JobKomm in den Nordstadt-Strukturen nicht gänzlich positiv: Das Zentrum wurde offenbar von einigen Akteuren um die „Soziale Stadt" als Konkurrenz wahrgenommen, was die inhaltliche Verstetigung seiner Erfahrungen und Erfolge erschweren könnte. Sollten Akteure die Position eingenommen haben, durch XENOS-Mittel sei eine Konkurrenz zu eigenen Aufgaben etabliert worden, deren Ende man begrüße, ist kaum zu erwarten, dass die Inhalte und Erfolge des Programms weiter betrieben werden, weil man sie „einfach gut" findet.

Empfehlungen:
Deshalb ergeben sich aus Sicht der wissenschaftlichen Begleitung folgende Empfehlungen: – Die Stadt Gießen sollte auf die Verstetigung der XENOS-Thematik (Bildung, Beschäftigung, Teilhabe) in den neuen Strukturen der Nordstadt (d. h.: Nordstadtverein) dringen. In der Folge sollten

- die durch das Interkulturelle Zentrum JobKomm erreichten Entwicklungen im neuen Nordstadtverein institutionell repräsentiert werden (etwa durch die Schaffung eines entsprechenden Teilgremiums (Arbeitskreis/Ausschuss) oder die stimmberechtigte Mitgliedschaft von Mitarbeiter/innen eines Folgeprojekts).
- Die Lernerfolge und Entwicklungen sollten nach Möglichkeit im Rahmen der neuen Strukturen fortgeführt werden.
- Falls sich abzeichnet, dass diese inhaltliche Verstetigung nicht erfolgt, könnte dies durch einen „Top down"-Prozess unterstützt werden. Empfehlenswert wäre es dann beispielsweise, Mittelbewilligungen daran zu koppeln, dass erfolgreiche Erfahrungen des Projekts auch von anderen Trägern umgesetzt werden.
- Sinnvoll wäre zudem, mit den entsprechenden Trägern und Akteuren der Nordstadt in eine strategische Konzertierung darüber einzutreten, welche Elemente wo verstetigt werden können (d. h., am Bsp. der Integrationslotsin: Eine Ansiedelung der Integrationslotsin wäre dort sinnvoll, wo sie nicht nur wenig problematisch ist, sondern passend, und wo sich Synergieeffekte abzeichnen).

Die Verstetigung der Erfolge betrifft jedoch auch die weitere Finanzierung eines Folgeprojekts, bzw. von Folgeaktivitäten im Bereich Beschäftigungsförderung und Qualifizierung. Möglichkeiten dazu werden im Folgenden diskutiert.

8.3 Verstetigung und Fortführung der durch das XENOS-Projekt angestoßenen Entwicklungen durch ein Folgeprojekt oder durch Folgeaktivitäten

8.3.1 Grundsätzliche Empfehlungen

Aus Sicht der wissenschaftlichen Begleitung ergeben sich hierzu, unabhängig von der Art der Finanzierung, zunächst folgende grundsätzliche Empfehlungen: Sozialraumorientierte Beratung und Qualifizierung ist gerade in einem auch ansonsten sozialraumorientierten Aktivierungszusammenhang wie der Sozialen Stadt in der Nordstadt sehr sinnvoll. In einem Folgeprojekt sollten daher die Erfolge des Interkulturellen Zentrums JobKomm strukturell und inhaltlich fortgesetzt werden:

- Angesichts der Erfolge ist eine Fortführung aller drei Bereiche (Selbstlernzentrum, Ausbildungslotsin, Beschäftigungslotsin) sinnvoll. Sie müssen jedoch nicht immer durch unterschiedliche Personen/Stellen ausgefüllt werden. Es könnte also evtl. auch eine Person zwei Aufgabenbereiche bearbeiten.

- Die Ausrichtung auf am Arbeitsmarkt besonders benachteiligte Zielgruppen hat sich ebenfalls als sinnvoll erwiesen, ebenso die Orientierung auf das Querschnittsthema Gender Mainstreaming.

Für die Einbindung eines Folgeprojekts gelten aus Sicht der wissenschaftlichen Begleitung folgende Empfehlungen:

- Ein Folgeprojekt sollte eng an die Aktivitäten des Nordstadtbüros angebunden werden.
- Essenziell ist zumindest eine kommunikative Anbindung (z. B. Auslegen von Flyern etc.).
- Die Aktivitäten eines Folgeprojekts sollten eng mit der Arbeit der Nordstadt-büro-Folgestruktur abgeglichen werden (z. B. Abgrenzung allgemeine Sozial-beratung/Berufsberatung), so dass sich die Angebote gezielt ergänzen.
- Die handelnden Personen sollten sich eng vernetzen.

Für Finanzierung wie Organisation und Vernetzung eines fortgeführten Angebots im Bereich Beschäftigungsförderung und Qualifizierung ist weiterhin wesentlich, dass geklärt wird, welches zentrale strategische Bündnispartner sind und wie sie in ein gemeinsames Netzwerk eingebunden werden sollen. Der Projektbeirat des Interkulturellen Zentrums JobKomm integrierte dagegen lediglich einen kleinen Kreis unmittelbar relevanter Akteure.

Für eine Fortführung der Aktivitäten wäre es aus Sicht der wissenschaftlichen Begleitung sinnvoll,

- gezielt zu überdenken, welches darüber hinaus zentrale strategische Bündnispartner sind
- ob und wie man diese in ein größeres Netzwerk Beschäftigungsförderung und Qualifizierung einbinden sollte bzw. könnte, sowie
- wie man innerhalb eines solchen Zusammenhang die Aufgaben verteilt, Mittel sinnvoll bündelt und sich gegenseitig unterstützt.

Für weitere Sozialraumbezogene Angebote in der Gießener Nordstadt gilt, dass sie, um Überschneidungen zu anderen Bereichen zu vermeiden,
- bestehende Angebote etwa der GIAG nicht kopieren, sondern sinnvoll ergänzen sollten, etwa durch niedrigschwellige und unbürokratische Erstberatung, gezielte Weitervermittlung in andere Angebote etc., und

- in die bestehenden Netzwerke zu lokaler Ökonomie und Beschäftigungsförderung eingebunden werden, bzw. einen Beitrag dazu leisten sollen, dass sich solche Netzwerke entwickeln oder intensivieren.
- Die Vernetzung und Optimierung bestehender Förderungen (z. B. Kooperation ZAUG/JUWE) würde generell derzeit noch existierende Überschneidungen, Konkurrenzen und Effizienzverluste begrenzen.

8.3.2 Fortführung durch ein extern finanziertes Folgeprojekt:

Der Durchführungsträger ZAUG hat in Absprache mit der Stadt Gießen einen Antrag für ein Folgeprojekt gestellt, das durch das Programm BIWAQ (Bildung, Wirtschaft, Arbeit im Quartier) von ESF und Bund finanziert werden sollte. Im Oktober 2008 ist dieser Antrag noch nicht abschlägig beschieden, aber auch nicht bewilligt und zunächst auf einer Warteliste gesetzt worden.

Das Konzept sieht folgende Bestandteile vor:

- Ein Selbstlernzentrum (SLZ), bereits im Interkulturellen Zentrum Job-Komm mit sieben Plätzen installiert, soll fortgeführt und ausgebaut werden. Insbesondere mit Blick auf die Zielgruppe der allein erziehenden Mütter aus der Nordstadt soll eine Kinderbetreuung angeboten werden.
- Eine/n Ausbildungslotse/in, der erneut pro Ausbildungsjahr 25 zusätzliche Ausbildungsplätze akquirieren und eine Begleitung während der Ausbildung sicherstellen soll, um Ausbildungsabbrüche zu vermeiden.
- Die Qualifizierung von Stadtteilhelfer/innen zum Ressourcensparen und Umweltschutz (Energie und Abfall) ist eine Projektidee der Kommune, um langfristig Nebenkosten in den Privathaushalten einzusparen. Die Qualifizierung und anschließende Beschäftigung ist für 15 Monate und drei Teilnehmer/innen pro Durchlauf vorgesehen.

Die Bewilligung dieses Folgeprojekts wäre aus Sicht der wissenschaftlichen Begleitung sehr zu begrüßen, zumal es in der beschriebenen Form einige der im Interkulturellen Zentrum JobKomm beschriebenen Defizite (fehlende Kinderbetreuung) beseitigen würde. Kritisch ist jedoch angesichts der Erfolge dieses Bereichs zu sehen, dass die Komponente der Beschäftigungsförderung im Folgekonzept nicht mehr enthalten ist.

8.3.3   Fortführung und Verstetigung der angestoßenen Entwicklungen und Erfolge durch die Stadt und/oder den Nordstadtverein

Eine Finanzierung der Komponenten Beschäftigungsförderung und Qualifizierung allein im Rahmen der derzeitigen Personal- und Finanzplanung für die Nordstadt und den Verein erscheint nicht möglich.

Zur weiteren Finanzierung eines Angebots im Bereich Beschäftigungsförderung und Qualifizierung gibt es jedoch aus Sicht der wissenschaftlichen Begleitung neben der Akquise eines Nachfolgeprojekts folgende Möglichkeiten:

- Eine zusätzliche Förderung durch die Stadt Gießen für einen Teil der Personalmittel, etwa für den weiteren Betrieb des Selbstlernzentrums
- Die Bündelung von Mitteln im Feld aktiver Träger und Institutionen

Es versteht sich von selbst, dass je nach Fördermöglichkeiten und zukünftiger Finanzausstattung über kleinere und größere Varianten der Fortführung nachgedacht werden sollte.

Aus Sicht der wissenschaftlichen Begleitung bewegen sich hierzu die Möglichkeiten zwischen einer „Minimalvariante" und einer „Maximalvariante":

a) Minimalvariante (ohne das Einwerben weiterer Fördermittel): Diese könnte in einer Finanzierung durch die Stadt Gießen für einen Teil der derzeit vom Projekt benötigten Personalmittel bestehen, plus der Nutzung von gebündelten Mitteln weiterer im Feld aktiver Träger und Institutionen. Diese Variante erscheint der wissenschaftlichen Begleitung als eine realistische und sinnvolle Perspektive der Verstetigung (siehe auch c) unten).

b) Maximalvariante: Optimal wäre zumindest für einen weiteren Förderzeitraum von bis zu drei Jahren, wenn Mittel in Höhe der bisherigen Förderung eingeworben werden könnten

c) Verstetigungsperspektive: Aus Sicht der wissenschaftlichen Begleitung sollte in jeder der beiden Varianten sowie auch bei Zwischenlösungen die Verstetigungsperspektive mitgedacht werden. Konkret bedeutet das: Sollten keine weiteren Fördermittel eingeworben werden können, sollte die Verstetigung durch eine Minimalvariante im Herbst beginnen. Sollten für weitere Förderzeiträume Mittel eingeworben werden können, entbindet dies nicht von der Verstetigungsperspektive: Die Frage nach der Verstetigung und ihrer Finanzierung stellt sich dann lediglich später.

8.3.4 Mainstreaming der Erfolge

Unabhängig von einer inhaltlichen oder formalen Fortführung in der Nordstadt haben die Lernerfahrungen aus dem Projekt jedoch auch Konsequenzen für die Arbeit bestehender Institutionen im Bereich Beschäftigungsförderung und Qualifizierung.

Die Praxis des Projekts hat gezeigt, dass sich in der Nordstadt gut und sinnvoll sozialraumorientiert beraten und qualifizieren lässt. Auch die sozialraumorientierte Beschäftigungsförderung war sehr erfolgreich. Aus Sicht der wissenschaftlichen Begleitung erwies sich die Förderung der lokalen Ökonomie zwar als schwieriger, ist aber ebenfalls vielversprechend.

Sozialraumorientierte Beratung und Qualifizierung ist gerade in einem auch ansonsten sozialraumorientierten Aktivierungszusammenhang wie der Sozialen Stadt in der Nordstadt sehr sinnvoll. Dies gilt grundsätzlich für alle Akteure und Institutionen im Bereich der Beschäftigungsförderung und Qualifizierung. Insofern ist es eine Empfehlung der wissenschaftlichen Begleitung, anhand der Erfahrungen und Erfolge des Projekts eine Umorientierung der Strategien bestehender Arbeitsförderungsinstitutionen vorzunehmen mit

- Einem stärkeren Fokus auf auf dem Arbeitsmarkt besonders benachteiligte Zielgruppen
- Mehr individueller und problemorientierter Förderung und Aktivierung, weniger Abschreckung und Demotivierung
- Sozialraumorientierter Beschäftigungsförderung und Qualifizierung.

Literatur

Arbeitspapier zur Vorbereitung der 5. Zukunftswerkstatt am 19.01.2008 in der Gießener Nordstadt, Erstellt von Dilcher und Straß, 05.01.2008.
Fünfte Zukunftswerkstatt zur Verstetigung der Beteiligungsstruktur in der Gießener Nordstadt am 19.01.2008: Protokoll der Zukunftswerkstatt von Prof. Dr. Rainer Dilcher, Peter Straß, Monika Straß.
Satzung des Nordstadtvereins.

Anhang: Indikatorenübersicht, Erhebungsbögen, Interviewleitfaden, Auswertungskategorien

A 1. Kurzübersicht der Indikatoren

a) Quantitative Indikatoren

Projektumsetzung

- Verbesserung des Ausbildungsumfeldes und der beruflichen Situation der Jugendlichen insbesondere der Migrant/innen im Stadtteil: Pro Ausbildungsjahr 25 neue, zusätzliche Ausbildungseintritte
- Verbesserung der Beschäftigungsquote für Erwachsene, insbesondere für gering Qualifizierte, durch gezielte Vermittlung in sozialversicherungspflichtige Beschäftigung, auch durch Zeitarbeit: Pro Monat sind mind. 5 Personen zu vermitteln.
- Entwicklung alternativer Beschäftigungs- und Einkommenssicherungsmöglichkeiten für die Stadtteilbewohner/innen: In der Projektlaufzeit mindestens eine Gründung
- Teilhabe der Bewohnerinnen und Bewohner an Qualifizierungs- und selbst gestalteten Lernprozessen: durchschnittlich 50 kontinuierliche Teilnehmer/innen im Selbstlernzentrum pro Monat
- Vernetztes Vorgehen im gesamten Stadtteil gegen Diskriminierung, Fremdenfeindlichkeit und Gewalt als Querschnitts- und Pflichtaufgabe: Pro Quartal mindestens eine Schulung
- zur Prozessbegleitung/Projektimplementierung: Installierung eines Projektbeirates zur gemeinsamen Steuerung und Qualitätssicherung der Projektziele und Aufgaben, sowie der Weiterentwicklung des Projektbereiches 2: Wie oft tagt der Projektbeirat?

Querschnittsaufgabe Gender Mainstreaming (GM):

- Selbstlernzentrum: Höherer Anteil an Teilnehmerinnen im Selbstlernzentrum
- Beschäftigungslotsin: mindestens (annähernd) gleicher Anteil von Männern und Frauen in der Beratung (quant.), oder höherer Anteil von Frauen mindestens quantitativ (annähernd) gleicher Anteil von in Beschäftigungsprojekt(en)

beschäftigten Frauen/zielgruppenadäquate Ausrichtung der Beschäftigungsprojekte (z. B. Schrottlerprojekt wäre eher auf Männer bezogen, Projekt mit
„Silberfaden" eher auf Frauen, evtl. auch explizit genderuntypische Projekt,
z. B. Internetprojekt nur für Frauen), oder höherer Frauenanteil. Ggfs. strukturelle Situation bei Betrieben, in die vermittelt wird (müsste man zusätzlich erheben!): Anteil von Voll- und Teilzeitstellen ist entsprechend des Bedarfs
(annähernd) gleicher Anteil von Frauen in formellen Beschäftigungsverhält-
nissen

- Ausbildungslotsin: mindestens (annähernd) gleicher Anteil der beratenen
  Jungen und Mädchen, oder höherer Anteil von Mädchen
- Multiplikatorenschulungen: mindestens (annähernd) gleicher Anteil von
  teilnehmenden Männern, oder höherer Anteil von Männern

b) Qualitative Indikatoren

Diese Indikatoren werden durch zwei Stränge der Untersuchung/Prozessbegleitung
erhoben:
A) betreffend der Teilnehmer/innen: In den Interviews
B) betreffend der operativ Projektbeteiligten: in der Prozessbegleitung

Gender Mainstreaming

Für das Selbstlernzentrum:
Berücksichtigung der Genderspezifik im Bildungskonzept: in Bezug auf Lerneinheiten, Zielgruppenansprache, Beratung, Öffnungszeiten

Indikatoren – zu erheben im Rahmen der Prozessbegleitung und in Interviews

- Lerneinheiten sind auf den spezifischen Bedarf von Männern und Frauen
  zugeschnitten, d. h. z. B. Deutsch für Analphabetinnen, da ein überdurchschnittlich hoher Anteil an Frauen in der GI-Nordstadt Analphabetinnen sind
- Öffnungszeiten berücksichtigen den genderspezifischen Bedarf
- Beratung berücksichtigt Genderspezifik, z. B. geschlechtsspezifischer Umgang mit PCs
- Werbung für das Selbstlernzentrum berücksichtigt beide Geschlechter/Frauen
  und Männer werden jeweils gezielt und zielgruppenspezifisch angesprochen
  bzw. beworben

Für die Beschäftigungsförderung:
Berücksichtigung des Genderaspekts im Konzept für Beschäftigungsförderung

Indikatoren – zu erheben im Rahmen der Prozessbegleitung und in Interviews
Beratung:

- Berücksichtigung des Genderaspekts bei der Beratung (z. B. für Frauen stärken: Beratung/Vermittlung in sozialversicherungspflichtige Arbeitsverhältnisse, Teilzeit/Vollzeit statt Minijobs, Orientierung auf „frauenuntypische" Berufe etc.)
- besondere Unterstützung von Frauen beim Schritt in die Selbständigkeit bzw. Erwerbsarbeit
- auf die familiäre Situation wird explizit Rücksicht genommen

Beschäftigungsprojekte

- auf die familiäre Situation wird explizit Rücksicht genommen

Für die Ausbildungslotsin:
Berücksichtigung der Genderspezifik in der Berufsberatung

Indikatoren – zu erheben im Rahmen der Prozessbegleitung und in Interviews

- GM ist Bestandteil der Ausbildungsberatung in Bezug auf die Ausbildungsplatzwahl, Branche (auch genderuntypische), etc.

Für die Multiplikatorenschulungen:

- GM ist prinzipiell eigener Baustein/eigenes Thema der Schulungen

Allgemein:

- es versteht sich, dass seitens des Personals keinerlei sexistische Bemerkungen fallen, kein sexistisches Verhalten erfolgt
- bei sexistischen Bemerkungen bzw. Verhalten in Beratungen, Beschäftigungsprojekten oder im Selbstlernzentrum wird seitens des Personals sofort interveniert.

Prozessbegleitung:

- Installierung eines Projektbeirates zur gemeinsamen Steuerung und Qualitätssicherung der Projektziele und Aufgaben, sowie der Weiterentwicklung des
  Projektbereiches 2: Ist der Projektbeirat installiert? Welche Kompetenzen hat
  er?, qualitative Evaluation der Erfolge

A 2. Quantitativer Erhebungsbogen

Teilnehmer/innen:	

TeilnehmerInnen/Maßnahmestunden

1.1 Geschlecht	
männlich	
weiblich	

1.2 Alter	
unter 16 Jahre	
16 bis 19 Jahre	
20 bis 24 Jahre	
25 bis 30 Jahre	
31 bis 40 Jahre	
41 bis 54 Jahre	
55 bis 65 Jahre	
über 65 Jahre	

2.1. Erziehungs/Betreuungsaufgaben		ja	nein
wenn ja, Geschlecht?		m	w
wenn ja, alleinerziehend?		ja	nein
wenn allein erziehend, Geschlecht?		m	w

3. Arbeitsmarktstatus	
Langzeitarbeitslose (> 12 Monate, ALGII)	
Arbeitslose (< 12 Monate, ALGI)	

Beschäftigte Arbeitnehmer/innen	
Schüler/innen/Student	
Fach-/Ausbildungspers.,Multiplik.	
Sonstige	

4. Staatsbürgerschaft		
Deutsche/r		
Ausländer/innen		Land:
Deutsche/r mit Migrationshintergrund		

5. Schulabschluss/höchster Bildungsabschluss	
Kein Abschluss	
Abschluss nicht einzuordnen (z. B. bei Abschluss im Ausland)	
Sonderschule	
Hauptschule	
Qualifizierter Hauptschulabschluss	
Realschule	
Fachoberschule	
Abitur	
Fachhochschule	
Hochschule	

6. Berufsausbildung/ Berufstätigkeit:	
Keine Ausbildung	
Ausbildung ohne Abschluss	
Ausbildung mit Abschluss	
Ausbildung mit Abschluss/in Dtl n. a.	
Ausbildung als:	
Berufstätigkeit als:	

7. Sprachkenntnisse	Grundkenntnisse	Mittel	Gut	Sehr gut
Muttersprache: Deutsch				

Deutschkenntnisse				
1. Fremdsprache:				
2. Fremdsprache:				

8. Kommt auf Grund von:	
Interesse im Vorbeigehen geweckt	
Integrationslotsin	
Flyer	
Freunde und Bekannte	
Anzeige	
Andere Personen	
Internetauftritt	
Multiplikatorenanregung	
Sonstiges	

9. Anwesenheit					
Datum	Stunden	Datum	Stunden	Datum	Stunden

10. Sonstiges

A 3. Qualitativer Erhebungsbogen

Teilnehmer Nr. _____

Alter_____

Geschlecht_____

Qualitativer Teilerfassungsbogen für
- Ausbildungslotsin
- Selbstlernzentrum
- Beschäftigungsprojekte
- Integrationslotsin

A) Für alle Projektbeteiligten:

1. Beratung:
- Wie oft zur Beratung/ins Selbstlernzentrum gegangen?

2. Anliegen des Teilnehmers bzw. der Teilnehmerin

_____

_____

_____

_____

_____

3. Inhalte der Beratung

_____

_____

_____

_____

_____

4. Erfolge der Beratung im Hinblick auf
a) Berufsorientierung der Teilnehmer/innen

_____

_____

_____

_____

_____

b) Querschnittsziele GM (zur Einschätzung siehe Indikatoren GM) und

_____
_____
_____
_____
_____

c) Fremdenfreundlichkeit?

_____
_____
_____
_____
_____

5. Gab es Schwierigkeiten bzw. Lernhindernisse oder Motivationsmängel im
Hinblick auf Beratungsziele (Berufsorientierung, GM und Fremdenfreundlichkeit) und falls ja, welche (Abwehrhaltung, Desinteresse, Einstellungen)?
a) Berufsorientierung der Teilnehmer/innen

_____
_____
_____
_____
_____

b) Querschnittsziele GM (zur Einschätzung siehe Indikatoren GM) und

_____
_____
_____
_____
_____

c) Fremdenfreundlichkeit?)

_____
_____
_____
_____
_____

6. Bei Abbruch: was waren Gründe?
a) mangelnde Mitarbeit

b) Verbleib unbekannt
c) persönliche Gründe
d) Strukturelle Gründe (fehlende Kinderbetreuung, keine Teilzeitangebote etc.)
e) Krankheit
f) Sonsti-
ges_____

7. Zur Motivation des/der Teilnehmer/innen: wie wird diese insgesamt eingeschätzt?

_____
_____
_____
_____
_____

8. Was waren Ihres Erachtens zentrale Lernerfolge bei der Teilnehmerin/dem
Teilnehmer?

_____
_____
_____
_____
_____

Nur für Ausbildungslotsin/Beschäftigungsprojekte

9. Ergebnis der Beratungen:
Vermittlung in
a) Ausbildung
b) schulische/außerschulische Maßnahme
c) betriebliches Praktikum
d) Vermittlung ergebnislos
e) Sonstiges _____

10. Zur erfolgreichen Vermittlung in Ausbildung/Beschäftigung:
a) Wie viele Betriebskontakte waren nötig?
b) Wie viele Vorstellungsgespräche?
c) In welchen Betrieben fanden die Vorstellungsgespräche statt? (z. B. Branche,
Betriebsgröße)
d) Welche (Ausbildungs)berufe?

e) Durch welche Kontakte/Stellen kam Ausbildungsplatz zustande?

f) Wo lagen Vermittlungsschwierigkeiten? (z. B. im Hinblick auf das Thema Migranten und Diskriminierung am Arbeitsmarkt, Thema Kinderbetreuung und Arbeitszeiten, Ortswahl)

Nur für Selbstlernzentrum:

9. Was waren Schwerpunkte des Lernens (Themen, Inhalte)?

_____

_____

_____

_____

_____

_____

10. Wie sind die Lernerfahrungen bei den Querschnittsthemen?

a) Gender Mainstreaming:

_____

_____

_____

_____

_____

_____

b) Fremdenfreundlichkeit

_____

_____

_____

_____

_____

_____

Nur für Integrationslotsin:

9. Was ist Integrationslotsin über Teilnehmer/innen bekannt? (Geschichte, spezifische Problemlagen etc.)

_____

_____

_____

_____

10. Kooperation mit dem Projektzentrum – was ist passiert?

a) Empfehlung ins Selbstlernzentrum (wann)

b) Begleitung ins Selbstlernzentrum (wann)

c) Empfehlung zu Ausbildungslotsin (wann)

d) Begleitung zu Ausbildungslotsin (wann)

11. Folgen (kam Teilnehmer/innen wieder, gab es neue Fragen, Erfolge etc.)

_____

_____

_____

_____

_____

_____

A 4. Interviewleitfaden

A) Eigene Lernerfahrungen, Motivationen, etc.
Würden Sie uns zum Einstieg ein bisschen von sich erzählen (aktuelle Lebenssituation, Migrationshintergrund, Beruf, Ausbildung etc.)?

Was ist Ihnen in ihrem privaten und beruflichen Leben besonders wichtig?

Warum sind Sie ins Selbstlernzentrum/zur Ausbildungslotsin/zur Beschäftigungsberatung ins Projektzentrum gekommen? (Motivation, Ziele, Fragen etc.)

Was haben Sie dann (praktisch) im Selbstlernzentrum/mit der Ausbildungslotsin/in der Beschäftigungsberatung besprochen bzw. gemacht?

Was würden Sie sagen, haben Sie vor allem gelernt?

Waren Sie damit zufrieden, bzw. entsprach das Ihren Erwartungen? (Was war vielleicht besser, was schlechter als erwartet?)

Welche Erfahrungen haben Sie vorher mit Ämtern, der Agentur für Arbeit oder der GIAG gemacht?

Klappt es mit dem Selbstlernzentrum/Ausbildungslotsin/Besch.beratung besser oder schlechter?

Was macht den Unterschied?

Wie geht es jetzt – in den kommenden Wochen und Monaten – für Sie weiter?

B) Sozialraumbezug
Wie lange leben Sie schon in der Nordstadt?

Was mögen Sie an der Nordstadt, was gar nicht?

Was für Menschen leben hier? Mit welchen Menschen haben Sie hier besonders Kontakt?
Mit welchen gar nicht, bzw. mit welchen wollen Sie evtl. auch keinen Kontakt?

Machen Sie bei Projekten/Cafés/Vereinen etc. im Nordstadtbüro oder in der Nordstadt mit? Wenn ja: bei welchen? Warum?

Finden Sie es gut, dass das Projektzentrum/das Selbstlernzentrum/die Ausbildungslotsin/die Beschäftigungsberatung hier ein Angebot speziell für die Nordstadt macht? Warum?

C) GM
Jetzt noch einmal eine grundsätzliche Frage: Finden Sie, dass Angebote wie die Ausbildungslotsin/das Selbstlernzentrum/die Beschäftigungslotsin für Frauen genauso wichtig sind wie für Männer? Oder meinen Sie, dass entweder Frauen oder Männer eher und mehr unterstützt werden müssen?

Hatten Sie das Gefühl, dass die Inhalte der Module im Selbstlernzentrum/der Beratung gut auf Ihre Bedürfnisse als Mann/als Frau zugeschnitten waren?

D) andere Teilnehmer

Haben Sie andere Teilnehmende im Selbstlernzentrum/der Ausbildungslotsin/der Beschäftigungslotsin kennen gelernt?

Wie hat denen das Angebot gefallen?

Falls es denen nicht so gut gefiel (oder sie die Beratung abgebrochen haben): woran könnte das liegen?

F) Einschätzung des Projekts:

Wie ist Ihre Einschätzung zu dem Projekt insgesamt?

Würden Sie wiederkommen und/oder es anderen empfehlen?

Finden Sie es gut, dass Beschäftigungsförderung, Selbstlernzentrum und Ausbildungsförderung an einem Ort angeboten werden?

Sind die Öffnungszeiten des Zentrums für Sie passend? Warum?

Wie wichtig ist Ihnen der Kontakt zu Ausbildungslotsin/Beschäftigungslotsin/ Selbstlernzentrum?

Was könnte man im Projekt besser machen? Bzw., was würden Sie ändern, wenn Sie könnten?

Abschließend: habe ich noch etwas Wichtiges vergessen, bzw. gibt es noch etwas, was Sie noch sagen wollen und was wir noch nicht angesprochen haben?

A 5. Interviewleitfaden Gruppendiskussion Vernetzung

1) Welche Institutionen und Akteure bewerten Sie persönlich als wichtig für das Netzwerk um das „Interkulturelle Zentrum JobKomm"?
Zu welchen davon gelang Ihres Erachtens die Vernetzung?

2) Welche konkreten Vernetzungsanstrengungen jeglicher Art (Bekannt machen, Öffentlichkeitsarbeit, Kontakte herstellen, Kooperationen, etc.) wurden von Ihnen aktiv unternommen, und an welche Akteure bzw. Institutionen richteten diese sich?

3) Wie war die Anbindung des Projekts an die SS-Strukturen
Stadtteilbeirat?
Trägerverbund (und Mitglieder)?
Nordstadtbüro?
Zukunftswerkstätten?

Welche Vernetzungsanstrengungen haben Sie konkret dorthin unternommen, bzw. welche wurden von dort unternommen?

4) Wie gestalteten sich die Anbindung und die Kooperation zu den auf dem Vernetzungsschaubild aufgeführten Akteuren und Institutionen in der Praxis im Hinblick auf
Qualität, Intensität und Häufigkeit der Kontakte?
Effizienz der Kooperation?

5) Wurden Betriebe explizit angesprochen, und wenn ja, welche und wie?

6) Sind Kooperationen jenseits des öffentlichen oder zivilgesellschaftlichen Bereichs entstanden, z. B. zu Betrieben oder der IHK?

7) Gibt es noch einen wichtigen Aspekt, der bislang noch nicht thematisiert wurde?

A 6. Evaluationsbogen für die Schulung „Cool Sein – Cool Bleiben"

Bitte beantworten Sie in Stichworten die folgenden Fragen:

1. Welche Schulnote (von 1 bis 6) geben Sie der Schulung heute?

2. Wie war die Arbeitsatmosphäre?

3. Was haben Sie in dieser Schulung gelernt?

4. Haben Sie neue Kompetenzen erworben? Wenn ja, welche?

5. Sind diese neuen Kompetenzen für Ihre tägliche Arbeit von Relevanz? Wenn ja, inwiefern?

6. Haben Sie diese Schulung in Ihrer Arbeits- oder in Ihrer Freizeit besucht?

7. Würden Sie noch einmal an einer solchen Schulung teilnehmen?

8. Haben Sie Verbesserungsvorschläge?

A 7. Auswertungskategorien quantitative Auswertung

a) Erste Auswertung
Zwei Vorgaben wurden integriert:

- Es gab entsprechend den Vorgaben des Ministeriums zwei Auswertungszeiträume:
  Projektstart bis 31.12.07
  1.1.08 – 30.9.08
- Die WB benötigte alle drei Monate Stichtagsauszählungen
Daraus ergaben sich folgende Stichtage zur Auszählung:
1. Auswertungsstichtag: 31.12.2007
2. Auswertungsstichtag: 31.3.2008
3. Auswertungsstichtag: 30.6. 08
4. Auswertungsstichtag: 30.9.08

Zu den Stichtagen wurden jeweils die aktuellen Teilnehmer/innen ausgewertet und zwar (passend zu den Vorgaben des Ministeriums)

- alle, die von Projektstart bis einschließlich zum 31.12.07 Teilnehmer/innen waren
- alle, die vom 1.1.08 bis einschließlich zum 31.3.08 Teilnehmer/innen waren
- alle, die vom 1.1.08 bis einschließlich zum 30.6.08 Teilnehmer/innen waren
- alle, die vom 1.1.08 bis einschließlich zum 30.9.08 Teilnehmer/innen waren

zusätzlich bitte jeweils kenntlich machen: die, die bis zum 31.12./31.3./30.6.
ausgeschieden sind (oder die ab dem 1.1.08/1.4./1.7. neu dazugekommen sind),

Im Detail erfolgte die Stichtagsauswertung nach folgenden Punkten:
- Geschlecht
- Alterskohorten
- Erziehungsbetreuungsaufgaben
- Arbeitsmarktstatus
- Staatsbürgerschaft
- Schulabschluss/höchster Bildungsabschluss
- Berufsausbildung/Berufstätigkeit
- Sprachkenntnisse
- Kommt auf Grund von
- Zahl der Std./Teilnehmer/in (aufsummiert)

Für das Selbstlernzentrum wurden zudem monatsweise folgende Aspekte ausgezählt:

- Entwicklung der Teilnehmer/innenzahlen pro Monat (Indikator: 50 kontinuierliche Teilnehmer/innen = mindestens zwei Mal pro Woche)
- Teilnehmer/innenstunden (pro Monat)
- Frequentierung: Anzahl der Besuche pro Teilnehmer/in /pro Monat (d. h. waren sie im Monat einmal oder 20 Mal da?)
- Zeitraum, d. h. kommt ein/e Teilnehmer/in nur einen Monat oder 4 Monate.

b) Anpassung der Auswertungskategorien nach der ersten Auswertung
Nacherhoben und neu eingeteilt wurden nach der ersten Auswertung:

- Die Altersgruppen für Selbstlernzentrum und Beschäftigungslotsin: Hier hatte sich gezeigt, dass die Altersgruppe 25-54 zu breit gefasst war. Sie wurde daher nochmals in kleinere Abschnitten unterteilt
- Erziehungsaufgaben und allein Erziehende wurden für Selbstlernzentrum/ Beschäftigungslotsin /AL aufgeteilt nach Geschlecht
- Bei dem Punkt „Berufsausbildung" wurde als zusätzliche Kategorie „Ausbildung mit Abschluss/in Dtl. nicht anerkannt" eingeführt, da sich herausgestellt hatte, dass eine Reihe von Teilnehmer/innen Abschlüsse besaß, die in Deutschland nicht anerkannt waren. Diese Nichtanerkennung stellt wiederum eine Hürde für eine erfolgreiche Arbeitsmarkintegration dar.

- die Sprachkenntnisse waren von den Projektmitarbeiterinnen unterschiedlich erhoben worden. Hier wurde nicht nur im Bereich Beschäftigungslotsin nacherhoben, bei AL und Selbstlernzentrum korrigiert.

A 8. Codesystem zur Auswertung der Interviews

Lebensschwerpunkte
   persönlich
   beruflich
Projekt
   Motivation
   Weg ins Projekt
   Konkrete Beratungsinhalte
      Bewertung
   Aussagen zu anderen Teilnehmer/innen
   Gender Mainstreaming
      Beratung
      Lerneinheiten
      Öffnungszeiten
   Einschätzung Projekt
      Anbindung drei Komponenten an einem Ort
      Öffnungszeiten
      insgesamt
      Persönliche Ansprache
   Verbesserungsvorschläge
   Lerninhalte im Selbstlernzentrum
   Vgl. AA und Projekt
Sozialraumbezug
   Einschätzung Stadtteil allgemein
   Nachbarschaft
   Engagement im Viertel
   Sozialraumbezug Projekt
Erfahrungen mit Behörden
Erfahrungen mit Betrieben/Privatwirtschaft
aktuelle Situation
Bildungsweg
   Schule
   Ausbildung
      AA-Beratung
   Arbeitsleben
      Arbeitslosigkeit
      AA-Beratung
   Weiterbildung
      AA-Beratung
      Lernmotivation
Zukunftsperspektiven

Neu im Programm
Politikwissenschaft

Nils C. Bandelow / Florian Eckert /
Robin Rüsenberg (Hrsg.)
Gesundheit 2030
Qualitätsorientierung im Fokus
von Politik, Wirtschaft, Selbstverwaltung
und Wissenschaft
2010. 336 S. mit 6 Abb. u. 3 Tab. Br.
EUR 39,90
ISBN 978-3-531-16804-3

André Brodocz
Die Macht der Judikative
2009. 280 S. mit 42 Tab. (Verfassung
und Politik) Br. EUR 29,90
ISBN 978-3-531-16758-9

Bernhard Frevel
Demokratie
Entwicklung – Gestaltung –
Problematisierung
2., überarb. Aufl. 2009. 177 S. mit 3 Abb. u.
5 Tab. (Elemente der Politik) Br. EUR 12,90
ISBN 978-3-531-16402-1

Irene Gerlach
Familienpolitik
2., akt. u. überarb. Aufl. 2010. 492 S.
mit 23 Abb. u. 36 Tab. Br. EUR 39,95
ISBN 978-3-531-15924-9

Yves Bizeul
Glaube und Politik
2009. 315 S. Br. EUR 39,90
ISBN 978-3-531-16864-7

Wolfgang Ismayr (Hrsg.)
**Die politischen Systeme
Osteuropas**
3., akt. u. erw. Aufl. 2010. 1186 S.
mit 22 Abb. u. 134 Tab. Br. EUR 34,95
ISBN 978-3-531-17181-4

Johannes Kessler /
Christian Steiner (Hrsg.)
Facetten der Globalisierung
Zwischen Ökonomie, Politik und Kultur
2009. 209 S. mit 46 Abb. u. 13 Tab. Br.
EUR 29,90
ISBN 978-3-531-16261-4

Sabine Kropp
**Kooperativer Föderalismus
und Politikverflechtung**
2010. 263 S. mit 24 Abb. u. 2 Tab.
(Governance 7) Br. EUR 24,95
ISBN 978-3-531-16190-7

Hannes Rehm / Sigrid Matern-Rehm
Kommunalfinanzen
2010. 425 S. mit 60 Abb. u. 17 Tab. Br.
EUR 49,95
ISBN 978-3-531-15593-7

Erhältlich im Buchhandel oder beim Verlag.
Änderungen vorbehalten. Stand: Januar 2010.

www.vs-verlag.de

VS VERLAG FÜR SOZIALWISSENSCHAFTEN

Abraham-Lincoln-Straße 46
65189 Wiesbaden
Tel. 0611.7878-722
Fax 0611.7878-400

If you have any concerns about our products,
you can contact us on
ProductSafety@springernature.com

In case Publisher is established outside the EU,
the EU authorized representative is:
Springer Nature Customer Service Center GmbH
Europaplatz 3, 69115 Heidelberg, Germany

Printed by Libri Plureos GmbH
in Hamburg, Germany